西方传统 经典与解释
Classici et commentarii
HERMES

HERMES

在古希腊神话中，赫耳墨斯是宙斯和迈亚的儿子，奥林波斯神们的信使，道路与边界之神，睡眠与梦想之神，亡灵的引导者，演说者、商人、小偷、旅者和牧人的保护神……

西方传统 经典与解释
Classici et commentarii
HERMES
施特劳斯集
刘小枫 ● 主编

古今自由主义
Liberalism Ancient and Modern

［美］列奥·施特劳斯（Leo Strauss）● 著
叶然 等 ● 译

华东师范大学出版社

华东师范大学出版社六点分社　策划

古典教育基金·"传德"资助项目

"施特劳斯集"出版说明

1899年9月20日,施特劳斯出生在德国Hessen地区Kirchhain镇上的一个犹太家庭。人文中学毕业后,施特劳斯先后在马堡大学等四所大学注册学习哲学、数学、自然科学,1921年在汉堡大学以雅可比的认识论为题获得哲学博士学位。1924年,一直关切犹太政治复国运动的青年施特劳斯发表论文"柯亨对斯宾诺莎的圣经学的分析",开始了自己独辟蹊径的政治哲学探索。三十年代初,施特劳斯离开德国,先去巴黎,后赴英伦研究霍布斯,1938年移居美国,任纽约社会研究新学院讲师,十一年后受聘于芝加哥大学政治系,直到退休——任教期间,施特劳斯先后获得芝加哥大学"杰出贡献教授"、德国汉堡大学荣誉教授、联邦德国政府"大十字勋章"等荣誉。

施特劳斯在美国学界重镇芝加哥大学执教近二十年,教书育人默默无闻,尽管时有著述问世,挑战思想史和古典学主流学界的治学路向,身前却从未成为学界声名显赫的名人。去世之后,施特劳斯才逐渐成为影响北美学界最重要的流亡哲人:他所倡导的回归古典政治哲学的学问方向,深刻影响了西方文教和学界的未来走向。上个世纪七十年代以来,施特劳斯身后才逐渐扩大的学术影响竟然一再引发学界激烈的政治争议。自由主义知识分子觉得，施特劳斯对自由民主理想心怀敌意，是政治不正确的保守主义师主；后现代主义者宣称，施特劳斯唯古典是从，没有提供应对现代技术文明危机的具体理论方略。为施特劳斯辩护的学人则认为，施特劳斯从来不与某种现实的政治理想或方案为敌，也从不提供解答现实政治难题的哲学论说；那些以自己的思想定位和政治立场来衡量和评价施特劳斯的哲学名流，不外乎是以自己的灵魂高度俯视施特劳斯立足于古典智慧的灵魂深处。施特劳斯关心的问题更具常识品质，而且很陈旧：西方文明危机的根本原因何在？施特劳斯不仅对百年来西方学界的这个老问题作出了超逾所有前人的深刻回答，而且提出了切实可行的应对方略：重新学习古典政治哲学作品。施特劳斯的学问以复兴苏格拉底问题为基本取向，这迫使所有智识人面对自身的生存德性问题：在具体的政治共同体中，难免成为"主义"信徒的智识人如何为人。

如果中国文明因西方文明危机的影响也已经深陷危机处境，那么施特劳斯的学问方向给中国学人的启发首先在于：自由主义也好，保守主义、新左派主义或后现代主义也好，是否真的能让我们应对中国文明所面临的深刻历史危机。

"施特劳斯集"致力于涵括施特劳斯的所有已刊著述（包括后人整理出版的施特劳斯生前未刊文稿和讲稿；已由国内其他出版社出版的《霍布斯的政治哲学：基础与起源》、《关于马基雅维里的思考》、《城邦与人》、《古今自由主义》除外），并选译有学术水准的相关研究文献。我们相信，按施特劳斯的学问方向培育自己，我们肯定不会轻易成为任何"主义"的教诲师，倒是难免走上艰难地思考中国文明传统的思想历程。

古典文明研究工作坊
西方典籍编译部甲组
2008 年

目 录

中译本说明 /1
序 /1
前 言 /1

一　什么是自由教育？/1
二　自由教育与责任 /10
三　古典政治哲学的自由主义 /34
四　论《米诺斯》/83
五　卢克莱修简注 /97
六　如何着手研读《迷途指津》/177
七　帕多瓦的马西利乌斯 /236
八　后记一则 /258
九　《斯宾诺莎的宗教批判》前言 /289
十　关于好社会的诸视角 /346

鸣谢 /366
人名索引 /368

中译本说明

在什么意义上,我们可以说古代也有自由主义呢?有论者曾经追溯现代自由主义的古代(尤其是古代中国)渊源,这是否就是古代的自由主义呢?施特劳斯这部题为《古今自由主义》的论文集,并非在这个意义上讨论古代自由主义。

在施特劳斯看来,古代自由主义与现代自由主义之间存在固有的张力,故很难说前者只是后者的准备。那么,我们会对如下问题非常好奇:古代自由主义是一种什么样的自由主义?它在何种意义上称得上是一种自由主义?

本书共收十篇文章,前三篇都以自由为题,构成一个系列,侧重讨论古代自由主义,后三篇同样构成一个系列,侧重讨论现代自由主义(居中的一篇亦是作者生平自述,颇值得注意),中间四篇则是古代和中古的经典作品专论。我们会猜测,中间四篇文章所论四位哲人(柏拉图、卢克莱修、迈蒙尼德、马西利乌斯)便是古代自由主义者?

早在2010年,本书便已有马志娟博士的中译本问世。但有影响力的学术著作不妨有多个译本,故我们组译了这个新译本。此译本中的第一篇、第二篇、第四篇、第五篇、第六篇、第九篇,已先行登载于其他论著,收入此译本时,各位译者又重新校订过一遍。余下几篇,以及序、前言、鸣谢、人名索引,则为新译。

  本书编辑王旭先生及华东师范大学出版社其他同仁为本译稿的进一步完善付出了辛劳,特此感谢。然而,译事艰难,错讹之处,概由我们众译者负责,还请学林诸君不吝赐教(电子邮件可寄至笔者邮箱 yesizhan@163.com)。

叶 然

2018 年 10 月 25 日

序

叶 然 译

[v]既护短又教条化的(defensive and dogmatic)自由派有时痛斥施特劳斯是自由民主制的敌人,这些自由派既不可能容忍友好的批评,也不可能花工夫读施特劳斯写的东西。然而,施特劳斯在这本书中警醒我们,"我们不被允许做民主制的谄媚者,正因为我们是民主制的朋友和盟友"。当今太多自封的自由主义卫士混淆护卫和谄媚,正如太多自由主义的批评者忽略自由民主制明显的优点。施特劳斯这本书可能会令这两批人都获得如下教益,即:

> 尽管民主制使自身和属人卓越一并暴露于重重危险之中,而且我们不被允许对这些危险保持沉默,但我们不能忘记一个明摆着的事实,即民主制给所有人自由,故它也把自由给了那些关心属人卓越的人。(页24)①

在这本书中,施特劳斯以多种多样的方式暗示了古代自由主义和现代自由主义的区别,前者直接指向属人卓越,后者则指向普遍自由。但他并不认为此古代自由主义和现代自由主义极端对

---

① [译按]此为英文版页码,即中译本随文方括号编码。后同。

立,更别说认为二者互为死敌。相反,他令我们记起,当代自由派的种种热望(aspirations)根源于西方传统(页 ix),①而且古人的混合政制观念与现代的共和主义之间存在直接关联(页 15)。

施特劳斯在此揭示了,自由民主制如何从我们西方传统的前现代思想中获得有力的支持。② 现代早期的自由派寻求造就一群负责的选民,是通过以圣经为基础对人民施行宗教教育。诸如洛克、《联邦党人文集》的作者、密尔(Mill)这样的现代自由派寻求造就具有公共精神的人民代表,则是通过以古典作品为基础的自由教育(页 15-19)。施特劳斯令我们记起有关自由民主制的非常复杂的正反两方论据(页 223),但他[vi]知道,我们不可能回到传统的种种贤良政制(aristocracies),它们的伪善曾试图隐藏如下事实,即它们在现实中是寡头政制而非贤良政制,而且它们的统治者并非依据自然高于被统治者(页 5,页 11,页 19)。他会令我们记起,依据诸如斯宾诺莎、孟德斯鸠、卢梭、杰斐逊这样的现代民主制创立者的原初理解,指向普遍自由的民主制仍然意在成为一种美德政制,甚至成为"一种已经扩大为一种普遍贤良政制的贤良政制"(页 4-5)。因此,施特劳斯确实是自由民主制的朋友,因为他召唤真正的自由派反对败坏了的自由主义,败坏了的自由主义遗忘了品质、卓越或美德(页 64)。

施特劳斯在前两章中关于自由教育的讨论有力地回应了我们新近的争论。我们最好倾听他那有力的申辩,他的申辩论证了当务之急是阅读伟大的书,他的申辩也使我们有能力理解那种路向

---

① [译按]布鲁姆原误作 vii,今改。
② 亦参施特劳斯,《现代性的三次浪潮》(The Three Waves of Modernity),见《政治哲学:施特劳斯论文六篇》(*Political Philosophy: Six Essays by Leo Strauss*),Hilail Gildin 编,Indianapolis and New York:Bobbs Merrill / Pegasus, 1975,页 98。[译按]中译文见施特劳斯,《苏格拉底问题与现代性——施特劳斯讲演与论文集:卷二》,刘小枫编,北京:华夏出版社,2016,页 330。

的困难和局限。第 3 至 7 章有助于人们理解，施特劳斯几乎单枪匹马地恢复了古典政治哲学，而第 8 章中的批判则继续灼烧我们的社会科学的良知。第 9 章表明，施特劳斯终生萦绕心头的是他所谓的在他自己智识生命历程（intellectual biography）背景之中的神学-政治困境。在这一章里，人们发现，施特劳斯最深刻地公开谈论了纳粹以及培育纳粹的思想。这一章是必须写的一章（a must）。像这本书其他各章一样，最后一章也镶嵌着奇珍异宝，比如他关于"自我"和灵魂之间的区别的分析，既清晰又令人难忘。

这本书现在成了一部对我们的时代更加必要的经典，因为世界已经朝着他分析过且提醒我们规避的方向走了如此之远。在这本书里，你会见到一位哲人的心智在工作。施特劳斯揭示了，最深刻的严肃——这种严肃不向大众性（popularity）弯腰——是最必要的一件事（the one thing most needful）。①

布鲁姆（Allan Bloom）
伊利诺伊州芝加哥市
1988 年 11 月

---

① ［译按］《自由教育与责任》一文第［24］页提及"一件必要的事"（the one thing needful）。

前　言

叶　然　译

[vii]在这个地方和这个时代,①人们把自由主义理解成保守主义的对立面。出于大多数当下的实践意图,这种对立的划分已经足够。承认这一点就等于承认这种对立的划分并非不具有理论上的困难,而这些理论上的困难并非必然不会造成实践上的后果。人们可以轻易解决这些困难中的一个。大多数人在有些方面是自由派,在其他方面则是保守派;也许没有办法区分一个非常节制的自由派和一个非常节制的保守派。事实上,恰恰是这种观察暗示了,至少存在作为理想类型的自由派和保守派。可是,不论如何,在这个例子中,理想类型相当现实。在这个地方和这个时代,人们广泛认为,一个支持脱贫战争(the war on poverty)②并反对越南战争的人无疑是一个自由派,而一个支持越南战争并反对脱贫战争的人无疑是一个保守派。

一旦人们考虑到,在这个地方和这个时代,自由主义和保守主义有一个共同的基础,那么,一个在某种程度上更严重的困难就出现了;因为在这个地方和这个时代,自由主义和保守主义都以自由

---

① [译按]1968年的美国。
② [译按]美国总统约翰逊(Lyndon B. Johnson)1964年提出的一项法案的非正式叫法。

民主制为基础,从而都反对共产主义。① 因此,[自由主义和保守主义的]对立似乎不具有根本性。不过,就如何反对共产主义而言,自由主义和保守主义有着深刻的差异。乍一看,在最终目标上,自由主义似乎赞同共产主义,可是在达到这个目标的途径上,自由主义极其不赞同共产主义。这个目标可以说是普遍的且无阶级的社会,或者用科耶夫(Kojève)建议的修订版本,就是普遍的且同质的(homogeneous)国家,每个成年人都是这个国家的正式(full)成员;更准确地说,成为正式成员的必要且充分的条件是,一个人是成年的且非低能的(nonmoronic)人,且未被精神病院或监狱收监。依据与共产主义相对立的自由主义,达到这个目标的途径最好是民主的或和平的途径,而绝非战争,换言之,[viii]绝非对外战争;因为自由派并非必然拒绝人民中的大多数人的同情心——或至少是利益——所支持的种种革命。然而,关于这个目标本身,自由主义和共产主义之间仍有一个重要区别。每个人平凡也好,古怪也好,不善言辞也好,自由派把每个人批评政府乃至最高领导人的权利视为神圣的权利。

有人也许会说,许多自由派太实用主义,以至于不去追求普遍的且同质的国家:他们会完全满足于所有当前存在的或即将产生的国家组成的一个联盟(federation),即一个真正普遍的且相当强有力的联合国组织——这个组织将包括共产主义中国、德意志联邦共和国、东德。不过,这毕竟意味着,自由派追求尽可能接近普遍的且同质的国家,或者说,普遍的且同质的国家的理想引导着自由派。有些自由派会反对"理想"这个词,其理由是普遍的且同质的国家(或尽可能接近它的状态)是务实的政治(hardheaded politics)的必要条件:经济和技术上的进步已经使这种国家有其必要

---

① [译按]施特劳斯每次提到共产主义时都把首字母大写,而提到自由主义和保守主义时则不然。

(经济和技术上的进步必然要求热核战争在未来所有时代成为不可能),此外,发达国家①(彻底的自私强迫发达国家去开发不发达国家)财富的不断增长也已经使这种国家有其必要。关于自由民主制国家和共产主义国家之间既存的张力,自由派相信,这种张力将会松弛且最终消失,因为自由民主制国家的福利主义(welfarism)一直在壮大,共产主义国家的自由主义也一直在壮大(因为苏俄国家极其迫切需要各种各样的消费品)。

保守派把普遍的且同质的国家要么视为不可欲却有可能,要么视为既不可欲又不可能。他们不否认,更大的政治单位,而非所谓典型的民族国家,必要或可欲。不管是好是歹,他们确实不再可能是帝国主义者。可是,比如,他们应该没有理由反对一个联合的自由的欧洲(a United Free Europe)。但他们理解这样的单位的方式,可能不同于自由派。一位杰出的欧洲保守派②谈论过 l'Europe des patries[诸父邦的欧罗巴]。保守派比自由派以更大的同情心来看待特殊的或特殊主义③的事物和异质的(heterogeneous)事物;至少,保守派比自由派更愿意尊重并维持一种更为根本的多样性,而非自由派乃至共产主义者通常尊重或确保的那种多样性,即语言、民歌、陶器等方面的多样性。由于政治上的普遍主义④立足于来自理性的普遍主义,故人们经常把保守主义的特征刻画为不信任理性,或刻画为信任传统,传统本身必然是这个或那个传统,从而是特殊事物。因此,保守主义面临[ix]真理统一性的观念所引发的批评。另一方面,自由派,尤其是那些知道自身种种热望(aspirations)根源于西方传统的自由派,并不足够关心一个事实,即这个传统正在越来越为一些变化所侵蚀,这些变化指向

---

① [译按]前文提到"国家"时使用的是 state,此处用的则是 countries。
② [译按]法国前总统戴高乐。
③ [译按]当今所说的"特色论"。
④ [译按]当今所说的"普世论"。

他们要求或欢迎的同一世界(One World)。

　　保守派对普遍的且同质的国家的不信任,根源于他们对变化的不信任,根源于他们的"守旧主义"(stand-patism,一个带有挑衅意味的称谓),而自由派比保守派更倾向于乐观地对待变化——当我们这样说时,我们仍然比较靠近表面(remain closer to the surface)。自由派倾向于相信,整体而言,变化就是越变越好,或者说,变化就是进步。事实上,自由派经常自称进步人士。进步主义这个词确实比自由主义更好地表达了保守主义的对立面。因为如果保守主义就像其名字所表达的,是对变化的厌恶,或对变化的不信任,那么,保守主义的对立面应该等于变化的相反立场,而非等于诸如自由权(liberty)或自由品性(liberality)这样的实质性事物。

　　定义自由主义和带有必要的普遍性的保守主义之间的区别,在[美利坚]合众国①尤其困难,因为这个国家②的生成是通过一场革命,通过暴力的变化,或者说通过与过去断绝关系。在这个地方,最保守的几个团体中有一个自称为"美国革命的女儿们"。保守主义和自由主义的对立在一个时代和一些地方曾有清晰的含义,在那个时代和那些地方,保守主义和自由主义的对立产生于这样一些词汇。在那个时代和那些地方,保守派代表着"王座和祭坛",自由派代表着人民主权,以及宗教的严格地非公共的(私人的)品性。然而,这种意义上的保守主义如今在政治上不再重要了。我们时代的保守主义等于原初意义上的自由主义,这种自由主义后来或多或少为一些变化所改动,这些变化指向当今的自由主义。人们可以进一步说,现在保守主义这个名称包含的许多东西,与当今的自由主义乃至共产主义,最终拥有一个共同根源。这

---

① [译按]强调"合众",故译出全称"合众国",而非按惯例简化为"美国"。
② [译按]说"[美利坚]合众国"时使用了States,而此处的"国家"使用的是country。

之所以是实情,会最清晰地显现出来,只要人们回到现代性的起源,回到与前现代传统的断绝节点(这种断绝发生在 17 世纪),或者说回到古代人与现代人之间的争执。

有一个事实令我们立即记起这场争执,这个事实就是,[人们有时]仍在前现代意义上使用"自由的"这个词,尤其在"自由教育"①这个表达之中。自由教育不是保守教育的对立面,而是非自由(illiberal)教育的对立面。成为原初意义上自由的人,意味着实践自由品性这个美德。如果完美意义上的所有美德相互之间真的不可分离,那么,真正自由的人就等于真正有美德的人。可是,依据现在盛行的用法,成为自由的人意味着不成为保守的人。因此,人们不再认为,成为自由的人等于成为有美德的人,人们甚至也不再认为,成为自由的人与成为有美德的人有任何关系。[x]成为原初意义上自由的人与成为保守的人之间的不一致如此之细微,以至于一般说来,成为原初意义上的自由人,伴随着一种保守立场。

前现代政治哲学,尤其古典政治哲学,是原初意义上自由的[政治哲学]。它不可能是完全保守的[政治哲学],因为引导它的是如下意识,即所有人②依据自然并不追求祖传事物或传统事物,而是追求好事物。另一方面,古典政治哲学以一项实质性原则反对普遍的且同质的国家。这项实质性原则声称,对人来说自然的社会是城邦,即一个封闭社会,这个封闭社会可以在某一个视角下得到很好的理解,或者说,这个封闭社会对应于人的自然的(宏观的而非微观的或远观的[telescopic])感觉能力。在更不精确(literally)却更重要的意义上,这项实质性原则声称,每个存在着或将会存在的政治社会都取决于一个特殊的根本性意见——这个意见

---

① [译按]liberal education,汉语学界常译为"博雅教育"或"通识教育"。
② [译按]施特劳斯原误作 man,应改为 men。

不可能为知识所取代——从而必然是一个特殊的或特殊主义的社会。这种事态把一些义务强加于哲人的公开言说或写作之上，而如果一个理性社会成为现实或即将出现，则这些义务不会成其为义务；由此，这种事态引发了一门特定的写作技艺。

我在早些时候出版的著作中已经试着揭示了古典政治哲学和现代政治哲学之间的根本区别。在目前这本书中，我以如下方式略微提示了这种区别。首先，我讨论了自由教育，还讨论了古典政治哲学在什么意义上能够称为自由的［政治哲学］。接着，我阐释了前现代思想家们的写作技艺的一些例子，从而论证了前现代思想家们的自由主义。然后，我以最大的篇幅致力于讨论卢克莱修的诗作。前现代思想似乎在这部诗作中——且不说在一般意义上的伊壁鸠鲁主义中——比在其他任何地方都更接近现代思想。似乎没有哪一位前现代作家像卢克莱修这样深深地为如下思想所打动（moved），这种思想就是，没有什么可爱的东西是永恒的（eternal）或持存的（sempiternal）或不死的，或者说永恒的东西不可爱。除此之外，在这里只需提到，按康德的描述，在现代自然科学臣服于纯粹理性批判之前，伊壁鸠鲁主义就等于现代自然科学精神。

如果任何人观察当今的自由主义，令他印象深刻的必定是，自由主义和价值无涉的（value-free）社会科学非常频繁地构成"人身联合"（personal union）。① 这导致人们感到好奇，这种联合是否只是出于偶然，或者说，价值无涉的社会科学和自由主义之间是否并无必然联系，尽管自由主义并非无可置疑地（as goes without saying）价值无涉。不论如何，对当今社会科学的批判性研究构成了对自由主义的批判性研究的一个出彩的部分。名为《后记一则》的

---

① ［译按］本指两个主权国家拥有同一位元首而组成的松散邦联，又译为"身合国"、"共主邦联"等，如英联邦。这个表达在这里转指自由主义和价值无涉的社会科学松散地结合在同一个人身上。

文章讨论了这个主题。

  无需多么熟悉政治生活就可以发现，一个非正统的犹太人尤其难以[xi]对自由主义持批判立场。甚至可以发现，政治上保守的犹太人也服从当今的犹太"意见领袖"，而人们无法在任何意义上把后者描述成政治上的保守派。这种事态引发人们提出这样一些问题：在什么意义上，或在什么程度上，犹太教是自由主义的根源之一？犹太人的遗产或犹太人的自私强迫犹太人成为自由派吗？自由主义必然对犹太人和犹太教友好吗？自由主义国家能够声称已经解决了犹太人问题（the Jewish problem）①吗？有任何国家能够声称已经解决了犹太问题吗？我在这本书最后两篇陈述性文章（statements）中集中讨论了这些问题。

施特劳斯
加利福尼亚州克莱蒙特市

---

① ［译按］马克思有名篇《论犹太人问题》（Zur Judenfrage）。

一 什么是自由教育？①

叶 然 译

[3]自由教育是以文化为内容②或以文化为目的的教育。自由教育的最终产物是文化人。"文化"(cultura)的原初含义是耕地(agriculture)：③按照土壤的本性，培育土壤及其产物，照料土壤，改善土壤。"文化"的衍生含义——也是如今的主要含义——就是：按照心智(mind)的本性，培育心智，照料并改善心智与生俱来的(native)诸品质。正如土壤需要土壤培育者，心智也需要老师。但老师不像农夫那样容易产生。老师自己也是学生，且必须是学生。但我们不能无限地回溯上去：最终必须有些老师不是学生。这些并非学生的老师就是伟大的心智，或曰最伟大的心智，[后一种叫法]是为了避免在如此重要的事情上出现任何含混。这样一些人极其罕见。我们不大可能(not likely)在任何课堂上遇到他们中任何一位。我们不大可能在任何地方遇到他们中任何

---

① [译按]本文翻译过程中参考过一行的译文，见刘小枫、陈少明主编，《古典传统与自由教育》，"经典与解释"第5辑，北京：华夏出版社，2005。
② [译按]对比《自由教育与责任》一文在第[13]页和第[16]页分别使用的"以自由技艺为内容的教育"和"以'良好教养'为内容的教育"。
③ [译按]句首的 cultura 为拉丁文，本义为"耕种"；相应地，agriculture 在此等于其拉丁文形式 agricultura[耕地]，后者由 ager[土地]和 cultura[耕种]构成。

一位。哪怕只有一个这样的人生活在我们的时代,我们也算交了好运。出于所有实践意图,学生无论手艺多么精湛,要想接近并非学生的老师,要想接近最伟大的心智,都只能凭靠伟大的书。所以,自由教育将是,以适宜的悉心,去学习最伟大的心智留下的伟大的书——在这种学习中,更有经验的学生将帮助更没经验的学生,包括初学者。

　　这绝非易事,尤其当我们思考我刚刚提出的这个定义时。这个定义需要一番长长的疏解(commentary)。许多生命已然且仍会耗费于书写这样的疏解。例如,应该"以适宜的悉心"去学习伟大的书,这个说法意味着什么?此刻,我只提及一个对你们每个人来说都明摆着的难题:在最重要的一些主题上,并非所有最伟大的心智都告诉我们同样的东西;[4]纷争(discord),甚至多种多样的纷争,撕裂了最伟大心智的共同体。无论这会导致什么进一步的后果,这无疑导致了如下[直接]后果:自由教育不能只是学说的灌输。我还要提及另一个难题。"自由教育是以文化为内容的教育。"什么文化?我们的回答是:西方传统意义上的文化。可西方文化只是众多文化中的一种。通过把自己局限于西方文化,我们不就使自由教育陷入了一种褊狭主义(parochialism)吗?褊狭主义不是无法兼容于自由教育的自由主义、宽容、心智开通(open-mindedness)吗?我们的自由教育观念似乎不适合这样一个时代:这个时代意识到,不存在唯一的(the)人类心智的唯一的文化,只存在多种多样的文化。显然,文化如果可以用作复数,则相当不同于作为一种 singulare tantum[单数之物]的文化,后者只能用作单数。正如人们所说,文化现在不再是一种绝对之物,而是变成了一种相对之物。人们不容易说清楚,可以用作复数的文化意味着什么。正因有此含混,人们直接或间接地表示,文化就是任何一群人共有的任何行为模式。所以,我们毫不犹豫便谈论郊区文化,或者少年帮派文化,包括不违法的和违法的。换言之,精神病院之外的每个人都是文化人,因为他参与了一种文化。前沿研究已经开始追问:精神病院里的病友们就没有各种文化吗?如果我们对比"文化"的当今用法和它的原初含义,那么,似乎有人会说,培育一个菜园,[如今]成了放任这个菜园里扔满空罐头盒子、威士忌酒瓶,还有任意飘散的各色废纸。我们想到这一点之后,便会认识到,出于某种原因,我们已经走错了路。因此,我们还是重新开始吧,为此我们需要追问:自由教育在此时此地能意味着什么?

自由教育是某种识字(literate)教育:某种以文字为内容或以文字为途径的教育。不必[在此]论证识字能力有多重要,[因为]每一位选民都知道,现代民主制端赖识字能力。为了理解[识字能力]何以必要,我们必须反思现代民主制。什么是现代民主制?有人曾说,民主制是端赖美德的政制:在这种政制中,所有或大多数成年人都有美德;又由于美德似乎需要智慧,故在这种政制中,所有或大多数成年人都既有美德又有智慧;或者说,在这种社会中,所有或大多数成年人都高度发展了他们的理性;又或者说,这种社会是唯一的理性社会。一句话,此人①用民主制来指一种已经扩大为一种普遍贤良政制的贤良政制。在现代民主制出现之前,有些人曾怀疑,得到如此理解的民主制是否可能。正如民主理论家之中两个最伟大的心智之一所说:"如果一群人由神构成,这群人就会[5]民主地统治自己。如此完美的一种统治形式(government)不适合人类。"②这个平静而轻柔的声音如今已经变成了一个大功率喇叭。③

有一门完整的科学,我是宣称传授这门科学的成千上万的人

---

① [译按]即前一句中的"有人",亦即密尔(John Stuart Mill),这里引述的是其《论自由》。
② [译按]卢梭《社会契约论》,卷三,章4。
③ [译按]a high-powered loud-speaker,字面意思亦有意义:"一个大权在握的大声言说者。"

之一,这门科学就是政治科学,可以说它唯一的主题就是对比民主制的原初概念——或人们所谓民主制的理想——和实际上的民主制(democracy as it is)。依据一种极端观点,即[政治科学]这个行当里的支配性观点,民主制的理想只是一个纯粹的幻想,唯一重要的是各种民主制的行为,以及各种民主制中各种人的行为。现代民主制——它已如此远离普遍的贤良政制——会是大众(mass)统治,如果不存在如下事实:大众无法统治,而只能为精英所统治,精英就是处于顶层或有公平(fair)机会登上顶层的几群人,不管他们[抵达顶层]是出于什么原因;民主制平稳运行所需要的最重要的美德之一,就大众而言,据说是不关心选举,即缺乏公共精神;①那些除了体育和娱乐新闻外什么都不读的市民们(citizens),正是现代民主制之盐,却实在不是大地之盐。② 因此,民主制实在不是大众统治,而是大众文化。大众文化是这样一种文化,它能为那些最平庸的能力所占有,这种占有无需任何理智和道德的努力,而只需支付相当低的价钱。可是,甚至大众文化也需要——而且恰恰大众文化才需要——[有人]源源不断提供所谓新观念,即所谓创造性心智的产品:如果广告曲不随时变花样,连它们也会失去吸引力。可是,就算民主制只被当作一个坚硬的外壳,以保护柔弱的大众文化,但从长远来看,民主制也需要具备一些完全不同类型的品质:奉献、专注、广博、深刻。由此,我们可以最轻易地理解,自由教育在此时此地意味着什么。自由教育是一剂抗毒剂(counterpoison),用来医治大众文化,医治大众文化的腐蚀性影响,医治大众文化的固有倾向,即倾向于仅仅生产"缺乏精神或眼界的专家和缺乏热心的享乐者"。自由教育是一种阶梯,我们用它来试着从大众民主制上升到原初意义上的民主制。自由教

---

① [译按]public spirit,其变体 public spiritedness 常用来对译古希腊的"血气"。
② [译按]《马太福音》:"你们是地上的盐。"(5:13)盐比喻中坚。

育是一种必要的努力,即努力建立一种内在于民主大众社会的贤良政制。对于大众民主制那些有耳能听①的成员,自由教育令他们记起属人的伟大。

有人可能会说,这种自由教育观念是纯粹政治性的,它教条化地预设了现代民主制是好的。难道我们不能拒斥现代社会吗?难道我们不能回归自然,回归文字产生之前的部落生活吗?难道成堆的印刷品,②即那么多美丽而雄伟的森林的坟墓,没有令我们破碎、作呕、退化(degraded)吗?说这只是浪漫主义,说我们如今不可能回归自然,还不够:难道未来几代人,在一场人为的大灾难之后,不会被迫生活在无文字的部落中吗?难道我们[6]关于热核战争的思考没有受如此前景的影响吗?无疑,大众文化种种令人憎恶的现象(包括由导游带队观光整个自然界[guided tours to integer nature]),让那种回归自然的渴望变得可以理解。无文字的社会在最好的状态下是这样一个社会,统治它的是古老的祖传习俗,它把这种习俗追溯到[它的]原初建立者们、诸神、诸神的儿子或诸神的弟子;由于这样一个社会里没有文字,所以晚出的后裔与原初建立者之间不可能有直接联系;这些后裔不可能知道,父辈或祖辈是否未尝偏离原初建立者的意图,或是否未尝以仅仅属人的增删来篡改属神的启示(message);因此,一个无文字的社会不可能一贯地按照"最好即最古"这条原则行事。唯有建立者传下来的文字,才使建立者有可能直接对最晚的后裔说话。所以,希望回归无文字状态,是自相矛盾。我们被迫与书生活在一起。可生命太短暂,以至于只能选择与最伟大的书生活在一起。在这方面,正如在其他方面,我们最好从最伟大的心智中挑出一位,作为我们的榜样,他因具有常识而可以成为我们和最伟大的心智之间唯一的中

---

① [译按]《马太福音》:"有耳可听的,就应当听。"(11:15)
② [译按]the mass of printed material,语涉双关,直译为"印刷品构成的大众"。

间人(mediator)。苏格拉底从不写书,但他读书。苏格拉底有一番话说出了有关我们主题的几乎一切必须说的东西,而且说的时候带着古人高贵的质朴和宁静的伟大,我要在此引用这番话:

> 就像其他人因为好马、好狗、好鸟而感到快乐,我自己则因为好朋友而感到甚至更大的快乐。……古代的智慧之人把他们的宝藏写进书里,传诸后世,我则与我的朋友一道打开并检阅这些书;我们若发现什么好东西,就把它挑出来;我们若因为它而变成了彼此的益友,就把它当作一个大收获。

记载这番话的人评论道:

> 当我听到这番话时,在我看来,不仅苏格拉底有福,而且他把那些倾听他的人引向了完美的贤人品格(gentlemanship)。①

当然,这番记载仍有缺陷,因为它压根儿没有告诉我们,苏格拉底如何对待古代智慧之人的书中那些他不知其好坏的篇章。从另一番记载中,我们得知,欧里庇得斯有一次把赫拉克利特的著作送给苏格拉底,问他对这部著作的意见。苏格拉底说:

> 我理解了的部分十分伟大而高贵,我相信我没理解的部分同样如此;可一个人要想理解这部著作,肯定需要某种特定的潜水员。②

---

① [译按]以上两则引文见色诺芬《回忆苏格拉底》I.6.13-14。
② [译按]第欧根尼·拉尔修《名哲言行录·苏格拉底传》2.22。苏格拉底把这部著作比喻成水域,希望潜水员潜入水底一探究竟。

作为完美贤人品格的教育,作为属人卓越性的教育,自由教育就是让一个人自己记起属人的卓越、属人的伟大。那么,在什么意义上,又通过什么途径,自由教育让我们记起属人的伟大?我们无法足够高超地思考,自由教育意味着什么。我们听说过,柏拉图认为,最高意义上的教育就是哲学。哲学就是探索智慧,或探索有关最重要、最高级、最普遍的事物的知识;他[柏拉图]认为,这样的知识就是美德,就是幸福。[7]但人类无法获得智慧,故美德和幸福将永远不完美。尽管如此,[柏拉图]仍宣称,哲人——其本身并非绝对有智慧——是唯一真正的王者;[柏拉图]还宣称,哲人在最大程度上拥有人类心智能够拥有的一切卓越。由此我们必须总结道,我们不可能成为哲人——我们不可能获得最高形式的教育。我们见过许多人自称哲人,可我们不应该为这种状况所欺骗。因为那些[自称哲人的]人不过使用了一个宽泛表达,这个表达也许因为便于管理而有其必要。但他们的意思通常只是,他们是哲学系的成员。期望哲学系的成员成为哲人,正如期望艺术系的成员成为艺术家一样荒谬。我们不可能成为哲人,但我们能够热爱哲学;我们能够试着搞哲学。这样搞哲学,在任何意义上都首先是,且在某种意义上主要是,倾听伟大哲人之间的交谈,或更笼统也更谨慎地说,倾听最伟大心智之间的交谈,因此这样搞哲学也是学习伟大的书。我们应该倾听的最伟大的心智,绝不只是西方最伟大的心智。阻碍我们倾听印度和中国最伟大心智的,只是一种不幸的被迫(necessity):我们不懂他们的语文,而且我们不可能学习所有语文。

我重申一下:自由教育是倾听最伟大心智之间的交谈。但此刻我们面临一个不可克服的困难:没有我们的帮助,这种交谈就不会发生——事实上我们必须引发这种交谈。最伟大的心智只会独白。我们必须把他们的独白转化成对话,把他们的"肩并肩"转化成"面对面"。甚至在写作对话时,最伟大的心智仍在独白。看柏拉图对话时,我们发现,最高等级的心智之间绝无对话:所有柏拉图对话都是一个更高的人与一些比他更低的人之间的对话。柏拉图似乎感到,一个人不可能写出两个最高等级的人之间的对话。所以,我们必须去做最伟大的心智没有能力做的事。让我们直面这个困难吧——这个困难如此之大,以至于它似乎把自由教育判定为一件荒谬的事。既然最伟大的心智在最重要的事上相互矛盾,故他们迫使我们来评判他们的独白;我们不能对他们中任何一个人的话深信不疑。另一方面,我们又不得不注意到,我们无法胜任评判者的工作。

大量轻易浮现的幻觉,对我们隐藏了这种事态。出于某种原因,我们相信,我们的观点更高超,即高于最伟大心智的观点——要么因为我们的观点是我们时代的观点,而我们的时代晚于最伟大心智的时代,从而能够被预设为高于他们的时代;要么因为我们相信,每个最伟大的心智从他自己的观点出发都是正确的,但并非像他声称的那样[8]绝对正确:我们知道,不可能存在唯一绝对真实的实质性观点,而只可能存在一个绝对真实的形式性观点;这个形式性观点就是如下洞见,即每个普遍性观点都与一个特定视角(perspective)相关,或者说,所有普遍性观点都相互排斥,其中任何一个都不可能绝对真实。种种轻易浮现的幻觉对我们隐藏我们的真实处境,这些幻觉全都等于声称:我们已然或能够比往昔最智慧的人更智慧。这引导我们不去充当专注而温顺的倾听者,而去充当乐团指挥或驯狮员。可我们必须正视我们的可怕处境,造成这种处境的是这样一种被迫:我们试图不只做专注而温顺的倾听者,换言之,我们试图做评判者,但我们又无法胜任评判者的工作。在我看来,这种处境产生的原因是,我们失去了我们曾经可以深信不疑的所有绝对权威的传统,失去了为我们提供权威指引的 no-mos[礼法],因为我们直接的老师以及老师的老师相信,一个绝对理性的社会有其可能。在这种情况下,我们每个人都被迫以自己的力量寻找方向,不管这些方向可能如何有缺陷。

在这项活动中,除了它固有的安慰,我们不能获得任何其他安慰。我们已经得知,哲学必须提防那种想要施行启蒙的愿望(the wish to be edifying)①——哲学只能是内在启蒙。除非时不时理解某些重要事物,否则我们不可能发挥自己的理解力;这种理解活动会伴随着对我们的理解的意识,伴随着对理解的理解,伴随着noesis noeseos[对思考的思考],而且这是如此高超、如此纯粹、如此高贵的一种经验,以至于亚里士多德会把它归于他的神。这种经验完全不取决于我们最初理解的东西令人快乐还是令人不快,美丽还是丑陋。这种经验引导我们认识到,如果[对恶]必须要有理解的话,所有的恶在某种意义上都是必然的。这种经验使我们有能力以上帝之城的好公民的精神,去接受所有落到我们身上的恶,而且是很可能令我们心碎的恶。通过意识到心智的尊严,我们认识到人类尊严的真正基础,随之也认识到这个世界的善;无论我们把这个世界理解成被造的抑或不是被造的,它都是人类的家园,因为它是人类心智的家园。

作为与最伟大心智之间持久的交流,自由教育是对最高形式的自制(modesty)——即便不说谦虚(humility)——的训练。同时,自由教育也是对大胆的训练:它要求我们彻底脱离知识分子及其敌人的名利场上的吵吵嚷嚷、行色匆匆、缺乏思考、肤浅低级(cheapness)。它要求我们大胆,这种大胆蕴含在一种决心里面,也就是决心把所接受的观点仅仅当作意见,或者说决心把普通意见当作极端意见,极端意见至少有可能出错,就像最陌生或最不大众化的意见一样。自由教育就是摆脱平庸(vulgarity)而获得自由。古希腊人有一个很美的词表示"平庸",他们称"平庸"为 apeirokalia,即对美的事物缺乏经验。自由教育正好为我们提供对美的事物的经验。

---

① [译按]黑格尔《精神现象学》,序言,第 1 节,第 2 小节,倒数第二段。

二　自由教育与责任①

叶 然 译

[9]成人教育基金会②约我写一篇有关自由教育与责任的文章，我的第一反应并非欣然应允。尽管我在很多方面有赖于教育部门，从而也有赖于教育服务机构，可我一直怀着一种敬畏去观察这些事务[即教育事务]，如果我观察过的话；这种敬畏既源于感激，又源于夹杂着无知的理解。我一直认为，我的工作，我的责任，就是尽我所能做好三件事，首先是上课，其次是与学生交谈，完全不管学生是不是在校生，最后但并非最次要的是在家搞我的研究。我承认，在某种意义上，教育是我教学和研究的主题。不过，我几乎只关心最好或最高的教育——可以说这就是完美君主的教育——的目标或目的，而极少关心教育的条件和途径。在我看来，最重要的一些条件是教育者和受教育者的诸品质；对于最高形式的教育，这些条件极少得到满足，而且人们根本无法创造这些条件；关于这些条件，我们唯一能做的是，不去干预它们相互发挥作用，并阻止这样的干预。至于[教育的]途径，人们只要知道教育

---

① [译按]本文翻译过程中参考过肖洵的译文，见刘小枫、陈少明主编，《古典传统与自由教育》，"经典与解释"第 5 辑，北京：华夏出版社，2005。

② [译按]正式叫法是"美国继续教育基金会"（American Foundation for Continuing Education）。

意在对一个人做什么，或只要知道教育的目的，[自然而然]就会知道[教育的]途径。当然，[这方面]有一些经验之谈。几乎每年我都会与我们系的高年级学生碰一次面，与他们讨论怎么在大学里教政治理论。有一次，一个学生问我能不能告诉他一条普遍的教学法则。我回答说："总是假设你的班上有一个沉默的学生，他在头脑和心志上都远胜于你。"我的意思是：不要太高看你的重要性，而要尽可能高看你的义务、你的责任。

我最初准备这篇文章时有点儿困惑，还有另一个原因。[10]这个原因与"责任"一词有关。因为很显然，自由教育不等于责任。二者也许又不能相互分离。在讨论二者关系之前，先得知道二者中的每一个是什么。说到"责任"这个词，它是个常用词，我自己也时不时用到它，比如刚才。在经常使用的意义上，它是个新词（neologism）。我相信，它是"义务"、"良知"、"美德"等词的时髦替代词。我们常常说，某人是一个负责的人，而前几代人则会说，某人是一个正义的人，或一个有良知的人，或一个有美德的人。首先，如果可以认为某人对他所做的事——比如一桩谋杀案——有所交代（accountable），那么，他是负责的；负责如此不同于有美德，以至于负责仅仅是一个条件，其所支撑的既可以是有美德，也可以是有恶德（vicious）。因为我们以责任替代美德，故我们被证明比我们的先祖更容易满足，或者也许可以更准确地说，我们假定，某人只要负责就已然有美德，或任何有恶德的人都不会为其恶德行径负责。得到这样理解的"责任"近似于英国人有时使用的"体面"（decency）：如果某人牺牲自己去救了一个完全陌生的人，这个陌生人如果是英国人，就可能会感谢他道："您刚刚做得真体面。"我们似乎厌恶那些宏大的（grand）旧词，也一并厌恶它们指称的事物；我们似乎倾向于更克制地表达，因为我们想要说得精致（delicacy），或因为这些表达更务实（businesslike）。不论如何，我有所顾虑，是因为我意识到我不知道，责任替代义务和美德意味着什么。

在专业的教育家面前讲"教育与责任"这个题目，我起初当然感到尤其缺乏准备。不过，后来我放下心来，因为我得知，他们只希望我解释一下我的《什么是自由教育？》那篇演讲中出现的两句话。那两句话如下：

> 自由教育是一种阶梯，我们用它来试着从大众民主制上升到原初意义上的民主制。自由教育是一种必要的努力，即努力建立一种内在于民主大众社会的贤良政制。

我们还是从头开始吧，"自由的"（liberal）这个词最初就像现在一样，曾具有一种政治意义，可它原初的政治意义与它当下的政治意义几乎相互对立。在原初意义上，一个自由人（liberal man）是这样一个人，他的行事方式让他变成一个自由人（free man），而非一个奴隶。彼时"自由品性"（liberality）关系到奴隶制，并预设了奴隶制。一个奴隶是这样一个人，他为另一个人即他的主人而活；在某种意义上，他没有他自己的生活：他没有时间花在自己身上。另一方面，主人有全部时间花在自己身上，即花在一些令主人变成主人的追求上，即花在政治和哲学上。不过，有相当多的自由人几乎和奴隶一样，因为他们只有相当少的时间花在自己身上，因为他们不得不为了生计而工作，又不得不为了第二天的工作而休息。这些没有闲暇的自由人是贫乏的人，[11]也是市民中的大多数。真正自由的人能以一种令他变成自由人的方式去生活，这就是有闲暇的人，也就是贤人（gentleman），他必须拥有一些财富——但［仅限于］一定量的财富：管理这些财富，更不用说获取这些财富，并不占用他许多时间，因为他若要处理这些事，只需去监管一些受过适当训练的［财富］监管人；贤人将是贤良的农夫，而非商人或企业家。但如果他在乡村花去他许多时间，他就将没有足够的时间花在那些令他变成他的追求上；因此，他必须生活在城市(town)里。如果他和他的同类不施行统治,他的生活方式就将受制于他的市民同伴中的非贤人;如果贤人们不是其城邦(city)无可置疑的统治者,如果其城邦的政制不是贤良政制,贤人们的生活方式就得不到保障。

通过教育,通过自由教育,一个人可以变成贤人。表示教育的古希腊文是表示小孩的古希腊文的衍生词:所以,一般来讲,教育至少首先并非成人教育,因此,特殊来讲,自由教育亦然。表示教育的古希腊文也是表示玩耍的古希腊文的同源词,而贤人的活动则尤其严肃;事实上,贤人是"严肃的人"。他们之所以严肃,是因为他们关心那些最重要的事物,关心仅有的那些因其本身而值得严肃对待的事物,关心灵魂和城邦的好秩序。教育潜在的贤人,就是在玩耍之中期待贤人生活。这种教育首先是塑造性格和品味。这种教育的源泉是诗人。几乎不必说,贤人需要一些技能。哪怕不说阅读、写作、算术、算账、角力、掷矛、骑术,贤人[至少]必须有一项技能:以行事和言辞,既好且高贵地管理家族事务和城邦事务。他要获得这项技能,就得与更年长或更有经验的贤人——最好是治邦名宿——密切交流,就得花钱从演说术老师那里接受教导,就得阅读史书和游记,就得沉思诗人的作品,当然,还得投身政治生活。所有这些事都需要这些年轻人和他们[所求助]的长者都拥有闲暇,拥有闲暇是特定的这类富有人士的特权。

这个事实引发人们追问:如果在一个社会里,在最好情况下,贤人凭其自身权利施行统治,那么,这个社会是否正义? 正义的统治形式是这样一种统治形式:它的统治是为了全社会的利益,而非只为了一部分人的利益。所以,贤人有义务向自己和他人证明,对于城邦中的每个人,或对于作为一个整体的城邦,他们的统治是最好的统治。可是,正义要求平等地对待平等的人们,而且没有充分理由认为贤人依据自然高于平庸者(the vulgar)。事实上,贤人依其教养(breeding)而高于平庸者,但如果只看少年,只看幼年,则大多数人依据自然有能力拥有相同的教养;[12]只是出身的偶然性决定了,一个特定个体有机会变成贤人,还是将必然变成坏人(villain);因此,贤良政制并不正义。贤人曾答复如下:作为一个整体的城邦实在太贫乏,以至于没有能力让每个人都把自己的儿子教养得有朝一日能够变成贤人;如果你们坚持认为,在可接受的严格程度上,社会秩序应该与自然秩序相一致——也就是说,既然依据自然,人们基本上是平等的,那么,在社会层面,或依据习俗,人们也应该是平等的——那么,你们将只会导致普遍平庸(drabness)的状态。一种狭隘的正义概念为了证明自身,就诉诸并不高贵的嫉妒的激情所具有的力量;如果仅仅立足于这种正义概念,则人们必定会更喜欢一座到处都同等平庸的扁平建筑(flat building),①而不是更喜欢如下这座建筑:它有着平庸的宽阔底部,也有着独特而优雅的狭窄上部(plateau),这样一来,它在某种程度上也令其底部独特而优雅。因此,必须有一群少数人,他们拥有财富且出身良好;也必须有一群多数人,他们生活贫乏且出身寒微。然而,似乎没有充分理由证明,为什么把一个家族选拔为贤良家族,却把另一个家族贬黜为平庸家族;至少可以说,这种选拔似乎十分武断。的确,傻子才会否认,有些老牌富有家族(old wealth)通过犯罪起家,而其起家经历如今却被遗忘。可是,更高贵的态度是,相信老牌家族的先祖是第一批创业者和领路人,不论在战时还是平时(in war or counsel),而且这种状况很可能(probably)也更真实;[我们应当采取的]正义的态度无疑是感激他们。

　　贤人施行统治,也许不是凭其自身权利而做统治者;他们可以基于民众选举而统治。有人曾认为这种安排不令人满意,理由如下。这种安排意味着,严格来讲,贤人对普通人负责——较高者对较低者负责——而这似乎违反自然。贤人认为美德因其自身而值

---

① [译按]flat 若作名词,指单元房,则 flat building 指单元楼,亦通。

得选择,其他人则只把美德当作获取财富和尊荣的手段来赞美。因此,在人的目的或最高的善上,贤人和其他人存在分歧;在种种首要原则上,他们存在分歧。故他们无法拥有真正共同的思虑。①贤人绝无可能充分地或让人可以理解地(sufficient or intelligible)对其他人描述自己的生活方式。为了平庸者的福利(well-being),贤人对自己负责,而无法对平庸者负责。

不过,就算人们满足于一个不那么严苛的贤人统治的观念,这其中蕴含的原则也必然导致人们拒绝民主制。粗略来说,民主制是这样一种政制,在这种政制中,施行统治的是生活在一个城邦里的成年自由男性中的大多数人,但受过教育的只有那些男性中的少数人。因此,民主制的原则不是美德,而是自由,即每个人以自己喜欢的方式去生活的权利。民主制遭到拒绝,是因为它本身是未受教育者的统治。在此只需举一个例子。② 智术师普罗塔戈拉(Protagoras)曾来到民主的雅典城邦,想要教育人们,或者说有偿传授一门技艺,即用行事和言辞来很好地管理家族事务和城邦事务的技艺——这就是政[13]治技艺。在一个民主制里,人人都被期望以某种方式掌握政治技艺,可是大多数人由于缺乏条件,无法通过受教育而掌握这门技艺;正因如此,普罗塔戈拉才必须假定,市民们得到这门技艺,是通过某种有似属神禀赋(divine gift)的东西,尽管这种禀赋只有通过属人赏罚才能生效:要掌握真正的政治技艺,即让一个人有能力不仅守法而且立法的技艺,就得靠教育,靠最高形式的教育,接受这种教育必然是有能力购买它的那些人的特权。

总之,原初意义上的自由教育不仅培养市民的责任心:它甚至要求践行市民的责任心。它希望,贤人通过成为其自身之所是,以

---

① 参柏拉图《克力同》49d2-5。
② [译按]下面这个例子见柏拉图《普罗塔戈拉》318e以下。

最直接、最不含混、最无可置疑的方式——即以其光明正大的统治——为社会定调。

要理解我们的意见,有必要从我们的意见出发向前更进一步。那些令贤人变成贤人的追求,据说是政治和哲学。既可以宽泛地也可以严格地理解哲学。如果宽泛地理解,哲学无异于如今所谓的智识(intellectual)兴趣。如果严格地理解,哲学意味着探索关于那些最重要事物的真理,或探索普遍真理,或探索有关整全的真理,或探索整全之科学(the science of the whole)。若对比政治和得到严格理解的哲学,人们就会认识到,哲学比政治更高级。政治是追求一些特定的目的,体面的政治是体面地追求一些体面的目的。某种意义上,政治预设了,已然负责地、清楚地区分了体面的目的和不体面的目的。这种区分无疑超越了政治。因为若某一事物经由人类行为而生成,并因此而终究会消逝或朽坏,那么,任何这样的事物都预设了一些不会朽坏且不会变化的事物——比如人类灵魂的自然秩序——依据这些事物,我们就能区分正确行为和错误行为。

从哲学来看,自由教育呈现出一种新的意义:自由教育,尤其以自由技艺①为内容的教育,把自身呈现为一种为哲学所做的准备。这意味着,哲学超越了贤人品格。贤人本身对特定的一些最重要的事物深信不疑,而这些事物是哲人探究和质疑的对象。所以,贤人的美德与哲人的美德不完全相同。二者区别的一个迹象是,贤人必定有钱,这样才能从事他所适合的工作,可哲人可以很穷。苏格拉底就生活在赤贫之中。② 有一次,他看见许多人跟着一匹马,盯着这匹马看,他还听见有的人在谈论这匹马。出于惊讶,他走近马夫,问他这匹马是不是很有钱。马夫看了看他,觉得

---

① [译按]liberal arts,习译为"文科"或"博雅技艺"。
② [译按]下面这个例子见色诺芬《齐家》11.4-6。

他不只极其无知,甚至还神志不清(not even sane):"一匹马怎么可能有财产?"就在这时,苏格拉底恢复了神志,这很好理解,因为他刚刚明白了,一匹身无分文的马成为好马,是合法的,只[14]要它拥有依据自然很好的灵魂;同样,苏格拉底成为好人,也是合法的,就算他很穷。因为哲人不需要有钱,所以哲人不需要那些用于——比如在法庭上——捍卫自己财产的完全合法的技艺;他也不需要养成在某些方面独断(self-assertion)的习惯——这个习惯必然属于贤人的美德。尽管有这些区别,可贤人的美德反映了哲人的美德;可以说,前者在政治上反映了后者。

这就最终论证了贤人统治的正当性。贤人的统治只不过反映了哲人的统治,我们可以把哲人理解成既拥有最好天性又受到最好教育的人们。因为显而易见,与其说哲学是拥有智慧,不如说哲学是探索智慧,故哲人只要还活着,他的教育就绝不会停止;哲人的教育是最卓越的成人教育。因为哪怕不说别的,人可以掌握的最高类型的知识,绝不可能完全受人支配,就像其他类型的知识一样;人必须不断地再次从头开始掌握这类知识。这导致如下后果。就贤人而言,人们能够简单地区分潜在贤人在玩耍中的教育和真正贤人的严肃工作。就哲人而言,这样简单地区分玩耍和严肃,就不再站得住脚了,因为——而非尽管——哲人唯一关切的就是那些最重要的事物。哪怕不说别的,仅仅因为这一点,哲人的统治就被证明不可能。这导致这样一个难题:贤人,即比哲人更低的人们,将统治哲人。

要解决这个难题,可以假设哲人自身不是城邦的组成部分。换言之,既充当老师,自身又是城邦的组成部分,这样的人只有祭司。因此,城邦的目的不同于哲学的目的。如果贤人代表着最好状态下的城邦,那么,不得不说,贤人的目的不同于哲人的目的。有关贤人与平庸者之间的关系,我们得到的认识,甚至更适用于哲人与贤人——更别说所有其他非哲人——之间的关系:哲人与非哲人不可能有真正共同的思虑。哲学与城邦根本不相称。在政治领域,有一条稳妥的规则:不折腾(to let sleeping dogs lie),或宁要既定不要未定,或承认先占权。哲学[之为哲学],端赖它果敢地无视这条规则,无视任何令人记起这条规则的事物。所以,哲学只能与城邦肩并肩①生活。如柏拉图在《王制》(Republic)中所说,如果在一个城邦里,哲人施行统治,而且哲人因此把自身哲学训练归功于这个城邦,那么,只有在这个城邦里,哲人被迫投身政治活动,才是正义的;在所有其他城邦里,即在所有现实城邦里,哲人并不把他那具有属人渊源的最高禀赋归功于[15]城邦,哲人也就没有义务从事城邦工作。与此完全一致,柏拉图在其《克力同》——他在这本书中避免使用"哲学"一词——里认为,哲人的确把[自己的]很多东西归功于城邦,故哲人有义务至少被动地遵守甚至不义的城邦法律,从而奉城邦之命赴死。但哲人仍没有义务投身政治活动。哲人本身对城邦负责,仅仅有如下这一种情况,即通过做他自己的工作,通过他自己的福利,②他献身于城邦的福利:哲学必然具有一种人性化或市民化(humanizing or civilizing)的影响。城邦需要哲学,但只是在居间层面(mediately)或间接层面如此,哪怕不说[城邦需要的哲学]是稀释之后的哲学。为了呈现这种状况,柏拉图曾把城邦比作洞穴,从洞穴深处,只有一条坎坷而陡峭的上升之路,通往太阳的光辉:城邦本身面对哲学时,与其说它开放,不如说它封闭。

  一种真正的贤良政制有一天会变成现实,对于这种可能性(probability),古典作家从未抱有幻想。出于所有实践意图,古典作家满足于这样一种政制,在此政制中,贤人与民众分享权力,具

---

① [译按]《什么是自由教育?》一文第[7]页对比了"肩并肩"和"面对面"。
② [译按]by his own well-being,亦可译为"通过他自己好好过"。同样,随后的主句亦可译为"他献身于让城邦好好过"。

体方式是,民众从贤人中选举出政府官员和议事会,并要求他们在任期结束时[向民众]述职。这种思想的一个变体是混合政制观念,在混合政制里,贤人构成元老院,元老院占据着一个关键的居间位置,它的一边是民众议事会,另一边是选出的或世袭的君主,作为全社会武装力量的首脑。混合政制观念与现代共和主义之间存在直接关联。为了避免误解,我们必须立即强调,这个现代学说与其古典源头之间也存在重要差异。这个现代学说的出发点是,所有人依据自然都是平等的;所以,此学说的推论是,主权属于人民;①可是,此学说这样理解主权,是要确保每个人的自然权利;为了达到这个结果,此学说区分了主权者和政府,并要求几种基本的政府权力相互分立。有人曾认为,这种政制源于每个人改善自身物质条件的欲望。因此,支配[这种政制]的是商业和工业精英,而非占有土地的贤人。

此学说得到充分发展后,要求一人一票,要求秘密投票,要求投票权不因贫穷、宗教、种族因素而受到损害。另一方面,政府行为应该最大限度地接受人民监督,因为政府只是人民的代表,并对人民负责。人民的责任,选举人的责任,不允许得到法律界定,从而成了现代共和主义最明显的难题。在较早的阶段,[这个难题的]解决办法是对人民施以宗教教育,即基于圣经来教育每个人,让每个人为自身行为和思想对审判自己的上帝负责,[16]因为正如洛克(Locke)所说,真正的理性伦理学,像数学一样,远远超出了"散工和小贩、纺织女工和挤奶女工"的能力。另一方面,同样是这位权威人物[即洛克],他还建议,英国的贤人应该让自己的儿子猛烈抨击普芬多夫(Pufendorf)的《自然权利》(*Natural Right*),②"此书教

---

① [译按]与前文"民众"在原文中都是 people,但人民在汉语中被视为现代概念,故有此译法的变化。
② [译按]施特劳斯把 Pufendorf 原误作 Puffendorf。《自然权利》一书原名 *De jure naturae et gentium*[论自然法与万民法],其中 jure[法]亦可译成"权利"。

给[他们]的是人类的自然权利、社会的起源和基础,以及由此产生的义务"。洛克的《教育漫话》(Some Thoughts Concerning Education)是写给贤人的,而非写给"更平庸的那类人"的,因为如果贤人"一旦通过受教育而成为正直的人,他们就将迅速把所有其他人引入正道"。因为我们会认为,贤人就是那些受到召唤而代表人民行事的人,他们应该为这种召唤做准备,这就需要一种自由教育,这种自由教育首先应该是以"良好教养"为内容的教育。洛克在古罗马人和古希腊人中找到了他的榜样,他推崇的自由教育在某种意义上就是方便地亲近(acquiring an easy familiarity with)古典文学:"在我看来,拉丁文对贤人来说绝对必需。"①

洛克想要表达的不少观点都清楚地呈现在《联邦党人文集》(Federalist Papers)②里。这些文章足够质朴地展现出自身与古典作品之间的关联,因为这些文章发表时是作为一位普布里乌斯(Publius)的作品。这部以清醒著称的作品主要思考,人类的能力在获取财产时,显得多种多样且不平等;不过,这部作品绝未忽视,经商有别于从政。在汉密尔顿(Alexander Hamilton)看来,操纵机械的工人和从事制造的工人"都知道,商人(merchant)是他们自然而然的赞助者和朋友",也是他们自然而然的代表,因为商人拥有"既得财产,要不然到了议会上,最伟大的那些自然能力,也基本上无用武之地"。同样,较富有的地主是地主利益自然而然的代表。地主利益和商人利益之间自然而然的仲裁者,将是"智识行当(learned professions)里的人",因为"智识行当……确实没有形成社会上的任何特殊利益",从而比其他人更有可能(likely)去考虑

---

① 洛克《教育漫话》,"献辞"(Epistle Dedicatory),节 93-93,节 164,节 186。[译按]施特劳斯将"节"原误作"页"。
② [译按]美国国父汉密尔顿(A. Hamilton)、杰伊(J. Jay)、麦迪逊(J. Madison)以古罗马常用名普布里乌斯(Publius,与 publicus[民众的]形近)为笔名发表的文章的结集。

"社会的普遍利益"。的确,要想变成人民代表,一个人有时只需"成功地"使用"经常用于操纵选举活动的那些恶德满满的技艺",但这种可鄙的情况毕竟是例外,按照规矩,代表们应由可敬的地主、商人以及智识行当的人士组成。只要选民整体没有堕落,就颇有机会从[可敬的地主、商人以及智识行当的人士]这三群人中把如下这些人选为议政(deliberation)和行政(execution)的代表:这些人"在辨识社会共同的善时最有智慧,且在追求社会共同的善时最有美德",或者说这些人在"品质和天赋"上、在"能力和美德"上最突出。①

在最有利的情况下,可以维系权力平衡的人,是智识行当里的人。在最好的情况下,[17]汉密尔顿的共和国由智识行当里的人统治着。这令人记起哲人的统治,但也只是令人记起而已。智识行当里的人至少是受过自由教育的人吗?智识行当里的人很可能(probable)主要是律师。没人比柏克(Edmund Burke)更尊重法律,故也没人比柏克更尊重律师:"上帝禁止我哪怕以迂回方式毁谤[法律]这个行当,它是另一种意义上的祭司技艺,它规范着神圣正义的仪式。"不过,他又感到被迫把律师在国事商议(national counsels)中的支配性影响描述为"胡闹"。

> 法律……依我之见,是最古老也最高贵的属人学科之一;这个学科比所有其他类型的学问加在一起都更能促进和激发理解力;不过,除了对于出身相当幸福的人们,它不适合在完全相同的程度上[为其他所有人]开启心智并赋予心智以自由。

因为"合乎法律且合乎宪法地"说话,不等于"明智地"(prudently)说话。"立法者应该做律师做不了的事,因为没有任何其

---

① 汉密尔顿等《联邦党人文集》,第10篇,第35篇,第36篇,第55篇,第57篇,第62篇,第68篇。

他规矩约束他们,除了理性和平等这两大原则,以及人类的常识(general sense)。"①赋予心智以自由,显然需要理解"理性和平等这两大原则",它们对柏克来说无异于自然法。

不过,没必要细说代议制(representative)政府可能具有的这个特殊缺陷。在柏克之后两代,密尔(John Stuart Mill)提出了代议制政府与自由教育之间关系的问题。说密尔提出这两个主题时已把它们完全相互分离,并没有太夸大其词。他在"圣安德鲁斯大学就职演说"(Inaugural Address at St. Andrews)中把自由教育当作"所有不至于年纪轻轻就受环境所迫而中断研习学问(scholastic studies)的人的教育",即便不说"自然和命运的宠儿"的教育。这篇演说包含了大量观察,有待我们思考,乃至反复思考。密尔把古典文学"对教育意图而言"具有的"优越性"追溯到这样一个事实,即古典文学向我们传达了"生活智慧":

> 通过把……古代语文确立(cultivating)为我们最好的文学教育,我们一直在为伦理层面和哲学层面的文化奠定令人赞叹的基础。

实行起来,"形式"甚至比"内容"更令人赞叹:"应该谨记,他们[古典作家]有更多时间,他们主要为一个拥有闲暇的精英阶级写作",我们则"为匆匆阅读的人们匆匆写作"。古典作家"在正确的地方"使用"正确的措辞",换言之,他们从不"跑野马"(prolix)。② 可是自由

---

① 柏克《柏克著作集》(The Works of Edmund Burke),Bohn's Standard Library, London: George Bell and Sons, 1902—1908,卷一,页407,卷二,页7,页317-318,卷五,页295。
② 詹姆斯·密尔(James Mill)和约翰·斯图亚特·密尔(John Stuart Mill)《论教育》(On Education),F. A. Cavenagh 编,Cambridge: Cambridge University Press, 1931,页151-157。

教育几乎影响不了"鱼龙混杂的议会",后者是法定的主权者,且统治它的常常是如下这些人:他们没有立法的能力,却有"一条如簧的巧舌,一种煽动选民选他们的能力"。为了确保"智识能力在代表们中成为可欲之物",密尔[18]认为,唯一的办法是黑尔(Hare)和福塞特(Fawcett)设计的比例代议制(proportional representation),这个方案具有"完美的可操作性",也具有"超凡的优点":

> 代议制政府,正如现代文明,其自然趋势是趋于集体平庸:选举权的所有下移(reductions)和扩大,加剧了这种趋势,其影响就是,把支配性权力交到越来越低于共同体中的最高教养水平的那些阶级手中……一个公认的事实是,美国民主制就是按这个有缺陷的办法建构起来的,在美国民主制里,共同体中的有高级教养的成员,除了他们中那些甘愿牺牲自身意见和判断标准,从而像奴隶一样为智识上更低劣的人代言的人以外,从不为国会或州立法机关效力,毫无疑问,他们不可能去而复返。假设一个像黑尔先生那样的计划,出于好运,钻入了启蒙后且爱国的美利坚共和国国父们脑中,那么,联邦议会和州议原本会囊括众多杰出人士,民主制也原本会免于遭受它所遭受的最大谴责,且免于陷入它的一个最难克服的恶德。

比例代议制可以确保或至少不排斥社会中最好的那部分人以适宜的方式在政府里担任代表,故只有比例代议制可以把"种种名不副实的民主制(它们如今占主导地位,且是流行的民主制观念的唯一来源)"转化成"唯一真实的那一类民主制",转化成原初意义上的民主制。

出于并非完全无力的理据,有人认为密尔的方案不足以解决问题,哪怕不说毫无价值。也许正因为他在某种程度上意识到这一点,他才转而求助于政治体中的另一部分人。由于代议制议会(representative assemblies)不必然是"全国最伟大的政治心智构成的精英群体"，故他总结道，为了"富有技巧地立法和行政"，人们"出于严格地对国家负责"，必须维护"一群受过专业训练且具有丰富经验的少数人所获得的知识和所实践的智力"。① 密尔似乎暗示，随着民主制的成长和成熟，具有公共精神的智识人士，能够且应该在体制内寻求自己的一席之地，即被任命为高层和中层干部。这种希望预设了，把官僚体制（bureaucracy）转化成名副其实的公仆体制（civil service）是可能的，公仆之所以实实在在地不同于官僚，在于公仆是受过自由教育的人，当他履行职责时，他所受的自由教育会对他施加决定性影响。

请允许我概括一下前面的论证。从现代共和主义的原初概念来看，导致我们目前困境的似乎是人民的宗教教育的败坏，以及人民代表的自由教育的败坏。我所说的宗教教育的败坏，指的不单单是相当大[19]一部分人民不再接受任何宗教教育，但此刻还不需要思考这个事实之外的事。关于能否以我们所能使用的手段恢复宗教教育原来的力量，这个问题超出了本年度阿登庄园学会（Arden House Institute）的讨论范围。可是，我还是忍不住要向你们提出如下问题：我们目前关切成人自由教育，我们目前期待这样的自由教育，不是因为宗教教育的败坏导致了一种空虚吗？这样的自由教育意在发挥宗教教育从前发挥的功能吗？自由教育能够发挥这种功能吗？当然，更容易讨论的是我们困境的另一个方面——统治者自由教育的败坏导致了一种困境。顺着密尔的暗示，我们不得不思考：是否且在什么意义上能够且应该改善未来公仆的教育？换言之，他们目前的教育是不是一种尚可接受的严格意义上的自由教育？如果不是，人们就不得不更宽泛地追问，目前的学院和大学是否提供这样一种自由教育？它们又是否能够得到

---

① 密尔《思考代议制政府》(*Considerations on Representative Government*)，London：Routledge，1905，页93，页95，页101-102，页133-140，页155。

改进？更克制、更恰切也更符合实际的是,思考怎样在某种必要限度内改进政治科学系乃至法学院的教学。我头脑里的改进措施,更多地涉及[教学]重点和[教学]方法,而非[教学]内容:应该更多地鼓励任何可以扩展和深化理解力的措施,而非更多地鼓励哪怕在最佳情况下也只能造就狭隘且不讲原则的效率的措施。

我相信,没人会误解上面的论断,以至于认为我荒谬地主张,教育已不再是一种公共权力或政治权力。然而,人们必然会说,一种新的教育类型,或一种新的教育导向,已经占据支配地位。正如原初意义上的自由教育为古典哲学所支持,这种新的教育也为现代哲学所支持,哪怕不说其自身之存在就来自现代哲学。按照古典哲学,哲人的目的根本不同于非哲人在现实中追求的目的或诸目的。现代哲学之所以产生,是因为哲学的目的被等同于所有人在现实中能够追求的目的。更严格地讲,哲学现在被认为本质上服务于所有人在现实中能够追求的目的。我们已经暗示过,贤人和非哲人之间区别的最终依据,是哲人和非哲人之间的区别。如果真是这样,那么,这意味着,当人们使哲人的意图——在更宽泛的意义上,即本质上超越社会的意图——降级(collapse)为非哲人的意图时,人们就使贤人的意图降级为非贤人的意图。在这方面,现代的哲学概念根本上具有民主性。哲学的目的现在不再是[20]所谓不带功利心地沉思永恒事物,而是从人的阶级[划分]中解脱出来。称得到这样理解的哲学是受了圣经式博爱(charity)的激发,似乎有点道理,这样一来,也许可以把古典意义上的哲学贬斥为异教哲学,贬斥为罪恶的傲慢(sinful pride)所维系的哲学。人们会疑惑,这种受圣经激发的说法的正当性是否得到过论证,甚至还会疑惑,这种说法是否总是在完全真诚的情况下提出的。不论如何,若要进一步澄清问题,同时也与现代[哲学]概念的精神相一致,那么,应该说现代哲人以一种"现实主义的"(realistic)、属地的(earthly)——即便不说乏味的(pedestrian)——[哲学]概念来反对古典哲人"理想主义的"(idealistic)、①属天的(heavenly)——即便不说幻想的(visionary)——[哲学]概念。哲学或科学自身不再是目的,而是服务于属人的权力,服务于一种使人活得更长久、更健康、更富裕的权力。匮乏的经济状况曾是所有早期社会思想心照不宣的预设,此时则应该为富裕的经济状况所取代。科学和手工劳动之间的根本区别,此时也应该为科学家和工程师之间的顺利合作所取代。按照原初的[哲学]概念,掌控这项宏伟事业的人曾是哲人-科学家。他们应该为人民包办一切,可以说不应该有任何事情有待人民去做。因为人民起初相当不信任这批新型术士(sorcerers)的新禀赋,因为人民记得"汝不可容术士存活"②这条戒律。因此,为了让人民愿意接受这些新禀赋,就不得不启蒙人民。这种启蒙就是那种新教育的内核。这与新科学的扩散或大众化并无二致。大众化科学的受众,在最初阶段是伯爵夫人和公爵夫人,而非纺织女工和挤奶女工,而且就措辞之优雅和迷人而言,大众化科学彼时常常超越科学本身。不过,第一步引发了所有后来按部就班的步骤。启蒙注定变成普遍启蒙。种种自然禀赋之间的差异,在传统看来十分重要,但此刻似乎不再重要;方法被证明是一个伟大的东西,令依据自然不平等的诸心智变得平等。尽管发明或发现仍然只是少数人特有的[能力],但其成果可以传遍所有人。为了让人们不再关心彼世至福(bliss),而是为此世幸福而工作,这项伟大事业的领导者并未完全依赖正规教育的影响力。学习没有做的事,还有学习也许做不到的事,都让贸易给做了:新的发明和发现极大地推进和鼓励了贸易,贸易联合了各族人民,其地位超过了宗教,宗教只会分裂各族人民。

可是,我们应该如何处理道德教育呢?把贤人的目的等同于

---

① [译按]在理论哲学上,"现实主义的"和"理想主义的"分别译作"实在论的"和"观念论的"。

② [译按]《圣经·旧约·出埃及记》22:18。

非贤人的目的,这意味着,不再把美德理解成因其本身而值得选择的东西,而是把美德理解成工具:诚信只是最佳策略,它最有利于便利地生活或舒适地自我[21]保存。美德的含义变得狭隘,最终"美德"这个词也遭到废弃。人们不再需要一种真正的转向(conversion),即从对此世之善的前道德——即便不是不道德——关切转向对灵魂之善的关切;人们只需要一种精于算计的过渡(calculating transition),即从未启蒙的自私过渡到启蒙后的自私。其实,甚至这种过渡也并非完全必要。有人曾认为,至少大多数人会明智而良好地行事,只要正确类型的体制(包括政治的和经济的)让其他选择无利可图。于是,人们认为,设计并实行正确类型的体制,比自由教育对性格的塑造更为重要。

然而,我们一刻也不应该忘记,这副图景还有另一面。正义要求社会等级秩序在合理的程度上对应于自然等级秩序。古老方案中缺乏这样的对应,因为[古老方案面临的]基本事实就是[经济状况的]匮乏。随着人们越来越富裕,人们越来越有可能看到并承认,传统的贤良政制观念包含了伪善要素;既有的贤良政制被证明是寡头政制,而非贤良政制。换言之,从"自然不平等与社会不平等之间几乎没关系"这个前提出发,人们越来越容易论证,就实践或政治来说,可以稳妥地认定,所有人依据自然都是平等的,所有人都有相同的自然权利,只要人们在得出"应该给每个人相同的机会"这个结论时,以如下经验之谈为基本前提:在这个今非昔比的物种(the race as distinguished from at the start)[即人类]里,当使用或不用或滥用机会时,自然的不平等发挥了正当(rightful)作用。由此,也就有可能消灭许多不义,或至少消灭许多变得不义的事物。由此,[这种想法]被引入了这个宽容的时代。① 人性化

---

① [译按]这句原文缺主语,今依上下文补"这种想法"(即前一句中"消灭不义"云云)为主语,故本句暗讽宽容的时代对不义太不宽容了。

(humanity)在过去是对待比自身更低的人、对待弱者(underdog)时适用的美德,此刻却变成了至高无上的美德。善良(goodness)变得与同情无别。①

人们本来认为,哲人-科学家应该掌控这项进步事业。由于哲人-科学家没有权力,故他不得不依靠君主展开工作。所以,事实上掌控权在君主手中,尽管是启蒙后的君主。可是,随着启蒙的进步,[哲人-科学家]不再需要君主的监护。权力可以转交给人民。的确,人民并非总是听从哲人-科学家。可是,且不说君主曾经同样如此,社会日渐呈现出如下特征:越来越被迫听从哲人-科学家,只要社会还想维持下去。话说回来,在自上而下的启蒙与人民使用其自由的方式之间,仍然存在一个时间差。甚至可以说这是一场竞赛:人民在被启蒙之前,完全拥有自由吗?如果拥有,那么,人民如何对待其自由,又如何对待他们已然接受的不完美的启蒙呢?一个显而[22]易见的对策是,表面上②造启蒙的反,实际上却造启蒙后的专制的反。据说,人人都有权享有政治自由,人人都有权成为主权者③中的一员,因为人人都有人之尊严——道德存在者之尊严。唯一可以视为无条件地好的事物,不是沉思永恒事物,不是培育心智,更不用说好教养,而是好意图,是每个人都有能力拥有且完全独立于教育的各种好意图。因此,未受过教育的人甚至可能看起来比受过教育的人更占优势:自然的声音,或者道德律(moral law)④的声音,从未受过教育的人口中发出,也许比从智术人士(the sophisticated)口中发出,更清晰也更坚决,因为智术人士

---

① [译按]如不与"同情"无别,则"善良"内在地具有"优异"之义。
② [译按]与句首"显而易见的"为同一个词 apparent,暗示这个显而易见的对策也未必显而易见。
③ [译按]按前文,抽象的主权者是人民,法定的主权者是议会。这两者之间的含混,正是此处要暗示的。
④ [译按]康德《实践理性批判》中的概念。

大抵早就用智术赶走了自己的良知。这种信念不是唯一的起点,也可能不是最好的起点,却是目前对我们来说最方便的起点,便于我们理解当时做出的如下论断:美德是民主制的原则,而且是只属于民主制的原则。由这个论断推出的一个结论是,[必须搞]雅各宾式暴政(Jacobin terror),即不仅惩罚言行,而且惩罚意图。另一个结论是,必须尊重每个人,仅仅因为每个人都是人,而不管他怎样使用其意志或自由;此外,完整的政治权利必须让每个从技术层面来看并非罪犯或疯子的人都实实在在地享有这种尊重,而不管他是否成熟到足以使用那些权利。这番论证让人记起那番因受到洛克批评而不朽的论证,其结论是,对于一位僭主式王者,也许唯有带着对他的敬畏,人们才确实可以砍掉他的头。所以,这番论证仍然处于在下的政治自由和自上而下的启蒙之间的竞赛之中。

到此为止,我一直在谈哲人-科学家。这等于说,我一直假定,原初的[哲学]概念,即 17 世纪的[哲学]概念,仍有效力。但在这期间,哲学和科学已经决裂:哲人不必是科学家,科学家也不必是哲人。只有哲学博士①这个头衔还在沿用,让人忆起往昔。在这两种从此决裂的心智能力中,科学获得了至高地位;科学是我们时代唯一的权威,在我们的时代,可以说科学得到了普遍认可。这样的科学在本质上不再与智慧有任何干系。如果一位科学家,甚至一位大科学家,在政治领域或私人领域是一个智慧之人,那么这纯属巧合。我们现在看到的不是宗教教育和自由教育之间的张力——那富有生机且令人变得高贵的张力——而是民主政制风尚(ethos)和专家政制(technocracy)风尚之间的张力。在过去 70 年里,越来越多人认为,不可能存在有关"价值"的科学的、理性的知识,也就是说,科学或理性没有能力区分善的目的和恶的目的。不可否认,由于功利主义习惯的残留,一般来讲的科学家[23]和特

---

① [译按]Ph. D,用于指称所有学科的博士学位。

殊而言的社会科学家,都仍然在许多情况下想当然地认为,健康、适当的长寿、富裕是好东西,而且科学必须想方设法确保或获得这些东西。但这些目的不再能够主张它们曾经拥有的理由,现在它们似乎为某些欲望所支撑,这些欲望并非"客观地"高于与之对立的欲望。由于科学不能论证,科学想方设法追求的目的是正当的,故科学在实践中被迫去满足它的顾客所追求的目的,这些目的也是科学家个人碰巧所属的社会所追求的目的,从而在许多情况下也是大众所追求的目的。在此我们必须忽略一些更古老的传统,这些传统幸运地仍然保留着它们从前的某些权力;我们必须忽略这些传统,是因为随着时间的流逝,它们的权力越来越受到侵蚀。如果我们此刻只观察我们时代独有的事物,或者说我们时代的特征,那么,我们几乎只会看到,大众的品味与高标准的但严格说来不讲原则的效率在相互起作用。面对大众的要求,专家们无条件地响应(responsive),哪怕不是负责(responsible);但大众本身无法为任何事而对任何人或任何事负责。正是在这种情况下,我们这些人,还有这个国家里的其他一些人,提出了有关自由教育与责任的问题。

在这种情况下,没有受过充分教育的人,必定过于强烈地影响教育——影响对教育目的和手段的决策。此外,科学进步导致越来越专业化,其结果是,一个人之所以值得尊重,变得有赖于他是一位专家。为了让人类变得广博而深刻,科学教育有丧失自身价值的危险。基于此而可能存在的唯一普遍的科学——逻辑学或方法论——把自身变成了既属于专家也为了专家的事务。所以,人们在一种新型的普遍主义中寻求专业化的补救办法——可我们时空视野的扩大使这种普遍主义变得几乎不可避免。我们正试着破除专业化的狭隘,我们的方法是让一般性文明课程之类的东西变得肤浅,或者把所有民族所有方面(经济的、科学的、艺术的、宗教的、政治的)历史拍成不间断的电影(可以这样恰当地比喻)——电影当然不同于画展。由此产生的宏大景观，在最好的情况下，也仅仅令人兴奋，令人愉快，而非给人启迪，给人教益。比起按照我们时代的主导精神写就的卷帙浩繁的书籍，希罗多德的一百页书——不，十页书——便可以远远更好地为我们介绍属人事物单一性和多样性的神秘统一。此外，人们无法再把属人的卓越或美德视为人性的完美；依据自然，人本来倾向于这种完美，或者说人的爱欲(eros)本来以这种完美为目标。由于人们认为"价值"实际上具有习俗性，故道德教育让位于［对人进行］调节(conditioning)——更准确地说，即以语言等象征手段来［对人进行］调节——或者说让位于令人适应自身所在的社会。

[24]那么，在大众民主制之中，自由教育有何前景？接受自由教育的人在民主制之中再次变成一股力量，这一点又有何前景？我们不被允许做民主制的谄媚者，正因为我们是民主制的朋友和盟友。尽管民主制使自身和属人卓越一并暴露于重重危险之中，而且我们不被允许对这些危险保持沉默，但我们不能忘记一个明摆着的事实，即民主制给所有人自由，故它也把自由给了那些关心属人卓越的人。没人阻止我们培育我们的菜园，也没人阻止我们设立一些前哨，也许许多公民会认为，这些前哨有益于共和国，且配得上为共和国定调。不必说，尽最大的努力是成功的必要条件，尽管绝非充分条件。因为"人们能够永远满怀希望，而不必听天由命，不管面临什么命运、什么艰辛"。① 我们的确被迫做专家，但我们能够试着在一些最重要的事上做专家，或者说得更简单也更高贵一些，在一件必要的事(the one thing needful)②上做专家。照目前的情况，我们可以期望，从正确理解的人文学问那儿，而非从

---

① ［译按］马基雅维利《论李维》，卷二，章29，结尾。
② ［译按］《圣经·新约·路加福音》10:42；尼采《快乐的科学》，卷四，节290。

那些科学那儿，获得更直接的帮助，换言之，从敏感而精致的精神那儿，而非从几何学的精神那儿，①获得更直接的帮助。如果我没有弄错，这就是为什么自由教育如今几乎等于一起阅读伟大的书。也许再没有比这更好的开端了。

我们不应该期望，自由教育有一天能够变成普遍教育。接受自由教育将永远是一群少数人的义务和特权。我们也不能期望，受过自由教育的人会凭其自身权利而成为一股政治权力。因为我们不能期望，自由教育会引导所有受惠于它的人去以同一种方式理解他们的公民责任，或者说自由教育会引导他们在政治上达成一致。马克思和尼采，曾在一个我们甚至不可能奢望企及的水平上接受自由教育。不过，也许我们可以说，他们伟大的（grandiose）②挫败使经历过这些挫败的我们更容易重新理解一句古话，即智慧不能与节制相互分离，从而也更容易理解，智慧要求[人们]毫不犹豫地忠诚于一种体面的宪法，乃至宪政主义（constitutionalism）事业。节制将保护我们免于陷入两个相伴而生的危险，一个是对政治抱有幻想性期望，另一个是缺乏男子气地鄙视政治。由此，我们会重新认识到，③所有受过自由教育的人都将是政治上节制的人。正是以这种方式，自由教育会重新获得一个发言机会，甚至是一个在市场上发言的机会。

对于我们的疾病，如果不事先诚实地诊断，那么，有关治疗的任何思考都不可能有任何价值——诚实的诊断就是，无论是毫无根据的希望，还是对既存权力的畏惧，都歪曲不了的诊断。我们必须认识到，我们必须在几乎反对希望的情况下抱有希望（hope almost against hope）。我这么说时，完全抽离于一些威胁我们的危

---

① [译按]关于这两种精神，参帕斯卡尔《思想录》，章1，节1。
② [译按]这个具有意大利语词源的词似乎暗示，这种伟大与马基雅维利有关。
③ [译按]it may again become true that，直译当为"如下这一点会重新变得千真万确"。

险，这些危险来自一位野蛮、残忍、心智闭塞、狡猾的外敌：如果可以控制他，那么，控制他的［25］只会是一种正当的畏惧，即畏惧任何会埋葬我们的东西同样会埋葬他。在思考如何治疗时，我们会被迫满足于治标。但我们不应该误把治标当作治本。我们必须牢记，对成年人施行自由教育，不只是正义地对待某些成年人，他们少年时因贫穷而被剥夺了他们依据自然而适合接受的一种教育。对成年人施行自由教育，如今还必须弥补一种仅仅在名义上或在礼节上自由的教育之缺陷。最后但并非最次要的是，自由教育关心人的灵魂，故对机器几乎没用，或根本没用。如果自由教育变成了一台机器，或一个产业，它就变得与娱乐产业无别了，除了在收益和人气上，在浮夸和魅惑上［更为逊色以外］。其实，自由教育是学习倾听平静而轻柔的声音，故也是对喇叭充耳不闻。① 自由教育追寻光明，也正因如此而避开舞台之光（limelight）。

---

① ［译按］《什么是自由教育？》一文在第［5］页说过，"这个平静而轻柔的声音如今已经变成了一个大功率喇叭"。

三　古典政治哲学的自由主义

刘　振　译

[26]古典政治哲学——发端于苏格拉底并由柏拉图和亚里士多德论述的政治哲学——今天一般被斥为过时。人们据以拒斥它的两个理由之间的差异,且不说两者之彼此不相容,对应于统治我们时代的两个学派亦即实证主义与存在主义之间的差异。实证主义之拒斥古典政治哲学,是因为将其模式视为不科学,将其实质视为不民主。这些理由之间存在一个张力,因为,根据实证主义,科学不能证实任何价值判断,因此科学根本不能因为一个学说不科学而拒斥它。但是,"心灵有理性所不知道的理由",实证主义事实上没有心灵,但许多实证主义者拥有心灵。不仅如此,在如今的实证主义与对某种民主制的同情之间有一种联系;那种联系源于实证主义产生于其中的不仅仅是方法论上的大背景,或者源于实证主义无力阐明的诸多隐含前提,因为它本质上无力将自身看作一个问题。可以说,实证主义比我们所知的任何立场都更独断。实证主义能够获得这一胜利,是因为它能够表现得十分具有怀疑精神;它是那种基于怀疑论的独断论的表达,怀疑论在这里完全向其信奉者掩盖了独断论。它是现代理性主义表现出的最近形式,而且很有可能是最后形式;它是那种现代理性主义的危机在其中对每个人变得几乎显而易见的形式。一旦它对一个人变得显而易

见,他就已经放弃了实证主义,而且,如果他坚持诸多现代前提,他除了转向存在主义就别无选择。

存在主义直面实证主义面临但并未把握的处境:理性已经变得极端成问题这一事实。[27]根据实证主义,最初的前提不是自明和必然的,相反,它们要么是纯粹事实性的,要么习俗性的(conventional)。根据存在主义,它们在某种意义上是必然的,但它们肯定不是自明的:一切思想都建立在非自明但并非任意的前提之上。人受制于他无法掌握或理解的力量,这些力量在不同的历史时代以不同的方式展现出来。因此,古典政治哲学应该被斥为非历史的或理性主义的(rationalistic)。它是理性主义的,是因为它否认理性在根本上依赖于语言,而语言总是这种或那种语言,一个历史的共同体的语言,一个不是被造而是生长出来的共同体的语言。我们不能用其自身本质上的希腊性(Greekness)来描述古典政治哲学。不仅如此,由于否认人的思想依赖于他不能理解的力量,古典政治哲学是非宗教的(irreligious)。它实际上否定了无宗教的(areligious)的公民社会的可能,但它使宗教从属于政治。例如,在《王制》(*Republic*)中,柏拉图将神圣之物归结为有用之物;亚里士多德说城邦是自然的,他暗示的是城邦不像荷马笔下神圣的特洛伊那样是神圣的;亚里士多德将对神圣事物的关切列在"第五和第一"位,从而揭示了宗教在其体系中的可疑地位:只有过于年老不能从事政治活动的公民才应该成为祭司。

哈夫洛克(Eric A Havelock)在其《希腊政治的自由特性》①一书中从实证主义观点看待古典政治哲学。然而,他所信奉的学说是个有些过时的实证主义版本。根据他的理解,对社会的实证研究是"描述的",反对"价值判断"(页120、页368),但这并不妨碍他倾向于那些将"历史看作进步"的人。社会科学家不能谈论进步,

---

① New Haven: Yale University Press, 1957.

除非价值判断能够是客观的。因此,最新的或前后一致的实证主义者会避免谈论进步,而是谈论变化。与此类似,哈夫洛克似乎接受了原始人或野蛮人与文明人的区分(页 186-188),而前后一致的实证主义者不会谈论野蛮人,而是尚无文字的人(preliterate men),并且断言尚无文字的人具有的"文明"或"文化"与有文字的人相比,既不更高,也不更低。不要错误地相信今天的实证主义者完全前后一致,或者,他之所以小心地避免"价值"语词,完全是出于其方法上的严谨(puritanism);他的心告诉他,一旦人们承认"文化"的不平等,人们就不能基于道德理由谴责殖民主义。因此,只是当哈夫洛克将自己的观点描述为自由主义而非实证主义之时,他也许才比前后一致的实证主义者更聪明或更坦白。可是,这并未完全消除困难。"因为,自由主义者要在现实中发现,因此他当前的政治制度也应该被看作既定的。"这意味着,在此时此地自由主义者会将美国民主制看作既定的,并且因而会"以经验和描述的方式关注这种政治[28]机制"。这是对典型的实证主义政治科学的一个很好的描述。可是,哈夫洛克赞扬这些自由主义者为"捍卫民主制"而写作(参页 123 和 155)。

那么,什么是自由主义者呢?一个在 1939 年将"当前的政治制度看作既定的"并且对其进行"经验分析"的德国社会科学家本身是一个自由主义者吗?如果是的话,那么一个自由主义者就不是一个具有强烈道德或政治信念的人,这似乎不符合这个词的一般含义。可是,从哈夫洛克的"序言"来看,似乎自由主义者将所有政治和道德信念都看作"可协商的"。因为他是极度宽容的。哈夫洛克将这个隐含的行为准则运用于今天美国与苏俄的关系。人们能从他的书中知道的不过是,面对西方民主政制与法西斯政体在慕尼黑会议时期的冲突,他会给出同样的建议。无论如何,他似乎没有考虑过如下问题:在面对无条件的不宽容(Intolerance)之时,宽容(Tolerance)是否还能维持,或者,人们是否不应该最终回到不"可协商的""道德信念"？在几乎所有这些方面,哈夫洛克都是自由主义者,就这个词如今(here and now)的一般用法而言。

最初,一个自由主义者是这样一个人,他以一种成为自由人而非奴隶的方式行动。根据古典的分析,自由是一种与使用财富有关,因而尤其与给予有关的德性:自由人(the liberal man)在适当的情况下乐于拿出自己的东西,因为这是高贵的做法,这并非出于算计;所以,变得富有或保持富有对他来说并不容易;自由与挥霍的对立,不及它与卑鄙(贪婪和吝啬)的对立。这个狭义的自由如何从广义而来,很容易看到。在日常生活亦即和平的生活中,一个人处理其财物的方式,提供了表现一个人拥有自由人还是奴隶品质的最通常的机会;大多数人崇尚财富,因而表现出他们是财富的奴隶;以成为自由人的方式行动的人,主要表现为亚里士多德所描述的意义上的自由人。他知道,某些活动,因而尤其某些科学和技艺——自由的科学和技艺——因其自身值得追求,不论它们对于满足低等需要有何用处。他将灵魂的好处置于身体的好处之上。因此,自由只是人的卓越或高尚正派的一个方面,如果说它不是它们的一个名称。最高层面的自由人最看重精神及其卓越,并且意识到如下事实,人至多是自主的(autonomous),或者说不服从任何权威,尽管在所有其他方面,他服从这样的权威——为了值得敬重或真正成为权威,这个权威必须依稀反映绝对最高的权威。自由人不能成为僭主或主人的臣民,[29] 就几乎所有实践目的而言,他会成为一个共和主义者。古典政治哲学在原初含义上是自由的。

就我们眼下的目的而言,没有必要纠缠"自由"这个词自 19 世纪早期以来经历的一系列变化。那些变化是现代政治哲学——现代政治哲学的基础和结果——取代古典政治哲学的结果。在这种取代完成之前,自由有时候是指缺少约束,且不说无法无天。由于更为晚近的变化,"自由"的含义变得几乎与它的原初含义相反;原初含义几乎从"常识"中消失了。引用哈夫洛克的话说：

> 就自由这个词在应用于政治学之时的任何常识定义来说，当然可以认为柏拉图不是一个自由主义思想家。（页19）

哈夫洛克对自由主义的理解，无论就实质还是模式而言，都与如今的常识理解几乎没区别。根据他的理解，自由主义更强调自由而非权威；它认为权威完全从社会派生而来，而社会是自发的或自动的，不是人建立的；它否认任何确定规范的存在：规范是对需要的反应，随着需要变化；需要的变化和对它们的反应具有一个模式：存在一个进步的历史过程，但是，这个过程并不朝向一个终点或顶点，或者说，它是"零散的"（页123）；自由主义将这个历史过程看作连续的演化过程；它之所以是历史的，是因为它将人的诸多性质看作获得的，而非给定的（given）；它是乐观而激进的；它是"一种真正的、不受罪感驱动的人文主义"；它是民主而平等的；因此，它较少将历史变化因而道德归因于杰出人物，而是将它们归因于诸多群体及其压力，这些压力"在群体成员的教育活动中表现出具体形式"；它完全同情技术社会和国际商业体系；它是经验的和实用的；最后但并非最不重要的一点，它是自然主义或科学的，也就是说，它是非神学、非形而上学的。

哈夫洛克对自由主义的理解，在两点上不同于流俗理解。首先，他认为必须在古代希腊寻找自由主义的历史根源。根据一般观点，自由主义的来源是在洛克的《政府论下篇》和《独立宣言》这类作品中出现的。但是，哈夫洛克觉得这些作品传达的学说严格来说不是自由的，因为，它立足于自然权利假设，亦即关于一个绝对事物的假设；所以，那种学说仍然太柏拉图（Platonic），从而不是自由的（页15-18）。纯粹的自由主义要么存在于完全摒弃柏拉图主义之后，要么存在于它产生之前。用我们的话说，现代历史主义与古代习俗主义之间(这种观点认为所有正确都是习俗性的,或者说,没有任何正确是自然的)有某种亲缘关系。哈夫洛克主张,[30]在前柏拉图或前苏格拉底思想中存在一种纯粹的自由主义;尽管它意味着"对人类之间自然正义的不安感觉"(页377),它拒绝了自然正义。可以说,哈夫洛克的历史意见在如下主张中找到了完全表达:虽然柏拉图、亚里士多德和《旧约》造成了西方思想的权威主义路线,《新约》和某些希腊智术师、唯物主义者、不可知论者(agnostics)或者无神论者造成了其自由主义路线(页259、页376)。人们也许会觉得奇怪,一种认为道德信念可协商的观点却被视为与《新约》和谐一致。但是,哈夫洛克或许主要考虑的是《新约》反对抵抗恶的禁令或建议,以及高尔吉亚的一个学生——与苏格拉底的一个学生不同——没有对作恶者实施惩罚。尽管如此,人们很容易将哈夫洛克的自由主义描述成一个古典学者的某种基督教自由主义。但是,人们必须抵制这种看法,因为哈夫洛克强烈反对从"基督教的出世影响"发展而来的"道德或理想与私利或自私之间的基本分裂",除非人们假定,在哈夫洛克看来"原初基督教"(页18)并不出世。他的如下评论似乎可以解决这个问题:"无论多么人性,宗教永远不宽容纯粹世俗的思想。"(页161)

  我们曾经一度面对这样的意见,柏拉图、亚里士多德同智术师的关系,就像德国观念论者同法国大革命理论家的关系。1789年那些原则的朋友和敌人都可能持有这个意见。哈夫洛克的主张是这个意见的一个新近的因而简化的版本。通过不断谈论"希腊自由派",他表示古代希腊以与现代同样的方式划定了战线:自由派与正统和权威主义者势不两立(页18、页73)。他明确主张,古代希腊有一种"自由-历史观"——到亚里士多德时代,这种观念已经"完全成形"——而且,提出这种观念的思想家以一种非偶然的方式,将一种非神学、非形而上学的历史人类学或历史哲学与对普通人或至少对民主制的信仰结合在一起(页11、页18、页32、页155)。我们相信,每个人都同意或已经同意,在柏拉图之前已经有人是"唯物主义者",并且同时断言,就"神"这个词的所有含义而言,宇宙未经神的力量产生。这些人因此断言,人和所有其他有生命的存在都是从无生命的存在中、经由无生命的存在而产生的,而且,人的起源是卑微野蛮的;与其起源相比,现今的人类生活预设了一个经过人的努力和人的发明而达到的进步;道德——正确和高贵——的唯一源头是人。但是,这个学说或这一套学说,只是自由主义的必要[31]条件,绝非其充分条件。实际上,这对于今天的自由主义和其古代对应物都一样。可是,在一次谈到一种"'达尔文主义'和'行为主义'"的古代学说之时,哈夫洛克说,在使用这些形容之时,他使用的是"一个非常松散的类比"(页34)。仅仅提到达尔文主义或许就足以揭示进化论与自由主义之间的联系的可疑性质。我们尤其有理由期待,一个不厌其烦地谈论科学的人,会充分澄清为什么这个类比是松散的,或者换句话说,会澄清现代自由主义与其古代对应物的根本区别。哈夫洛克让这种期待落空了。他认为,"人是一种动物"、"人只是一种动物"或"人只是一种特殊的动物",是自由主义者的特有论点(页107-110);但是,正如亚里士多德对人的定义充分表明的那样,这个论点不可能是自由主义的特有的。自由主义和非自由主义分道扬镳的起点是,非自由主义者对人作为"一种特殊动物"的意义提出了疑问。就算人像任何其他动物一样是元素的结合,可是,这些元素在人身上的结合从一开始就与其他动物不一样:只有人能获得"那些使他显然"与其他动物不同的"要素"(参页75-76);人是唯一能观察或仰望宇宙的动物;他的"特性"的这个必然结果,很容易就能推导出非自由主义的结论:专属于人的生活是致力于沉思的生活,与行动的生活或生产的生活不同。不仅如此,如果宇宙是生成的,它就还会消亡,这种生成和消亡已经发生过,还会发生无数次;存在或将会存在无限多个相互连续的宇宙。

在这里,是否可能存在一个没有人的宇宙的问题就出现了:人对于这个宇宙、对于任何宇宙是否是偶然的？换句话说，在人和其他动物出现之前，事情的状态是否是一个与它们出现之后的状态等量齐观的宇宙状态，或者，这两种状态作为混沌（chaos）与秩序（kosmos）彼此有根本区别？自由主义者断言，人的存在对于宇宙是偶然的，混沌与秩序只是这个宇宙的两种不同状态。但是，他们的古希腊前辈——"希腊的人类学家"同意他们吗？再者，正如宇宙的生成之后是它的消亡，文明的生成之后也是它的衰落："历史的过程"不完全是进步的，而是循环的。众所周知，这并不影响自由主义者"不可救药的乐观主义"（页69），但它也许影响了他们的希腊前辈；它也许使他们更少看重致力于社会建制进步的活动，这些建制必然走向衰落，而是更看重理解这个过程的永久根基或性质，或者，理解这个过程[32]在其中发生并限制着这个过程的整全（参页253）；这个限制不是人设定的，它超出人能凭借其努力和发明造就的一切；它是超人类的或神圣的。不仅如此，人们可以同意进步完全源于人的努力和发明，却将进步主要归因于一些杰出人物的罕见而不连续的行动；"进步主义"并不必然等于那种显然属于自由主义之本质的"渐进主义"（gradualism）。最后，自由主义是经验的或实用的；因此，它不能断言，因果原则（没有东西可以从无之中、经由无生成）显然和必然正确。另一方面，希腊的人类学家或者毋宁说"生物学家"，看起来的确认为这个原则显然是正确的，因为他们理解感官知觉和逻各斯的方式与自由主义者不同。毫不夸张地说，哈夫洛克从未面对自由主义者与其希腊前辈之间可能的根本区别问题。因为，人们不能说，通过断言相信进步的希腊人"也许是在一个宇宙循环的框架下持有这个观点的"，以及"影响人类历史和道德基本哲学问题是我们如今生活在倒退还是进步中"（页405），哈夫洛克就面对了那个问题。显然，这根本不影响已经表明的考虑。同时，为了证明一个特定的希腊思想家是一个自由主义者，哈夫洛克现在被迫证明这个思想家认为自己生活"在进步中"。事与愿违,他无法通过表明这个思想家认为他的时代高于野蛮的开端,从而证实这一点,因为最终毁灭之前的任何时代都高于最初的年代。他也不能通过表明这个思想家相信自己生活在这个过程的顶点,从而证实这一点,因为这个信念暗示,将来不会再有任何进步可言。这一切意味着,他不能证明,存在着哪怕一个希腊自由主义思想家。

哈夫洛克意识到了他的工作的一个大障碍。保守地说,我们对希腊自由主义者知之甚少;保留下来的至多只是他们的作品残篇以及关于他们的教学、事迹和遭遇的记载。要克服这个困难,哈夫洛克必须想出一个合适的做法。他将他的论证分为两个部分,第一个处理人类学或历史哲学,第二个处理政治学说。根据主题的要求,他对第一部分做了整个细分,对第二部分做了一定程度细分。正统先于自由主义(页73),他先陈述正统或神学观点,然后陈述自由主义或科学观点,最后陈述正统与自由主义观点的折中,实际上也就是(柏拉图和亚里士多德的)形而上学观点。这样一来,他就不声不响地用一个看起来是辩证框架的东西取代了孔德的(Comtian)框架,像孔德的框架一样,这个框架预示着自由主义前途堪忧。考虑到解释残篇的巨大困难,[33]尤其在"现存残本……极为匮乏"的情况下(页123),他明智地从那些被认为包含自由主义学说的完整著作入手,仅仅在此后才转向残篇。但是,他没有从整体上对待这些完整作品;他把它们当作采石场,他不假思索地从中取出看起来本身可以直接辨认出来的自由主义宝石;在并非面对残篇之时,他就创造残篇。此外,他在其论证的第一个基本部分使用的十本书,有四本是诗作,而诗人"不是记录者";有一本是史书,出自基督教之前的第一个世纪,因而显然不是前柏拉图思想的好材料(页64、页73);其余是柏拉图对话——柏拉图也"不是一个记录者"——和亚里士多德的《政治学》(*Politics*)。过分关注如下事实,或许有些小题大作:有时候,在柏拉图没有宣称要报告的特定段落中,哈夫洛克在没有证据的情况下毫不犹豫地断言,"柏拉图报告说"(页181)。因为总体来说,哈夫洛克非常不信任柏拉图和亚里士多德关于其前辈的说法。所以,除了从确凿无疑的前柏拉图诗作(prose works),亦即从希罗多德和修昔底德入手,看起来哈夫洛克在重建前柏拉图社会科学之时无法合理地采取其他做法了。哈夫洛克明确拒绝由此入手,理由是希罗多德和修昔底德是史家,而非科学家;或者说,他们的作品包含的只是"具体的观察",而非"一般的体系化"(页405-406)。但是,"具体观察"难道不是基于诸多一般前提?如果一个今天的古典思想史家能够了解布拉德莱(Bradley)、边沁、鲍桑葵(Bosanquet)、达尔文、杜威、弗洛伊德、格林(Green)、格劳秀斯、黑格尔、霍布斯、休谟、詹姆斯(James)、康德、莱布尼茨、洛克、马基亚维利、马克思、密尔、牛顿、卢梭、斯宾塞(见哈夫洛克此书索引),那么,希罗多德和修昔底德很可能也听说过某个希腊人类学家,细读他们的史书就可能发现指导其"具体观察"的"一般的体系化"。哈夫洛克本人偶尔瞥见这个可能(例如页414)。使哈夫洛克的做法看起来免于困境的是他的意思,无论如何,就"更早的智术师"而言,这些材料是"不完善、不准确的,将它们拼到一起形成一个连贯图景需要语文学训练和大量的技巧,也需要进行总体判断,这种判断必须容许搁置某些事情"(页157、页230)。我们必须考虑,他的做法是否符合他的说法,或者,他是否展示了他不禁宣称对其事业必不可少的那些德性。

自由主义暗含一种历史哲学。在这个语境下,"历史"指的不是一种探究或一种探究的结果,而毋宁说是一种探究的对象或一个"实在的维度"。既然派生出历史的那个希腊词没有后一种含义,那么,至少在人们为这种归属找到恰当的基础之前,语文学训练不会让人们将一种历史哲学归属于任何希腊思想家。[34]哈夫洛克的想法和做法则不同:他的作者们没有就这个语词的派生含义谈论历史,他就让他们这样谈,从而将他们转化为现代思想家,即使不是直接转化为自由主义者。比如,他用"历史"(History)来翻译"生成"或"所有人类事物",他也以加括号或不加括号的方式将"历史"塞进古代格言中(页62、页94、页108、页115)。

自由主义的独特论断似乎是,人因而也包括道德,不是"一个确定的量";人的自然——因而也捎带着道德——本质上是变动的;这种变动构成了历史;人通过历史从极不完美的开端发展为一个文明的或人性的(humane)存在。自由主义的对手似乎断言,人的自然不变动,道德是非时间性的或先天的(a priori),人的开端是完美的(页27-29、页35、页40、页44-45)。但是,仍不清楚且哈夫洛克也没有澄清的一点是,断言人的自然不变动与断言人的开端是完美的——亦即高于当前状态——之间存在必然联系。我们且不说柏拉图和亚里士多德,只要回忆18世纪的进步主义,就会消除这种混乱。尽管如此,正如哈夫洛克书中相关章节的标题表明的那样,他关心的主要是人在开端时的地位问题。

前自由主义的或正统的观点必须被哈夫洛克理解为如下信念,人的开端是绝对完美的,人的原初状态是伊甸园或黄金时代,在这种状态中,上帝或诸神把人养活得很好,人不需要劳作和技术,在这种状态中,除了像孩童一样服从,对人没有任何要求:不完美或痛苦,因而还有劳作和技艺的需要,源于人的错误或罪(guilt);但这些人为的补救远远不够。正统将历史看作倒退(Regress)。"古典希腊关于伊甸之梦的表述"出现在赫西俄德《劳作与时日》(Works and Days)对黄金时代的论述中。根据哈夫洛克,黄金时代与伊甸园之间的对比不是一个松散的类比:"赫西俄德的描述表达了一个不可避免的观点,人由于吃了知识树的果实而失去了伊甸园。"(页36)赫西俄德"对五个时代的著名论述"包含"三代人三次连续失败的故事"(页37),这些失败在当前达到顶点,当前时代是所有五个时代中最坏的。在赫西俄德的论述中,哈夫洛克听出了"真正的社会道德批判的口吻"。可是,他又不能严肃对待赫西俄德:赫西俄德对第五个或当前时代的论述,"读起来像一个逐渐老去的保守分子经年累月的愤怒抱怨,这个保守分子的顽固习惯和官能无法适应年轻或不断变动的状况"。所以,哈夫洛克为自己在用不到五页篇幅谈论赫西俄德之后"仍然流连于赫西俄德"表示抱歉[35]——这五页的相当一部分篇幅仅仅在罗列赫西俄德提到的条目(页40)。

所以,哈夫洛克认为,根据赫西俄德,人由于他的罪而失去伊甸园。可是,在五个连续的族类中,只有三个是"失败"。第一个黄金族类不是一个失败。没有任何证据表明,它的终结是因为人的罪。黄金族类生活在克洛诺斯(Kronos)之下;接下来的白银族类,被宙斯藏了起来;最后三个族类明显被说成是宙斯"所造"。所以,正如哈夫洛克在另一个语境下所说,似乎当宙斯"接替了克洛诺斯的王位……人的堕落就开始了"(页53):黄金族类的毁灭是由于宙斯夺取了克洛诺斯的王位。宙斯显然不想或不能创造一个自己的黄金族类。至少,人们并不完全清楚,根据赫西俄德,银、铜、铁族的失败是否最终源于宙斯头脑发热或缺乏技艺(workmanship),而非源于人的错误。"希伯来的类比……常常能误导人。"(页137)然而,宙斯所造的其中一个族类,也就是第四个族类——英雄和半神的族类,目前比宙斯创造或统治的其他三个族类优越(superior);第四个族类中的有些人是如此卓越(excellent),以至于他们又由克洛诺斯统治,即使是在他们死后。哈夫洛克没有解释,为什么赫西俄德赋予半神的位置,处于更低的铜族和还要更低的铁族之间。当柏拉图在《王制》中采用赫西俄德的框架之时,他解释了为什么或暗示了在哪个方面第四个族类——更确切地说是第四种政制——几乎等同于第一种政制:第一种政制是哲人们的统治,第四种政制是民主制,亦即除第一种政制之外唯一一种哲人在其中能够生活或能够自由生活的政制(546e - 547a1、557d4、558a8)。由于无需多言的原因,人们不能用柏拉图的改编(variation)理解原本。恰当地说,根据赫西俄德,第五个族类或铁族未必是最后一个族类:接替铁时代的时代可能比它优越,或者比当前的时代优越,它本身绝非一无是处(《劳作与时日》174-175、179)。赫西俄德会认为,在一个好一些的族类之后总是一个差一些的族类,这个族类之后总是一个好一些的族类,如此反复,直到宙斯的时代(或者我们所知的人类生活)走向终结?证据表明,这种看法比工人的解释更"无可避免"。人们无论如何不能说,赫西俄德认为"历史是倒退"。

应该如何理解赫西俄德关于五个族类的论述,取决于它所在的语境。就其直接语境而言,它是三个故事中的第二个;第一个故事是普罗米修斯和潘多拉的故事,第三个故事是鹰与夜莺的传说。[36]哈夫洛克关于第一个故事只有寥寥数语,在这个故事中,劳作被说成一种诅咒,但他只字不提第三个故事,尽管它与希腊自由主义的历史密切相关。当鹰用爪子紧紧抓住夜莺,带着她在云端高飞时,鹰对夜莺说:"试图对抗强者的人是傻瓜,因为他永远胜不了强者,他会遭受痛苦和耻辱。"这个王者相信他完全掌握了这个歌者的命运,但这个歌者或私人有他自己的力量——一种超越王者力量的力量(《神谱》94-103)。至于这个故事以及五个族类的故事的更大语境,则是作为整体的《劳作与时日》。这部诗作整体上讲的是,必须在何时、如何从事各种"劳作",尤其是农事,以及对于各种目的,哪些"时日"是吉时,哪些不是;在关于劳作与时日的描述之前,是对劳作的规劝——劳作被看作正义之人唯一应做之事,也被看作一种赐福(blessing)——是回答诸神为何强迫人类劳作的问题,以及赞美王者宙斯,正义的护卫者,他凭自己的意愿赐福正义之人、惩戒傲慢之人(《劳作与时日》267-273)。看起来,有两种生活方式:不正义的懒惰者的生活方式和正义的劳作者尤其农人的生活方式。更细致的考察表明,至少有三种生活方式,分别对应三种人:自身明智的人,听从前者并服从他们的人,以及自身既不明智也不通过听从别人而明智的人。自身明智的人,因此能够说得好、说得明智,是所有人当中最好的,在最高层面上就是歌者。作为歌者的歌者既不劳作,也不懒惰。他的行为属于黑夜,不属于"白天"(days)。歌超越了必须被超越的最初对立,因为劳作是含混的:劳作既是诅咒,也是赐福。辛劳是遗忘(Forgetting)的兄弟(《神谱》226-227),而缪斯(Muses)是记忆(Memory)的女儿。歌超越了最初的对立,因为它的最高主题——宙斯——超越了它。

哈夫洛克不关心赫西俄德关于完美开端的故事语境,因为他过于确信自己对所有问题的回答。与"性幻灭"相结合的"早期农业经济""通过实行倒退"带来了"希望的实现";这种"倒退的视野"结合了"一种先天知识论"(页36、页40)。由当前的西方人或者毋宁说当前一种特殊类型的西方人的看法产生的一种心理学和一种社会学,以如此方式取代了真正的语境,充当了理解过去的人和社会的关键,以至于这些当前之物产生的"先天知识论"不允许存在的现象从未引起注意。这个循环,作为一个循环,必然是封闭的。但心灵也封闭了。这是试图用无比浅薄粗糙的思想之网捕捉深刻精妙的思想。

[37]我们的引文已经充分证明,哈夫洛克想当然地认为,是现代社会科学而非赫西俄德理解了发生在赫西俄德身上或对于赫西俄德发生的事情。至于赫西俄德拥有一种知识论的论断,不像它听起来那么荒谬。赫西俄德反思了他的知识来源。他的《劳作与时日》源于三个不同的来源:他的经验、世人之言和缪斯的教诲。比如,他关于农事的教诲源于他的经验,不过,由于他对航海少有经验,他关于航海的教诲十分倚重缪斯的教导(《劳作与时日》646-662、803)。那些将要存在的事物、早先时代的事物以及永生的诸神,缪斯的教导似乎对于关于它们的知识——亦即向只能经验现存事物的人类隐藏的知识——必不可少。然而,缪斯们在夜间外出,掩藏在浓雾之中。或者,像她们对赫西俄德所说,她们知道如何言说与真理相似的谎言,但她们也知道如何歌唱真实的事物,

只要她们愿意(《神谱》9-10、27-28)。就我们所知,缪斯并不总是告诉赫西俄德,她们的哪些故事是真实的,哪些不是。当然,赫西俄德没有告诉我们,他的哪些故事是真实的,哪些不是。必须在劳作中光膀子的是农人,而不是歌者(《劳作与时日》391-392)。根据赫西俄德的知识,且不说根据他的意图,赫西俄德的教诲是含混的。这种含混的一个表现形式是自相矛盾。考虑到缪斯是宙斯的女儿,我们怀疑她们是否像教导铁时代的几个人一样教导克洛诺斯时代的人,两个时代之间在这一点上的可能差异是否没有影响赫西俄德关于黄金时代的个人判断。

我们的结论是,通过解释赫西俄德而开启对"回归主义"(regressivist)的讨论并不明智。更明智的做法是,从我们在亚里士多德《政治学》第二卷中发现的对进步问题的非音乐、不含混的讨论开始。亚里士多德假定的事实是,技艺和科学从古老方式向新方式的变化是有益的,他怀疑法律的相应变化是否会同样有益。他由此提出一个问题,技术进步与社会进步之间是否像某些人("希腊的自由主义者")相信的那样存在必然和谐。他的回答不是绝对肯定的。通过理解他的推理,人们就能开始理解,无论在科学出现之后还是之前,那些希腊思想家都不信任社会变化,都在"向回看"。

哈夫洛克试图借助柏拉图关于相同描述的两个表述补充赫西俄德的"回归主义"表述。在《政治家》的神话中,柏拉图对比了事物的当前状态——宙斯之下的事物状态——与此前克洛诺斯之下的事物状态。通过将这个过程说成循环的,柏拉图修改了古老的故事:宙斯之下的当前时代会被[38]另一个克洛诺斯时代取代,以此类推。尽管如此,"读者的最终印象与其说是倒退,不如说是循环";柏拉图以这样的方式"处理我们的价值",以至于他"确凿而巧妙地改变了技术文化活动的性质,将它降到次优位置"(页42-43)。尽管人们不能忽略柏拉图的"寓言"如何影响读者的印象,人们也必须考虑它如何应该读者的思想。柏拉图清楚地指出,只有对于当前时代,我们才能通过感知具有知识;对于克洛诺斯时代,我们只能通过传闻认识(272b1-3、269a7-8)。神话是讲给孩子听的,在《政治家》(*Statesman*)中,一个哲人给一个孩子或者刚刚成年的年轻人讲述了克洛诺斯和宙斯时代的神话(2684-6;《王制》377a1-6、378d1)。关于我们拥有一手知识的唯一一种事情状态,这位哲人说,其中没有神圣天意,没有上帝或诸神对人的照料(271d3-6、273a1、274d3-6)。这位表达这一思想——它不同于柏拉图的其他人物在别的地方所说的话——的哲人当然不是苏格拉底,苏格拉底只是沉默地听,而且甚至在谈话最后都没有表示他不同意还是同意这位异乡哲人所说的话。这位异乡人也表达了一个不那么令人不安的思想,他说,即使有神圣天意,也不能保证人类的幸福:在克洛诺斯之下,人是否过着幸福的生活——此时诸神照料着人——这个问题悬而未决,因为我们不知道人那时是否用脱离照料的自由搞哲学,而非对彼此讲神话;只有献身于哲学的生活才堪称幸福(272b3-d4)。赫西俄德迫使我们关于黄金时代提出一个类似的问题。在此,我们被迫提出的问题是,哲学在克洛诺斯时代究竟是否可能,这个时代完全不需要技艺,因而也不存在技艺(272a);我们回想到,苏格拉底事实上不是不厌其烦地与鞋匠和医生谈话,而是谈论鞋匠和医生(《高尔吉亚》491a1-3),目的是让自己和别人明白什么是哲学;所以,他确实"将[技艺]降低到次优的位置",但这是一个很高的位置。首先,哈夫洛克认识到,柏拉图在《政治家》的神话中承认人的开端具有不完善性;只要有人向我们呈现出来,我们就会相信柏拉图从"科学的人类学家"那里"借来"了这一观点;我们并不完全知道柏拉图思想的限度,以至于可以说他不可能凭借自己的努力得到这一观点。可是,他"由此就不合逻辑但必然地"给火、技艺、种子和植物赋予了神圣起源(页43)。说埃利亚异乡人(Eleatic Stranger)因此而自相矛盾,这是对的,但是,我们不确定他有没有以同样的方式与自己的矛盾相矛盾

(274d2－6),从而回到了原来的观点。同时,即使他有时谈到神圣的恩赐,柏拉图笔下的埃利亚异乡人也不像他的普罗塔戈拉那么极端,[39]普罗塔戈拉在类似的场合不仅谈到普罗米修斯的恩赐,还另外谈到作为宙斯恩赐的政治技艺。

在《法义》(Laws)中,柏拉图的发言人与有政治经验的老人谈话。这里的故事同样讲到克洛诺斯之下的人如何活得富足,以及照料他们的神灵(demons)如何统治他们。"这个利用真理的叙述讲到,即使在今天",如果城邦要幸福,统治人类的就不应该是人,而是一个神或者人身上不朽心智(mind)(713c2－714a2)。在这里,确实可以说人在克洛诺斯治下过上了有福的生活,但是,由此得出的结论不是人们必须追求失去的克洛诺斯时代,而是在决定性的方面那个时代的至福——神圣的统治——现在同样是可能的。当柏拉图在《法义》中专门——或者如哈夫洛克所说,"更加雄心勃勃地"——讨论人的第一个时代时,他指的不是克洛诺斯的时代。当前的生活,包括我们在其中发现的大量邪恶和德性,都源于最初的人,大洪水的少数幸存者(678a7－9);这些最初的人不是赫西俄德的黄金族。哈夫洛克主张,这个改写的句子"实际上意在表示,人类历史中不存在创新因素"(页45)。考虑到一个事物的起源、原因或者"从何而来",如果人们暗中断言结果与原因没有差别,那么哈夫洛克可能就是对的。

哈夫洛克这次还是有一些将"倒退的历史观念"归于柏拉图的证据:"一个不完全善也不完全恶的天真的伊甸园,后来被说成[具有]完全具有四种主要德性的三种。"(页49)如果我们试图让他就此打住,指出柏拉图是在比较而不是肯定(679e2－3),因而不认为最初的人具有的完整的主要德性,他会觉得我们太学究。柏拉图完全否认最初的人拥有第一位的、最高的主要德性——智慧或明智(prudence)。在有些方面,他认为最初的人高于当代的大多数人,但是在决定性的方面——就智慧或对智慧的探究而言——最初的人当然低于后来最好的人。起先,柏拉图高度赞扬最初的人:这种赞扬的高度,就像他在《王制》中赞扬猪的城邦的成员一样。因此,人们可以稍微夸张地说,如果那时候没有哲学的话,哈夫洛克的解释到目前为止还是可以容忍的。但是,柏拉图接着借助荷马的库克洛佩斯(Cyclopes)的政治秩序阐述了最初的人的政治秩序。对话者迈基路斯(Megillus)足够聪明,能够看到柏拉图的发言人实际上将最初的人描述成了野蛮人(680d1－4)甚至食人族(781e5－782c2)。正如我们已经看到,哈夫洛克注意到柏拉图对最初的人的描述,从十分克制的赞扬变成了不那么克制的赞扬。但是,他没有看到它的再一次变化,这次柏拉图抛弃了所有的溢美之词。他因而判断,在柏拉图的论述中,"完全非科学的观点……巧妙而彻底地败坏了……整个科学视角"(页48);由于他的诸多偏见,他难免得出这个结论,[40]只不过他本不该谈到柏拉图的"技巧"(skill)。柏拉图从诸多发明已经产生这一事实,推知人在更早的时代缺少这些发明物;哈夫洛克让柏拉图"十分幼稚地争辩说,尽管人已经制造了新发明……它必然在某个时候停下脚步":柏拉图完全没有想象一种"无限延伸的历史"观念或者"两端都没有尽头的人类历史"观念(页49)。不管自由主义者的想象有何正确之处,自由主义者的科学告诉他,发明必然在某个时候停下脚步,因为人族的生命在某个时候会停下脚步。

我们已经跟着哈夫洛克完全抛弃了柏拉图《法义》卷三的"考古学"的语境或者这部作品整体上的意义。我们在此只能断言,对整部作品的考察只会确认哈夫洛克使用的这些段落已经体现的东西,也就是说,完全没有理由说柏拉图认为人的最初的生活是"一件完全值得赞赏的幸福之事"(页58)。但是,哈夫洛克说得也对,这些段落"对读者想象力"的"最终影响"是相反的。柏拉图的"系统头脑至少不会轻易自相矛盾"(页100),什么"必然性"驱使柏拉图变得"不合逻辑"呢?哈夫洛克认为,柏拉图迫于无奈向希腊的人类学家让步,但他的偏见始终挥之不去,尤其是在他年老之后,也就是在他写作"受赫西俄德的怀旧情怀支配"的《法义》之时(页44、页47)。这个解释立足于一个不可靠的假设:柏拉图相信克洛诺斯时代。哈夫洛克似乎还认为,柏拉图不得不自相矛盾,因为他不能"公然"反对希腊的人类学家,理由是这样做他就必须重申他们的学说,从而有利于传播一种危险的学说(页87-88)。而这个解释则立足于——举例来说——被《法义》卷十证明为不可靠的假设:柏拉图害怕公开提出他反对的危险的或颠覆性的学说。哈夫洛克或许会反驳说,柏拉图公开提出并公开攻击的极端观点在他看来不及希腊自由主义者的观点危险;但是,在我们知道希腊有自由主义者之前,我们必须认为柏拉图可能并没有提出自由主义的观点,因为自由主义的观点还不存在。就我们来说,我们主张这样的解释。柏拉图知道,多数人更多是靠"想象"阅读,而非敞开心智悉心阅读,因此,有益的神话远比赤裸裸的真理更使他们受益。正是那些认为道德是历史性的或者仅仅源于人的自由主义者,必须与经过哈夫洛克阐释的智术师普罗塔戈拉一起进一步说,这个对后人来说是一种遗产的宝贵习得物(acquisition)"一定不能丢弃",或者,"极为珍贵,不能拿来做赌注"(页187):在文明国家中,文明的最大敌人是那些由于轻视遗产或轻视过往而挥霍遗产的人;狭隘但忠实的守成者对文明的威胁[41],远远不及浅薄轻率的未来主义者,这些本身缺乏根基的人试图破坏所有的根基,因而尽其所能重新制造最初的混乱无序。所以,文明人的首要责任就是尊重过往。这种尊重夸张但有效地体现在这样的信念中,祖先们——奠基国父们(the Founding Fathers)——完全高于当前这一代人,特别是当前的年轻人,仅凭"逻辑"就由此引出了对完美开端或克洛诺斯时代的信仰。

为了发掘希腊的自由主义,哈夫洛克先对三个段落进行了评论,每个段落都取自三位悲剧作家之一的一部戏剧。他认为这些段落表达了一种进步主义的历史观,从而表明存在"科学的人类学"(页52)。埃斯库罗斯的《普罗米修斯》"对赫西俄德的框架提供了一个戏剧的修正"。宙斯废黜克洛诺斯之后,想要毁掉人族,培育一个新族类;但是,由于对人的爱或对人的同情所激发的普罗米修斯的干预,这个计划未能如愿。在埃斯库罗斯笔下,宙斯的决定看起来是"残忍无情的暴君的心血来潮"(页53)。埃斯库罗斯"强调"普罗米修斯"爱人类",因为在他笔下人"正在成型"(页54)。和赫西俄德一样,他说普罗米修斯的罪行是为了人类的利益而盗火。但他进一步强调,这被盗的火或被盗的火种成了人在一切技艺上的教师。普罗米修斯给了人所有技艺,它们对于人都是恩惠;最重要的是,普罗米修斯给了人理智(understanding)。因此,根据哈夫洛克,埃斯库罗斯作出了两个论断。首先,"[人类]远非诸神所造,也远非诸神的后代,它是从某种前-人类(pre-human)状态产生的",而且,它是由于技术亦即"人的成就"而从某种前人类状态产生的(页57、页61)。其次,"某种程度上,在文明历史展开的过程中,技术的原因和同情的原因是彼此关联的";人族(被宙斯)"清除"的危险是"完全缺少技术的……一个伴生物"(页58)。所以,埃斯库罗斯相信进步的演化。但是,他只是相信已经获得的进步,还是拥有"无限的时间视野"亦即对未来无限进步的视野?普罗米修斯受到宙斯指责和惩罚,这似乎表明埃斯库罗斯"保有赫西俄德的悲观主义";但是,既然普罗米修斯与宙斯最终会和解,这就恢复了我们对"历史进步"的信念(页61)。哈夫洛克将普罗米修斯带给人类的一系列技艺称为"人类成就的清单",正如他在这部戏剧中发现了人并非由诸神所造的观点。他甚至没有尝试证明第二个论断(参《普罗米修斯》235)。

至于第一个论断,他承认,"从这部戏剧的表面来看",[42]普罗米修斯是神;但他合理地认为,如果普罗米修斯盗取的火,如普罗米修斯自己所说，是人在许多或者一切技艺上的教师（《普罗米修斯》109－110、256），这些技艺在某种程度上就是人自己的成就（页 63－65）。那么，普罗米修斯的成就是什么呢？普罗米修斯是谁，或者，普罗米修斯是什么？"普罗米修斯是智性（Intelligence）的化身"（页 64）。可是，普罗米修斯说，他给人带来了盲目的希望，以弥补他使人从此不再预见他们的宿命亦即他们的死亡（《普罗米修斯》250－252）。同样，他将医学技艺看作他最伟大的发明，人能够借助它抵御所有疾病（《普罗米修斯》478－483）：他宣称的是医学可以治愈所有致命的疾病，还是他取消了人的有死性？他是在吹嘘吗？但是，他知道或者说从他的遭遇得知，一切技艺都有限度："技艺迄今不敌必然"（《普罗米修斯》514－518）；普罗米修斯对人的爱，不能克服必然的力量。所以，不存在"无限的进步"。这个带来盲目希望的好心人本身就是盲目希望的受害者：他没有预见到宙斯将如何严厉地惩罚他。这个有先见之明者对自己的事缺乏先见。在宙斯与克洛诺斯、狡诈之神与力量之神（Guile and Strength）的斗争中，他站在宙斯一边；他作出的这个选择，在当时看来是智慧的，现在却让他后悔（《普罗米修斯》201－225、268－271；参 1071－1079）。他不希望把伊俄（Io）未来的命运告诉她，因为他知道无知有时比知识更好，或者，人需要盲目的希望，但是，出于他的善心，他轻率地违背了他的卓越见识（《普罗米修斯》624 以下）。赫西俄德教导说宙斯比狡黠的普罗米修斯更狡黠，埃斯库罗斯的意思与赫西俄德相去甚远吗（《普罗米修斯》61－62；《神谱》545－616）？是宙斯而非普罗米修斯教导人通过苦难（《普罗米修斯》585－586；《阿伽门农》168－178）而非通过技艺的力量学习智慧。如此一来，《普罗米修斯》中的宙斯还是一个残酷的僭主吗？

　　这部剧是三联剧的一个部分，而且当然不是最后一个部分；赫尔墨斯尽其所能讲述宙斯的情形；但是，我们不知道宙斯会如何讲述它。剧中如此有力地展现了普罗米修斯的伟大，意图或许是向我们暗示宙斯的伟大、宙斯的智慧。宙斯是如此伟大,以至于他令人费解并且必然表现得像个残酷的僭主,直到真相大白。他发现人——克洛诺斯的人——是愚蠢的存在者;暗示克洛诺斯的人族不是黄金族,最初的人是愚蠢的,这是颂扬宙斯的一个部分。宙斯希望毁掉克洛诺斯的人,创造新人。普罗米修斯声称他通过从宙斯这里盗火阻止了人的毁灭。宙斯希望创造配得上他并且摆脱了盲目希望的人吗?宙斯是否不可能消除普罗米修斯行为的影响,还是说,他决定以预见性的、王者的方式利用普罗米修斯善意而缺乏预见的行为?也就是说,他是否决定将普罗米修斯对人类力量的加强用作手段,借助技艺的力量带来的困难向人类教导真正的智慧?[43]通过停留在这部戏剧的"表面",人们会逐渐发现技艺与真正的智慧之间的对比。由于这部戏剧将最初的人描述成极不完善的人,而且,由于它似乎表明技艺是比人的发明更不神圣的神圣恩赐,哈夫洛克确信埃斯库罗斯利用了"科学的来源",并且因此着手考察启发了这位诗人的科学人类学(页61-64)。人们难道不是或许更有理由寻找《圣经》的论述的"科学来源"——根据这种论述,城邦和技艺都源于该隐(Cain)及其族类?《圣经》对"文明"的纯粹属人起源的怀疑远远不及埃斯库罗斯。从埃斯库罗斯这里,哈夫洛克没有证明也无法证明"希腊自由主义"的存在。认为埃斯库罗斯对赫西俄德故事的改造源于对神-人事物的一种有所不同的思考,比认为这些改造源于科学的影响要容易得多。

哈夫洛克接下来转到《安提戈涅》(Antigone)合唱歌,歌队在此战战兢兢地颂扬人是极度可怕和极度身处危险的存在者:一个违反城邦法律的可怕罪行刚刚被发现。在讲述人的可怕或奇异特性之时,歌队列举了人最杰出的发明:"普罗米修斯的形象消失了。"如果不是科学家或者不受科学影响的希腊人——或者,一般意义上的人——无论如何不可能知道人类技艺的人类起源(参《法义》677d4),这就会证明科学的影响。根据他关于证据的标准,哈夫洛克在两页纸上证明了三件事。根据哈夫洛克笔下的索福克勒斯(Sophocles)，人类教会了自己"意识"；因而哈夫洛克强迫读者思考，一种无意识的东西如何能够教会自己任何东西，特别是意识。整个合唱歌表达了"引人注目的乐观主义"。"歌队的结论带领我们超出了人类学的局限，来到了一种关于道德和政治的自由主义理论的边界。"(页68-70)他同样用"三言两语"表明，欧里庇得斯(Euripides)《乞援人》(Suppliants)的一个段落中有科学的影响，还有对科学的"有神论的"或"虔敬的"曲解。他宣称这个段落是对"科学原型"的"一次巧妙改写"，我们现在已经学会了假设其存在，因为哈夫洛克一再要求我们这么做。哈夫洛克断言欧里庇得斯陷入了"无意识的悖论"——陷入了自相矛盾，因为，在以有神论立场赞颂天界之善(kindness of heaven)之时，欧里庇得斯又以无神论立场谈到它的严酷，只有这个评论有可能经过引申作为一种证明的尝试。事实上，欧里庇得斯让他笔下的忒修斯(Theseus)说，是一位神教导人为了自保而反对一位神亦即反对另一位神。然而，哈夫洛克知道欧里庇得斯是在"以忒修斯的身份"说话(页72)。

就哈夫洛克的目的来说，狄奥多洛斯(Diodorus Siculus)比三位大悲剧作家重要得多。[44]马基亚维利和霍布斯早已将狄奥多洛斯当成一个权威，他对宇宙和人的起源给出了清晰的论述，这种论述在根本上符合"科学的自然主义"，后者启发了"进步的……历史观"(页75-76)。在其同情的考察中，哈夫洛克提到如下事实，根据狄奥多洛斯，宇宙和人是生成的，尽管对于狄奥多洛斯来说同样重要的是它们会消亡(I. 6. 3)："进步主义"不是对其"历史观"的准确描述。人在自然上就禀赋优异，因为人有"手和理性"作为帮手(I. 8. 9)，狄奥多洛斯认为此乃理所当然；根据哈夫洛克，狄奥多洛斯因此与他"关于语言起源的更早的自然主义论述"相矛盾(页78)：仿佛保持不变的理性与必然五花八门的语言是一回事；或者，换句话说，仿佛人最初过着野兽般的生活就证明人原初是野兽。所以,哈夫洛克不得不责怪狄奥多洛斯想要描述人手的起源和人的理性的起源,而非人通过使用天赋之手和天赋理性获得的成就(页79)。由于狄奥多洛斯在其"史前史"中只谈到了民族或部族(nations or tribes),尚未谈到城邦,结论就是,"城邦-国家对于[希腊人类学家]不可能是所有社会所趋向的唯一本质形式"(页80);事实上,结论就是城邦不是"前历史的"。狄奥多洛斯反复说人"一点一点"获得了进步;根据这一对"渐进主义"的强调,哈夫洛克主张,狄奥多洛斯反对如下神话:在这种神话中,人的原初状况是由于神的恩赐而改善的。可是,谈过关于人的起源的传统观点亦即"史前史",狄奥多洛斯转而描述那些在人类居住的地球上发生地有据可考的事件(I. 8. 1 和 9. 1),然后,狄奥多洛斯采纳了一种埃及的论述,根据这种论述,技艺是某些神的恩赐。哈夫洛克倾向于认为"这个埃及的美妙故事"是"一种戏仿(parody)",而且他提出了"何以在古代[科学的]人类学家如此难以在他们自己严格的科学真诚中生存下来的整体问题"(页84 - 85)。我们并未发现他哪怕是尝试着去回答这个问题,尽管狄奥多洛斯并未对神话或某种类型的虚构故事的用处保持沉默。倘若哈夫洛克没有如此轻率地打发狄奥多洛斯"组合和毋宁说拼凑起来的关于古代埃及的神话历史"(页83),他或许已经观察到,这一对诸神起源的"神话与历史同一的"(Euhemeristic)解释属于狄奥多洛斯对这个埃及传说的描述(参 I. 13 和 I. 17. 1 - 2 和 I. 20. 5)。他显然没有利用这个机会反思古代与现代"自然主义"可能的一个根本差异——前者是一种"难以在其自身严格的科学真诚中生存下来"的方法或学说,后者则极为容易做到这一点,因为它与大众启蒙为伍。这种反思本来或许可以使他思考,古代的前辈们看待科学与社会的关系、[45]因而包括科学与社会两者的性质的方式,是否并非与自由主义者的方式完全不同。另一方面,人们应该乐于看到,"渐进主义"并不必然排除"天纵之才们"的关键意义(页93),

因而"渐进主义"也允许突然的变化。

看到了这一点，我们就可以对哈夫洛克的做法给出最终判断了。在谈到柏拉图之时，他说："我们已经谈到他的［科学的或自然主义的］来源或诸多来源。它们的存在（existence）情形"取决于两个因素：第一个是可以在他的历史分析对象与戏剧家和狄奥多洛斯报告中的对象之间作出的对比；第二个是在［柏拉图的］书中可以发现的内在矛盾（页100；原文无强调标记）。在从柏拉图作品中恢复希腊人类学家的学说之时，哈夫洛克已经能够利用他分析悲剧作家得出的结果。但是，在他分析悲剧作家的戏剧之时，他有什么理由假定悲剧作家这里存在"科学的"来源？我们假定，根据他的看法，有些人已经证明了他的假定，但我们不能确定这是他的看法。我们有理由说这是对科学方法和科学进步的一种无意的讽刺。

哈夫洛克相信，柏拉图在尚未年老之时比年老之时向希腊人类学家作出了更多让步；因此，他试图重建这些人的学说，依据则是柏拉图相对较早的作品中那些看起来最有利的部分：《普罗塔戈拉》的神话和《王制》卷二。总的来说，《普罗塔戈拉》是哈夫洛克最重要的材料，任何对这一主题的现代文献有所了解的人都会想到它。如果以这种方式阅读《普罗塔戈拉》，它就会提供希腊自由主义者的人类和政治理论。正如那些早于他持有这种观点的学者的作品一样，哈夫洛克的整个观点依赖于他们对这部对话的解释。哈夫洛克的起点是如下似是而非的假设，柏拉图不是"一个报告者"，因此，在这部以普罗塔戈拉命名的对话中，普罗塔戈拉的发言是柏拉图的作品。可是，如果这个发言会给我们提供关于普罗塔戈拉本人的观点的信息，我们必须能够区分普罗塔戈拉的成分与柏拉图的成分。既然我们知道哪些学说专属于柏拉图（或者苏格拉底），而且因为柏拉图是普罗塔戈拉利用了专属于柏拉图的学说，要发现普罗塔戈拉的学说，只需要做个简单的减法。在他的神话中,柏拉图的普罗塔戈拉断言或提出,各类动物之间,尤其是人与野兽之间,以及人身上的智性力量与其社会或道德感之间,存在根本的或质的差异。根据哈夫洛克,对这些差异的强调属于柏拉图(或者苏格拉底),完全[46]与"早先的希腊科学"不相容,它断言一般"过程"和特定"历史过程"的优先性,而非这个过程的产物之间明显根本性的区别(页91)。可是,在这里我们是在处理一个神话,一种通行的叙述,而普罗塔戈拉仅限于利用各类、各种或各族动物之间通行的或常识性的区别。如果柏拉图的普罗塔戈拉的错误论述证明了苏格拉底的影响,那么《创世记》(Genesis)第一章就是在苏格拉底的影响下写成的,且不说恩培多克勒(Empedocles, B 71-76)和德谟克利特(Democritus, B 164)。哈夫洛克在柏拉图的普罗塔戈拉的发言中发现,"柏拉图认为……人们生来在心智能力和天资上具有根本差异",他自己也就承认了"这可以被看作一个常识的真理"(页97)。

进一步说,柏拉图的普罗塔戈拉用来反对苏格拉底的东西,人们可以称之为各个种类以及动物的不同部分之间的根本差异,普罗塔戈拉以此表明善的性质是相对的或者"五花八门的"(333d8-334c6)。在评论这个段落时,哈夫洛克没有抱怨柏拉图打乱了普罗塔戈拉的学说;他将这个段落当作可靠的材料,事实上是当作对普罗塔戈拉的"摘录",并且从中引出了大量结论。然而,他认为这个段落包含的不是"依据种类对事物本身作出的分类",而是"对人在既定处境下所做之事物的效果或表现的……分类"(页205)。我们不应该与哈夫洛克争吵,分类是否以各个种类的存在为前提。我们只需要说,柏拉图的普罗塔戈拉对有用事物的分类,基于有用事物对之有用的存在者或存在者各个部分的分类。不仅如此,普罗塔戈拉最著名的格言("人是万物的尺度")暗示,并非任何存在者都是万物的尺度,因而,人与野兽之间有质的差异。最重要的是,柏拉图的普罗塔戈拉如何理解"种类"及其"根本属性"呢?"有死的族类"最初是土和火以及一切由火和土混合而成的东西的结合;它们本身不具有"自然"(natures),因为各个种或类的"自然"是它们具有的"能力"(powers);"有死的族类"最初甚至是微小而不可分辨的;能力或自然或"根本属性"是第二位的或派生的(《普罗塔戈拉》320d5、e2－4、321c1)。在这个关键点上,柏拉图的普罗塔戈拉的学说因而根本没有掺杂"苏格拉底主义",而是真正"自然主义的"。

为了试图从柏拉图的普罗塔戈拉的发言中减去柏拉图的成分,哈夫洛克利用的第二个观点始于"[普罗塔戈拉]在宗教问题上完全是不可知论者"的事实,可是,柏拉图的普罗塔戈拉将所有动物、特别是人以及尤其是正义技艺的起源归于诸神(页 92－94)。[47]假使普罗塔戈拉"完全是不可知论者",他必须始终像个完全的不可知论者那样说话吗?通过将其起源论述作为他的神话与他的逻各斯明显区分开来(320c6－7、324d6－7、328c3),通过一方面在神话中、另一方面在逻各斯中以十分不同的方式处理诸神,普罗塔戈拉没有充分澄清他的立场吗?柏拉图的普罗塔戈拉之所以自相矛盾,是由于这一点,而非因为柏拉图拙劣的"编辑技巧"未能协调柏拉图的场景与普罗塔戈拉的内容。他首先提出,包括人在内的所有动物都由诸神塑造,后来又说人与野兽不同,拥有"与诸神的亲缘"(页 92)。在表明人如何分得一个神圣的部分或份额之后,他谈到人"与这位神的亲缘"(而非"与诸神的亲缘");人与这位神的亲缘是他对神圣份额的分有。人分得神圣的份额,不是通过宙斯恩赐的权利,而是通过普罗米修斯从赫斐斯托斯(Hephaestus)和雅典娜那里盗取火和技术智慧(321d1－322a4)。对人的拯救和人的存在首先不是由于诸神的恩赐,而是由于从诸神那里偷盗,由于一种对诸神的反叛。作为对"自然主义"信条的一种神话表达,这应该是可以接受的。但是,柏拉图的普罗塔戈拉究竟为什么要讲神话呢?

为了回答这个问题，人们必须考虑语境。雅典城邦是相当自由的，但并未自由到容忍所有事业和所有学说。看起来，城邦十分反对普罗塔戈拉的活动，以至于烧掉了他的著作，并且驱逐了他本人。柏拉图的普罗塔戈拉明白一个事实，他在雅典面临某种危险，因为他是一个异邦人，从事一种不受欢迎的活动——"智术师"的活动。哈夫洛克不能考虑这一点，尽管他难免注意到城邦中存在针对智术师的"偏见"（页158），因为他的偏见迫使他想象，"伯利克勒斯（Pericles）的雅典是真正的完整社会（complete society）的智术原型"，或者，智术师与雅典民主之间存在完美和谐。即使暂且同意智术师爱雅典民主，这并不意味着这种爱得到了回报。柏拉图的普罗塔戈拉无论如何对威胁有强烈的感受。为了消除针对智术师的怀疑，他决定改变从前的智术师隐藏其事业的做法：他第一个承认自己是智术师，第一个畅所欲言，正如他的名字表明的那样。这并不意味着，他始终对所有人说出他的全部想法：除了承认自己是智术师这一谨慎手段，他还有其他谨慎的手段。他没有说其他那些谨慎手段是什么。但是，他承认是"不可知论者"，这就充分暗示了这些手段，因为这表达了这些手段意图达到的如下结果："神明在上，我别因为承认是智术师而遭受任何可怕之事。"这个暗示事实上并非[48]对所有人足够清楚，因为正如他所言，"众人无所用心"（316c5－317ca）。

柏拉图的普罗塔戈拉的发言提供的第三个也是最后一个线索是，他断言技艺与尊敬或正当具有根本差异：后者是"普遍物"，也就是说，所有人必须分得它们，但让每个人成为医生、鞋匠等等，既无必要也不可欲。哈夫洛克发现，这个论断与所谓普罗塔戈拉的民主信条不相容（页93）。但是，与马克思主义不同的民主制要求每个人都是多面手吗？哈夫洛克怎么知道普罗塔戈拉的所谓民主理论要求每个人都是多面手呢？柏拉图的普罗塔戈拉断言技艺与"人的道德感"有根本差异，意在以此作为民主制的基础：对于关乎公民社会本身之成败的知识,所有人都是平等的。可是,柏拉图的普罗塔戈拉将尊敬和正当描述成宙斯的恩赐,"一个完全的不可知论者"如何能够给出关于道德的起源和正当性的宗教论述呢(页93-94)?在他的发言中可以称之为非神话的部分,他解释了他关于道德的起源和正当性的神话论述。人的普遍行为表明,每个人都"以某种方式"分得了正义,正义与比如吹长笛不是一回事;也就是说,每个人都必然宣称是正义的,不论他正义与否(323a5-c2)。正义与技艺有一个共同之处,它也是通过教导和训练获得的;但是,使人获得技艺的教导和训练与使人获得正义的教导和训练的差异,可以从一个事实中表现出来,后者主要是惩罚:人们"以某种方式"变得正义,虽然主要靠惩罚或威胁要惩罚,但是也靠称赞,这不同于严格意义上的教导(323d6-324c5、324e6-326a4、327d1-2)。神话上所谓宙斯的恩赐,用非神话的方式来说就是"社会强制",它本身带来的不过是服从或口是心非,至少对于有头脑的人是如此。断言道德立足于"社会强制"或者"约束"(页178),而非立足于自然倾向、计算或者理智观念,会让所有行动主义者满意。在加上他自己的一些修饰之后,这就让哈夫洛克满意了。当柏拉图的普罗塔戈拉说,不管一个人正义与否,一个不假装正义的人是愚蠢的,哈夫洛克补充道:"这当然是暗示,除非是暂时悔罪。"(页171;原文无强调标记)当柏拉图的普罗塔戈拉被认为说正义与德性是有用的,哈夫洛克就让他说,道德是"令人愉快的"(页185)。或许更引人注目的是,他对柏拉图的普罗塔戈拉关于惩罚之目的的说法抱有热情,普罗塔戈拉说,"只有作为矫正或作为遏制,惩罚才有意义"(页175)。他想当然认为这个学说真是普罗塔戈拉的。但是,他从何[49]得知呢?因为这是自由主义的观点吗?可是,非自由主义的柏拉图持有同样的观点。不仅如此,正如柏拉图自己所为,正是这个柏拉图的普罗塔戈拉教导说,有些不可救药的罪犯必须被逐出城邦或处死。为什么柏拉图特别将这个关于惩罚的理性的学说归于普罗塔戈拉呢？这里的语境要求赞颂惩罚，而对惩罚的最高赞颂就是对它的理性证明：柏拉图的普罗塔戈拉提出他的惩罚学说，是在他正式结束其神话之前(324d6-7)。

人们不能在柏拉图的普罗塔戈拉的神话中区分柏拉图与普罗塔戈拉的成分，因为，出现在这个神话中的矛盾作为发言者故意为之的矛盾是完全可以理解的。宽泛地说，《王制》卷二对于城邦产生的论述也是如此。根据哈夫洛克，柏拉图在那里使用了古希腊人类学家的"自然主义-唯物主义原则"，并且因此在"物质和经济需要"中发现了"形成社会"甚至道德本身的驱动力。可是，柏拉图"稍作犹豫"之后放弃了这一思路。那么，他为什么要提到这一点，"除非这出现在他的来源中，而他几乎漫不经心地进行了援引"。这显然不能证明存在某个"自然主义的"来源。对语境的理解将表明，人们在初步思考之时可能会局限于从人的身体需要理解社会和道德。毕竟，哈夫洛克唯一讨论的《王制》的部分处理的是那里所谓"猪的城邦"。如亚里士多德所说，这个城邦的"产生"只是为了生活，但它的"存在"是为了好的生活。人们或许应该先从它的开端、从它的产生分析这个城邦。哈夫洛克将假设作为事实，轻率地指责柏拉图"搅乱"了他的来源(页98-99)。哈夫洛克证明其论断的唯一努力始于如下"显而易见的谬论"，那就是柏拉图试图"争辩说一个发达的技术和商业社会实际上是一个致力于素食主义和简单生活的乡村乌托邦"：柏拉图跟从自然主义者，将社会的发展追溯到技术和商业社会，但他对原始的简单和天真的迷恋迫使他在这个语境中放弃一切奢侈。与此类似，柏拉图否认人在其原初状态下发动过战争，"又一次暴露了他根深蒂固的回归历史观"(页99-100)。我们撇开一个事实，一个在市场上有物品交换、进口盐和出口木材的社会并非因此就是一个商业社会。尽管哈夫洛克在此走得太远，以至于把"银行家"放进了柏拉图的"猪的城邦"，他后来又同样无视一个事实，说"柏拉图忽略了货币"(页95、页97、页338)。更重要的是理解关于猪的城邦的整个讨论的意义——它被当作"真正的城邦"甚至"城邦本身"(372e6－7,433a)。[50]这个城邦不是最初的社会,而是一个依据自然的社会——它足以满足人的身体需要,没有贫困,没有强制(政府),也没有任何杀戮;它不是商业社会,因为它不是竞争社会,竞争社会需意味着政府的存在。柏拉图做这个实验的目的是展示这个意义上的社会的本质局限。这种性质的社会或许具有某种程度的正义,因为,它的成员们彼此交换物品和服务;它不可能具有人的优秀品质:它是一个猪的城邦。尽管它的成员歌颂诸神,他们不可能颂扬人的优秀品质,因为,在他们当中没有优秀的人(参371e9－372b8和607a3－4)。

哈夫洛克试图根据悲剧作家、狄奥多洛斯和柏拉图对希腊人类学家的所谓使用或掺杂证明希腊人类学家的存在,做完这一点之后,他转向了这些所谓进步主义者的残篇。他说,关于阿纳克西曼德(Anaximander)的三则很晚的记载和出自克塞诺梵尼(Xenophones)的五个残篇"暗示,在这两个[思想家]这里有一个宇宙论框架,其顶点也许是生命和人在地球上的历史……可以得出的尝试性结论是……如果关于阿纳克西曼德的记载证实了希腊人类学家的生物自然主义,那么,克塞诺梵尼的残篇同样证实了关于人类知识起源的经验论实用主义观念"(页106－107)。哈夫洛克少见的克制也许反映了一个事实,根据他没有提到的一处记载(21 A49),克塞诺梵尼只认为与感官知觉相冲突的理性值得信任。他承认"我们所知的克塞诺梵尼的'神学'与这些尝试性的结论格格不入"。他指的不是克塞诺梵尼关于唯一神——这个神是诸神和人之中最伟大的,与有死者完全不同——的诗句;他完全没有提到克塞诺梵尼的埃利亚主义(Eleaticism)或者克塞诺梵尼对生成的否定;他指的只是克塞诺梵尼"对希腊多神论的批判性攻击"。根据哈夫洛克引用的一则残篇和一处记载,克塞诺梵尼没有仅限于攻击希腊人关于诸神的流行观念,他也没有攻击多神论,我们且不说这些事实,哈夫洛克希望相信,这种"批判性攻击""属于[克塞诺梵尼]对人类建制之历史的承认"。由于对当今人类学精神的同情,哈夫洛克"低估了"克塞诺梵尼对世人所信之事的真理问题的关切。

至于阿那克萨哥拉(Anaxagoras),哈夫洛克小心地绝口不谈他关于赋予秩序的心智(Intelligence)的学说——这个心智统治万物,认识万物,始终存在而不混杂,是万物的原因;他甚至没有费点功夫否定这一学说对于阿那克萨哥拉人类学的重要性(页107-112)。为了将希腊人类学家纳入自由主义者的行列,哈夫洛克必须将"历史过程是……一个自然生长的过程"的观点归于阿凯劳斯(Archelaus),并且因此[51]冲淡阿凯劳斯对自然与习俗的根本区分("正义与卑鄙不是自然的,而是习俗的",页112-114)。同样,对于德谟克利特来说,所有活物都是由于其自然"不为任何用处"生育后代并且忍受这一痛苦,人的父母则由于人所特有的约定从后代身上获取好处(正如后代从父母身上获取好处一样);面对德谟克利特对两者的区分,哈夫洛克断言,"附加在自然(*physis*)之上的"人所特有的东西"与自然并无断裂"(页115、页411);他不关心德谟克利特关心的区别:人与野兽的区别,以及由此产生的自然与法或习俗的区别。当他不再觉得有必要让读者面对德谟克利特残篇之时,他鼓起勇气断言,对于德谟克利特来说"自然与法实际上确实是一致的"(页181)。这则残篇(B278)似乎不属于人类学"描述"的语境,而属于"价值判断"的语境:德谟克利特怀疑结婚和生育子女的正确性;意在使养育子女有利于父母的人类特有的计算同样不可靠(A166、169、170;B275-278)。这个问题与阿里斯托芬(Aristophanes)的《鸟》(*Birds*)——关于野兽不尊重其老年父母这一事实会引出的推论——讨论的问题紧密相关。由于德谟克利特注意到人通过模仿某些野兽会学了某些技术,哈夫洛克觉得有理由推论,根据德谟克利特,"具有历史重要性的……英雄或发明巨匠的任何可能性都被决定性地排除了",尽管他也让德谟克利特谈到开创希腊"宗教神话"的"少数精通表达之人"(页 119-120;B154、21)。通过将"他们接下来进行"翻译成"他们相继进行",他使自己能够将"历史渐进主义的学说"归于德谟克利特(页 116、页 119)。

关于哈夫洛克对希腊人类学家"历史哲学"的论述,到此为止。关于他对希腊自由主义者政治学说的论述,我们可以简化一下我们的考察。他先处理的是德谟克利特,然后是那些"没有被原封不动记载下来"的人,最后是安提丰(Antiphon)。为了方便起见,我们接受他的假设:第尔斯(Diels)版本作为真作辑录的德谟克利特残篇的确是真作。他用来建立"德谟克利特政治学说"的残篇全部或几乎全部都是源于一般经验的行为规则。尽管他承认"德谟克利特"经常"做价值判断",但他自信能够在这些残篇中发现德谟克利特的"历史方法":"德谟克利特的观念和方法[力求]完全通过描述政治问题来理解并解决它们"(页 131、页 137、页 138)。他没有考虑甚至也没有提到德谟克利特[52]的如下观点:"善和真对于所有人都一样,快乐却因人而异"(B69;参 A166)——"任何对其哲学的完整论述都不能忽略这个观点"。这个观点将表明,德谟克利特既不是历史主义者,也不是相对主义者,对于他来说不存在事实与价值判断的区分带来的问题;同时,如果不知道什么对于所有人是好的,人们就不可能通过描述一个政治问题理智地解决它。关于德谟克利特或者哈夫洛克的"历史方法",我们给出两个例子。哈夫洛克认为,德谟克利特的箴言"部族(tribe)内讧对双方都是坏事"证明,尽管柏拉图和亚里士多德不加批判地认为"法(nomos)与城邦几乎是一回事","德谟克利特凭借他的溯因方法看到了,法之所以产生,是为了解决已经凝结……在血缘宗族分裂之中的问题"。可是,"从语境上看","部族"(phyle)"或许[也]可以指一个城邦的所有成员"(页 135-136)。由于我们不知道这句箴言产生的语境,我们尤其应该在论断上有所克制,且不论如下事实:

柏拉图和亚里士多德只是"几乎""认为法与城邦是一回事"(参《法义》681a–c和《王制》565e4–7)。

德谟克利特在另一句箴言中表示,当强者真心帮助穷人、善待穷人的时候,善——同情、友爱、和睦等等——就产生了,或者毋宁说,这就是善。在哈夫洛克看来,这句箴言"是一位希腊政治理论家最引人注目的表达。考虑到它的时代,它引人注目的程度堪比政治理论史上的任何观点。无论就内容还是就语气来看,那些名气更大的古典思想家说过的话都不能与之比肩"(页143)。哈夫洛克显然不记得柏拉图《法义》736d4–e2和936b3–4,或者亚里士多德《政治学》1320a35–b11(参《修辞学》II,7–8)。但是,没记性解释不了这个惊人的论断以及它所展现的完全缺乏分寸感。一种极度强烈的偏见和伴随这类偏见的暴躁使他得出了这些论断。当德谟克利特说"民主制下的贫困比伴随主人或君主的所谓繁荣更可取的程度,正如自由比奴役更可取的程度",哈夫洛克让他说"民主制下的贫困比任何寡头制下的繁荣更好",让他认为民主制比任何其他政制都更可取,并且发现"很难避免如下结论:当修昔底德写作伯利克勒斯的葬礼演讲时,他是在向德谟克利特表达一种理智上的感激"(页146–147)。哈夫洛克对作出合理结论的要求抱有奇怪的念头。同时,葬礼演讲也不会让人感觉到对"民主制下的贫困"的颂扬。哈夫洛克觉得没必要评论德谟克利特对贫困的相对颂扬,他甚至也没有指出德谟克利特贬低财富的其他残篇(B283–286)。那些箴言不会证明他的主张,说希腊自由主义者们——他把德谟克利特算作这类人——的立场[53]的特征是"反复谈到平等和……对安全、闲暇和财富的良好意愿"(页377)。他确实引用了德谟克利特关于"统治自然属于优越者"的论断,而且他也正确地主张,德谟克利特所说的优越是理智和追求高贵方面的优越,但他没有指出德谟克利特证实这一主张的那些箴言(B75、56)。他通过自己的方法毫不费力地调和了德谟克利特对

"贵族制原则"的承认与他对民主制的所谓信念(页148-149)。他完全没有考虑这种可能性,自然统治者的观念或许使德谟克利特——其他人也是如此——认为,法律是"一种糟糕的","作为法律的主人,智慧之人不应该服从法律,而应该自由地生活"(A166)——这种观点很容易与承认法律有其"自身品格"相容(B248)。哈夫洛克"先天"相信德谟克利特是自由主义者,这在所有方面限制了他的视域。德谟克利特断言女人的拙劣,哈夫洛克当然要对这个说法三缄其口(B100-111,273-274),因为否则他就不能如此轻松地斥责亚里士多德的类似说法令人震惊地具有非自由主义品质(页326、页382)。

在讨论那些我们主要——即使并非完全——通过柏拉图得知的希腊自由主义者的政治理论之时,哈夫洛克面对一个事实,柏拉图将这些思想家描述为智术师。他有理由表示,"智术师"这个词的含混有点像今天的"知识分子"(intellectuals),但是,由于他没有反思知识分子问题,他并不理解他所谓柏拉图对智术师的"贬低"(页157-158)。他有理由指出,对于其大多数同时代人来说,苏格拉底就像普罗塔戈拉一样是个智术师,但是,他过于确信那些同时代人"不是感情用事之人";说这些人并非没有辨识力,此事仍然有待证明(页160)。他有理由怀疑柏拉图对智术师收钱教学的指责是否公平。这样一来,他可以期待所有教授的喝彩,因为,正如他坚持认为,教授"也得像其他人一样靠交易吃饭"(页162),如果柏拉图对这种行为的指责是对的,教授的境况就尴尬了。然而,这两种情况完全不是一回事。如果哈夫洛克没有如此确信古希腊自由主义者的存在,或者,换句话说,如果他对现代的或自由主义的国家的特殊性有所思考,他就会明白学术自由的重要性,可以说,学术自由是智术师与教授的特殊区别:教授收钱教学,教的不是其同时代想听到的东西,而是他们应该听到的东西。用哈夫洛克的话说,"拥有创制高等学府观念的非凡才能"的是柏拉图和亚里士多德而非希腊自由主义者。哈夫洛克有理由说——在这一点上他实际上同意柏拉图，智术师的理论[54]具有"其自身的特殊完整性"，但是，当他说"他们教授和相信的这些理论或许可能、或许不可能重建，但它们至少是严肃的理论，在理智上值得尊敬"，这看来就没太多道理了：如果重建它们是不可能的，人们如何判断这些只有通过重建才能为人所知的理论的尊严呢？鉴于柏拉图对自由主义者政治理论的"根本敌意"（页162），如果哈夫洛克在解释柏拉图的段落之时不能依靠对于他借助一些残篇描绘出的自由主义的这种"描述"，他就不能重建它们。但是，关于希腊自由主义，在将柏拉图的证据与或真或伪的非柏拉图观点联系起来之前，人们必须理解柏拉图的证据本身。对于哈夫洛克，《普罗塔戈拉》是最重要的材料，他有义务解释这篇对话。这里是罗德岛，就在这里跳吧。且不说哈夫洛克在这个语境下宣称的"整体判断"，他应该在这里展示"语文学原则"、"大量的技巧"、"批判的直觉"（页157、页171）。

在柏拉图笔下，普罗塔戈拉提出他的特殊论观点是在一个特殊场景中：在一个十分富有的雅典人家中，面对最难缠的竞争者，他想要吸引一个青年当他的学生。一个像普罗塔戈拉这样的"实用主义者"（pragmatist）（页166）必然受到这个局面的影响：他只能猜测，如果与苏格拉底或者就此来说与数学家忒奥多洛斯（Theodorus）关起门来谈，他该如何表达他的观点。一个像柏拉图一样"惜墨如金"的作者，不会无缘无故在苏格拉底与普罗塔戈拉的对话之前安排苏格拉底与青年希波克拉底（Hippocrates）长谈——在这里，我们且不论对话开篇还有苏格拉底与一个无名"同志"的谈话。苏格拉底与希波克拉底的谈话首先表明，普罗塔戈拉何等吸引某类青年人欢迎，相反，苏格拉底几乎对这些人没有吸引力，或者说，这些人几乎不吸引苏格拉底；它让我们审视希波克拉底。除了苏格拉底当着这个青年的面告诉普罗塔戈拉的事——此人来自雅典富裕家庭，就其天性而言，他被认为与同龄人不相伯仲,他在苏格拉底看来似乎渴望在城邦中出名,而他相信自己极有可能通过师从普罗塔戈拉得偿所愿——普罗塔戈拉对他一无所知,普罗塔戈拉愿意收这个青年当学生的事实表明了普罗塔戈拉的特点。"我们从中期喜剧得知,苏格拉底学园是收费的,而且要价很高。"所以,"从柏拉图的标准看,智术师并没有错"(页162)。哈夫洛克提出柏拉图的标准,依据有些不足,因此他错失了关键点。对于普罗塔戈拉来说,知道他的潜在消费者付得起服务费就够了;苏格拉底[55]最关心的则是,他潜在的青年朋友们是否具有正确的"天性"(nature)。换句话说,普罗塔戈拉自由地接收每一个富有的青年人当学生,苏格拉底则并非如此(参《忒阿格斯》(*Theages*)和《回忆苏格拉底》I. 6.13)。"天性"在苏格拉底心中的位置,在普罗塔戈拉心中被"财富"占据了。哈夫洛克不明白这种区别。根据柏拉图的描述,普罗塔戈拉对此略有所知。

所以,哈夫洛克以他的方式承认了柏拉图对普罗塔戈拉的描述是公正的。尽管他相信柏拉图合理公正地描述了普罗塔戈拉的观点,他认为柏拉图"将[这个观点]转移到了非政治语境中"(页165、页168)。那么,让我们考虑一下语境。因为急于得到一个有钱的新学生,普罗塔戈拉完全没心思考察希波克拉底的天性;虽然他吹嘘自己谨慎,他没有考虑一下,希波克拉底诱人的许诺背后是否隐藏着狡诈。他更没有考虑,他的观点会不会使他与雅典民主制相冲突。苏格拉底巧妙地让他注意到一个事实,雅典人认为"富人和穷人"都可以拥有普罗塔戈拉宣称要教授的政治技术(219c8-e1):普罗塔戈拉的观点与民主制不相容。哈夫洛克在这里只看到了"以雅典民主实践为代价的……反讽"(页168),尽管他在谈到一个意思与"反讽"相似的语词亦即"玩笑"之时观察到,"对于那些不理解柏拉图想法的评论者,这个词很便利"(页100)。他宣称"理解了柏拉图的想法",评论这一点不太合适。但我们可以说,严格来看,柏拉图的苏格拉底的所有表达都是反讽的,因为,苏格拉底始终留意其对话者的品质,由于这个原因,哈夫洛克的如下暗示就是对的:如果人们将柏拉图的苏格拉底的任何特定表达都说成反讽,人们就没有解释它。

　　无论如何,苏格拉底为了普罗塔戈拉的利益强迫他(参316c5)表明,他的观点与雅典民主制相容。在普罗塔戈拉的发言的神话部分,他完全不加限定地为民主制辩护或正名,这在神话性的表达中是合适的;在非神话的部分,他对民主制的辩护或正名有了更多限定:他知道,如果要让他的观点值得尊敬或合情合理,需要对民主制作某些限定。如果普罗塔戈拉没有无条件地为民主制正名,苏格拉底不会知道,《普罗塔戈拉》的读者们也不会知道,普罗塔戈拉是否理解了苏格拉底指出的困难。在哈夫洛克看来,"[逻各斯]与神话的连续性并不稳固,就因为神话就是神话"(页168)。因此他不明智地认为柏拉图把普罗塔戈拉描述成了一个十分伟大的犯错者;这个说法是错的。关于调和普罗塔戈拉的观点与民主制所需要的对民主制的限定,普罗塔戈拉以一种恰当的克制给出了它:[56]他提到一个事实,在民主制下毕竟有富有之人负担得起儿子的昂贵教育费,因此也包括——我们必须加上——普罗塔戈拉宣称能够提供的在实践技艺方面的教育费。哈夫洛克赞赏这种"自由民主制的任何成员都不得不接受"的"实用"智慧:"教育机会的获取与家庭财富成比例",或者,"领导权倾向于落入特权者手中";他赞赏智术师"接受门阀制度的尺度"。但是,一个民主派完全可以怀疑,哈夫洛克是否有理由认为,一种必然加剧贫富鸿沟的行为"没有违背民主制精神"(页182-183、页248):"如果存在[法律或社会地位的]不平等,和睦相处就遭到了破坏。"(页397)人们关于哈夫洛克的政治理论可以得出的结论是,如果他是对的,在这一点上自由主义者就是错的。至于他认为普罗塔戈拉是民主制甚至"工匠民主制"的辩护者(页187),我们必须重新表述,他的意思是柏拉图的普罗塔戈拉捍卫的是民主制与寡头制的混合，或者，普罗塔戈拉向着寡头制的方向偏离了纯粹民主制。如果不是被迫使其毫无疑问"可妥协"的政治信念适应民主制，他或许会捍卫纯粹的寡头制。他对民主制的批评不同于苏格拉底的批评，因为他站在财富一边，而苏格拉底站在贤人(gentlemen)一边。我们相信哈夫洛克知道这种差别，因为他没有凑巧探讨"更早的智术师"。

根据柏拉图的普罗塔戈拉，法律是或者应该是"好的古代立法者的创制"(326d5－6)，它们不同于杂乱的大众制定的法条，如果人们不是比哈夫洛克更看重这一点，就没有正确对待柏拉图的普罗塔戈拉。无论他对诸神的看法有多"激进"，他十分清楚，对古代尤其是对古代伟大"创制者"的敬重对于社会是必不可少的。但是，正如他所说，"众人无所用心"。正是由于那些创制者的优点，如今人类才与原始的野蛮人有天壤之别。普罗塔戈拉必然已经在某种程度上注意到，苏格拉底瞧不上普罗塔戈拉宣称要教授并且宣称所有人都具有的那种政治技艺。无论如何，他指责苏格拉底没有恰当地肯定那种技艺或者人们所谓的文明进步：苏格拉底似乎不知道，最初人类比生活在文明社会的最糟糕的罪犯还要糟糕。"这种反思读起来几乎就像柏拉图自己的一则自我批判；……在这里，他让自由主义者畅所欲言。"（页188）现代自由主义者与古代智术师毫无疑问具有亲缘关系。两者都意识不到一个文明问题的存在，尽管程度不同。因为，普罗塔戈拉在提出他的论断之时加上了重要限定，这些限定没有出现在哈夫洛克的[57]行文中。如果我们接受哈夫洛克对苏格拉底与普罗塔戈拉的谈话的分析，这将是令人痛苦而毫无裨益的。他宣称理解了柏拉图的思想，正如人们可以由此预料的那样，他没有耐心倾听苏格拉底在语境中实际上说了什么，从而认为柏拉图的"体系"决定了苏格拉底的问题。同样，他认为实用主义或行为主义的知识论或社会学决定了普罗塔戈拉的回答。关于他的整个讨论，人们至多能说它对今天的自由主义有所揭示。两个例子足矣。

苏格拉底与普罗塔戈拉讨论的问题是,德性是一还是多。通常用语假定德性是一:我们会说好人。与此同时,通常用语假定有许多德性,一个人可以拥有一种德性而缺少其他德性。比如,正如普罗塔戈拉所说,一个人可以是勇敢但不正义的,或者,他可以是正义而不智慧的。当普罗塔戈拉最初注意到这个困难的时候,他马上提出,这一个德性有许多在质上不同的部分。普罗塔戈拉将勇敢和智慧看作这一个德性的部分,这似乎让苏格拉底惊讶。普罗塔戈拉的回答对此作了肯定性的强调,并且补充说智慧在德性的所有部分中最伟大(329e6-330a2)。苏格拉底的困难不难理解:在普罗塔戈拉的长篇发言中,他对智慧三缄其口,对于勇敢更是如此;他强调的是正义、节制和虔敬;因为他的主题是"政治德性"(322e2-323a1、322a6-7),这是一类特殊德性(323c3-4)。因此,如果人们想理解普罗塔戈拉,就必须搞清楚,通过以不同程度强调两者——一方是正义、节制和虔敬,另一方是智慧和勇敢时,他在暗示什么。我们怀疑,如果人们不反思柏拉图对政治德性与真正的德性所作的区分,我们就做不到这一点。在考察之前,谁知道普罗塔戈拉是否承认这个区分的合理性呢?在进一步考察之前,清楚的是,在他看来只有政治德性是宙斯的恩赐,不过还有一个德性是普罗米修斯的恩赐(321d)。哈夫洛克小心地避开了这种反思,这种反思显然会把事情搞复杂,而且或许会使他无法再确信普罗塔戈拉关于真理的思想是关于"议会过程"或者"公共意见之结晶"的思想。

普罗塔戈拉在这场讨论的某个地方阐述了一个明显却并非不重要的真理:不同的东西对不同的事物或这些事物的不同部分有好处。哈夫洛克在此发现了一种"实用主义的知识论"、"一种实用主义的分类"、一种"智术师的经济学"和"一种实用主义方案"。因此,"苏格拉底的语境"让他震惊。苏格拉底"几乎得出结论:'这里不过是相对主义'"。

柏拉图接下来采取了一种技法,这种技法就像各篇对话任何地方的一切那样不公平。苏格拉底形象地举起双手喊道:"我不能应付[58]长篇发言。"……人们会想到,柏拉图的读者至少在这里会有点不知所措,也会否定柏拉图的主角的态度的合理性。但柏拉图很有技巧——根据那批对这种荒谬的宣传手法心悦诚服的教授们判断,他当然有。(页 204-206)

哈夫洛克几近承认,苏格拉底几乎结束这次谈话,不是因为普罗塔戈拉的"相对主义"令他震惊。苏格拉底与普罗塔戈拉此前在讨论一个公认复杂的问题:头脑清醒(sobriety)或审慎(prudence)是否与行事不正义相容。普罗塔戈拉不喜欢这个讨论;他说他羞于肯定地回答这个问题,可是苏格拉底试图迫使他为肯定的回答辩护(333b8-d3)。苏格拉底的做法狡猾吗?如果普罗塔戈拉像哈夫洛克认为的那样相信正义与实用必然相容,这或许是狡猾。但是,普罗塔戈拉断言,一个人可以具有一种德性而缺少其他德性,且一个人可以头脑清醒或心智健全(sane)而不正义(323b)。不是普罗塔戈拉本人,而是一个已经在一定程度上受到敲打的普罗塔戈拉羞于说在现在的语境下头脑清醒或审慎与行事不正义相容。哈夫洛克急于在柏拉图的静态学说面前为普罗塔戈拉的实用主义学说辩护,从而忽略了一个显而易见的事实,他面对的是一部柏拉图对话,因此,他面对的是一个活动的而非静态的语境。苏格拉底表面上狡猾的举动,实际上是符合普罗塔戈拉自由主义学说的一次合理的惩罚行动。因为,羞于说出一个狡猾的命题是不够的;人们还必须学会在思想中否定它;为了学会这一点,人们必须自己成为或者由别人使自己成为这个命题的辩护者,并且因此承担惩罚。不过,普罗塔戈拉不想受罚:他把惩罚(提高)误当作羞辱(失败)。因此,他试图抹去这个对他来说很难处理的问题,躲进一个他容易处理的完全不同的问题。我们不否认,如果苏格拉底反对的不是长篇大论本身,而是无关紧要的长篇大论,哈夫洛克和粗心大意的读者或许会受益。但是,柏拉图必须考虑到各类读者。也许他笔下的苏格拉底觉得应该结束一场已经达到目的的谈话,这个目的就是向希波克拉底当面证明,普罗塔戈拉不像他自己宣称的那样是一个对人有教益的优秀教师,坚持继续探讨这个如此难以处理的问题只会让普罗塔戈拉尴尬并使他遭受不必要的羞辱。在一篇短评中,我们不可能做到哈夫洛克在一大本书中没有做到的事,亦即对《普罗塔戈拉》加以解释并且——作为此事的准备——解释什么是柏拉图对话、如何阅读柏拉图对话。哈夫洛克将柏拉图对话看作宣传工具,甚至是"荒谬的宣传"。毕竟,他的书是一个自由主义者关于自由主义而非柏拉图的书。

[59]在普罗塔戈拉与苏格拉底的谈话导致冲突,并导致这次谈话以及这次谈话促成的团体(society)有破裂之虞后,这个冲突成了整个团体关心的事。这个团体的出色成员们要么作为帮腔者,要么作为潜在的仲裁者,对此加以干预。就在冲突之前,苏格拉底与普罗塔戈拉是在谈论正义。现在正义在行为中得到了展示。用哈夫洛克的话说,"这个对话陷入的僵局被当作了对公民大会情景的戏仿"(页218)。哈夫洛克认为智术师对"议会"技术有贡献,智术师们是"政党体系必然性"的先导(页243),我们略过他对此含糊不清的推测。相反,我们集中关注他对其中一个潜在仲裁者希匹阿斯(Hippias)的评论。人们经常认为希匹阿斯在这个语境中表达了"关于人的共同自然、兄弟情谊和世界公民的学说"。哈夫洛克接受了这个解释,从而发现柏拉图对这个学说的处理"不太能原谅"。如果这个解释是对的,哈夫洛克就向我们展示了柏拉图与一个希腊自由主义者的冲突的第一个例子。但是可惜,哈夫洛克又说希匹阿教导的不是所有人而是所有希腊人的共同自然、兄弟情谊和共同公民权。可是,我们能确定希匹阿教导了这么多吗?他说的是,"所有在场者""从自然而非法律上看"都是同类和公民同伴,因为相似者依

据自然与相似者相似。"所有在场者"彼此相似,因为他们都"知道事物的自然",或者,因为他们都格外智慧(337c7 – d6;参 318e)。简单来说,希匹阿斯在此教导的是,依据自然所有智慧之人都是同类和公民同伴,所有其他亲缘关系和公民同伴都立足于法律或习俗。柏拉图嘲弄的不是这个学说,而是希匹阿斯的幼稚信念:"所有在场者都知道事物的自然。"然而,哈夫洛克发现希匹阿斯的话提出了"群体交流的知识论"(页 225 – 229、页 352)。

哈夫洛克的书的顶点是他对安提丰的论述,虽然此书并未以此作结。这个论述立足于如今被认为出自智术师安提丰的两份莎草纸残篇提供的"残缺记载"(页 256、页 289、页 416 – 418)。安提丰断言,所有人依据自然在所有方面都相似,不管他们是希腊人还是野蛮人,否定这种相似性是野蛮人的做法。他通过如下事实证明这个相似性:就依据自然对所有人必要的所有事物而言——比如通过口鼻呼吸,人与人之间没区别。哈夫洛克赞赏安提丰"扣人心弦的逻辑",根据这种逻辑,"自然的野蛮人"与"自然的自由人(亦即希腊人)"之间的区别"烟消云散了"(页 257 – 258)。他由此暗示,安提丰的自由主义论断与古典作品的观点对立。哈夫洛克对《政治学》卷一某些段落的理解流于表面(页 351 – 352),而且完全忽略了[60]比如卷二对迦太基的处理和其他许多事情,且不说柏拉图已经认为将人类分为希腊人和野蛮人是荒谬的;哈夫洛克就从这里开始了他的暗中批评。与他的证明不同,安提丰的论断并不是特别自由主义,而是基于将哲学理解为离开洞穴。安提丰与古典作品的差别源于哈夫洛克的夸大其词:"在评估人及其行为之时,你不该从头脑开始,而应该从肺开始。"(页 257)关于安提丰,我们仍然有希望发现他并未停留于肺部,而是走向了头脑。那些似乎像其希腊同胞一样对野蛮人抱有偏见的希腊思想家想要借此表达的是,与其他民族相比,在希腊人中有更多人愿意向其他民

三 古典政治哲学的自由主义　　77

族学习并理解其他民族的思想；野蛮人在最重要的方面完全是自满自足的。安提丰在为希腊人的这一优越性作证：他认为否定人类的根本统一性是野蛮的——非希腊的。

安提丰也质疑公民社会本身。他的理由似乎是这样的。如果错误对待任何一个并未率先错误对待我们的人是不正义的，那么，对于一个并未错误对待潜在证人或法官的罪犯，人们针对此人作证或作为法官在法庭上对付此人就是不正义的；同时，如果人们针对一个罪犯作证或者给此人定罪，就会使此人终生与自己为敌，从而损害自己。第一个论证证明了以牙还牙；第二个论证似乎表明，精明的做法是不要以牙还牙。但是，这个段落错漏百出，哈夫洛克依据自己的解释作出的论断也十分克制（页262），我们可以放下这个问题，考虑如下观点：我们没有看到安提丰是"空想家"、"乌托邦主义者"和无政府主义者（页260、页262、页265、页290）。安提丰说，在有证人在场的情况下人们应该遵守城邦法律，在没人的时候应该遵守自然法。哈夫洛克在毫无证据支持的情况下确信安提丰不是"非道德论者"，以此解释这条箴言。但他不否认，安提丰在这条箴言中支持"包含双重标准的有弹性的行为方式"，或者，"安提丰极度同情伪善"，或者，根据安提丰的说法，"人们必须假装遵守"城邦的法律，又或者，人们可以"在不能与之对抗时奉承或规避"那些法律。哈夫洛克声称，"一切理想主义者学派都会强烈反对"一种"包含双重标准的有弹性的行为方式"，俨然柏拉图从未提倡过"高贵的谎言"。然后，哈夫洛克继续使用一种在某种意义上让他觉得光荣的错误推论：

> 成熟的文明……倾向于推崇私人判断与公共服从之间的区分。他是第一个足够坦诚以至于能看到这一点的希腊人。所以，从某种意义上说，他根本不是一个政治理论家。（页267-271；这个段落和序言也可以与页376对比）

法律与自然之间的安提丰式对立,使哈夫洛克有机会表达[61]他对柏拉图关于有些人使用这一对立的看法的不满。他没有讨论柏拉图的相关段落,甚至根本没有思考,柏拉图自己对法律的质疑——尤其在《政治家》中——及其洞穴比喻是否已经暗示了同样的对立,尽管意思不同。谁赞颂智术师是"社交家"(communication men),并指责柏拉图蔑视"作为群体或集体意见和决定之工具的讨论",谁就得有胆量并且在某种意义上一心一意与"群体思想家们"——城邦对于他们是"渴慕的女主人"——抱团(页194、页270)。让自由主义来吧,让柏拉图见鬼去。

然而,哈夫洛克以古典学者身份第一个提出的一个观点——据我们所知是如此——具有很大的意义,与此对比,上述所有失误都变得不重要了。

> 集权国家——以及具有集权主义要素的城邦国家——的任何臣民,事实上还有民主制的公民们,在当前这个战争和焦虑的时代,都懂得安提丰的意思。(页271)

我们不理会"在这个战争和焦虑时代的民主制",这是个不合适甚至误导人的说法。但是,哈夫洛克的要点是正确的。城邦甚至著名的伯利克勒斯的雅典,都不是自由主义城邦或者受第一修正案约束的城邦,而安提丰也明确说,法律决定了"眼睛应该看到什么、不能看什么,耳朵应该听到什么、不能听什么,嘴巴应该说什么、不能说什么"。也许有些可惜的是,哈夫洛克没有继续思考:第一,安提丰的"坦率"是否存在与其观点相矛盾的缺陷——不管从别的角度看它如何值得赞颂,因为,这些被引到的说法在有证人在场的情况下与城邦的律法"为敌";第二,安提丰的写作方式是否没有受到他的观点的影响,或者,是否他的晦涩风格不是故意为之——他在我们面前表现得异常坦率,这是否是因为某种幸运或不幸的偶然给我们留下了一条极为令人吃惊的独立的箴言,而在他的整个作品中,这条箴言被藏在了无害的论述中,或者并未以作者自己的名义出现,而是被放到了别人头上——因此,人们是否不应该在忽视这种无害的基础上阅读他的残篇;最后,是否其他希腊作家没有同样的观点(它说到底并不是特别深刻),这使他们采取了相应的写作方式,因而与通常阅读他们的方式相比,人们应该更仔细地、带着更多戒心去阅读他们。一个学者甚至只要稍微严肃而不带偏见地思考一下这些问题,就会写出一本完全不一样的书——不是一本今天意义上的自由之书(liberal book),而是一本原初意义上的自由之书。

回到哈夫洛克。他认为安提丰的法律与自然的对立暗示了,法律不是"由天资过人的立法者的德性制定的",而是[62]"社会成员们达成的社会契约的产物"(页272)。安提丰说,城邦的法律或惯例源于不同于自然的约定(agreement)。这并不必然意味着,法律或惯例完全是"群体意见"的产物;这并不排除这样的可能:法律或惯例主要是一个杰出人物的作品,此人被认为具有超人的德性,人类接受了他的方案,而这些人也由于接受了这些方案使自己构成了一个社会的成员。哈夫洛克无意中揭示了现代自由主义者与所谓希腊自由主义者的根本差异:

> 如果法律是人类在历史中达成的契约,它为什么不是自然生长而来的,就像人类进步过程中的其他事物一样?(页273)

对于一个自由主义者来说,"自然的"(natural)并非一个表达区分的语词:一切存在之物都是"自然的";对于他的希腊前辈们,并非一切存在之物都是"自然的"。宙斯"存在"(is),否则人们就不能谈论他,将他与克洛诺斯、赫拉等等区分开来。但他在什么意义上"存在"呢?宙斯由于意见、制度、约定或者法律而存在(参《法义》

904a9–b1 与安提丰 B44 A2 第 27–28 行);但是,举例来说,人不是由于法律或意见而存在,而是由于自然而存在,或者真实地存在着。如果这个自由主义者回答说,"可是,无论如何,这种使宙斯存在的法律或意见不仅仅是法律或意见,它对于采纳它或者信奉它的人们来说是必不可少的",他的希腊前辈们就会问他,他怎么知道这一点:难道不存在专断(arbitrariness)因而尤其是专断地固守——无论智慧与否——各种或有益或有害的错误?尽管这种专断的基础(作为理性动物的人的自然成分)是自然的,或者,用我们此前的话说,尽管习俗之物有一些自然的因素,这种建立起各种习俗的专断行动的产物显然不是自然的。换言之,人建立了"国中之国":各种人为的"世界"在根本上与"世界"及其部分具有不同的地位。自由主义观点最初源于决定论(determinism)与如下假设的结合:法律总是符合真正的而非仅仅想象出来的需要,或者说,所有法律原则上都是合理的。哈夫洛克用到的"历史"这一语词,几乎是"习俗"的现代对应物,除了使现代思想发展中的一个十分模糊的事件变得模糊,它没有什么作用。

哈夫洛克相信,安提丰赞同一种没有侵犯性的正义,或者,他"深深感觉到人类肌体的不可侵犯性",这一信念阻碍了哈夫洛克的理解安提丰给法律与自然的对立赋予的特殊含义。他从安提丰的一条箴言中推断出这种感觉的存在,他认为这条格言说的是"活着是一种自然状态",而安提丰说的是"生死都是自然"(页 275):"人类肌体"自然易受侵犯。与之类似,安提丰说生命源自有用或适当之物,死亡源于有害或不适当之物,哈夫洛克认为它[63]说出了"对生命的敬重"(页 280)。事实上,安提丰是在解释什么是自然的好——它不同于习俗的好:自然的好东西是对生命有益的东西,因此,自然的好东西最终是令人快乐的东西。"人类的肌体"特别容易受到其他"人类肌体"的侵犯;法律宣称保护无辜之人;安提丰质疑这种宣称的真实性。哈夫洛克承认,人们"容易"认为安提丰关于这一论题的论断的意思是,为了不在别人的侵犯下成为无助的受害者,"主动侵犯别人"是自然的。哈夫洛克凭借如下理由否定这种可能:根据安提丰的说法,"自然并不倾向于制造敌人"(页284),虽然他又说安提丰质疑"自然规则"的仁慈性质(页294)。安提丰只是说,正义之物必须普遍有益;他并没有说这个意义上的正义是可能的,他显然也没有说,"自然的法则"包含这个意义上的正义。他似乎也指出了婚姻在本质上的不便之处,而且他很有可能怀疑婚姻的自然性质。哈夫洛克对这个段落的解释,截取了一些"更好地反映传统"而非反映安提丰的部分(页293),这种原则与他解释安提丰对城邦律法的怀疑的方式如出一辙。

> 他的学说里有20世纪的调子。这听起来几乎不可思议。他是新教育的使徒吗?他会支持一所进步教育学校吗?我们有没有可能相隔诸多世纪在他的希腊文中捕捉到弗洛伊德的语调?(页294)

这个"几乎"不是源于合情合理的克制,而是源于自由主义的性情:人们可以先天地依靠弗洛伊德在任何情况下表示,看似不可思议之事并非真正不可思议。

有些读者也许会抱怨我们用这么多时间和篇幅考察一本异常贫乏的书。我们不认为他们的判断对此书是公平的。像哈夫洛克所的书一样的书正在变得越来越典型。学术研究本来应该是文明反抗野蛮的堡垒,可它正在变成再野蛮化的工具(rebarbarization),这种情况越来越司空见惯。正如历史表明的那样,学术研究本身有堕落之虞。但如今这种危险比从前任何时候都大。因为,如今这种危险出自一种所谓的哲学对学术研究的激发(inspiration)。由于这种哲学,人类对宽容的渴望已经被推向极端,如此一来,宽容已经堕落为放弃所有标准因而所有学科,包括语文学学科。可是，绝对的宽容根本不可能；这种所谓绝对的宽容变成了强烈的仇恨，针对的是那些最清晰、最有力地表明可以在人之自然和事物之自然中发现不变标准的人。换言之，使所有人获得教育的人类渴望，导致人们越来越忽视教育的品质。如果这种情况发生在新近产生的学科，危害还不大，或者至少没有新的理由发出警告；[64]然而，如果负责传承古典遗产的这个学科受到浸染，情况就完全不同了。堕落的自由主义主张"人的简单却最高的目标只是安全而快乐地活着，得不到保护就不接受约束"（页374）——它遗忘了品质、优秀或德性，比起与之对抗，真正的自由主义者如今没有更为紧迫的任务了。

四 论《米诺斯》

林志猛 译

[65]《米诺斯》(*Minos*)作为柏拉图的作品流传了下来,它是紧挨《法义》(*Laws*)之前的作品。《法义》的起点便是《米诺斯》的终点:《米诺斯》以赞颂克里特王米诺斯(宙斯的儿子和门徒)的法律作结,《法义》则始于检审那些法律。因此,《米诺斯》显得是《法义》的导言。比之任何其他柏拉图对话,《法义》都更需要一篇导言,因为在柏拉图对话中,唯有《法义》没有提及苏格拉底,对话设置在远离雅典的克里特。从而,《米诺斯》也显得完全是预备性的。此外,在柏拉图著作集中,唯有《米诺斯》除了"法是什么"(What is law)及其回答外别无其他主题。① 这可能会显得奇怪,而且应该显得奇怪,因为这个重大的问题——也许是柏拉图著作集中最重大的问题——仅仅是一部预备性作品的单独主题。但我们必须记住,在色诺芬有关苏格拉底的作品中,苏格拉底从未提出"法是什么"的问题。依据色诺芬,正是苏格拉底的暧昧伙伴阿尔喀比亚德(Alcibiades),提出了这个苏格拉底式的问题,他在跟伯利克勒斯的交谈中提到,那时苏格拉底并不在场。② 这个关于法的问题,柏

---

① [译按]《米诺斯》开篇即追问"法(nomos)是什么",nomos 是对话的第一个语词。
② [译按]参色诺芬,《回忆苏格拉底》,吴永泉译,商务印书馆,1984,I.2.42-46。

拉图笔下的苏格拉底提出来，不是像通常那样经过了恰当准备，而是猝然提出，由此增强了这种奇异性。他采用这个赤裸裸的问题，似乎一下子抓住了这位无准备的同伴。因此，苏格拉底提出的这个问题看起来毫不偶然或特殊——恰如《克力同》(Crito)中他谈到的自行守法问题——而让我们不去关注这个普遍问题的所有重大性。我们甚至不会去注意这位同伴的名字；这位同伴保持匿名，身份不明；我们只能认识到他所说的话。在这次交谈中，由于没有其他人在场，作品就不能像柏拉图的大多数对话那样，以苏格拉底对话中的某个参与者或倾听者的名字来命名：[66]篇名提到的名字是一位远古人物的名字，只在对话中谈及。

尽管苏格拉底开启此次交谈的问题突兀，但也不能说没有含混性。他是在问同伴"我们所认为的法是什么"，还是问"我们（我们雅典人？）服从的法是什么"，这一点并不清楚。前一个问题可称为普遍的或理论性的问题，后一个问题则可称为实践性的或特殊的问题。而实践性的问题同样含混，它可以指一种整体的法律秩序，也可以指任何特定的法律。但显而易见，理论性的与实践性的问题不可截然分开。一个人不可能懂得自己受哪种法支配，要是对这种法不具有某种知识（无论多么含糊和微弱）。对于自己服从的法，一个人若基本的认识也没有，就无法懂得这种法是什么。眼下，苏格拉底把谈话限制在理论问题之内，使得他最初的问题不再含混。但实践性问题只是置于对话底部：对话以这一观点作结，即最值得敬重的法不是雅典法，而是克里特法。

通过先后提问"黄金是什么"和"石头是什么"，苏格拉底阐述了"法是什么"的问题。黄金最有价值，而石头可能一文不值。"黄金"不能用作复数，石头则可以。一个人不能像说"一块石头"那样说"一块黄金"：存在某类整体，其每一部分都是一个整体或完整物；还存在另一类整体，其每一部分都不完整。于是，我们不由得想知道：正确理解的法更像黄金还是更像石头。但是，不管任何特殊的法律，甚或特殊的法典，都可谓一个整体，苏格拉底的问题涉及包含一切法律的整体。就黄金之为黄金而言，没有这黄金与那黄金之分，就石头之为石头来看，也没有这石头与那石头之别，就法之为法而言，也不分门别类。这是否意味着恶法与善法都同样是法？

对于苏格拉底的这个综合性问题，同伴的第一个回答的大意是，法乃是自身所"支配"或构建的一切事物的整体构成。苏格拉底通过恰当的类比使同伴相信，正如在别的场合我们称之为人类灵魂的各种行为，不同于这些行为带来的结果，法作为灵魂的一种行为，也有别于该行为带来的结果。因此，法截然不同于那些无生命的东西（如黄金或石头），它是灵魂的一种行为：但它是一种显现（manifestation）或知识，还是一种发现（发明）或技艺呢？在同伴的回答中（第二个也是中间一个对于苏格拉底综合性问题的回答），他并没有切中这一议题。他说，法乃是城邦的决定。这意味着，法并非灵魂的一种行为，而是灵魂的某些行为带来的某种东西。然而，现在同伴明白了，法乃是灵魂的某种行为的结果，而他的第一个[67]回答本会与如下看法相容：法是无人知其来源的习俗，或者，正如有人说的那样，法不是"被造成"而是"已长成"的习俗。苏格拉底改述了第二个回答，使之成为此前对同伴提出的特殊问题的回答：法作为灵魂的行为，既没有知识的特征，也没有技艺的特征，但有意见的特征；法是关于城邦事务的城邦意见。

一个简单的考虑就足以表明，这一回答并不充分。我们认为，法与正义之间存在某种关联。或许，一个人可以是守法而不正义，但一个违法者肯定不正义。在某种程度上，法和正义似乎可以互换。因此，法就会是某种高的东西。而一个城邦的意见却可能是低的。于是，我们就面临一个矛盾，出现在两种最常听到的意见之间，这些意见让人耳熟能详是因为，它们都是城邦的意见：一个认为法是城邦的意见，另一个则认为法是某种高的东西。苏格拉底没有给出任何理由,就毫不犹豫地选择了第二种意见,并由此默默拒绝了这一意见:法是城邦的意见。既然城邦的诸意见自相矛盾,就连最好的公民也就不能简单地听从它们。依据苏格拉底,法的确是一种意见;但他仍未说是谁的意见。此时,他只是说,法是一种高的意见,因此是一种真实的意见,从而是对实在的发现。"发现"(因此还有法),看起来处于这两者之间,一方面是"发明"或技艺,另一方面是"显示"或知识。

只需再更进一步,我们就抵达第三个也是最后一个对法的定义,这也是苏格拉底提出的唯一一个定义:法意图成为对实在的发现。这最后一步乃是回步。据此,对于法是对实在的发现这一表面的结论,苏格拉底做出了限定。他并没有给出这一限定的理由,但一个非常有说服力的理由随即显明:如果法是对实在的发现(或已发现),而实在(没有混合非存在的实在)又总是相同,那么,法就完全不会改变。这样,所有或绝大多数我们称之为法律的、因时因地而异的东西,就根本不成其为法律。但如果法只是意图或趋向于成为对实在的发现,如果法并不必然是对实在的发现,那就会存在无限多样的法律,这些法律都能从其目的即真理之中获得自身的合法性。同伴未能抓住这一限定;他相信苏格拉底抛开了这个限定,认为法乃是对实在的发现。同伴指出,假如我们总能发现相同之物,即各种实在(太阳、月亮、星星、人、狗,等等),那么,所有的人就应该一直使用相同的法律,但他们显然并非如此。苏格拉底答复的大意是,正在谈论的多样性应归因于人类的缺陷,但它不会影响到法本身。在一贯正确的法[68]与难免犯错的人类之间暗含的区分向我们表明,法的确是灵魂的一种行为,但或许必然是人类灵魂的行为。此外,人类是否确实因地因时使用不同的法律,苏格拉底认为此问题仍悬而未决。由此,他迫使同伴去证明法律多变的事实。但同伴完成这一证明时,苏格拉底似乎又否定掉了,视之为不恰当的"长篇大论"。简而言之,苏格拉底力图对法律的多样性保持沉默,不去谈让他作出如下宣称的真相:法意图成为(即不必定成为)对实在的发现。

通过列举有关献祭和葬礼的法律,同伴证明了法律的多样性;这些例子涉及神圣的事物。在某种程度上,它们证实了苏格拉底对法的定义。它们表明,无论如何,那些最令人敬畏的法律,或多或少基于力图成功发现的最高意义上的实在,亦即诸神和灵魂,以及诸神对人的要求和死亡的意义。这些例子表明两种习俗之间的巨大差异,一是现在的雅典习俗,一是最早的时候,或者说克洛诺斯时代的习俗。它们似乎表明,起初人们都是野蛮的,而现在的雅典,人们都是高雅的;因此,现在的雅典法律优越于希腊人或外邦人最古老的法律。显然,这一发现预设了法律因时因地而异。或许,苏格拉底如此小心谨慎地对待法的可变性是因为,这种可变性是刚刚提及的那一发现的前提——苏格拉底对该发现并不满意。

现在,通过一些简短的言辞和简短的问答,苏格拉底试图与同伴达成共识。同伴更乐于回答苏格拉底的问题,而非向苏格拉底提问。他赞同苏格拉底,无论何时何地,人们都认为正义之物正义,高贵之物高贵,而不义之物不义,低贱之物低贱——正如所有人(不管他们视实行人祭为合法还是不虔敬)都认为,重量大的东西沉些,而重量小的东西轻些。这一推理的最终结论证实了那个未限定的法的定义:法并不只是意图成为而就是对实在的发现。由于自身的错误,同伴被迫作出简短的且相当匆忙的回答,他无法像我们那样反复阅读苏格拉底的问题,所以不能揭穿苏格拉底在引起我们注意时所做的诡辩:就正义或高贵之物对立于不义或低贱之物而达成的普遍一致,并不能确立"正义和高贵"内涵上的普遍一致。尽管如此,同伴仍完全无法信服,因为,苏格拉底的结论明显有悖于他每天亲眼在雅典观察到的事实,也就是,"我们"(即我们雅典人)在不断改变法律。

我们可以说,苏格拉底对其法的定义的第二个证明,并不只是[69]对第一个证明的重复。在第二个证明中,苏格拉底默默对比了"正义之物"与"重量大的东西"。于是,苏格拉底让我们注意到两个问题:一、正义是否像重量那样,是一种度量性的东西?二、关于重量的分歧是否像关于正义的分歧一样广泛而巨大?此外,第一个证明依然涉及法是城邦的意见这一意见;而此意见在第二个证明中已无作用。因此,为我们预备好的看法是,法是精神行为,但不是城邦(即公民集合体)或公民的精神行为,而是不同种类的人的精神行为。

继续往下读,我们注意到,我们所谓苏格拉底对其法的定义的第二个证明,事实上是他对这一定义的三次捍卫中的第一项。这三次捍卫构成了整篇对话的第二个部分,亦即中间部分。在这一中间部分的中间一节的开头,苏格拉底突然转向拥有一门技艺者的著作。我们可以辨别出主题明显改变的原因。苏格拉底曾提出,法是一门知识还是一项技艺。现在,他假定法是一项技艺。接下来他似乎是在证明这一假定。法律是规定性的著作;而技艺作为一种对所有人都相同的知识,一种完美的、最终的和固定的知识,必然会在规定性的著作中找到其适切的表述。因此,法律和技艺是相同的属。这一推论有一个明显的缺陷:无论技艺还是法律,都不必然将自身呈现在著作中。比如,农场主,亦即农艺方面的专家,不一定要编纂甚或阅读农艺方面的著作。

如果法律和技艺是相同的属,并因此是某类专家即君王(或治邦者)写成的规定性著作,那么,就没有理由说,法律应成为城邦或希腊人的作品:公民们和希腊人皆不是统治术方面的专家。通常称为"法律"的法规可能因地而异;但对于人们拥有其知识的事物,正如苏格拉底所声称的,一切有知识的人都能达成一致,无论他们生活在哪里,也不管他们是希腊人还是外邦人。当同伴强烈响应这一主张时,苏格拉底第一次赞扬了他。此外,通常称为"法律"的法规可能因时而异。但哪里有知识，那里就没有思想的变动。或者反过来说，哪里有思想的变动，那里就没有知识。因此，"法律"的频繁改变（雅典为此而声名狼藉）是一项清楚的证据，表明雅典立法机构的无知，其裁决或决定不配称为法律，或者作为法律受人尊重。实际上，那些"法律"肯定糟糕透顶。同伴没有对这一不言而喻的结论提出异议；换言之，他现在开始相信苏格拉底对法的定义的真实性，或更准确地说，相信法是一项技艺这个事实。看来，苏格拉底似乎已成功使同伴从前雅典的偏见转向反民主偏见。我们由此认识到，[70]对理论性问题"法是什么"的回答，至少对实践性问题"我们服从的法是什么"提供了一种反面回答。尽管苏格拉底和同伴达成了一致，但两人之间至少还有一个分歧，出现在对话的正中间：同伴比苏格拉底更加肯定烹调术是一项技艺；而在《米诺斯》中，苏格拉底对烹调术地位的犹疑，只有他对占卜术地位的犹疑能与之相比，占卜术乃是人们据以声称可获知诸神想法的一项技艺。至少是在一开始，同伴就比苏格拉底更加肯定，无论何时何地，有知识的人都比专家们更能达成一致。或许，同伴预先就知道，好的立法需要拥有法所规定的主题的知识，但这样说是可疑的，即那种知识必定是专门性的知识：对好的立法来说，拥有相关事实（有别于这些事实的原因）的知识或许就足够了。

在对话中心部分的最后一节，通过假定技艺就是把某个整体的诸部分恰切地分配给另一整体的诸部分——就像分配给一个牧群的诸部分，苏格拉底证明了法是一项技艺。在某些情况下，分配者应将整体中的相同分量分配给牧群里的每一员，每位成员都应一视同仁。但在另一些技艺中，分配者必须考虑一个事实，即整个"牧群"是由在质上有别的不同部分组成，或不同的事物有益于不同的部分或不同的个体。因此，人类所谓的法律就是分配，亦即，分配惩罚和奖赏给城邦的成员，或在最佳情况下，君王将恰当的食物和劳作分配给人类的灵魂。这位君王给每个人分配对其而言最好的工作,也就是,最有助于使其成为一个好人的工作:君王并不把他所统治的人视为一个牧群的诸部分。但是,如果成为一个好人与成为一个好公民或城邦好的成员是一回事,那么,我们也可以说,这位君王给每个人分配了最适合他的位置或工作。在这一节,著作不再提及:除了君王当场以口头方式作出分配外,无法很好地做到,分配给每个灵魂对其而言好的东西。或许,可以简单点说,任何法律都无法很好地完成这样的分配。苏格拉底更喜欢说,最好的法律即王法圆满完成了这点。由此,苏格拉底暗示,法律应当是无限可变的。然而,按照先前的论述,法作为技艺要求,无论何时何地都必须相同,因此,至少几乎一切所谓的法律都不配称为法律;而按照现在的讨论,法作为技艺要求,法必须与诸个体及其个人处境一样可变,因而,没有所谓的法配称之为法。另一方面,此时,通过谈及最好的法律,苏格拉底恢复了普通的观点,据此观点,无知者或无知者集会的某些决定同样可视为法,并受到尊重。然而,最好的法律证明是某种[71]类型的不成文法——它的确不是那种来历不明的不成文法,无论何时何地都言说相同的事物,而是一个智慧灵魂的某些行为。

先前在开启对话的中间部分时,苏格拉底提出的观点是,关于正义和高贵之物,存在普遍一致的看法。这一观点本身可视为指向不成文法,无论何时何地,不成文法都被承认为法律,因此不可能是人类立法者的著作(色诺芬,《回忆苏格拉底》IV. 4. 19)。但是,《米诺斯》未提如此理解的不成文法。我们可能会说,在这篇对话中,苏格拉底先是从来历不明的不成文法转向了成文法,然后又转向了来历清楚的不成文法,亦即,君王给予每个人的灵魂以恰切食物和劳作的分配。

《米诺斯》的第三部分也是最后一部分,处理了米诺斯的法律。这一转换并未得到解释,因此显得突兀。我们被设想为已领会法是什么,以及什么使法成为善法。接下来,我们必须寻求最好的法律。我们已领会的东西可能会使我们怀疑,最好的法律是否可能起源于人。对话的最后一部分所传达的教诲可暂且归结为:最好的法律是米诺斯的法律,因为,米诺斯获得的这些法律源自最高神,即他的父亲宙斯。我们肯定会惊讶,宙斯的法律并非意在给每个人的灵魂分配最适合他的食物和劳作,此外,宙斯也没有把他的法律传达给所有人:他只传达给了唯一一个有特权的人,即他同时任命为亡灵的最高审判官的米诺斯(《高尔吉亚》523e – 524a)。或许,宙斯并不希望直接进行统治,这样,人只要活着,在自身具有的特定限度内,就要被迫或能够进行选择。另外,如果宙斯把他的法直接传达给人类,人类就必定能知道宙斯的想法,也就是说,占卜术必定成为一项真正的技艺。但是,如果在宙斯与人之间有一位像米诺斯这样的中介者,占卜术就没有必要存在。米诺斯作为神性的分有者,不需要可获知其父想法的人类技艺,同时作为人性的分有者,能够将其父的想法传达给人,就像人类的立法者把他们的法律传达给人。

苏格拉底导向宙斯的法律,并非先是通过简单地谈论最好的法律,而是通过谈论既善又古老的关于吹箫的法律(规定性的和分配性的法令)。我们可从同伴的长篇发言中了解到,善与古老截然不同:某些古老的法律要求向当时最高的神献人祭。但有一项至今仍有效的古老法律则近乎不变,看起来具有善的标志。法不仅必须是善的或智慧的,而且必须是稳定的:最好的法律可以是既智慧又稳定的法律吗?吹箫的例子——一种最能让人想到言谈的技艺,但不能在说话的同时演奏——使我们[72]注意到了神圣这一品质,它将古老与善区分开。某些远古的外邦人发明的箫曲最为神圣,因为,唯有这些箫曲打动并显露了那些需要诸神的人;而那些箫曲的神圣特性说明,为什么它们仍具有力量。古老的事物并非全都神圣,不过,或许任何神圣之物必定都延续了很长时间。最好法律的稳定性可归于神灵那不可言说的或神秘的力量吗,神灵统治着机运(chance),并且有可能是因喜欢善而统治着?这样,我们便准备好接受苏格拉底的主张:最古老的希腊法律融合了古老、善和神圣这些品质,它是米诺斯颁布给克里特同胞的法律,而非诸如埃及的法律,或通常可追溯到阿波罗的斯巴达法律——阿波罗是打败马尔苏亚(Marsyas)①及其吹箫术的胜利者。

  同伴先前被引向承认,法是一项技艺,因此雅典的法律压根不是法律,或者顶多只是恶法。现在,他却拒绝接受克里特的法律。同伴并不否认米诺斯是拥有神性出身的远古君王,但他否认米诺斯是一位好君王。苏格拉底告诉同伴,他陷入了雅典神话的魅惑之中。苏格拉底打算使同伴摆脱雅典神话的魅惑,正如他已使同伴摆脱雅典法律的魅惑。在一段长度远远超过同伴长篇大论的言辞中,苏格拉底通过诉诸最古老的诗人荷马和赫西俄德,控诉了创造这一神话的雅典悲剧诗人——照此神话,米诺斯是坏的——并由此证明米诺斯及其法律是好的。从荷马那里,苏格拉底了解到,米诺斯是唯一一位由宙斯亲自用其技艺,即高贵的智术(sophistry)教育的儿子,②这一技艺或许可等同于立法的技艺,它无疑就是统治术。此教育发生在一个洞府中,可能就在宙斯的洞府。法压根不是城邦的意见,它是(或基于)一项技艺,即最高的技艺、最高神的技艺。为了判断苏格拉底的这一主张,我们必须在苏格拉底引用荷马那几行诗的语境中思考。我们必须弄清,这些诗句传达的是荷马的观点,还是荷马笔下人物的观点。如果是后一情况,我们就必须考虑,在一件如此重要的事情上,是否可认为这个人同时拥有知识和诚实。正如苏格拉底指出的,关键的荷马诗句可谓

---

① [译按]马尔苏亚是个萨图尔(即半人半兽),人们认为他最早发明了箫曲。马尔苏亚曾向阿波罗挑战,要在音乐上一决高低,失败后被活活剥了皮。参柏拉图《法义》677d,《会饮》215b-e;《王制》399d-e;《欧蒂德谟》285d;《伊翁》533b。
② [译按]参荷马,《奥德赛》,王焕,人民文学出版社,1997,19.172-179,对比11.568-572。

意指,米诺斯与父亲宙斯相聚,不是为了进行致力于美德教育的谈话,而是为了饮酒和玩乐。通过一个必须承认有回避问题实质的思考,苏格拉底排除了这一看法:米诺斯与宙斯相聚喝到烂醉。但他并没有排除的观点是,宙斯与米诺斯相聚是出于其他目的,这些目的与美德教育风马牛不相及。猜测没有提及的可能性并不明智。正如苏格拉底[73]最后清楚表明的那样,我们完全可以认为,整个交谈基于对好立法者职责的无知:对米诺斯法律的所有赞颂必须重新思考,就像《法义》所做的那样。

有关米诺斯的善,一个听不到的怀疑抵消了可听到的证明。证明和怀疑的差异对应于苏格拉底两次劝谕的差异。证明之前是一个有关虔敬的劝谕,苏格拉底以虔敬的名义挑战了关于米诺斯的雅典神话:对于凡人而言,诽谤宙斯之子米诺斯这位英雄是不虔敬的;宙斯憎恨这一行为可能甚于人们对他的诽谤。在这一证明之后,苏格拉底解释了为何会出现丑化米诺斯的神话:米诺斯发动了一场针对雅典的正义战争,击败了雅典并且迫使雅典人支付"著名的赎金"——定期送十四个雅典年轻人到克里特岛,作为一种人祭。因此,米诺斯对"我们"雅典人来说就变得可恨了,而我们通过那些把他表现得邪恶的悲剧诗人来报复他。这一报复非常奏效,因为悲剧按其本性就能取悦民人,就像吹箫术本身易于牵引灵魂。在讲述这些事情时,苏格拉底向同伴传达了第二个劝谕——一种值得警惕的劝谕,亦即,不是提防不虔敬的行为,而是提防招致任何一位爱邦诗人的嫉恨。正如米诺斯的例子所表明的,一个人不可能在所有情况下同时遵从这两个劝谕,尽管在所有情况下每一个劝谕都要求得到遵从。为了遵从第一个劝谕,苏格拉底被迫高度赞颂了雅典最古老的敌人,苏格拉底将雅典城邦判处其死刑的推迟归功于他[米诺斯],即使是间接归功于他(参《斐多》58a‑c)。

对话结尾得出的主要结论是可疑的。这一结尾并不完全出人意料,因为,认为米诺斯的法律是最好的法律暗含着一个观点:法能够成为对实在的发现，因此是不可变的，而苏格拉底对法的定义暗含的观点是，法绝不可能超出发现实在的尝试，因此必定是可变的。根据第一个观点，在法关注的事情上，人们能够成为专家——能拥有完整的知识。而根据第二个观点，人们对这类事情是无知的。要解决这个困境，可以设想当人们无法成为这类事情的专家时，他们必定是其认知者。这一根本困境也可表述为，法无论何时何地都是相同的，因此是一；法必须像诸个体的需要那样是可变的，因而是无限的多。如果我们接受第二个观点，就会得出这样的结论：就人、正义和狗而言，一（人本身，正义本身，狗本身）比多（个别的人，正义之物，狗群）尊贵；就法而言，多（给每个人的灵魂分配恰切的食物与劳作）比一（普遍的法则）尊贵，而且事实上这个一是虚假的。

[74]我们只能略微触及一些问题，比起我们这里所能探讨的，《米诺斯》读者的思考肯定会周详得多。比如，苏格拉底与同伴以直呼姓名或其他方式称呼彼此的情形，我们在此无法论及。同伴八次称呼苏格拉底都是直呼其名，从不用其他方式。而苏格拉底从来不直呼同伴姓名（这并不一定意味着他不知道同伴的名字），但有三次称呼我们可译为"最好的人"。在两人的交谈中，一方直呼另一方的名字特别出现在两种场合：一是，一方所说的事情明显荒谬，另一方力图把他拉回到理性上来；二是，一方触犯了另一方的禁忌，而请求原谅。紧跟着同伴称呼他"苏格拉底啊"，苏格拉底两次用"最好的人"称呼同伴：第一次是同伴对苏格拉底赞颂米诺斯表示不满，第二次则是同伴未能理解好人米诺斯为何会获得恶名。考虑到同伴的这一特征，我们推测他年纪不小了，他关心公共名声，是人们所说的摆脱偏见的人，并相信一个粗暴且不随和的人可以是正义的。

《米诺斯》提出的问题多于答案。为了弄清如何最好地继续探究《米诺斯》包含的思想，我们必须转向柏拉图的其他对话。在其他对话中寻找类似于《米诺斯》这段或那段的话,用处不大,因为,这些类似段落的涵义取决于其文脉,即取决于它们出现于其中的整篇对话。因此,我们必须研读其他对话。其他每篇对话都可发现一片新大陆;这一经验类似于人在山重水复之际忽又柳暗花明。最类似《米诺斯》的对话是《希普帕库斯》(*Hipparchus*)。柏拉图仅有这两部对话,发生在苏格拉底与一位匿名同伴之间。柏拉图也仅有这两部对话的标题,采用某个不在谈话现场的人的名字,在这场谈话发生之前,这个人早就去世了;它们的标题类似于悲剧的标题。此外,柏拉图仅有这两部对话,以苏格拉底提出"是什么"的问题开场。《米诺斯》以"法是什么"的提问开篇,《希普帕库斯》则以"爱牟利(gain-loving)的品质是什么?爱牟利者是谁?"开篇。如果《米诺斯》的开篇严格对应于《希普帕库斯》的开篇,那就可读作:"守法的品质是什么?守法者是谁?"若不是法本身受到普遍赞扬,守法无疑会受到普遍赞扬,但爱牟利却受到了普遍指责:《米诺斯》不必对守法和法进行辩护,而《希普帕库斯》却致力于辩护爱牟利。可以说,《米诺斯》以赞颂克里特岛的立法者米诺斯作结,《希普帕库斯》则是以赞颂[75]雅典僭主希普帕库斯告终。如果僭主是最突出的爱牟利者,那么,对爱牟利的辩护就是对僭政的辩护(参亚里士多德,《政治学》1311a4–11)。僭政是法或法的统治的对立面;《米诺斯》和《希普帕库斯》一道处理了这两个基本的选项。《希普帕库斯》并没有清楚表明,我们所指的"爱牟利"与"希普帕库斯"之间有何关联。在那儿提及希普帕库斯是因为,希普帕库斯的一句话阐明了对话的情势。苏格拉底控告同伴试图欺骗他,而同伴则控告苏格拉底事实上已经欺骗他。(《米诺斯》并不存在这样的控告。)于是,苏格拉底在适当准备后,引用了希普帕库斯的话:"不要欺骗朋友。"这句话并没有反对欺骗那些不是朋友的人。从上下文看,它表明不欺骗朋友是正义的一部分,或者换句话说,正义就在于帮助朋友和伤害敌人。爱牟利通常受到鄙视是因为,它似乎无法与欺骗分离开。虽然有可能是这样,苏格拉底仍赞扬雅典僭主希普帕库斯是位好人和智慧者,而且是雅典人在智慧方面的伟大导师,他的统治类似于宙斯父亲克洛诺斯的统治时代。如果我们把《米诺斯》与《希普帕库斯》放在一起看,就会受困于这一看法:好而智慧的竟然是一位雅典僭主,而非雅典法(乃至克里特法)。相应地,正如《米诺斯》中苏格拉底明确拒绝关于米诺斯的雅典神话,在《希普帕库斯》中,他也反对雅典的"多数人"关于希普帕库斯的说法:雅典人夸许为解放者的哈莫狄俄斯(Harmodios)和阿里斯托格通(Aristogeiton),①谋杀了希普帕库斯,原因无它:这两人嫉妒希普帕库斯的智慧及其对青年人的影响。对希普帕库斯不合法的谋杀,预示着对苏格拉底的合法谋杀。

《希普帕库斯》质疑了那种认为爱牟利纯然为坏的观点,正如《米诺斯》也可谓质疑了法纯然是好的看法:一部法律可能是坏的,正如牟利也可能是好的。这些事实向人揭示,法和牟利就其自身而言都是中性的,正如人也可以说是中性的:一个高等人并不比一个低等人更多或更少地是人(《希普帕库斯》203c)。但正如《米诺斯》得出恶法非法的观点,《希普帕库斯》也得出坏的牟利不是牟利的观点。依据何种权利(right,[译按]亦译为"正当")我们才可以说,一个低等人仍然是人?

---

① [译按]阿里斯托格通与美少年哈莫狄俄斯有同性之爱,却受僭主希庇阿斯的兄弟希普帕库斯凌辱,促使他们谋杀了僭主希庇阿斯,但最终又加重了僭政。参柏拉图《会饮》182c;修昔底德《伯罗奔半岛战争志》6.54。

五 卢克莱修简注

罗晓颖　译

一　上　升

1. 开端（卷一 1‑148）

[76]卢克莱修的作品是对伊壁鸠鲁哲学的诗性阐释。首次翻开这本书并细读其开头的读者，难以直接认识到它要专门阐释伊壁鸠鲁学说（Epicureanism）。诗人将其读者引向伊壁鸠鲁学说；他使读者上升到伊壁鸠鲁学说。因此，他通过吁求并非伊壁鸠鲁信徒所特有的情感，或者以非伊壁鸠鲁所独有的陈述，来开启其作品。诗歌的读者首先是它的受献人（Addressee）梅米乌斯（Memmius），一位血统高贵的罗马人。他身为罗马人的重要性展示在诗歌开头的 Aeneadum ①一词中。梅米乌斯将从做一个罗马人上升到做一名伊壁鸠鲁信徒。

从做罗马人向做伊壁鸠鲁信徒的上升，要求在罗马主义（Romanism）与伊壁鸠鲁学说之间建立某种联结。做罗马人，比在许

---

① ［译按］Aeneadum genetrix 是《物性论》卷一的头两个词，即"埃涅阿斯及其子孙的母亲"。

多城邦或异于罗马的任何城邦中做一名邦民,必定意味着更多的东西。罗马人,埃涅阿斯族(Aeneads),是那唯一主宰(guide)万物本性的女神维纳斯(Venus)的后裔(21)。做罗马人意味着拥有一种与整全(the whole)的首领或统治者之间排除旁族(denied to other men)的血缘关系。女神维纳斯不仅是罗马人的喜悦,也实在是诸神和人的喜悦;她是唯一主宰出生与生长的神灵,不仅对罗马人以及臣服于罗马的人们如此,而且对一切生灵都实在如此;她把生命、安宁、明澈、美丽、微笑和光明带到每一个地方,虽然并非一直如此;她在大地的每一个角落激发起甜蜜的性爱;没有她,就不会有令人赏心悦目的事物到处出现(1-23)。卢克莱修开篇就颂扬维纳斯,因为是女神——而不是,比如朱庇特神殿——沟通了[77]罗马与一切生灵;经由维纳斯,唯经由她,人们才能从罗马主义上升到伊壁鸠鲁学说。

卢克莱修歌颂维纳斯还服务于更明显的目的,即求女神欣然相助两件事。既然没有维纳斯,就不会有令人赏心悦目的东西出现,诗人于是请求她助佑其作诗,赐予其作品恒久的魅力。卢克莱修试图诱使维纳斯允诺帮忙,告诉她说,自己的诗歌将论述万物即维纳斯强大帝国的本性,而且这对于梅米乌斯这位时常被维纳斯眷顾的人大有神益(21-28)。卢克莱修还进一步祈求维纳斯在各处,给一切凡人带来和平;唯有她才能恢复和平,因为玛尔斯(Mars),战争之神,只有在欲求维纳斯时才会被征服;当欲望完全被激发时,战神将无法拒绝维纳斯赐予罗马和平的请求;而只要父邦陷于战火,卢克莱修就无法得到他所期望的、创作诗歌所要求的完全的镇定,同时,梅米乌斯就得为公共福利出力,而必定缺乏倾听诗歌所需的闲暇(29-43)。唯有维纳斯能赋予卢克莱修的诗歌以魅力,且唯有维纳斯能够恢复创作和欣赏诗歌所需的和平。这就是为什么卢克莱修虽谈到了玛尔斯,却对下述事实缄默不语,即罗马人不只是维纳斯的子孙,也是玛尔斯的子孙:正是维纳斯而非玛尔斯沟通了罗马主义与伊壁鸠鲁学说。

卢克莱修以祈求和平来结束他对维纳斯的呼告,并提醒人们维纳斯把什么归于她自己,并非因为她是维纳斯,而是因为她是神圣的存在者:所有神都在完满的和平中安享不死的生命。借此,卢克莱修意指的首先是,既然所有神都享受着完满的和平,他们就全都能够并且愿意赐给人和平;他还有另一重意思:诸神享受着完满的和平,因为他们是自足的,摆脱了所有痛苦和危险,对人毫无需要,因此也不受人类善行或恶行的支配;他们全然与人类事务不沾边(44-49)。这六行结束颂扬维纳斯的诗,必须被视为前伊壁鸠鲁背景的一部分。诗人还将在伊壁鸠鲁的背景中逐字重复它们;他在其中引入那些诗句,明确指出它们传达的对诸神的看法与流行意见相悖(卷二 644-645)。这些诗句首次出现时没有伴以这样的陈述。在它们的前伊壁鸠鲁背景中没有排除这种可能性,即诸神怎么说也不需要人,也不会受到任何人类美德和过失的影响,他们纯粹出于仁慈赐福给某些人,只要这能让他们高兴,正如维纳斯总是乐意把最高的福祉赐予梅米乌斯(26-27),且她成功地做到了。在请求维纳斯赋予其诗歌恒久魅力并赐给罗马以和平时,诗人不必努力激发女神的行动;他可能仅仅希望把女神引向她自己自发开始的行动,使[78]梅米乌斯受益的行动;他只是向她表明,她完全主动地希望梅米乌斯受益的想法如何能最圆满地实现。毕竟,卢克莱修从未暗示维纳斯无所不知;也从未请求她做自己的缪斯,或者将伊壁鸠鲁的教义知识启发给自己。这六行诗把怀疑的目光投向了玛尔斯的神性,他并不能总是享受安宁,既然他遭受着性欲的长久伤痛,那就没有摆脱一切痛苦。① 无论如何,若我们断言,眼下这些诗句使得先前对神圣存在的直接祈祷变得可疑,也

---

① 比较赫西俄德,《神谱》11-21,在缪斯赞美的诸神中,没有明确提到阿瑞斯(Ares)。比较《劳作与时日》145-146。

使得诗人挑选维纳斯为比任何其他神更值得盛赞之神变得可疑；那么，它们就更使得罗马人以及一般人所崇拜的所有神的存在也变得可疑了。被作此理解的这些诗句表明，对维纳斯的祈祷，尤其是对维纳斯的赞美是个谎言，即使是个美丽的谎言（比较卷二644-645）。这些诗句指向一个行动的尾声，这个行动一开始就求助于、独独求助于维纳斯：并非所有罗马人崇拜的神都一样远离真正的诸神（the gods）；为罗马人崇拜且为众神喜悦的维纳斯，就比罗马人崇拜的其他神更接近真正的诸神。既然维纳斯在卢克莱修诗歌开头的突出地位主要归因于她是罗马人的女先祖，那么，从维纳斯走向真正的诸神的行动就必然会深深地影响罗马的地位。

诗人用四十九行诗向维纳斯致辞后，在他开始阐述伊壁鸠鲁教义前，仍有不止一件事情要做：他必须向梅米乌斯致辞。卢克莱修必须尽量确定，梅米乌斯能够卸下各种凡俗事务，洗耳恭听他正确的解释，而且在领会这些解释之前不会轻蔑地拒斥它们。卢克莱修把诗歌的伟大主题呈现在梅米乌斯面前，以尽力唤起他的注意力。这个主题的确不会是维纳斯。诗人将"开始"对梅米乌斯谈及"天空与诸神的最高基础"，而且他还将揭示自然创造万物并使它们生长，最终又使它们消亡的根源——"我们"称这些根源为基质、生殖母体和万物的种子（materies, genitalia corpora, and semina rerum），而且还是与生命或性毫不相干的原初实体（the first bodies），既然任何别的事物都出自它们（50-61）。自然——使万物从原初实体中产生而又消亡于原初实体，自身不可能是一个原初实体；人们必须暂缓追问既创造又摧毁的自然本身是不是一位上居天穹的神；作为毁灭者同时也是创造者，它不可能是诗歌开头那位鼎鼎大名的维纳斯；不过，这段结束时，众神也出自原初实体这件事变得确凿起来。不能期望原初实体拥有诸神的奇伟与魔力；不能期望它们的吸引力。那么，为什么梅米乌斯应当关注这些实体？为什么他的确不能轻蔑地回避卢克莱修的诗？

[79]为了弄明白为何包括天空和诸神在内的万物的黯淡起源,却是最具吸引力的知识,就必须思考在开始追问这些起源之前,人们如何生活。在此之前,人类在可怕宗教的碾压下生活得很悲惨。正是一位希腊人首先敢于直面宗教的恐怖并立身加以反抗。关于诸神的骇人传说或恐怖景象,甚至从天而降的轰鸣都阻止不了他。不仅是他对宗教的嫌恶或从中遭受的不幸,他对荣誉的渴望、对成为第一人的渴望——他希望第一个把自己从共同的奴役和监禁中解放出来——也都激励着他大胆的行动。多亏他强有力的心智使他成功地突破了世界的墙垒,并在精神上横穿无边无际的整体,使"我们"重新记起什么是可能和不可能的知识:宗教中经验到的诸神是不可能的。因此,"我们"不再匍匐于地,而是与天同高(62–79)。

卢克莱修担心梅米乌斯可能会担心诗人对神灵犯罪,因为其知识是通过起而对抗宗教而获得的,并且这些知识也证实了此种对抗。卢克莱修直率地回答:宗教常常比非宗教引发更多的犯罪。他举了一个个例:阿伽门农悲伤但又无情地祭献了他那个被吓得魂飞魄散的童贞女儿伊菲戈尼亚,他头生的孩子,为的是安抚童贞女神狄安娜(Diana),免得她阻止攻打特洛伊的舰队启航(80–101)。提醒我们狄安娜的野蛮要求,诗人就再次佐证了他转向维纳斯的合理之处。此外,这个个例显得既不充分也不算最恰当,因为他描述的事件发生在遥远的古代;它没有发生在罗马;那就没有理由相信废除祭献人牲乃是哲学的功劳。我们可能暂且答复说,卢克莱修举希腊的例子是因为正是一位希腊人把人们从宗教中解救出来。如此,他强调,正是希腊人把罗马主义与伊壁鸠鲁学说连接了起来,或者说在求助于维纳斯这位罗马人的女先祖之后,他们必须求助于希腊人,求助于那些如今被罗马人所奴役的异族人,为的是变得自由:正是一位希腊人赢得了最高的胜利,超过了罗马人所有的胜利。

宗教招致的所有犯罪可能是真实的,宗教恐怖则严重威胁梅米乌斯的幸福。卢克莱修断定,宗教恐惧会诱使梅米乌斯即便听到真理也要背弃它,因为他将被预言家捏造的死后永罚的惊恐所包围。甚至"我们的"恩尼乌斯(Ennius),赢得不朽声名的第一位罗马诗人,也谈及——并不自相矛盾——冥间苍白而凄惨的阴影,他还说荷马的魂影曾出现在他面前,并且"开始"流着的苦涩的眼泪,向他揭示万物的本性。从这种令人悲哀和恐怖[80]的噩梦中自我解脱的唯一道路就是知识:关于灵魂本性及其必死性的知识,以及"我们"如何能够看到和听到死去的人,好像他们仍然活着一样的知识;因此人们也需要天地之间万事万物的知识(102–135)。似乎梅米乌斯对死后可能发生之事的恐惧远大于对诸神的恐惧;人们想知道对死后可能发生之事的恐惧,是否与对诸神的恐惧无关或者甚至先于对诸神的恐惧。卢克莱修提及恩尼乌斯,但却并没有借以列举罗马人由宗教所招致的罪行,除非有人说散布恐怖故事是一桩罪行。此外,卢克莱修虽然十分不赞成恩尼乌斯传播的危险谎言,但他钦佩这位诗人:如此完美地编造的寓言,即便服务于谬误,仍值得赞美(比较卷二 644)。眼下更重要的是指出,第一位伟大的罗马诗人将自己关于万物本性的知识上溯到希腊诗人中的第一位:在求助于希腊智慧这方面,卢克莱修追随着一位非常可敬的罗马前辈。诗的开头不适合骄傲地谈论(不是说夸耀)诗人的革新或独创(比较卷一 922–934,卷五 335–337)。

在某种程度上,卢克莱修是恩尼乌斯的模仿者:他将在一首诗中把希腊人晦暗不明的发现传递给罗马人。他清楚这项任务的艰巨——艰巨是因为本族语言的贫乏和事物的新奇。梅米乌斯的价值以及对彼此友谊——真正的友谊要求朋友们在最重大的事情上所见略同——的期望,诱使卢克莱修承担了这项重任。诗歌的外观服务于启蒙梅米乌斯的目的,使他能够彻底领悟那些反之就会深深隐藏的东西。

希腊人的发现只是对那些未领会它们的人才显得晦暗不明,

这些人因而活在黑暗中且深陷于对死后可能发生之事的恐惧中。能够驱散这黑暗与恐怖的不是维纳斯或者任何别的类似于她或者与她相像的东西,尤其不是像这样的诗歌,而只能是即将进入视野并被洞悉的自然(146 – 148)。

卢克莱修引领梅米乌斯,从罗马经由维纳斯到达获胜的希腊人那儿。在远古时代,借助于宗教,也就是伊菲戈尼亚的祭献,希腊人击败并摧毁了维纳斯保护下的特洛伊;这场胜仗却导致了罗马的建立,他们又打败了希腊,但并没有完全毁掉它。在他们的极盛期,希腊人通过哲学赢得了可能有的最荣耀的胜利。

诗歌开头把维纳斯——这众神与人的喜悦——引向了对真正喜悦——(即源于理解自然的喜悦)的许诺。诗歌本身意欲实现这一许诺。让我们即刻转向它的结尾,看看这一许诺如何实现。

2. 结尾(卷六 1138 – 1286)

[81] 诗歌末卷是唯一以"雅典"开头和结尾的一卷。几乎不用说,没有一卷以"罗马"开头和结尾。末卷开篇展示雅典的伟大,而结尾描述雅典的悲惨。声名卓著的雅典首先分给人们谷物(一种提升了的生活类型)以及律法;她首先给人们的生活以甜蜜慰藉——当她诞下天分非凡的人,这人就教人以智慧,并救人于苦恼,借此向他们表明幸福之途。这里对雅典的赞扬必须对照前一卷的开头来解读。卢克莱修在那儿提到了克瑞丝(Ceres)①教人们如何种植谷物的故事,还有神样的伊壁鸠鲁教人如何变得智慧的事实。通过在平行段落中自我校正,诗人表明他能够(即使很艰难)抵制诱惑,不去神化人类最伟大的恩主,死者当中最值得尊敬的人。② 他感激的

---

① [译按]Ceres 是罗马的谷物女神,相当于希腊神话中的德墨忒耳(Demeter)。
② 比较卷四第 5 行的 virum[力量]与 deus ille fuit[他成了神],deus 在卷五第 8 行。

不是任何神，而首先是感激雅典，而非别的城邦。

末卷结尾描写了一场曾袭击了雅典的瘟疫，而修昔底德已使它不可磨灭。这不是人们期待的结尾、愉快的结尾。关于诸神诗人曾许以丰盛的言辞（卷五 155），一段将带来愉快结尾的言辞。由于某种原因，卢克莱修以对极度悲惨的描述替换了有关诸神的言辞，那唯一享有至福的诸神。

卢克莱修对瘟疫的描述与修昔底德的方式迥然不同，他只字不提瘟疫发生在战争期间，以及其极端破坏性甚至也被归咎于那场战争这一事实（尤应比较 1259-1263 行）：瘟疫全然是一个自然现象，乃自然所为。结果，卢克莱修描述的瘟疫比起修昔底德的来不是更少而是更多恐怖。因为卢克莱修不是在瘟疫发生的背景中来表现瘟疫——在我们称之为"历史的"背景中——既然他没有描述先于以及后于它发生的事件，而是在其诗歌结尾将之作为一个孤立事件来描写，他笔下的瘟疫如同世界末日；而他对瘟疫的终止却不置一词。事实上，他展现给读者的是一个已记录下来的经验，能使他们理解世界不可记录的终结。卢克莱修不及修昔底德清楚这一事实：许多人在瘟疫中幸存下来了。① 对攫住了暴露在瘟疫中的人们的死亡恐惧——人们的死亡恐惧，而不是对死后可能发生的事情的恐惧——卢克莱修的描述比修昔底德要多得多，却缄口不言修昔底德所强调的他们的这一企图（未必不会成功）：在还来得及的时候抓住一些快乐，而将法律置之脑后。② 在减弱对诸神的恐惧以及尊重与葬仪有关的神圣法律方面，卢克莱修沿循了[82]修昔底德的记述。然而，这种记述在卢克莱修的上下文中却呈现了稍有不同的意义；人们对修昔底德的作品说不出的东西却

---

① 比较 1197-1204，1210-1211，1226-1229 行与修昔底德卷二 49.8 和 51.6。
② 1183，1212；比较 1208-1212 行与修昔底德卷二 49.8；考虑这一事实，卢克莱修这里没有与卷二 53 对应的段落。

是能对卢克莱修的作品说出来的东西:它最重要的目的就是把人从宗教的束缚中解放出来。

为揭示其计划的重要性,诗人在诗的结尾暂时回到了比其起首处还要更是前伊壁鸠鲁的观点。卢克莱修说,那些过分渴望生命而又惧怕死亡的人,疏于照料他们的病人,然后被罚满含羞惭地死去,既然当他们自己也病倒时,也会被忽略,被弃之不顾;虽然诗人没说这是神圣的惩罚,可他这样暗示了。然而随后,他很快纠正了自己:那些出于羞愧而照料了他们的病人的人,与那些不知羞耻的人死得一样悲惨(比较 1239 - 1246 行与修昔底德卷二 51.5)。随处可见的惨状导致如下结果,即人们曾认为具有属神起源的仪式已然无足轻重,而且诸神本身也已然无足轻重:[这就是说]这些东西曾经并非无足轻重。因为,尽管雅典人漠视他们一贯遵守的丧葬礼俗,他们也没有抛弃死去亲人的遗体。① 无论如何,卢克莱修如修昔底德那样,将宗教的衰微描述为极悲惨之事的征兆:有一些更糟糕的事情,比宗教糟糕得多。② 在卢克莱修这里,这意味着,发生在雅典文明全盛时期的瘟疫比远离雅典、在晦暗不明的远古时代发生的伊菲戈尼亚的献祭更加可怕:目睹伊菲戈尼亚被屠杀的见证人悲伤而恐惧;但他们并未完全失去勇气;他们可以期望狄安娜平息怒气,而且他们很清楚这愿望能够实现。伊菲戈尼亚祭献的传说可能真也可能假,而雅典瘟疫的真实性可由曾有过的最清醒的观察者之一来担保——一位异乎寻常地摆脱了宗教恐惧的人。修昔底德观察并记述了曾击倒他的瘟疫,这一事实表明,研究自然的哲学在最为不利的环境中也是可能的。然而,卢克莱修描绘的瘟疫,就其本身而言,远没有透露这一点。毋宁说,它暗示

---

① 比较 1278 - 1286(尤应考虑诗的最后一句话)与修昔底德卷二 53.4,开头以及 52.4。比较伊壁鸠鲁对其葬礼的漠不关心:第欧根尼·拉尔修,卷十 118。
② 在"致美诺凯乌斯的信"(DL 134)中,伊壁鸠鲁说,有些事情比关于诸神的传说更糟糕:自然(physikoi)所说的命运或必然性。

了在瘟疫的打击下,哲人的理智也会陷于瘫痪,会被极度的悲伤、痛苦和骇怕填满,不等死亡降临就先瓦解了(比较 1156－1162, 1182－1185,1212)。瘟疫在伊壁鸠鲁出生前就发生了,可卢克莱修丝毫没有暗示说,伊壁鸠鲁或一个伊壁鸠鲁信徒将会比任何人更好地经受瘟疫。

通过直接比较诗的开头和结尾,我们得到这样的印象,这部诗从最美好的自然现象转到最悲惨最丑陋的现象,或者说一开始诗人全然从邪恶现象中抽离出来,以在结尾时累积邪恶。卢克莱修开篇颂扬维纳斯——喜悦、魅力和和平的施予者,自然的主宰;而在结尾,他说到的甚至不是战神玛尔斯,而是瘟疫。开篇[83]不久,卢克莱修讲述伊菲戈尼亚的献祭,这是应狄安娜的要求,且看起来是要安抚女神。结尾时他又谈及据说是阿波罗带来的瘟疫,但这十足的恐怖却没有任何希望通过平息带来瘟疫的神的怒气来消除。诗歌似乎从优美的或令人欢欣的假象走向了面目可憎的真理。毋庸置疑,瘟疫这一孤立事件暗示了某个确凿的谎言:瘟疫不外乎就是自然产生的结果,并不比自然的结果多出些什么。瘟疫像维纳斯的金色行动一样不外乎是自然的结果,而且就是对自然的理解。对任何深受瘟疫这类事情打击的人,哲学是否能够疗治他们的无助和堕落,仍令人怀疑。通过彻底揭示万物的本性,哲学证明自己并不单单是一个"甜蜜的安慰"(卷五 21)。不过,从维纳斯到自然——如其是创造一样也是毁灭,这是一个上升。

3. 卢克莱修诗歌的功能(卷一 926－950 和卷四 1－25)

从非真理到真理的运动,并不简单地是一个从无望的黑暗和恐怖,朝向纯粹的光明和喜悦的过度。相反,真理一开始显得令人厌恶和沮丧。要消除真理的原初形象需要一个特别的努力。这个特别的努力为哲学力所不逮;它正是诗的事情。诗人卢克莱修追随哲人伊壁鸠鲁;他模仿他;比起那位显明的真理之师,卢克莱修宛如一类更弱小、更低等的族类(卷三 1-30)。然而,正由此诗人能够做某些哲人做不到的事情。

卢克莱修的诗使得在希腊人、也就是哲人那里晦暗而忧伤的发现变得明亮而甜蜜(比较卷一 117-119,121,124,136-137,143-145)。诗歌开头是最甜蜜和最令人愉悦的赞美,而结尾则是最忧伤和最令人沮丧的描述,这最引人注目地表征卢克莱修诗歌特征的对比,在我们看来恰恰指示了读者必须经历的阅读过程。

卢克莱修用 25 行诗句极其明确地谈论其诗的特征,首次出现正好在他阐释无限之前,并稍加修改后在卷四开头重复,这一卷专门处理我们所谓的灵魂或者心灵的行为。我们知道他的主题虽阴暗,他的诗歌却明亮。他阐释的教义在那些未入门者看来常常令人颇为不快,大多数人会心存畏惧地回避它。因此,卢克莱修在甜蜜的诗歌中阐释它,宛如给这教义涂抹了些许缪斯(Muses)的甘蜜。他这样做时就像一名医生,试图给孩子喝下令人厌恶的苦艾汁,却先在杯子的边缘涂上甘甜的蜂蜜;这样,毫无猜疑的孩子就被善意地[84]欺骗了,并且感觉不到那治愈他们的药汁的苦味。

卢克莱修所称的潜在伊壁鸠鲁派,依照通常的标准大概是德性非凡的人,还可能拥有无与伦比的心灵;最重要的是,他才开始,还很不成熟。因此,诗人必须哄骗他,给那些要解释的教义添加某些东西,某些与教义格格不入的东西,意欲隐藏教义本身令人悲哀、厌恶和恐怖的特征。一方面是蜂蜜与苦艾,另一方面是诗歌与教义,这种对比并非在所有方面都有效:孩子们不必知道是更苦的药治愈了他们,反之卢克莱修诗作的那些领悟其义的读者,则有必要知道,正是这个教义让他们健全和快乐。这种对比确实在两种情况下有效,病人先尝到甜味儿:多亏了诗歌,读者首先尝到的也是甘甜。然而,读者曾经品尝那令人不快的东西吗?如果单独尝过,只是在它已经不再令人不快之后才注意到它,令人不快的东西原来是什么？它的味道最终将会变成甜的吗？开头是维纳斯，结尾是瘟疫，这个例子似乎表明，尽管开始感觉到甜蜜，不快或者忧伤仍在最后感觉到，但这种方式使那些已经领悟了教义的敏感读者感到，这些教义变得比从前更能忍受了。进一步，孩子喝下带蜜的苦艾可能仅仅因为有蜂蜜或者可能因为他不舒服才喝下它；想必他也没有难受得以至于心甘情愿服下这剂苦药。同样，潜在的伊壁鸠鲁派可能仅仅因为卢克莱修诗歌的优美而被伊壁鸠鲁的教义所吸引，或者他被吸引住是因为他为宗教的恐怖所苦；想必那些恐怖也没有强大得让他们乐意生吞这赤裸裸的真理。毕竟，他没有生活在阿伽门农祭献爱女的时代。我们的结论是，诗是宗教与哲学之间的连接物或中介。

如果宗教只是使人恐惧，它如何可能比哲学更有吸引力？要回答这个问题，必须根据诗人后来说的在哲学出现之前人们依靠什么生活，来重新思考他一开始所说的东西；人们必须思考宗教的功能。最初，人们像野兽一样活着，完全依赖大地自然的恩赐，没有火和技艺，也没有法律和语言，无法想象一种共同的善。他们害怕死亡，因为他们墨守着生命的甜蜜亮光，而显然不是因为害怕死后可能发生在他们身上的事情。他们既不担心太阳落下后可能不会再升起，那么，太阳和地球可能会毁灭的想法就从未进入过他们的脑海（卷五 925 – 1010, 1087 – 1090；比较卷六 601 – 602）。只是当人们获得了语言和技艺，建立了社会和法律之后，那种思想才在他们身上发生；然后，他们开始怀疑太阳是否一如既往地升沉，大地是否恒久不灭：[85]世界是否会终结，因而它是否没有开端。应对世界的墙垒某天将会崩塌这一恐惧的唯一保护方略即诸神的意志。宗教因而充当了从世界的末日或毁灭的恐惧中摆脱出来的避难所；它植根于人对世界的依恋之中。卢克莱修自己希望，而不是祈祷，世界的巨大机械装置伴随可怕的轰鸣而倒塌的那一天将不会很快到来。人类牵绊其中的世界并非无边无际的整体，而是可见的整体——天空和大地以及隶属它们的一切——这只是无穷整体中一个微不足道的部分:同时而且持续地存在着无限多的世界;一个人可能依恋的每样东西——他的生命、朋友、祖国、名望以及事业——暗示着他依恋他所隶属的世界,以及使他依恋的最初对象成为可能的世界。① 对宗教诸神的仰赖和敬畏,业已成为疗治更根本性痛苦的良方:这种痛苦乃出于如下预言,可爱的不恒长,或恒长的不可爱。哲学把这个预言变得确定无疑。人们因而会说,哲学可能产生最深切的痛苦。人们不得不在两种心灵宁静之间做出选择,一种得自令人愉快的错觉,一种源于令人不快的真理。哲学,期望摧毁世界的墙垒,它突破了世界的墙垒,放弃了对世界的依恋;这种放弃最令人痛苦。相反,诗歌,像宗教一样植根于这种依恋;但与宗教不同,它能够服务于超脱(detachment)。因为诗歌植根于前哲学的对世界的依恋,因为它增强并深化了这种依恋,哲学诗人,是恋世与恋世到超然世外之间的完美中介。卢克莱修的诗歌所激发的喜悦或快乐因而是严肃的,它提醒人们记起修昔底德作品所激发的那种快乐(比较修昔底德卷一 22.4)。

二 卷一疏证

在阐释事物时,"我们"把原初实体看作其源头(Ⅰ 59)。原初实体无法直接认识;唯通过上升(或下降)才能为人所知。在上升之先,人们通过上溯到神,对万物或至少是大部分事物做出解释。我们已点明的上升的第一阶段可用下述一般术语来表达。最初,人们处于祖传观念的魔咒之中;他们行动听命于"对的和好的等于古老的"这一假定。一个善于变通的人,在旅行中得以

---

① 卷五 1211 – 1217, 1236 – 1240, 91 – 109, 114 – 121, 373 – 375, 1186 – 1187;卷四 565 – 567, 597 – 607, 650 – 652, 677 – 679。

了解许多民族的思想，就会对"对的和好的等于古老的"这一等式变得疑虑重重。然而，既然所有的民族都至少把一些事物溯源[86]到神，他仍会相信起积极作用的诸神。于是，上升的第二个阶段就存在于某种并非通过旅行，而是仅在安坐或静立中就能获得的洞察里，即领悟到，行动与诸神的福祉水火不容。由于某种原因，卢克莱修在阐释其真理之初并未使用这种神学的洞察力。

卢克莱修以无物凭神从无中生的断言拉开了其解释自然的帷幕。他因而反对"一切有死者"的见解，即把许许多多他们无法弄清原因的事件回溯到诸神那里。他没有确立无物可以无因地发生这一原则；所有人都想当然地承认这个原则，如同想当然地承认万物存在一样。这个问题只与诸神的因果性相关，或更准确地说，它只是意味着，人们是否能够把不可见的原因与诸神对等起来。为了先反驳一切有死者所持的这种观念，卢克莱修指出无物曾从无中生；由此表明无物曾凭神从无中生。卢克莱修似乎无可争辩地拒绝了这一可能性，诸神凭某些事物创造出万物：从神而生与从无中生是一样的吗？很难说卢克莱修依据行动与诸神的福祉水火不容，就预见到了关于诸神的正确观念，因为，如我们所见，序言中暗示此观念的几行诗（44 - 49），在其上下文中并没有排除如下可能：自满自足的诸神出于仁慈或一时的兴致，毫不费力地、玩笑般地把他们的恩惠施予那些并非自满自足的存在者。卢克莱修说，当我们已经明白无物从无中生，我们就会理解每一事物创生自何处，以及所有事物无需神的劳作就从某些事物中产生出来：他想证明，依照某种无需任何神圣的行动或干预的方式（149 - 158），一切事物就从某些事物中产生了；这个证明从诸神的福佑中做出了不必要的推论；它使得诸神福佑的断言显得毫无必要。

卢克莱修确立了无物从无中生的观念，如下所示。如果事物能够从无中生，那么它们就更有理由（a fortiori）从任何事物中生成;每一类事物都能够从任何一类别的事物中生成;时常或突然地,它们发育完整地生出来;它们的生成无需满足任何特别的条件;各种类型的事物将不具有特别的尺寸和权限;人类技艺也没有节律或道理。然而,事实上万物显然是从确定的种子或类似的东西中生成的;因此,它们不能从无中生(159-214)。卢克莱修从如下分离开始,完成了从"它们不做"到"它们不能"的转变:万物从无(或任何事物)中,要不然就从确定的种子中生成;但它们仅从确定的种子生成;因而它们不能从无中生。人们会说这个论证有缺陷,因为[87]他只举了些个别的例子;诗人则可能要求反对者提供仅一个例子,说明从无中生成或甚至从非自然过程的变形中生成,因为像这样的变形将在决定性的方面从无中出现。尽管如此,他对例子的选择仍需要解释。

卢克莱修用以支撑无物从无中生的六个论证的所有举例,都取自动物和植物。在第五个论证中,他唯一一次例举了人的身量与能力;他也可以选用狮子、牛或老鼠的身量和能力;他选择人是为了预备从自然存在①转向技艺。但他为什么在整个段落中仅限于选择有生命的存在者(动物和植物)?② 让我们看看上下文或者更直接的结果。在已经证明了无物从无中生后,他在第四个论证中证明无物毁灭为无(215-264);支撑这些论证的例子取自有生命和无生命的事物(如大地和海洋)。而且,他如今谈论维纳斯,也谈论天父和地母;这是他关于生成的讲辞中未曾提及的类型。最后,基本推理的后半部分以一幅令人愉悦的乡间风光的素描作为点缀,这个素描占据了第四论证的三分之一篇幅;前半部分没有与此平行的段落。我们建议这样解释,卢克莱修在前半部分处理生成,后半部分则处

---

① 因此整个推理的结论在 205-207 行。唯有第四个论证指明,对大部分事物而言,许多原初物体如同字母("元素")之于单词一样不足为奇,也就是说,有一些东西比各种各样的动物和植物的不同种类的种子还更常见。
② 卢克莱修并不把植物看作有生命的存在:卷一 774(比较 821 和卷二 702-703)。

理灭亡。生成比灭亡更惹人喜欢,更美好动人。减弱或掩盖这种令人不快的一种方式是使之普遍化:无生命的事物毁灭,而非死亡。诗人在提及维纳斯的论证中说,什么时光穿过生命的老年而流逝,在某种意义上什么又被维纳斯带回来:维纳斯给予死亡以补偿和安慰;的确不再可能把维纳斯说成是万物本性的唯一主宰(21)。诗人谈及天父和地母,而且他在这个论证中描绘了一幅令人愉悦的画面,其中谈到了某种"消亡"的结局,即如雨水的消失;这些结局全都令人高兴:丰足的植被养活了各种动物,而且使它们能够生育后代,并使幼小动物健康成长。死亡——虽然只是雨水的消亡——就会失去刺痛感,假如它被视为导向了生命或唯一可能的永恒。我们仍然不清楚,在这个世界上生生死死的轮回是否有一个终结。无论如何,在进行基本推理的过程中,卢克莱修遵循了如下规则,甜蜜必定先于悲惨,而悲惨定会化为甜蜜。

卢克莱修担心,他的接受者或读者也许"开始"不信任所被告知的,因为他被引向(永恒且牢不可破的原初物体)的根据是不可见的;他的老师因而让他记起了那些他不免会承认的不可见的物体。卢克莱修的第一个[88]例子是风的不可见实体;他描述了风的毁灭性力量,并与借丰沛雨水就可使本性柔软的水得到的毁灭性力量做对比(265-297);只是在已经谈论了雨水令人喜悦的效果之后,他才说到其毁灭性力量;而当他谈论暴风雨或洪水的破坏性后果时,并没有确切地论及它们通常所毁灭的动物,尤其是人。该部分只有一个论证专门且明确地讨论了不可见物体的消失,也即,毁灭;只有一个取自非生命的事物以及主要是人造事物的例证支撑这一论证(305-321)。该部分的最后一个论证讨论生长与衰亡;此处唯一提到的例子是岩石的风化(322-328)。

接下来,卢克莱修转而证明虚空(void)的存在,就是唯一一种虚无(nothing)的存在。关于虚空的讲辞看来无需任何甜味剂,尽管我们后来得知,虚空属于那种"尖锐的"事物(658-659)。

如果把确立了虚空存在的中心论证同其在最后一卷中的重复进行比较的话,人们就会发现在第一次陈述中并没有明确提及人类中的虚空,相反第二次陈述时,人类中的虚空则得到了强调;第二次陈述与对瘟疫的描述直接相关。虽然虚空的教义无需甜味剂,可若不在弟子与宗师两方面有些特别的努力,只怕梅米乌斯也不会接受这个教义。在有关虚空的部分中,诗人首次明确驳斥"某些人"(371;比较391),诗人也首次直呼梅米乌斯之名;在那儿他也用到了第二个非凡之人的名字,既然诗人开始提到他,就远比其他任何时候频繁。在结束关于虚空存在的推论时,卢克莱修表示他没有把握是否说服了梅米乌斯。他敦促梅米乌斯在诗人少量暗示的基础上去发现另外的论证。不过梅米乌斯可能很少懈怠。在这种情况下他还会一直暴露在宗教的恐怖中吗?这不是诗人说的:人们无需肯定虚空的存在,就能够克服宗教的恐怖。考虑到这一事实,即非神学的基本的推论不给神圣行动留有空间,这并非伊壁鸠鲁所特有,我们可以说,据卢克莱修,不成为伊壁鸠鲁信徒,人们照样能克服宗教的恐惧;就此目的而言,通常做一名精通自然的人就足够了。卢克莱修没有用梅米乌斯疏忽的任何事情来威胁他;若此,卢克莱修便许诺他将从诗人那里聆听进一步的论证,直至他们生命的终结。或者,人们能否把这一许诺看作威胁?很难弄清楚梅米乌斯最有可能选择哪一个。当激励梅米乌斯发现别的论证时,卢克莱修将梅米乌斯从隐蔽处汲取真理的能力,与猎狗发现漫游山间的野兽巢穴的能力做了比较(402－411);这类比较是[89]第二次出现,第一次是比较狂肆的风暴与肆虐洪水(280－290)。

在实体与虚空之外,没有自然,也没有自存的任何东西。因为自身独立的任何东西必定要么能够被"常识"所理解(或者,也许更准确地说,它必定可以触摸和被触摸),那么它是实体;要么它不可触摸,那它就是虚空。或者,任何自身独立的事物要么能够采取行动并照章行事,那它就是实体;要么正是在它之中或穿过它而使采取行动和照章行事得以发生,那它就是虚空(418–448)。那并非自身独立的东西,要么是实体的特性,要么是虚空;即,它不能从我们所说的实体中分离,要么是不包含这种实体的虚空,要么是被摧毁的虚空,或者它是实体或虚空的偶性。在卢克莱修列举的有关特性的例证中,没有一个特别地针对人,更不用说别的生灵了;但他所举的关于偶然性的例子全都特指人:"人类事物"全都是偶然。他提到了奴役与自由、贫困与富裕以及战争与和平。他不提生命,因为这是生灵的特性。他毫不关注死亡的状况。关于时间,他明确指出它是非自存的。过去的事件——他的例子是帕里斯(Paris)渴望海伦,海伦被掳,希腊人在木马的帮助下夜袭特洛伊,并摧毁特洛伊——是正在讨论中的人类的偶然行为;如今它们像那些人类自身一样微不足道(449–482)。诗歌开头把维纳斯描述为给予生命的女神,她使玛尔斯屈从于她的意志。当下的例子纠正了这一描述。那时帕里斯是维纳斯的最爱,正像如今梅米乌斯是她的最爱一样。帕里斯把毁灭带给了他的母邦,或者说把胜利带给了希腊人;梅米乌斯则促成了希腊智慧在罗马的胜利。难道卢克莱修的诗可比作特洛伊木马?这是相当确定的:希腊人和罗马人作为希腊人和罗马人,其事情的所有方面,不过是偶然事件中的一个小小部分。序言中说,罗马人而且只有罗马人与那唯一统领万物本性的神类似,而我们的看法截然不同。

  卢克莱修接着证明,性质仍不确定的原初实体就是原子。它们绝对坚实,即不包含任何虚空,因此是永恒和不可摧毁的,反之所有其他的实体却是易毁灭的:我们眼见的任何东西其形成都快不过毁坏,正如诗人顺带说的那样(556–557)。原子不可分割;实体的划分有一个限度,这个事实是一切有限性和确定性的终极原因,譬如生长的特定限度、各种生灵的生命跨度,以及依据自然的契约或律法,每一个种类所能做的与不能做的事情(551–598)。

有限性照理应当是慰藉的来源。① 据此,卢克莱修仍未解释,[90] 作为整体的可见世界是可毁灭的;他仅仅暗示了这一点(502);他似乎更愿意提示物种(589-598)因而还有可见世界的永恒性。没有原子,就没有物种。因此,在这个部分,诗人说到了"创生万物的自然"或者"参与生成的物质",不仅与维纳斯(277-278),而且与既创造又毁灭的自然(56-57)区分开来。虽然原子不可分,但它们仍有组成部分,只不过这些部分之间彼此不可分割(599-634)。

卢克莱修首先叙述了关于虚空和原子的教诲,但这并不被自然的所有弟子接受。当谈到虚空时,他指出梅米乌斯可能会对那些否认虚空者虚构的故事印象深刻(370-376,391,398-399)。这些暗示在涉及原子的诗行中几乎完全避免了(624)。卢克莱修没有明确地谈及接受者对原子学说可能产生的异议,因为在讲完原子论教义后,他就转而讨论对原子论的选择;在后文中,他说出了接受者的异议,比起他先前表达的异议、踌躇或疑惧来,其方式更加有力:他让梅米乌斯说出它们(卷一 803-808,897-900,比较 770)。

在对原子论的各种选择中,卢克莱修认为值得考虑的是如下几点:原初实体是(1)四种元素中的一种或两种;(2)四种元素(恩培多克勒);以及(3)阿那克萨哥拉的种子(homoeomeria)。第一种最著名的支持者是赫拉克利特,他教导说,火是万物的始基(the matter of things)。当赫拉克里特从那些沉重或滞缓的真理寻觅者中脱颖而出,他就在空虚或轻率的希腊人中变得声名赫赫——inanes a negando inane(658)。② 原因并非火趋于向上(比较卷二 185-190),而是因为赫拉克利特的语言晦涩;愚人尤其赞美和热

---

① 比较卷一 107-108。比较在 419-420,432,445-446,449-450,503 中对数字,即所有小数字的强调。
② [译按]inanes a negando inane 意思是,多的虚空来自对单个虚空的否定。但《物性论》卷一的 658 行并没有这句话。

爱那些他们能够理解的、隐藏在颠三倒四的文字背后的东西,而他们自以为正确的是那些悦耳的东西,以及装饰了令人着迷的声音的东西(635 - 644)。卢克莱修没有说赫拉克利特晦涩的言辞是为了让愚人赞美和热爱;他也不否认赫拉克利特言辞的优美;卢克莱修自己渴望以它的语言吸引读者,以使他们能够理解一个晦涩难懂的教诲(卷一 28,136 - 145,933 - 934)。那么赫拉克利特使用迷人的语言是为了阻止人们理解一个晦涩难懂的教诲?伊壁鸠鲁信徒的确为他们的坦率直言而骄傲。① 无论如何,卢克莱修倒是有点儿雷声小而雨点大;他不得不抗衡赫拉克利特的声名。

结束了对赫拉克利特的攻击后,卢克莱修一再地颂扬恩培多克勒,认为他比所有否认原子和虚空的人都高明;恩培多克勒的教诲的确并非依照自然,但确实与他故乡西西里的自然相一致(卷一 716 - 725;比较卷六 680 及以下)。接着,卢克莱修解释说,他在恩培多克勒之前提到的那些人——他们当中只有赫拉克利特[91]被直呼其名——都是些伟大人物,因为他们神一样地发现了许多事物,其方式更加神圣,并且是一种比阿波罗的皮提亚做法还要确切的推理方式(734 - 739)。相应地,他没有当场批评赫拉克利特、恩培多克勒和阿那克萨哥拉,说他们的教义助长或者并未消除宗教恐怖。要弄明白这一点如何与我们通过尤其是恩培多克勒的残篇所了解的东西相一致,意味着我们得弄清楚卢克莱修如何阅读恩培多克勒,但是在弄清楚卢克莱修如何写作之前,我们没办法着手研究卢克莱修如何阅读恩培多克勒。先前我们已经看到,据卢克莱修说,不做伊壁鸠鲁信徒,人们照样能够克服宗教恐惧。或许卢克莱修对柏拉图和亚里士多德(与赫拉克利特、恩培多克勒和阿那克萨哥拉不同)令人惊异的沉默表明,他们在他对宗教的战斗中起不到作用。

---

① 西塞罗《论共和国》,卷三 26;《论善恶的极致》,卷二 15。

五 卢克莱修简注

卢克莱修反对所有非原子论者的核心论证是:我们感知到的万事万物都是可变的,因而是可毁灭的实体;所以不可毁坏的原初实体也不可感知;但是四种元素(火、土、水、气)和种子(骨、肉、血、金、土、火、水,等等)的特性是可以感知的。换句话说,原初实体必定具有与"万物"不同的本性;它们必定拥有隐密而不可见的本性;只有当原初事物的本性与"万物"的本性不同,"万物"那可变和可毁灭的特性才能保存。① 还有一个难题卢克莱修没有讨论,尺寸和形状——既是原子也是事物的特征——同样是可感的因而是可毁灭的。无论如何,卢克莱修没有说,原子论的替代观念由于赞成宗教及其恐怖,就必定得拒斥;他仅仅在理论上反对这些观念;而通过让梅米乌斯直率地为它们辩护,②当梅米乌斯在捍卫罗马主义的战斗中失利后,诗人把他描绘成了捍卫"万物"、"世界"以及"世界墙垒"的最后尊严的终极防线。但梅米乌斯屈从于卢克莱修的强大攻势。

正是在此情况下,诗人稍作停歇,谈起了他的技艺及其功能,他把自己比作一名医生,不得不给孩子喂一剂苦药,并且为了他们的健康而欺骗他们,把令人厌恶的苦水变得甜蜜。卢克莱修谈及他还打算做的事情,在完成此事后以及在读者读到它以后——还要相当长时间。事实上,对非原子论学说的批评表明,原子论是所有学说中最苦涩或最令人沮丧的;完成这一批评意味着达到一种顶点,确切地说是一个休憩和反思的所在。诗人引入谈及其技艺及其功能的诗行,来骄傲地宣称其事业的标新立异:他是第一位公开用诗歌形式致力于将人类精神从宗教束缚中解放出来的诗人,而且他渴望成为第一;对极大赞美的渴望激励着他;他竟然说,巨

---

① 卷一 675 – 678,684 – 689,778 – 781,848 – 856,915 – 920。
② 卷一 803 – 808 以及 897 – 900。在卷一 803 – 808 中,接受者竭力证明没有四种元素,植物和动物就不能生长;卢克莱修说没有四种元素就不会有人类生命,以此来强化这一论证。在卷四 633 – 672 和卷六 769 – 780 的平行部分中,他还说到了疾病与死亡。

大的渴望让他爱上了[92]缪斯(922 - 925)。起先(140 - 141)他曾说,对梅米乌斯友谊的渴望激励了他。但原来他只谈论其事业令人喜爱的特点,对其令人悲哀的一面则缄口不言。当他揭示真实教义的真实特征时,他也吐露了其真实动机:如果真实教义随随便便就令人满意,诗人对梅米乌斯的热爱将是他写作诗歌的充分动机;但是既然它不是随随便便就令人满意,那么诗人就并不确定,梅米乌斯或任何诗人熟知的人会因它而满意;诗人有理由仅仅渴望赞扬,即渴望那些不确定的读者的赞扬。

换句话说,虽然真理的确可能令人沮丧,但成为沮丧真理的第一位发现者却并不沮丧,因为率先成就巨大的胜利,崭新的胜利,本身就值得赞扬,而赞扬令人满意。那位第一个征服了宗教的希腊人也希望成为第一个赢得这种胜利的人(71 及其下)。虽然真理的确可能令人沮丧,但成为第一个在迷人诗句中说出这沮丧真理的人却并不沮丧。既然诗人照亮了希腊人黯淡的发现(136 - 145),他所渴望的声名甚至应当比那位希腊人的声名更耀眼。卢克莱修确实拥有一种其宗师所不具备的技艺。这种技艺以对感觉的深刻理解为前提,这种感觉阻止了大多数人接受真正的教义——这种理解宗师本人无需拥有。因此,在一个并非不重要的方面,弟子可能比宗师更有智慧;他可能并非在所有方面都是宗师的弟子。因此,我们不必期望卢克莱修在每一点上都遵循他的宗师或学派。是否曾有过一个弟子,或贤或愚,他其实在每一点上都同意自己的宗师?

眼下这一节,既是其前面部分的结论,更是其后面部分的引言(921)。后面部分比前面部分要求更加敏锐的听觉,以及更高的理解能力、克服个人依恋的能力及接受者同诗人相默契的能力。①

---

① 比较卷一 954 和 956 中的 evolvamus[揭示、展开] 和 pervideamus[用眼接受或用心领会]。

后面的部分证明了整体是无限的;它在广度上是无限的,而且存在着无限多的原子。有限性令人感到安慰,无限性则让人畏惧。然而没有无限性就不可能有"万物",即有限性。没有界限,没有墙垒,世界就不可能存在;然而,墙垒将其并不可靠的稳定性靠在超越它们的无限性上;说到底,我们生活在"没有墙垒的城邦"里。把真正的教义比作苦艾汁很恰当地引出了对无限性的讨论。在说明了空间的无限性之后,卢克莱修做了如下论辩。在无限的空间中必定存在无限多的原子,否则对原子来说,就没有强制力使之聚合起来形成有限的事物,因为,没头没脑或盲打误撞的原子不可能自行结合(卷一 1021–1022;比较 328 和 1110);原子也不会彼此攻击;只是由于相互的碰撞和打击,它们才聚集起来并保持在一起;既然它们由于自身的缘故而不断地运动着,唯有无限多的原子才能源源不断地维持这个世界,或现存的若干世界,它们的存在部分[93]出于风暴从外面向这些世界的吹送。卢克莱修列举了万物的例子,包括海洋、大地、天空、有死的族类和诸神的神圣实体(1014–1016),这些事物由没头没脑的原子之间没头没脑的相遇而生成,并且如果不从外部连续地补充原子,事物就往往会转瞬即逝。如此,严格说来,诸神就不是所谓自足的存在。此处的上下文(1019–1020,1027–1031)表明,诸神也如同异于原子和虚空的万事万物一样曾经被生成。诸神以与世界(天空、大地以及属于它们的一切)或诸世界一样的方式从原子中生成,人们就不能求诸诸神以确保世界的永恒不灭。或许更重要的是要看到,卢克莱修仍未对人类或世界将不会恒久存在作出解释;既然他把人类同天空和大地以及诸神相提并论,看来他要通过断言世界的可毁灭来否认诸神的不可毁灭。这就更不用说,事实上如果诸世界可以毁灭,就很难明白天宇间隙(intermundia)——据说是诸神居于其间的永恒府第——会不可毁灭。

卢克莱修并不担心这些暗示或类似的暗示会诱使梅米乌斯反

抗关于无限性的教义。他担心梅米乌斯——现在他第二次直呼其名（卷一1052），可能会被"某些人"的观点所吸引，他们认为世界稳定性的产生，不是由于原子从世界之外的任何吹送，而是由于一切事物对世界中心的渴望。设若宇宙无限，就不可能有一个世界的中心，也即宇宙的中心（1052-1082）。使这种观点富有吸引力的看来是无止境的恐怖，或者，更准确地说是，人们需要把他自己以及他的世界看作宇宙的中心。在尽力弱化这种近乎荒谬的（ad absurdum）观点时，卢克莱修指出，这种观点暗示的结果是，整个世界都将毁灭，就是说，除了虚空和原子（1083-1113）什么也不会留下：此处他没有说，依据伊壁鸠鲁学说，这正是世界无可逃脱的命运；此处他也没有说，死亡之门不会在世上关闭（比较卷一1112与卷五373-375）。

三 卷二疏证

第一卷开篇赞扬维纳斯，说她既是罗马人的女先祖，又是万物本性的唯一主宰；第二卷开篇赞扬按照自然生活的人。自然别无所求，只是要身体摆脱病痛，要精神摆脱操心和焦虑，享受快乐。身体的自然很容易得到满足；它并不要求奢侈、财富、高贵的出身或者帝王的威权。这类事物对于精神的安适却不是必需的或[94]有用的。精神所需要的是从宗教恐怖以及死亡恐惧中解脱出来——邪恶的消除，靠的不是政治和军事上的强力，①而唯靠理智；只有理智，即对自然的研究，能够给人类精神带来安宁（14-61）。自然以及对自然的研究是幸福的唯一源泉。

在前十三行诗中卢克莱修提到了一个巨大的恩赐，而在序诗剩

---

① 只是在此处的上下文中，卢克莱修在卷二的序诗中提及罗马人的事务。在后一卷的序诗中，他没有再提及罗马人的事务。

余部分却不再说起。我们一定不要忘了,聆听他描绘人类幸福时的那种满足。卢克莱修说,看到别人陷于自己业已逃脱的邪恶,真是庆幸和满足。他举了三个例子:陆地上的人看到别人在狂风激荡的大海上挣扎;身处安全之地的人观看战斗中的军队;以及聪明人的学生从高处俯视因要压倒别人而进行的愚蠢争执。这些场景中的最后一种最使人满足;事实上其甜蜜可爱也首屈一指。卢克莱修没有提到一个身体健康的人看到他人遭受疾病的折磨,他说并非别人的困境令人愉快,而仅仅是目睹了自己已经摆脱的邪恶感到愉快。然而,他没有提及一个人从前曾经遭遇的邪恶,因为严格地讲,一个人不可能目睹那些邪恶;因而,必须承认,我们的快乐或幸福在我们看到他人的痛苦和危险后变得强烈了。悲哀是甜蜜以及感受甜蜜不可缺少的衬托。难道诸神最高的幸福——他们完全摆脱了痛苦和危险——需要目睹人类的不幸?所有人,即所有哲人都应当幸福是可欲和可能的吗?我们已经看到,卢克莱修多么关心得到做第一的荣耀,以及自身的优越地位:他的幸福要求别人身处劣势。我们很难说卢克莱修是否把这类快乐看成是自然的,因为他只是在后来才谈到自然(卷二 17,20,23)。当然,如果自然不是不幸的源泉,它也不会是幸福的源泉。人类的幸福要求卢克莱修从他发现自己优先于哲学的"盲目的黑夜中"解脱出来;然而哲学在空虚的空间和"盲目的"原子中找到了万物的根源(卷一 1110,1115 - 1116)。① 没有什么比那种关注智慧超越一切的观念与智慧更迥然不同的了:原子与虚空。原初事物绝不是人类的榜样。

卢克莱修旋即转向如下问题:有关原子借以使诸般事物生成又消散的运动、迫使原子如此做的那种力量,以及有关原子在虚空

---

① 还可在四处漫游或永无止息的原子与四处漫游的精神之间进行比较。还可以在原子的跌落与某些哲人的跌落之间进行比较(卷一 741)。虚空静止不动或寂静无声(卷二 238);然而这种寂静无声与精神所需要的宁静没有共同之处(比较卷一 639)。

中移动的速度。卢克莱修以命令的口吻请求读者注意。原子的运动体现在这一事实中,"我们"看到"所有"事物腐朽并消失,而另一些相同类型的事物进而替代它们(卷二 62-79)。显然,卢克莱修考虑的不是太阳和动物的种类,而是个体的动物及其种群。眼下,当他首次提到毁灭时,他只是把它看作循环的一个[95]阶段,通过这个循环"事物的总体(当前世界)总能自我更新"。① 他没有提到死亡。卢克莱修接着说明,在广袤虚空中运动的原子如何从不停息;其中一些原子如何与其他原子碰撞,然后要么被弹回,要么与其他原子结合起来;以及它们如何通过不同方式的结合而产生出不同类型的事物。他用清晰的肖像和图形来详细描述这个过程:当阳光照进黑暗的屋子,微小物体在光线中的运动;以许多方式混合的那些物体,似乎已经集结成群,参与到永无休止的战斗中。不言而喻,在光线中原子的碰撞并没有发生;图像使被比喻的东西变得令人愉悦。原子碰撞是黑暗中的搏斗,盲原子的盲目战斗,盲目原子间彼此冲撞的盲目攻击(80-141)。原子的基本运动更多地模仿了玛尔斯而非维纳斯的行动。② 我们再次看到,作品开头对维纳斯的祷告,尽管或者因为必不可少,但是多么片面,多么易遭误解。我们同样看到卷二开头的中心例证——一个观看战斗却不参加战斗的人,又是多么恰如其分。

卢克莱修以他接下来立刻要做的事,来强调了其原子运动的一般特征的重要性。在既接近下一部分(142-183)的开头,也离其结尾不远处,他直呼梅米乌斯之名。卢克莱修在卷一已两次直呼梅米乌斯之名(411,1052)。这个如此显著的段落由两个部分构成。第一部分专述原子借以在虚空中运动的速度,其速度之快,人

---

① 还可比较卷二 62-64 对发生的强调。比较卷二 76 的 semper[总是]与卷五的 nunc[当前]。
② 比较卷一 1025;卷二 573-576,卷五 380-381,391-392。

们可以想想太阳光线传播的速度以理解之,并照此推断;既然光线并非在虚空中传播,那么,原子运动的速度一定比太阳光线的速度高出很多。诗人间接提及鸟儿的日出庆典,以强调光线运动与原子运动之间的对比。人们自然会想到,正是原子极高的运动速度,解释了它们碰撞时强烈的愤怒和暴虐;从而,正是这样的愤怒和暴虐促成了,或者毋宁说解释了"万物"(things)的产生。依照截然相反的观点,世界则是最高的清醒、慎重和小心的产物。在该段落的第二部分,卢克莱修反驳的正是这种观点。据"某些人"的说法,①我们被告知,唯有超人类的智慧和力量,唯有诸神,能够从物质中、原子或非原子中让世界形成;唯有通过诸神的行动,世界与人类看似具有的需求之间才能完全协调;唯此方能理解,自然借着神圣的快乐、借维纳斯的作为诱使人类生育子孙后代,来阻止人类的灭亡——这是个体间甜蜜无比的快乐与最普通的善之间奇妙的融洽。卢克莱修却将之作为彻底的谬误加以反对。这并非因为卢克莱修是[96]伊壁鸠鲁派:即使他并不知道万物的根源是什么,也就是说,假如他不知道万物的根源是原子和虚空,他也敢于从天穹以及许多其他事物运行的方式中断言,世界的本性并非借着神圣力量,为了恩泽我们而造;这世界天生就充满了缺陷(167-182)。明智之神或智慧的诸神,甚至维纳斯,都不是掌舵人或创造者;原初就存在盲目原子间盲目战斗的愤怒与暴虐。一方面,原子运动与天体的理则(rationes caeli)之间存在着根本的不一致,另一方面,原子运动与人的理则(rationes humanae)或生命的理则(rationes vitae)之间也根本不一致。② 神学观念力图在天体的理

---

① 在两种情形下,诗人在卷一中直呼梅米乌斯之名,当他反驳"一些人"时,也就是当他预见到梅米乌斯很可能会对抗伊壁鸠鲁学说之时。卷一中的两种情况(803-808, 897-900)也是一样,诗人直接在言辞中把梅米乌斯描写成伊壁鸠鲁学说的反对者。
② 卷二 169,178;卷一 105。再考虑一下卷一 54-55 中关于全诗主题的第一次陈述。比较斯宾诺莎《神学政治论》卷十四 10-11(Bruder)。

则与人的理则之间寻求一致;它渴望变成一种安慰。卢克莱修反对宗教是因为其恐怖和罪孽,但更因为这个世界本身的缺陷;他不反对宗教首先是因为他认为伊壁鸠鲁学说,尤其是伊壁鸠鲁的神学是正确的。诗人在其论证的开头缄默地暗示的东西(参见前文页 85 – 86),现在几乎是清清楚楚地讲出来了:没有必要求助于基本的神学论(theologoumenon)来反驳神学上的解释。不用说,对世界恶劣状态的认识,丝毫没有诱使卢克莱修考虑反抗或征服:对人的生命而言,悲惨与幸福同样必不可少。

卢克莱修继续解释原子的运动,他指出,原子先是向下坠落,然后发生偏斜。原子的重量不同,但在虚空中均以相同速度降落;它们永不会发生碰撞,致使混合物产生,但实情是,它们会自发地、时不时地在某些绝非固定的地点出现些许偏斜:偏斜后的运动不再以固定的方式由它之前的运动所引起。原子的吸引力小得甚至不足以吸附另一个原子。与偏斜相反的情形是,一切事物都决定于命运,而这与自由难以相容,自由意味着大地上的每一个生灵都跟从"[它]精神的意愿",即在那里快乐是向导,或者快乐导致运动(216 – 293)。当伊壁鸠鲁不满于物理学家所说的一切事物都受命运或必然性支配时,他说相信命运比相信诸神的故事更糟糕,因为命运冷酷无情,而故事里的诸神却并非如此。① 在这点上卢克莱修并未照搬其宗师。卢克莱修关于原子偏斜的陈述并没有不恰当地弄得与任何思想派别都针锋相对(比较 225)。他并不指望把伊壁鸠鲁的学说描绘得惹人喜爱或鼓舞人心,甚至描绘得比其他自然研究者阐明的学说更加惹人喜爱或鼓舞人心。像卢克莱修说的那样,偏斜学说并不打算使原子的理则与人的理则一致起来。这种一致性的标志就是,卢克莱修企图以那种学说来维护的"自由"不再为人所特有,而是对所有动物一视同仁。

---

① 《致美诺凯乌斯的信》,134。

[97]原子的偏斜可能使自然秩序的稳定性罩上疑云。为驱散疑云,卢克莱修断言,虽然原子不停地运动,而宇宙在某种意义上则静止不动。没有原子生成或毁灭,它们运动的类型同样没有改变,因此其运动——即万事万物的产生——的产物亦如此。卢克莱修再次对万物或世界的毁灭保持缄默。整体被看成不动的,而其所有部分则在运动中,这一事实显得很奇怪。为消除疑虑,卢克莱修举了两个令人满意("白色"或"微光")的例子:远处山丘上,一群吃草的绵羊和它们四处奔跳的羊羔,以及从高山瞭望平原上那些参与战争游戏——而非真正战争——的军队(299-332)。

存在无限多的事物和无限多的原子。不过,事物与原子的关联正如无限多的单词或复合词与少数字母的关联一样(比较卷一823-829):无限多的原子分成了并非无限多的类别。卢克莱修从无限多的自然事物说起,既包括有生命的也包括无生命的,每一类的形状都与其他类型相区别。卢克莱修谈得最详细的是动物的情况,尤其是母亲能够从许多同类的小动物中辨别出自己的孩子,而孩子同样也能辨别自己的母亲;还有更奇特的情景,母牛徒劳地寻找他那已在神的祭坛前被宰杀的小牛。因而,卢克莱修准备为读者详细讨论不幸事物,以及快乐事物在原子论上的缘由。卢克莱修从事物无限多样的形状推断,原子必定有着更加多样的形状:千篇一律是目标明确之行动的结果,是由单一模式(因为它受单一的目标所引导)所引导的人类的产物,而非自然的结果(333-380)。原子形状的多样性表现在更加精确的方式中,尤其是通过不同途径,其中不同事物以快乐或痛苦来影响我们;而快乐和痛苦全在于原子形状的不同。卢克莱修因而惊呼:"触觉,是触觉,噢,神们至圣的威权,就是身体的感觉。"(434-435)这里对神的提及需做解释。先前(卷一1015)诗人已经谈起过"诸神至圣的身体"(比较卷一38),而在这里他直呼神的名字。卢克莱修谈到了那种与精液的喷射相伴随的快乐激情,"借着维纳斯的繁衍行动"而"在身体中产生";然而在同一上下文中谈到痛苦激情时他没有提及一位神(卷二 435-439)。谈及维纳斯仅仅是提醒我们,在诗的开头,颂扬维纳斯是"人与诸神的喜悦";我们再充分不过地做好了任何弱化这种颂扬的准备(比较 172-173)。我们还能相信诸神都欣赏维纳斯的行为吗?毕竟,在其后仅二十五行的诗句中,卢克莱修谈到了尼普顿(Neptune),即海水那苦涩或令人作呕的身体——一位[98]神的身体,即使用人类的方式,他也会分解成他的成分(471-477)。当然我们在最后一个分析中对诸神的认知,必定要根据人的触觉得到理解。

  关于尺寸和形状,尤其是组成了诸神身体的那些原子的尺寸和形状,人们很难不感到好奇。我们从卢克莱修得知,原子形状或形式的种数有限,原子的尺寸保持不变并且范围相当窄,以及因而不可能有尺寸庞大——并非无限——的原子。同样,由原子碰撞而产生的事物决不能超越另一些美不胜收的事物。① 这对诸神意味着什么显而易见。另一方面,正像我们再次听到的那样,每种形状的原子都有无限多个。这符合如下事实,某些类型的事物比另外一些拥有更少的个体。即使一种陆生族类仅有唯一的一个个体,仍需要有适当形状的无穷多原子,使得个体能够形成并保存,假若事实是原子在诗人如今称之为辽阔而不可靠的海洋中运动。实际上,原子在无限虚空中的运动可比作沉船的碎片在海洋中的运动;像这些碎片一样小,数目很小的碎片总能够因在洋流中来回颠簸而又聚合在一起;同样,有限数目的原子总能够聚积起来并结成一团,从而形成一个事物(522-568)。海洋(毕竟还有限度)中的一切恐怖,怎能与虚空的恐怖相提并论。无限成就了聪明的诸神从未能成就的事情;产生了一个拥有极不完美的善的世界。尤

---

① 卷二 481-482,496-507;比较卷五 1171,1177(auctos[放大的])。考虑一下这部分,卷二 478-479 以及 522-523 不寻常的开头。

其,生与死的平衡归因于始自无限时间的原子间难分难解的战争。在聪明的神们尤为关心的人类那里,这种平衡最不完美:人哭泣着降生,又恸哭着走进坟墓。①

卢克莱修仍未谈及世界的灭亡——不谈与个体的灭亡不同的族类的灭亡。他继续谈论大地这个原子的结合物,但没有明确地下结论说,大地,作为混合物必定迟早要毁灭。卢克莱修从下述事实谈起,没有什么本性一目了然的事物仅由一类原子构成,而一个事物在自身中拥有的能力的数量越大,它所包含的原子的种类就越多。大地在自身中拥有种类最多的能力;它产生了水、火和植被,并且给人和野兽提供滋养。因此,唯有大地曾被称为诸神、野兽和我们身体的伟大母亲(581 - 599)。② 卢克莱修吸引我们去注意那些本性并非一目了然,而且可能仅由一类原子构成的事物;人们想知道,诸神是不是这样的存在者,虽然(或因为)这将[99]意味着诸神是宇宙中最柔弱无力的存在者。结果确定无疑地表明,比起诸神来,大地拥有更加伟大的能力,或者至少是更多种的能力,而诸神则是大地上的存在者。无论如何,被视为女神的大地似乎是地球上仅由单一原子构成的动物族类中最清楚的事例(541 - 543)。

在所有这些问题中,卢克莱修只对其中一个作了直截了当的回答;他否认大地的神性。否认之始,卢克莱修非常详细地描述了伟大母亲那令人激奋的恐怖、野蛮和异乎寻常的进程。古代博学的希腊诗人曾描绘过这种进程,他们还解释了其各种特征的含义。卢克莱修提到了七条。核心的一条是这一事实,伟大母亲被称为艾达峰之母,她被认为与弗里吉亚环带(Phrygian bands)相匹配,因为,"如他们所说",在那片大地上率先长出了谷物。罗马人的祖

---

① 卷二 569 - 580;比较 174 - 181 和卷五 220 - 234。
② 比较卷四 761;死者被"死亡和大地"所拥有。

先特洛伊人就是弗里吉亚族人（卷一 747），但罗马人却感谢希腊人带给他们的这不同寻常的弗里吉亚宗教祭仪知识。据此，卢克莱修将谷物种植上溯到雅典人（卷六 1-2）。第二条激励那些教育子女的父母们；第五条谴责并严厉地恐吓那些冒犯母亲尊严以及被发现对父母忘恩负义之徒。① 第六条旨在借着女神神圣的威权，让众人那忘恩负义的头脑和忤逆不敬的心灵充满恐惧；然而据上下文，人们不免怀疑这一目标能否实现。卢克莱修对自己提及的该进程的最后一个特征也疑虑重重；它大概谈到了婴儿朱庇特（Jupiter）从可能被父王萨图努斯（Saturnus）吞噬的危险中被拯救的故事，也谈到了伟大母亲无尽的伤痛，② 或者它可能暗示了女神的宣示，人们应当守卫他们的父母之邦（他们父辈的土地），并且保护和美化他们的父母（600-643）。卢克莱修给予高度赞誉的，若不是进程本身，至少也是在进程的某些特征中希腊诗人所发现的思想。不过，卢克莱修将之作为完全错误的思想加以拒绝，理由是，诸神摆脱了所有痛苦与危险，他们对人、人的美德或罪孽全然漠不关心（644-651）。我们大概可以加一句，若诸神出生，他们也会死。

　　卢克莱修陈述的理由以同样的措辞在诗歌开始不久再次陈述，第二次陈述尽管与第一次一字不差，含义却有别。首先，我们借助对卢克莱修的学习得知，第二次陈述在意义上远比第一次丰富；毕竟，第一次陈述包含对维纳斯的祈祷，而且没有质疑维纳斯的神性，相反，第二次陈述包含了关于伟大[100]母亲的言辞，并且打算为否认其神性辩护。然而，基本的神学论并非卢克莱修否认伟大母亲之神性的唯一理由，或者，你不反对的话，神学论暗示

---

① 就第二与第五条之间的区别而言，比较德谟克利特（Diels）B278。
② 确切而言，"永恒创伤"；比较卷一 34 玛尔斯（Mars）的"永恒创伤"，即在第一陈述基本神学论之前不久。

了一个诗人尚未弄清楚的事实。基本的神学论详细阐释诸神的完满无缺和美满幸福,但未明言,完美的幸福若没有知觉或情感就不可能有。卢克莱修依据大地从来都没有知觉或情感而否认其神性(卷二652)。如此,卢克莱修让我们纳闷儿,如果某个存在者有时——比如睡着时——失了知觉或情感,那他是否不再是神了呢?无论如何,卢克莱修反对把大地(或者海洋、谷物和酒)奉若神明,不及他反对通常的宗教那样粗暴(655 - 660)。要弄清这一点,就得把眼下这个部分同其平行段落作一比较。

对伟大母亲的陈述,与卷二 165 - 182 对自然的神学-目的论解释(theologico-teleological)的攻击密切相关。这种关联表现为,在这两个论争性段落间并没有发生明显的论争。如我们所见,诸神问题在整个这两段的讨论中都存在,即在讨论万物因而也包括诸神的原子构成中存在。卢克莱修把对自然的神学-目的论解释视为错误和神学上的谬误加以拒斥,却对这种解释在人类生活中的根基及其对人类生活的影响不置一词。然而,当说到被奉若神明的大地时,卢克莱修明确指出这种错误所具备的功能;因而他重新审视宗教。因祭拜伟大母亲所引致的恐怖必定是有益的。卢克莱修没说它不是好事。宗教因而显得是人类的发明,意在抵消整体对人类道德和政治需求的漠视,因为并非所有人都是或都能成为哲人;就更不用说哲学——即卢克莱修理解的伊壁鸠鲁哲学,是否命令人们热爱母邦和感激父母。讨论伟大母亲的这个段落也让人记起诗歌开头的维纳斯;至少可以说,在谈及伟大母亲时未曾提到的维纳斯,她并不像伟大母亲那样是一位明显与政治道德相关的女神;在祷告维纳斯(卷一 62 及以下)之后无条件地拒斥宗教,不及谈论了伟大母亲之后仍无条件地拒斥宗教来得惊人。谈及伟大母亲的段落确实给我们留下了一个棘手的问题,即设若非哲学的众人不再相信那会惩罚叛国之徒和忤逆之子的诸神,他们将如何指导自己的生活。人们尤其不知道,如果卢克莱修成功地将梅米乌斯转变为伊壁鸠鲁信徒,那么对于梅米乌斯的爱国主义或他所关心的公共福利究竟会发生些什么(卷一 41-43)。

尽管事实上,原子形状即便有很多种,也只是有限数目,[101]它们的种数(尤其各种形状的原子构成了更大数量的复合物)足以解释由原子构成的事物的多种多样。然而,并非每一种人们想象中的复合物都可能存在;比如就没有像吐火女妖(Chimaeras)那样的怪物。卢克莱修没有在这部分(卷二 661-729)谈到诸神,不过,既然他说到了各类生灵的原子构成,诸神的原子构成问题也在其中:原子形状的多样性必定可以如此解释下述事实:"万物"生自确定的种子,保持着自身的特性,并要求特殊养料。像埃涅阿斯这种神人交合生出的孩子身上的自负,就是显而易见的例证。人们或许会认为,诸神并非生灵。卢克莱修宣称的"这些法则"——确认关于生灵的生成与保存,以及关于非生命物质的改变与即将改变(mutatis mutandis?)——摧毁了上述反对力量。

接着,卢克莱修转而讨论原子不具备的特性。它们没有颜色、声音、味道、气味,也没有热和冷。所有这些特性都是可改变和可毁灭的,因而不属于不可改变和不可毁灭的原子(749-756,862-864)。对这种学说的阐明延续并深化了在卷一中出现的对非原子论学说的批评,但诗人不再直率地参与反对现实的或潜在的论敌的论战:梅米乌斯部分的任何抵抗标记都不再有了。对其他特性的讨论加起来也远不及对颜色的讨论更广泛;就颜色而论,事物与原子的对比尤其引人注目:没有光也没有颜色,而原子存在于漆黑的黑暗中(759-598)。

下一步要求花相当大的气力。① 眼下,读者得要承认(bring to admit),作为一切生命源头的原子,没有感觉或情感——是无生命的。经验表明,有生命的存在者在特定条件下出自无生命之物:蠕虫

---

① 比较卷二 886-888,902-903,931,983。

从臭烘烘的粪堆里长出来。在此背景下,诗人说,正如无生命的事物(没有毒性的那种)充当了牛的饲料,从而变成了牛,而牛又变成了人的身体,我们的身体则常常成为野兽和猛禽的食粮(871-878)。卢克莱修这里提到的野兽和猛禽是杀死了人,还是,更有可能,它们仅仅吞噬人的尸体,这并不清楚。① 原子必须无生命才能常存不灭:成为生灵等于成为有死者(919)。万事万物源自无生命之物这一教义,在这几节中多少变得悦人耳目,诗人也以此结束了他关于原子所欠缺特性的论说。卢克莱修得出的结论出人意料,我们全都具备上天的起源:我们众生——植物、人以及野兽——都从雨中得到生机,雨水从天空(ether)中降下,然后使大地[102]受孕。天空是我们共同的父亲,而大地是我们共同的母亲。卢克莱修表明大地理所当然地被称为母亲:多亏了大地母亲,野兽,更不用说人了,得以滋养自己的身体,度过甜蜜的生命,并且繁衍自己的族类;卢克莱修没有说天空理所当然地被称为父亲(991-1001)。当把这些诗行与欧里庇得斯那勾人回忆②的诗行作比较时,我们看到卢克莱修没有像欧里庇得斯那样称天空为人与诸神的祖先,它与生长有死者的大地截然有别:贯穿其整部诗歌,卢克莱修关注大地远甚天空,因为不想说清楚诸神的起源。作为父亲和母亲,天空和大地将成为生灵,因而成为有死者;从而他们不可能是"我们众生"的最终起源:最终起源是物质,即原子;不是天空和大地,而是原子,才是一切事物的起源。正如卢克莱修在结论中再次所述,他并不认为天空和大地比海洋、河流、太阳、谷物、树木以及生灵居于更高的地位(1002-1022)。在更早的关于伟大母亲的言说中,卢克莱修明确指出,没有感觉或情感的大地并非神圣的存在者(641-652)。对天空而言同样如此。③ 如果天和地都是

---

① 比较卷三 879-889。
② 比较贝利(Bailey)的编注本(Oxford:1947),页 956。
③ 比较卷五 115-125,144-145。

神,那他们产生的事物将和他们一样没有缺陷(180-181)。换句话说,不仅世界,而且无限的整体——除了原子和虚空就无所依凭,也都不神圣。唯有整体的某些部分可能是神圣的,那就是诸神。无论怎样,卢克莱修关于诸神的教义学说可能意味着,它的确意味着整体或者世界并不神圣。①

卷二的最后部分像卷一的最后部分一样论述整体的无限性。相应地,一个与卷一的"苦艾与蜂蜜"类似的段落(921-950)作了这部分的引子(1023-1047)。在两个引子中,诗人都说到为了理解直接结局,读者必须付出特别的努力。而在所有别的方面,这两个引子都甚为不同。在第二个引子中,诗人提及一个他准备讨论的主题,而在第一个引子中未能完成这个主题。第一个引子中,卢克莱修谈到了他的革新,借此他把粗砺生涩(harsh)的学说变得悦人耳目;他谈到了令人满意的新奇事物,却没有说学说的新奇。现在卢克莱修谈论将要阐明的学说的新奇,令人厌恶的新奇。我们得知,像这样的新奇总令人惶惑不安;一个学说仅仅因为它是新的以及只要是新的就可能让人心存畏惧。卢克莱修敦促其接受者,不要仅仅因为被学说的新奇所惊吓,就拒绝那仍需详加解释的学说;他应当细细审查这学说,然后,若看上去正确就接受,或者若错误就拒绝。看上去,相比做一个伊壁鸠鲁主义者,卢克莱修更注重让自己摆脱对新事物之新的恐惧。② 卢克莱修给人造成了这样的印象:需要详加解释的学说,仅仅因为是[103]新的,或者只要是新的,就可能让人厌恶,或者说学说本身并不让人厌恶。另一方面,他确实没有说,这些学说令人兴奋或将会变得令人兴奋。

新学说是从卷一阐明的关于无限性的学说中得出的。倘若一方面虚空和物质均为无限,另一方面我们的世界有限,再若我们的

---

① 比较西塞罗《论神性》卷一 52。
② 注意对比卷一 398-417,这部分涉及虚空的结论。

世界是自然或机遇的产物,那就必定有许多世界,而且是无限多的世界。有许多天空、大地和人类,正如在每个世界中同一动物族类有许许多多个体:每片天空、每片大地,以及每一动物族类,都有一个确定的生命跨度,像每一族类的个体一样(1048 - 1089)。序诗让我们期望看到,接受者多少会抵制这一学说,或者作者可能会驳斥那些只相信单一世界的人。① 不过,这一期望落空了。如此强调地宣示出来的新学说,在不超过四十二行的诗中出现。人们不得不承认,新学说让人沮丧:比先前的任何东西更甚,它把人类看作无限多同类事物当中的一个个体,以此"摧毁了我们的重要性","我们"人类的重要性——随之还有"历史"的重要性。诗人准备了补救办法,并且毫不犹豫地用上了:确实,一个由多得难以计数的世界构成的整体,不可能为诸神所统治,即那些傲慢的僭主们,那些粗鄙庸俗的神们。世界的无限性,无论从其他方面来讲多么没有吸引力,对于摆脱宗教束缚而言,却是个微不足道的代价。祈求真正的神——"诸神的神圣核心"(holy hearts of gods)②——他居住在全然宁静之所,因而不统治任何东西,卢克莱修断言,没有任何东西能够统治无限的整体,照料难以计数的天空和大地,更不用说公正地治理不可胜数的人类了:甚至就连我们人类,诸神也不可能公正地加以治理(1090 - 1104)。更不用说这一推理的其他缺陷,为什么不可以有无限多组的神,各自统治无限世界的某些部分?如果诸神要被住在无限多和无限远的世界中的所有人类感觉到的话,那就一定没有许多组的神住在宇宙的不同部分?

卢克莱修仍然没有完整解释他所宣示的新教诲。在剩下的部分,诗人不再提及世界的无限性,而开始谈论这一主题的含意。卢

---

① 比较卷一 1052 - 1053 的平行段落。
② 他并未祈求神以证实神学论;比较卷二 434 类似的情形(pro divom numina sancta)。诗歌中没有另外提及诸神之核心的地方。

克莱修谈到了"伟大世界"——我们的世界——的生长及其衰朽。通过把自己限制在我们的世界中,卢克莱修让我们认识了他的训诫。卢克莱修指出,世界的生长与衰朽类似于个体生灵的生长与衰朽。大地的年龄表明世界已经步入老年。大地已经不再像青壮时期那样生养野兽的巨大身躯,只产出微不足道的蠕虫;它不再自动结出丰盛的果实,而只有(尽管人们辛苦劳作)贫乏的收成。没有人[104]比一位年老力衰的农夫知道得更清楚了,他能够做今昔对比,看到与孝道的衰微结合在一起的土壤的退化:大庄园毁了意大利;一切都到了穷途末路(1105-1174)。每一位老农所知晓的东西,在某种程度上并不因其新奇而让人惊恐。通过把一个老农对农耕衰退和孝道衰微的观察概括为世界衰朽的学说,依照真正的罗马人的情感,卢克莱修甚至可能被认为美化了令人沮丧的学说:罗马的衰朽或末日,就是世界的衰朽和末日。当他稍后更为详细地重复这一世界来日之毁灭的学说时,在梅米乌斯更高阶段的教育中,卢克莱修拿走了脚手架:在他看来我们的世界依然青春焕发(卷五330-337)。意大利农耕与孝道的衰颓并未预示世界的迅速消亡。卢克莱修并未否认孝道与意大利的农耕不再是原来的样子;不过某些技艺确实仍在改进中;哲学新近才开始,而它只是现在才通过卢克莱修的诗作进入罗马。

四 卷三疏证

　　这是诗人向伊壁鸠鲁致辞(address)的唯一一卷,而且他只在序诗中这么做,别的地方都没有。这也是卢克莱修提到伊壁鸠鲁之名的唯一一卷(1042):他从未指名向伊壁鸠鲁致辞。有人可能会说,在整部作品中,伊壁鸠鲁始终都是不知其名的一位希腊人(Graius homo),或者更准确地说,不知其名的"希腊人的荣光"(glory of Greek race)(卷三3),如果不是一位不知其名的神的话

(卷五8)。在这段序诗中,卢克莱修用著名的呼格(vocative inclute)呼求(apostrophize)伊壁鸠鲁(卷三 10);在卷一的序诗中,他以同样的方式呼求维纳斯(40),而在卷五的序诗中,他还将呼求梅米乌斯(8);从维纳斯移向伊壁鸠鲁是一次上升,而从伊壁鸠鲁移向梅米乌斯则是一次下降,整个移动过程是先升后降。要是有人把卷一 925 - 950 行视为第二序诗,①那么卷三的序诗就成了序诗的中心。高潮就在中心。

卷三开头对伊壁鸠鲁的赞扬首先是为了突显伊壁鸠鲁与卢克莱修之间的地位差异。卢克莱修是伊壁鸠鲁的一名追随者、模仿者;他不可能与伊壁鸠鲁竞争,就像燕子不能与天鹅比高,羊羔不能与骏马争强;至于美和力量两方面,卢克莱修的作品属于一个不同的类型,比伊壁鸠鲁的作品更低的类型。然而"你是我们的父亲,万物的发现者"。卢克莱修只是得益于这一发现;伊壁鸠鲁的精神是神圣的,而卢克莱修则通过宗师的教诲得到了"神圣的喜悦以及恐怖或战栗"。② 多亏[105]伊壁鸠鲁完全发现了万物的本性,精神的恐惧才被驱散,世界的壁垒才被击碎。如此,神的威严才得已显现;人们瞧见他们住在宁静而美丽的宫殿里,超越了世界的壁垒,这种情况暗示了荷马的奥林匹斯诸神;人们还看到自然为诸神提供一切。伊壁鸠鲁的发现却揭示了诸神的至福,揭露了冥府的子虚乌有。至于冥府,即人死后悲惨生活的子虚乌有,正是卢克莱修要在卷三加以证明的。卢克莱修没有说将在何处证明诸神的存在。之前他的确没有证明过;他只是证明,或试图证明,万物的本性没有在世界上为神圣行动或其构成因素留下空间。我们注

---

① 比较贝利前揭书,页 761。

② "卢克莱修是位诗人,人们不大怀疑他会向迷信恐怖屈服;然而,当他认定自然的整个机制都已经被他的哲学宗师所揭示,他以如此鲜明生动的色彩在诗作中描绘的这一伟大见解带给他的狂喜,却被秘密的恐怖和惊骇罩上了阴影。"柏克《崇高与优美》(Burke, *Sublime and Beautiful*),第二部分,5。

意到,自然据说为诸神提供了一切:自然并未为人类提供一切。

为了驱散对冥府的恐惧——它们完全搅乱了人的生活并毁掉了所有欢乐,卢克莱修将根据前两卷所建立的原则来揭示灵魂的本性。人们常说还有比地狱更糟糕的东西,而且他们未加研究就懂得了灵魂的本性,因此,他们不需要伊壁鸠鲁哲学。但这不过是虚妄的自夸。一旦他们犯了罪,结果就遭受了他们从前认为比死更糟糕的耻辱,他们就会抱紧生命不放,并且向死人和死人的神祭献,即转向宗教(31 - 58)。卢克莱修并不反对那些否认他们需要伊壁鸠鲁哲学以消除对诸神恐惧的人;通常的经验似乎表明,某种命运要降临到正义与不义者头上,否则诸神就没有统治人类;但这并不排除这一可能性,正义与不义者死后的命运将会迥然不同,或者唯有通过对死后惩罚的恐惧,对诸神的恐惧才能尽施其威。无论如何,看来比起对诸神的恐惧,对地狱的恐惧更让梅米乌斯惊骇(前文页 80)。

卢克莱修用特别的强调口吻谈论罪犯的宗教恐惧。这样,卢克莱修再次让我们好奇,在尝试消除恐惧时,他是否并没有弱化一种有益的约束。卢克莱修回答了这一异议,在紧接着的结论中他也能这么做。卢克莱修的建议大致是,首要的事件不是害怕地狱,而是害怕死亡,同时,看似因惧怕地狱所引起的犯罪,实际上也是惧怕死亡的结果(59 - 86)。① 这就是说,就算克服了死亡恐惧,人们也不能从强有力的遏制中释放罪念;毋宁说人们应致力于废止犯罪。我们疑惑不解的是,在伊壁鸠鲁之前,甚至在卢克莱修之前的罗马,宗教都达到了不错的效果。设若许多人,甚至所有人,总是拒绝聆听伊壁鸠鲁的教诲,那么宗教将总是会达到不错的效果。卢克莱修用七行诗[106]总结了他卷三陈述的主题,在卷二和卷六中他以同样的七行诗结束序诗,以与各卷陈述的主题相区别:就

---

① 由这点出发重新考虑卷一 80 - 83。

像孩子怕黑暗中的一切,"我们"有时也害怕亮光中的事物,它们一点儿也不比孩子在黑暗中为之战栗并想象着要出现的东西更令人畏惧;必须驱散这种恐惧,但不是靠阳光,而要靠对自然的发现和洞悉。第三卷就专门克服"我们"这孩子气的恐惧。

卢克莱修告诉其读者,灵魂像手一样是人身体的一个部分,并因而位于身体的确定部位。它不像一些希腊人说的是完整身体的某种和谐(94-135)。迄今我们有理由说,以反驳哲学学说开始对某一教诲的陈述,这不是卢克莱修的方式。反驳"和谐说"(harmonism)是肯定的,但并无苛责和挖苦:和谐说对确立灵魂的必死性来说同伊壁鸠鲁学说一样有用;① 这是第一个明确讨论的学说,它被拒绝仅仅因为它是错的,而非同时考虑到它对人们情感的影响。要是还留下什么疑虑,对和谐说的讨论将表明,伊壁鸠鲁学说对于精神摆脱宗教恐怖而言并非必不可少。

灵魂是包括心智(animus)和血气(anima)的单纯自然。心智或精神(mind),位于胸中,是整个身体的统辖者,与此同时,我们藉它而经受恐惧、喜悦以及诸如此类的东西;理智与激情并不分离(belong together)。血气遍布全身并听命于心智。这个差别照理可以表明,存在人们称之为人所特有的自由那种东西。唯有心智能够独自地理解和感受不属于身体的快乐和痛苦(136-160)。灵魂的两个部分必定都是身体性的,事实表明,灵魂既影响身体,也受身体的影响;因为,若不通过接触,就没有什么能影响身体或被身体影响,而若非有身体就没有什么能触摸或被触摸(161-176)。既然心智的行动能够迅疾敏捷得无与伦比,它必定由非常滚圆、光滑和细小的东西构成。这种对心智本性的洞察极其重要,正如诗人通过独一无二的方式(o bone)向读者致辞,并明确无疑地暗示

---

① 比较柏拉图《斐多》86c2-d4(希米阿斯)。比较卢克莱修在卷三 776-783 批评[灵魂]先在性时的讽刺(克贝斯论证的前提)。

的那样。由同一材料构成的事物比那些由类型相异的材料构成的事物更容易解体。使我们能够感觉或感受的心智，具有如此精细的结构，而能够容纳在一个极细小的空间中，这一事实解释了为什么刚刚死去的人的轮廓和重量与他死前不久的轮廓和重量并无不同。同一事实证明，血气也由十分微小的粒子构成。诗人把灵魂的这一方面与酒的气味，或如他此处所言的巴库斯（Bacchus）的气味做了比较；这是卢克莱修第一次在这卷中提到一个神或伪神的[107]名字（177-230）。没有哪一卷像在卷三中那样难得指名或不指名地提到诸神。

灵魂由热、气、风以及第四种本性——没有名称但能解释感觉和思想——构成（231-257）。卢克莱修开始解释那些成分如何彼此混合，他照例为自己阐释的不足之处辩护，这些不足都缘于其"父辈的言辞"（paternal speech）的贫乏。第二次提到"父辈的言辞"（260）已不同于第一次（卷一 832），因为它紧跟在唯一提到的"父辈的训言"（卷三 9-10），即伊壁鸠鲁所说训言之后；卢克莱修有两位父亲和两个祖国，一个基于语言（或血亲），另一个则基于精神；那束缚他或引导他的训言无一例外出自后者。灵魂四个成分中没有名称的是灵魂的灵魂，并且统辖着整个躯体。至于另外三种成分，每一种都掌控着不同种类的动物。这里，卢克莱修不动声色地第一次说清楚了，他的灵魂学说并不仅仅是关于人类灵魂的学说；[1]不过，对于人类灵魂的特殊差异卢克莱修则缄口不言。[2]人像牛一样居于热血沸腾的怒狮与淡漠寡情的怯鹿之间。在这方面，同一族类的不同个体间存在着天生的差别，至少人的族类如此。训练或教育能够使一些人变得同样优雅；它却不能根除基本

---

[1] 正如"我们所有"这些"上天的子孙"（卷二 991）并不仅仅是"所有我们都是人类"。亦比较前文页 96。
[2] 比较卷三 753。

的、天生的差异和不平等。但是,理性强大得足以抹掉这些天生缺陷的痕迹;以至于没有什么能阻挡配得上诸神的生命(a life worthy of gods)(262-322)。难道卢克莱修的意思是,每一个人,无论多么愚蠢,都能够掌握伊壁鸠鲁学说,并因而过一种配得上诸神的生活?这会点亮诸神才具备的理智能力(throw any light on the intelligence of the gods)吗?难道他是说,原则上每个人都能摆脱宗教束缚而过上自由生活?甚至对一个为黑暗中的一切战栗和畏惧(87-88)的孩子而言,这也是对的吗?事实上,在一位拥有神圣头脑(mind)的希腊人敢于行动之前,所有人都生活在宗教恐惧的魔咒中;此外,所有的罗马人在读到卢克莱修的诗歌之前,大概也仍处于那样的境况中。诗歌的第一位接受者是梅米乌斯,他被假定拥有一个敏锐的头脑(卷一50,卷四912)。现在看来,为了从卢克莱修的诗中得到最大的恩惠,梅米乌斯并不非得具有敏锐的头脑。我们有权怀疑梅米乌斯禀赋的优越吗?这样的怀疑与下述事实一致,即卢克莱修希望他潜在的朋友分享他最珍爱的财富。然而,卢克莱修向显然不可胜数的罗马人致辞,而他们中的大多数不过是平庸之辈:他试图在罗马传扬伊壁鸠鲁的哲学。我们认为,他这样做,不仅仅是出于对荣耀的热爱(比较前文页91-92);还意味着一位对城邦漠不关心的哲人,需要政治上活跃而强悍之人的支持和保护。

[108]卢克莱修结束他对灵魂本性说明的那一节由三个部分构成。首先,卢克莱修指出灵魂不能离开身体单独存在,反之亦然。身体与灵魂同生共死。没有身体与灵魂的相互协作,感觉或情感就不可能。的确,灵魂是感觉的直接原因,但认为唯有灵魂能感觉,而只是把身体当作工具,那可就错了(323-369)。在中心部分,卢克莱修不同意德谟克利特关于身体原子和灵魂原子的局部秩序的看法。在即将结束对灵魂本性的讨论时,卢克莱修对德谟克利特学说的论述让我们想起了开头对和谐论的论述:德谟克利

特的学说不会使灵魂的必死性变得令人生疑。确实,卢克莱修对德谟克利特或其学说要比对和谐论尊重得多;他用"神圣的"称号称呼德谟克利特或其学说;唯有对德谟克里特或对其学说,卢克莱修曾经无条件地使用那个称号;①而他从未将之用于伊壁鸠鲁。然而在论及德谟克利特的核心部分(卷三 1037),卢克莱修没有对德谟克里特使用这个称号,因为那里明示了德谟克利特逊于伊壁鸠鲁。这使得卢克莱修所谓"神圣的"诸神躯体,他们的守护神(numina),以及诸如此类的东西清楚起来。最后,诗人重申了心智之于血气和身体的至高权力(396 - 416)。起初,当卢克莱修关注灵魂的必死性时,他最关心的是灵魂在人身上,而且甚至所有生灵那里的支配地位。既然把灵魂看成与身体一样有形,卢克莱修自然会把灵魂的行为仅仅视为身体的附带现象;他能够不去触动灵魂与身体之间"常识性的"差异。

卷三的核心(417 - 829)专注于证明灵魂的生成与灭亡。这个证明由大量或多或少彼此独立的论证所构成。除此之外,卢克莱修再没有以如此多行诗句和如此繁复的论证,致力于证明一个单一的主张。有人可能认为,灵魂是原子的复合物这一事实足以确证原子的生成与消亡。可是,诸神同样是原子的复合物,却依然被假定为不死的。确实,伊壁鸠鲁的神并不居住在世界或诸世界之中,而灵魂却在世界中。不过,灵魂能不住在世界之中,然后,如果在此度过了虔敬的一生,就会返回世界的间隙(intermundia)、众神的居所,宛如返回福人岛? 卢克莱修因而转向基于灵魂特殊性质的推理,毕竟,他更熟悉灵魂的特性而非诸神的特性。在引入这些推理时,卢克莱修提醒我们他的诗句配得上梅米乌斯的"生命"(420),不过他没提梅米乌斯之名;他提醒我们他对梅米乌斯的尊

---

① 卷三 371,卷五 622。关于恩培多克勒,卢克莱修说,看来西西里不曾拥有比他更神圣的东西了(卷一 729 - 730)。

重。第一个论证解释说,灵魂的有死是因为它是异常微小和易变的原子的复合物,这些原子被身体聚合在一起;[109]而身体显然是有死的。在乍看像个附录的部分中,卢克莱修轻松地解释了灵魂的活动性,原子借微小的原因就能移动;它不仅凭借烟和云而移动,甚至凭借烟和云的形象而移动;比如,睡梦中我们看到高高的祭坛吐着雾气,冒着青烟(425-444)。

在试图证明灵魂的有死性时,卢克莱修禁不住向我们生动地描绘了一幅悲惨景象:人们骤然或缓慢地死亡,他们的疾病与衰老,虽然他从未接近他为其作品结尾而保存的累积如山的恐怖。卢克莱修没有试图美化悲伤;美化的想法——如今确实依然未明言——是考虑到,死亡,虽然缓慢而痛苦,却比对冥府的恐惧更可取。这种想法依旧很少说出来,现在卢克莱修把人们对死的极不情愿,把他们攥住最后生命细线的热望,用作灵魂必死性的证据:若灵魂不死,我们就不会担心死亡(597-614)。虽然怕死可能毫无根由,但似乎相当自然。① 我们大概注意到了某些接受方抵制的细微标记,②但是,当证明灵魂的有死性时,诗人并未明确参与同其他思想派别的论辩;当他试图驳斥灵魂先在的信仰时才参与这种论辩(670及以下)。③ 原因在于卢克莱修并不把灵魂不死的信仰当回事儿,如果它与灵魂先在的信仰相伴随的话:唯有永恒的灵魂才能不死(比较670-673)。

提及人对死亡的深恶痛绝是灵魂有死性的证据或标志的部分,是在论述灵魂不死不同于其先在性的段落结束前不久。紧接

---

① 比较卷五177-178。
② 像fateare necessest[承认这是不可避免的],cur credis[你为什么相信],quod si forte putas[如果有人思考偶然],quid dubitas[如果有人怀疑],quod si forte credis[如果有人信赖偶然],这样一些表达并未出现在卷三的第一部分(31-424),但第二部分出现了。
③ 比较754,760,765-766。

着是三个以上为有死性辩护的论证,其中的最后两个论证以十分不同的方式涉及了传闻。据卢克莱修,人们在断定五种感觉及其器官的不死性之前,就无法断定灵魂的不死性;在古老的画家和作家笔下,阴间(Acheron)的灵魂都有感觉,但是没有完整的身体,感觉就不可能存在(624－633)。这暗示了,比起那些断言丧失了感觉的灵魂仍旧不死的更晚近的哲人,古老画家和作家的做法要合乎情理得多。此处,卢克莱修闭口不谈古代作者所描绘的灵魂在冥府遭受永罚的事(卷一 111)。卢克莱修将他从镰轴战车(scythe-bearing chariots)带来残害和杀戮的传闻中得到的知识,运用于最后一个论证中(634－669)。我们不清楚,梅米乌斯是否直接了解那些使用这些战车的战役;卢克莱修确实没有。这并不是要否认诗人可能从远处观察其他类型的战役(卷二 5－6)。

为有死性辩护的倒数第三个论证(615－623)在总结卷三核心部分(784－829)的论证中得以重复和[110]扩展。卢克莱修重述的想法是,每一事物在它无法存身的地方以外拥有存身之地;比如心智(mind)就不可能待在肩膀和脚踵中;更不可能在整个身体之外了。考虑到永恒或不死的东西不可能与有死者联系在一起,卢克莱修扩展了上述想法。接着,卢克莱修提出了关于何种事物是不死的问题,并发现灵魂不属于它们。卢克莱修确认了三种不死之物:原子、虚空和宇宙。他没有提到诸神,但提出何种事物是或能够是不死的问题,而迫使我们考虑诸神的问题。卢克莱修说,假如不存在那种一旦没有它,事物的各部分就会四散于其中的空间,或者假如不存在那些可能攻击它们的物体,事物就可能永存不灭;当卢克莱修这样说时,大概暗示了诸神。因为这种条件被认为在世界的间隙(intermundia)实现了,据说诸神就住在那里。无论如何,卷三的核心部分开始和结束时均更多地暗示了诸神问题而不是诸神。

在卷三的最后部分,卢克莱修从他关于灵魂有死性的论据中得出了一个很实用的结论:死与我们无关。既然我们天生像躲避巨大罪恶一样躲避死亡，上述结论就并非得自论据。因而，卢克莱修必定会另外说明，我们对死亡的嫌恶乃是由于某种错觉。人们可能会认为，把我们从这种错觉中解脱出来，卢克莱修便减弱了我们对保存生命的关切。此外，畜生也躲避死亡，难道它们也受了错觉的迷惑？但卢克莱修毕竟既是原子论者也是人，他清楚死亡的威力，或那些依恋"生命甜蜜亮光"（卷五 989）者的赤子之心。卢克莱修以汇总讨论中的段落来表明，他考虑了关于其论题的相反意见；他以比较"不死的死亡"与"有死的生命"结束了这部分。据说错觉存在于我们的信念中，即当我们已不再存在时，我们依然活着并且还有感觉。我们死后与出生前发生的事情，对我们的影响一样少：布匿战争（Punic Wars）影响不了我们，战争期间，那支配所有人的规则在迦太基人与其对手之间已岌岌可危（830 - 869）。卢克莱修稍微缓和地再次申明了罗马主义，以此开始了卷三的最后部分。① 在同一背景下，卢克莱修简单地提及了这一可能性，作为特定的人的同一原子复合物，则常常在其时代之前很久就产生出来了。卢克莱修的解决方法是考虑到，同一原子复合物并不是同样一个人，既然没有记忆连接起前后两位。卢克莱修没有谈及同一原子复合物还原的可能性。

接着，卢克莱修描述了这样一个人，他想象着死后将要发生在他身上，即他身体上使人害怕或蒙羞的事，因而对自己怜惜不已；这个人想象着他亲自站在自己的尸体旁观看；他把活人的情感灌输给了自己的尸首（870 - 893）。卢克莱修继续他的描述，活着的人们向刚刚死去的人［111］致悼词，哀怜他刚刚失去的东西。卢克莱修评论说，他们忘了加上一句，即死人不再渴望他刚失去的东西；卢克莱修让人们直接说出他们应当对死人说的话，正如卢克莱

---

① 注意对比，在讨论布匿战争的诗节中（833 - 837）避免使用第一人称复数，而在剩下的部分则常常使用第一人称复数（"我们"，即我们人类，而不是罗马人）。

修让他们直接说出他们要对他说的话。然后，卢克莱修让人们对死人说出的那番话，是当人们以为死人一无所知时可能说的话：你没有理由悲伤，我们却有理由永远悲伤。卢克莱修发现自己对他们，或他们中的一个做得不当，就是说——没人有理由永远悲伤——但他没有责备他们；他从不斥责他们。相反，卢克莱修让他们说出另一番粗野的话，且不指名地反驳它。这一反驳结束时，卢克莱修把死亡称作"生命冷酷的中止"(894 - 930)。卢克莱修下一步举动比我们刚才描述的第一步还要更离奇：他让万物的本性对我们中的任何一个人说话，对他／她使用"你们有死者"(thou mortal)和"你们愚人"(thou fool)这样的称呼(933,939)。自然本身向我们表明，把死看作巨大的不幸，而不管一个人迄今生活得快乐还是悲惨，是多么不合情理。卢克莱修与他的读者一起聆听了自然的训言后发现，"我们"能给自然的唯一回答就是，她说得没错。接着卢克莱修让自然对一个上了年纪、怕死怕得有失体面的人训话；她对他当然比对那些年轻人要严厉得多；她对他使用"你这罪犯"(thou criminal)的称呼(955)。听完了自然的第二个和最后一个训言，卢克莱修再次发现自然作出的责备也将是对的。接着，卢克莱修给读者或接受者一个额外的理由，说明为什么自然的裁决和行动是合理的：老的必须给新的让道儿；如果我们依照自然来看待死亡，死亡就不再可怕。卢克莱修不会责备自然，接受者或读者也不会——但这并不意味着自然不会责备接受者。

卷三最后部分的核心段落中有一个显著的对比——其中自然开口说话，而卢克莱修则评注她的话(931 - 977)——接下来的部分，则全然平淡无奇，也就是说，其中甚至没有使用第二人称(978 - 1023)。眼下，作者谈及地狱的可怖，对这点的否认看来是否认死后生命之可能性的首要理由；这些恐怖证明仅具有次级的重要性。只有借助对地狱的恐惧，对诸神的恐惧才会大行其道，因而恐吓梅米乌斯的与其说是对诸如此类的诸神(见前文页105)的恐惧，不如说是对地狱的恐惧,只要这话没错儿,看来我们幸福的大敌就不是对地狱的恐惧,而是对死的恐惧;对地狱的畏惧威慑的就不是作为人的人,而是不义。这意味着卢克莱修赋予了地狱的恐怖某些重要性;他甚至没有不厌其烦、多费口舌地否认,死后被祝福的生命是为正义者预备的;他希望对宗教作为可能的快乐和有益的错觉这一点保持沉默。证明了灵魂的有死性之后,卢克莱修已不需要举出特别的[112]证据来否认地狱的存在。因而,他让自己仅仅依据人类生活的罪恶来解释地狱故事。在引用的唯一重要例子中,真正的西绪弗斯(Sisyphus)是这样一个人,他逃避公众事务,因为他希望抓住的权力,常常躲避他,也即对他乃可望而不可即。

在关于地狱恐惧的插叙——为了揭示受支配的物质,及其与周边部分的关联方式的特性,这一插叙必不可少——之后,卢克莱修转而对读者讲了一些他时不时应当告诉自己的事情:读者将扮演先前通常由人扮演以及尤其是由自然扮演的角色。然而,卢克莱修准备告诉他自己的东西读起来好像(read as if)是卢克莱修正在把它讲给他,好像卢克莱修正在训示他。然后,正是卢克莱修告诉他的接受者——现在他称他们为"你这恶棍"(thou knave),许多比他优秀得多的人已经死去,因此他不应对自己行将到来的死大惊小怪。卢克莱修使用的语言比先前自然使用的语言更加坚定。他令读者回想起六位已经死去的人。前三位是政治人物:罗马国王安库斯(Ancus)、波斯国王薛西斯(Xerxes)(他的名字和国家并未在文中明示),以及小斯基皮奥(Scipio),令迦太基惊骇的人。后三位是哲人和诗人:荷马、德谟克利特和伊壁鸠鲁;伊壁鸠鲁的天赋超过了所有其他人。这些心智(mind)超拔者全都是希腊人(1024-1052)。这些政治人物都不是希腊人:他们全是异邦人。罗马主义也是一种异邦之见。卢克莱修应当尽些力把这些讲辞托付给其他人。

结局——卷三尾声——像论述地狱恐怖的插叙一样或几乎一

样平淡如水;它静静地拾起了地狱即愚人的生活这个主题。人们生活在他们铺就的道路上,因为他们承负着原因不明的重担;因而没人知道他从一事一地到另一事另一地是想要什么,想改变什么;每个人都从自身逃开,但又无法逃离自己;他生病了却不知道病因;如果他知道原因,他将会撇下一切别的东西,而首先尝试了解万物的本性,因为得失攸关的是来世的处境——"永恒的死亡",他既无法从中逃离,却又愚蠢地试图逃离。从自身逃走意味着从自己的死亡中逃走(1053－1094)。研究自然意味着学会接受自己的死亡,排除错觉或反抗,进而更好地活着。

卷三最后部分告诉我们,对待死亡的正确心态是什么。在此背景下,卢克莱修描述了七种关于存在的言论,这不同于诗人在直接引语中所述。与卢克莱修不同的关于生存的直接陈述,这里仅出现了一次,卷一两次(803－808,897－900),但卷一中谈论的发言人是接受者,并且其发言是在为哲学辩护,即在卢克莱修驳斥哲学学说的背景下;反之,卷三中这个驳斥直接针对[113]普通的甚或普遍的意见,发言者通常是男人,以及自然和充当卢克莱修面具的接受者。在自然和作为卢克莱修面具的接受者的发言中,出现了异乎寻常多的呼语;这些发言者称呼他们的接受者为"你这有死者"、"你这愚人"、"你这罪犯"和"你这恶棍"。卢克莱修自己也在卷三较前的地方称呼他的接受者为"你这好样的"(thou good one)。卷三以后仅仅在卷五中,卢克莱修又如此称呼其接受者,他在那里五次称呼梅米乌斯为"噢梅米乌斯"(o Memmius)(在整部诗中他总共称呼九次"噢梅米乌斯")。一方面卢克莱修用自己的名字说话,另一方面又戴着面具说话,这种称呼其接受者的方式间的差异值得注意,尽管它也没什么惊人之处。①

---

① 比较色诺芬的苏格拉底的做法,他称呼色诺芬而非别人为"你这可鄙的家伙"、"你这蠢货"(《回忆苏格拉底》卷一 3.11、13)。比较柏拉图《王制》595c10－596a1。

五 卷四疏证

序诗几乎逐字重复了卷一苦艾与蜂蜜那一段。最明显的改变在于遗漏了对诗人渴望赞誉的评论(卷一 922-923)。最重要的改变是背景的转换,因为,我们不止一次看到,背景即陈述出现的地方,可能决定陈述本身的含义;这等于说,同一个陈述在不同背景下含义可能完全不同。一个相同段落,第一次用来引入对无限性的讨论,而在这里则开启整卷诗作。虽然,它们的含义在第一次出现时还可能根据其直接结果得到理解,那么第二次和最后一次出现时就不能那样理解了。卷四序诗论述卢克莱修的诗与伊壁鸠鲁哲学之间的关系。卷三序诗也是如此。卷四序诗补充并随即修正了卷三的序诗,正如卷二序诗据说也修正了卷一的(比较注29)。据我们从卷三序诗所知,卢克莱修或他的诗作毋庸置疑属于一个比伊壁鸠鲁或其作品更低的种类。卷三序诗中,卢克莱修曾把自己比作燕子而把伊壁鸠鲁比作天鹅。从现在起,他把自己比作天鹅(卷四 181、910)。卷四序诗不再包含对伊壁鸠鲁的赞扬了。

卷四或其第一部分的主题,如诗人所述,是前一卷对灵魂的讨论的适当结果:①事物的肖像;因为这些在空气中飞来飞去的肖像,当我们醒着和睡着时,当我们目睹了那奇妙的形状和既往的肖像时,就会令我们惊恐不已。人们必须对事物的肖像加以解释,免得"我们"相信,我们身上的某些东西死后仍将在冥府或别的什么地方存在(26-44)。这似乎意味着,卷三给出的许多[114]证据对确立灵魂不死并不十分充分。但这如何可能?相信死后的惩罚就不仅预设了灵魂不死,也预设了惩戒之神的存在。或许对肖像

---

① 亦比较卷一 130-135。

的解释让人明白了对这样的神或通常的神的信仰。卢克莱修在序诗(6 – 7)中提醒我们,他的目的是把心智(mind)从宗教的束缚中解放出来。根据伊壁鸠鲁的学说,我们能够了解神的存在及其本性的唯一途径,就是通过那穿过世界的灼热墙垒而来到我们身边的诸神肖像或形象。有人可能会说,卢克莱修在卷四对肖像或形象的讨论,与他关于诸神的任何教诲都没有关系,因为恰恰"肖像"(simulacra)和"形象"(imagines)这些术语在他关于人如何了解诸神的陈述中没有出现。① 这个异议至少也可用于为另一反对意见辩护。诸神的画像和雕像也被称为"肖像"和"形象"。② 我们业已暗示的困难或许可以解释,为什么卢克莱修要通过把"事物的肖像"与通常的原子论学说(45 – 53)联系起来,而不是与灵魂的学说联系起来,以此为当前主题提供另一正当理由。

　　肖像或形象是事物表面的微小物体;它们被来自事物内部的压力猛推出去;每一肖像都被紧随其后的一个直接推挤;这一连续性从不中止;肖像被快得难以置信的速度带向四面八方;它们如此微小以至于无法看到。从事物表面流溢而出后,它们依然保持着事物的形状和色彩。如果某种条件得以实现,它们会精确地把该事物的形状和色彩的可信形象或副本传送给我们。不过,并非所有的肖像都直接从事物流溢出来。有些肖像在空气中形成;它们可能被比作云朵某些时候呈现的形状,如可怕的怪物和其他引发恐惧的事物。此外,真正的肖像在从事物传送到我们眼睛的中途也会发生变形。我们的影子似乎在行走和做手势,但是,它们没有生命,不可能行走和做手势(129 – 142,168 – 175,352 – 378)。

　　一座方塔远远看去像是圆的;这意味着塔的肖像在从塔到眼睛的过程中变圆了;圆肖像同在近处突入我们眼帘的方塔的肖像

---

① 卷五 1161 – 1193。比较卷六 76 – 77。
② 卷二 609;卷六 419 – 420。

一样真实。这就是说,并非眼睛受了骗,而是心智,因为正是心智而非眼睛的推理让我们了解了万物的本性。在某种意义上,我们看到的任何事物(462)在我们看来都是可见的,无论我们是醒着还是睡着,而这一事实很容易动摇我们对感觉的信任。但这不是感觉的错,如果我们不区分显而易见的事物——比如肖像——与令人生疑的事物——心智加给它自身的东西。这种错误的确难以避免,既然没有什么比聪明[115]地做出这种区分更难的事情了,尤其在外观颇不寻常的情况下(33-36)。卢克莱修使用了 videre[看]的被动态以暗示或仿效这种困难,在此(379-468)[看]意味着除了一种情况外全部"看似"或者,像诗人解释的那样,"被相信"(387-388,401-402),或者"只是看似"(433-434),或者"与真理相反"(444-446)。讨论中的这个部分对 videri([译注]video[看]的被动态不定式)的使用在整部著作中最为密集,①但一次也没有提到 simulacra[肖像]和 imagines[形象]。卢克莱修重述了反对两种观点的感觉的可信性问题,以此结束了对肖像的讨论;然而,他的论辩并没有声称直接反对哲学学派。如果有人不相信感觉,他就会把知识的可能性一并否定了;但除了一个人通过否认知识的可能性而宣布拥有知识外,在不知道何谓知识,未曾经验过认识过程的情况下,人们就无法否认知识的可能性。信任感觉的另一种替代情况是信任理性,但理性完全建立在感觉的基础上;因此,若感觉不可信,理性就也不可信;没有对感觉的信任,理性,更不用说生命本身,都会崩溃。信赖感觉是一切信赖的开端(469-521)。

接着,卢克莱修转向下一个问题,每一种不同的感觉如何感知那属于它的东西。他先谈了听觉。解释原则与视觉的情况一样,可

---

① Videre 的被动形式在这里出现了 17 次,涵义很明确,就是"看似"。比较卷一 726(videtur)和 727(fertur[带来])。

这并不意味着卢克莱修没有关注听觉的某些特性(比较 595-614)。卢克莱修对于语音的关注比对通常声音还要多。他非常热心地证明语音的肉体特性。在论述听觉的核心部分,卢克莱修解释了回声。在做出这一解释时,卢克莱修以不同寻常的方式对读者说话;他对自己说,如果他很好地理解了这个解释,他就能给自己以及别人一个对于现象的说明(572-573);他料到了这种可能性,至少其教诲中的一个部分将被他的读者或读者们传播给那些没读到其书的人。对回声的解释允许卢克莱修阐释声音,特别是通过荒凉僻静之地的村野生活,将之溯源到林神(Satyrs)、水泽仙女(nymphs)、半人半羊的农牧神(fauns),尤其溯源到半人半羊的林牧神潘(Pan);这类神怪只在言辞中存在,或仅能从传闻中得知(580-594)。看来没有任何形象——无论变形到何种程度——驱使,人们仍可能相信诸神。不同的说法是,我们从未听到过来自诸神的声音。这并不与我们应该知道伊壁鸠鲁的诸神发出"傲慢声音"(卷五 1173-1174)这件事矛盾。尽管其声音可能傲慢,但诸神不可能是我们"傲慢的主子"(卷二 1091)——若无旁因,那么至少是因为他们的声音我们就没法儿听到,既然诸神不得不穿过世界的灼热墙垒。

卢克莱修并没有像我们期待的那样接着讲嗅觉,而是讲味觉;他压根儿不提触觉。结果,对味觉的讨论[116]就成了除视觉外专门讨论的重要感觉。卢克莱修尤其关心,同一食物在不同类的生命,即不同的原子混合物尝来或甜或苦。卢克莱修以另一不寻常的表达开始了对这一主题的讨论;他说自己讨论的目的是,"我们想弄明白不同的生命如何以及为什么拥有不同的食物"(633-634);①看来好像诗人本人也在聆听他自己的教导,或者似乎边指点还边聆听。② 食物在不同类的生命尝起来味道不同,就是说,味

---

① 比较本卷 37 的"我们"。比较卷四 970-972。
② 比较卷四 969-970。

道并不是事物性质的副本(copies of the qualities);当人们看到一个事物时,其形状和颜色被保存下来;但当品尝它们时人们就破坏了事物。至于气味,它们来自有气味的事物内部,而不是如肖像来自事物表面;同种气味吸引或驱赶不同种类的生物。此外,嗅觉能力的敏锐程度区分出了不同的种。通过嗅觉辨别食物是否有益健康,人远不如野兽灵敏,虽然在其他方面人的感觉比野兽的优越。

然后卢克莱修转入下一个问题,凭借什么以及出于何种原因心智(mens)会被激发起来?这个部分也始于一个不寻常的表达。① 要是我们期待"诸神的本性精微并远离的我们感觉"这一事实(卷五 148-149),我们就能更好地理解这个部分。"心智的精微本性"被移向感知,尤其通过那些在空气中游荡并彼此连接的事物的"精微"肖像而移向感知;这些连接起来的肖像比引起眼睛视觉的肖像更加精微。这样,我们就"看到"了半人马怪(Centaurs)、六头女妖(Scyllas)、冥府看门狗(Cerberus)以及死者的魂影。我们记得对这类视觉的解释是通常讨论肖像时导向性的目的(卷四 29 及以下)。"我们看到"这一表达被证实了,以至于对半人马怪这种东西的认识也由肖像所引起,正如对一般事物的认识那样。不用说,并没有半人马怪以及诸如此类的东西;半人马怪的肖像产生自人与马的肖像的偶然相遇。单单一个这样的形象已足以搅扰我们那极度精微和易变的心智。心智的"视力"在我们睡着时比醒着时更强:正是在睡梦中,"我们似乎目睹了",或者说"我们的心智相信它看到了"已逝者(722-776)。所有这一切并不意味着,不存在影响我们心智的肖像,它们如其所是地复制了事物的模样;没有这些肖像,真正的思想就不可能发生。

至此,卷四的首要主题都是肖像或形象。本卷后半部分的首要主题是什么还很难说。前半部分据说可分为三段:(1)肖像与图像;

---

① Nunc age...accipe...percipe[现在来吧……理解……感知](722-723)。

(2)对三种不同感觉的讨论;(3)思想。后半部分也可以分为三段:(1)对神学观点的批评(823 - 857);(2)解释(a)需要食物,(b)我们如何能够[117]以各种方式移动四肢,(c)睡眠和梦(858 - 1036);(3)解释和批评爱欲(1037 - 1287)。卢克莱修首先攻击了那种认为身体的各部分是为其使用而造(比如,眼睛是为了看)的观点;他认为它们的用处和对它们的认识都是它们被造以后的结果;只有人造物的有用性是在制造之前就认识到了。这种批评也没有显得要直接反对某种哲学派别。更重要的是,这是作品中唯一一处丝毫不涉诸神而批评目的论的地方。眼下,诗人仍然渴望对诸神保持缄默。但不提及诸神不等于不想到他们。前面我们说过,没有哪一卷像卷三那样少地、点名或不点名地提及诸神。现在着眼于如下事实,我们得纠正这个说法,即诗人在卷四剩余部分非常频繁地谈到维纳斯,如此意指的就不是女神,而仅仅是性爱。

让我们考虑一下卷四后一半的核心部分。"食物"已经在卷四前一半的核心部分,即讨论味觉的部分,从不同的角度讨论过了。不过,接着"食物"就占据了中心地位,后一半的这个位置则引入了"四肢运动"。在最突出地专论诸神的部分,四肢运动最强有力地归因于诸神的行动:"人们将感觉归给诸神,因为人们看到诸神移动了他们的四肢"(卷五 1172 - 1173);诸神移动他们的四肢,是对诸神的感觉(也可能是思想[thinking]),或者诸神作为生灵而存在的猜测性认识(ratio cognoscendi)。这很容易就可以与下述事实达成一致,即在我们的睡梦中,死者的肖像似乎在移动他们的四肢,而我们的影子也似乎会走动(卷四 364 - 369)。困难在如下方面。我们自主的运动可能被那些运动的形象或肖像超过;这些形象是非常小的物体,然而却使我们整个巨大的身躯运动起来。卢克莱修轻而易举地解决了这个困难。就我们所知,卢克莱修解释了诸神以相同的方式移动了他们大得惊人的躯体(卷五 1171);不过,他没说诸神如何能够移动他们的四肢。至于食物,所有生灵都需要食物来修复他们尤其因为耗费气力而造成的损失。睡梦中,我们看见诸神毫不费力地完成了许多令人惊叹的事情(卷五 1181-1182);因此他们似乎不需要食物;卢克莱修避开了这个话题。

首次讨论梦,是与思想联系起来的;重复讨论时则与睡眠相结合。卢克莱修用九行诗引出了对睡眠的讨论,其中他说了要如何处理这个主题——要用与众不同的甜美诗句——并且敦促他那位头脑(mind)敏锐的读者,仔细倾听[118]并因此接受真正的教诲。我们被告知,睡眠把我们的头脑从操心牵累的事务中解脱出来。如此,人们可能觉得这是一个相当可欲的状态。卢克莱修的结论并非如此。睡眠是由于身体原子和精神(mind)原子处于紊乱状态(卷四 943-944)。这种紊乱将引起灵魂的骚动,尤其会使得感觉停滞。这里,卢克莱修独独谈到了 anima[血气],而没有谈到 animus[心智],这容许我们推想,当 anima 蛰伏起来时,animus 就能够感知诸神(卷五 1170-1171)。的确,在第一次谈论梦时(卷四 722-822),卢克莱修说我们能看见半人马等诸如此类的东西,其中他仅仅谈到了 animus 和 mens[心智/头脑]。在第二次讨论时,他举了 17 个关于梦的例子,或者梦的类型;仅在第九个例子中提到了一次"诸神"或"神灵",这是在 591 到 1233 行之间。现在,卢克莱修说,我们通常梦到的是醒时令我们全神贯注的东西,或者说,我们睡着时潜入我们头脑的肖像与那些我们先前通过感觉领会的东西一样。我们所梦的东西取决于"兴趣和意志"。兽类同样如此。譬如狗,梦见自己猎捕野兽,被这样的梦弄醒以后,他们还在追逐着"牡鹿的空幻影子";小狗在梦中的举止,"好像它们看到了陌生的形体和面容"。还有些例子表明,有生命者所做的梦决定于他们的恐惧。有时,人们相信所看到的肖像并不比情感的波动或四肢的移动为先,但却由这些变动所产生。使成熟雄性排泄精液的每一身体的肖像,似乎都预示着"一张灿烂的脸和一幅美丽的容颜",从而更促进排泄(962-1036)。人们很想说,除了恐惧还有爱,能够使超人的存在者,即拥有超人般的美丽和光彩的存在者的幻景得以出现;不过,抵抗这种诱惑是明智的。当然,卢克莱修关于梦的两次讨论并没有以任何方式暗示,通过梦,我们就得以接近(或者高傲地接近)那些存在,而当我们醒着时,就无法接近(或者只能卑微地接近)它们。

卷四的最后部分致献给维纳斯,从诗歌开头而知,她是最卓越的女神。同时,我们也知道,维纳斯非但不是一位女神,反而只是性爱的代名词(比较卷二 655-657 和 437)。我们还知道如何看待维纳斯所喜爱的像帕里斯(Paris)那样的人。现在我们明白了,性爱不但不神圣,反而是对我们幸福的最大威胁,虽然这种威胁可能不像对死的恐惧那么大。卷四最后对爱的攻击,对应了卷三最后对死之恐惧的攻击,而这种对应的最深刻原因大概在于这一事实,恐惧抑或爱都是诸神信仰的根源。维纳斯在诗中的命运暗示了其中诸神的命运;维纳斯与[119]真正的诸神相关联,如同真正的诸神与关于真正诸神的真理相关联一样。爱是对心智的伤害,所爱的人就像个有死的仇敌。爱许诺了快乐,但它带来的快乐紧跟着让人心寒的忧虑。由此我们得出结论,诸神不能感受爱,正如他们不需要食物和睡眠;卢克莱修没有下这个结论。爱是对某个人的爱,男孩或女人;为了享受维纳斯的果实,而又不遭受她所携带的烦恼,人们必须把性的快乐与爱分开。爱当中的敌意成分恰在拥抱的行为中暴露了自身。爱侣们渴望通过他们的拥抱而使其欲望得到平抚,但这种渴望无法实现,因为激发爱意的美只是一个非常脆弱的肖像,不能像食物和水那样进入人的身体;被影像嘲弄的爱侣,正如梦见畅饮的干渴者(1048-1120)。爱侣间的苦楚又被他们的自我欺骗所加剧;爱人总是把这归给他所爱的人,而不是恰当地归给任何有死的人;他把她当作维纳斯本人,或者,当作另外一些完美无缺、清澈见底的人。因此,人们要想从爱的羁绊中解脱,最好多想想所爱之人必定具有的身心缺陷(1153-1191)。所有这一切并不意味着性的欲望和快乐就不自然;畜生在其中分享到的并不比人少(1192-1208)。我们大概会说,爱像害怕死亡一样自然。不育并不归因于神圣行为,因此也不能通过向诸神献祭而消除它(1233-1247)。爱既不归因于神圣行为,某些时候一个没有多少吸引力的女人也会被人爱上(1278-1287)。哲学可以消除爱,正如它消除恐惧一样。哲学与爱欲(eros)了无关联。

六 卷五疏证

卷五的序诗像卷三的一样专门赞扬伊壁鸠鲁。但在卷五的序诗中卢克莱修没有向伊壁鸠鲁致辞;他在直呼梅米乌斯之名时赞扬伊壁鸠鲁。卢克莱修再次指出他的作品比伊壁鸠鲁的低劣:没有诗配得上"万物的庄严和伊壁鸠鲁的这些发现";的确,没有一个由不死之躯造就的人能够作出一首诗堪配伊壁鸠鲁应得的奖赏。看来只有一位神能够恰切地吟唱伊壁鸠鲁的颂歌,因为难道伊壁鸠鲁自己不是一位神?若人们必须根据万物已知的庄严性本身的要求来言说,他必定会说伊壁鸠鲁是一位神,因为他是自古以来人类最伟大的恩主。要弄明白伊壁鸠鲁是一位神,只要把他的发现与其他古代人的神圣发现作比较,与据说是由 Ceres[谷物女神]和 Liber[酒神]所作出的发现比较就足够了。那些发现对生命而言并非必需;据说有些民族不靠面包和酒生活。然而,伊壁鸠鲁的发现对于[120]美好生活必不可少;它使得伟大民族中的幸福成为可能。可以稳妥地假定,那些伟大的民族不仅包括希腊人也包括罗马人。据此,卢克莱修在这里指出,罗马人不是异邦人,而且与前面两卷不同,卷五直呼梅米乌斯之名。然后,卢克莱修比较了伊壁鸠鲁的善行与赫拉克勒斯的壮举。杀死了有名的怪物,赫拉克勒斯和其他人才使得仍旧遍布大地的野兽以及别的恐惧各安其位。然而伊壁鸠鲁却教导人们如何从他们的心灵中清除诸多欲望、恐惧以及各种罪恶。因而伊壁鸠鲁配享诸神的尊荣。他赢得这个头衔，首先因为关于不朽的诸神本身，他常常说出许多至理圣言，并在其中吐露万物的全部本性（1－54）。伊壁鸠鲁因此是一位神，如果我们懂得，照理神并非不死的存在，而是人们至高无上的恩主。伊壁鸠鲁不是或曾经不是唯一的神：他配享诸神的尊荣。但是那些神，那些不朽的神，也是人类的恩主吗？把伊壁鸠鲁誉为神的主张就不会让人怀疑伊壁鸠鲁关于诸神的观念？把伊壁鸠鲁赞为神不就等于说，伊壁鸠鲁否认了诸神的神性，因而他就是神？为什么此处卢克莱修最高度赞扬的，不是伊壁鸠鲁对万物全部本性的揭示，而是他关于不朽诸神的言辞（比较卷三 12－27）？

卢克莱修遵循伊壁鸠鲁，依照"万物"被创造的法则来进行教诲；他没有在这里说要再造其宗师业已表达过的关于不死诸神的至理圣言。之前，卢克莱修曾指出，心智是有死的，因为它无法从被生成的身体中分离出来。现在卢克莱修必须说明世界是有死的，因为它是生成的；他必须说明世界的各个部分是如何生成的。人类事务属于上述那些部分；卢克莱修在此提及的仅为人类事务中的言辞和宗教；关于理性的起源（原子的混合）确实没有讨论，而只是模仿了前面卷三的叙述；理性和宗教是最重要的人类现象。卢克莱修还将解释自然如何操纵日月的运行，以免"我们"认为那些天体为了对作物和生灵施以恩惠而在自行运动，或者认为是诸神拨动了那些天体。天体的运动不可能出于诸神这一点确实遵循了基本神学论，但如果人们并不确切地知道它们如何运行的话，就会被引诱着一再陷入对严厉而全能的主子的古老恐惧中（55－90）。伊壁鸠鲁关于不死之神的圣言，对于解脱宗教的束缚不如对其天文学来得更有用。

卢克莱修守诺开始证明世界的有死性，他再次直呼梅米乌斯之名，告诉他，海洋、大地和天空，这三个迥然不同的东西，将[121]在一天中毁灭。天空和大地的毁灭如同奇谈怪论，因而难以置信；它得不到梅米乌斯经验的支持。然而，或许梅米乌斯很快就会见证一次地震，这将动摇他对大地之稳固性的信念。世界之有死性这一学说令人惊骇，不仅因为它如同奇谈怪论，而且世界的毁灭本身就让人恐惧(91 - 109)(比较卷二 1023 - 1047)。关于灵魂有死性的教诲则让人满意，因为它消除了我们对地狱的恐惧。世界有死性的教诲不能令人满意，因为，它非但不能消除我们的任何恐惧，还增加了我们的恐惧。如果世界并非神的作品，它还能是不死的吗？而这些神就不再是严厉的主子了吗？可是，作为世界的保护者，他们也不再仁慈了吗？

在呈现这一困难之前，卢克莱修许下不止两个诺言。他许诺要证明世界的有死性，更确切地说，他要用比皮提亚(Pithia)更神圣和更确定的方式揭示人类未来的命运。但是，在宣布这高人一筹的启示之前，卢克莱修先要给读者诸多安慰(110 - 114)。就是说，他许诺更愿意解释世界的有死性而非其不死性，正如灵魂的有死性比其不死性更值得一谈。然而读者首先需要某些慰藉来对抗其恐惧，如果这些慰藉是通过否认世界或其最突出部分的不死性，因而也就是神圣性而达到的话，卢克莱修将犯下弥天大罪，并像那个古老的巨人一样受到惩罚。卢克莱修并不介意反复地重复，他不再反驳说，宗教比它的反对者更是一个罪犯，或者更应当为诸罪行负责(比较卷一 80 及以下)。卢克莱修把自己仅限于证明宗教基于非真理。天空、海洋和大地，以及日月星辰都不神圣，因为他们缺乏生命活动，以及感觉或心智。通过诸神，我们理解了那些拥有生命活动以及感觉或心智的存在者，这类存在者必定拥有适当的身体，像世界所不拥有的那些部分一样(114 - 145)。这个论证将证明诸神必须拥有类似于人的躯体，如果卢克莱修不把心智也给予畜生的话。① 卢克莱修继续说，世界没有哪个部分能够成为

---

① 卷三 294 - 301。比较卷二 265 - 268 和卷五 1325。

诸神的居所。世界根本没有神性。诸神的居所必定适合他们精微的本性，而这是我们的感觉所不及的，而只能为心智看见。卢克莱修许诺读者要用丰富的语言证明他关于诸神的本性和居所所说过的话(146 - 155)；但他没有许诺要证明诸神的存在。不过卢克莱修没有遵行诺言，尽管他曾说，关于不死诸神的那些话是其宗师最伟大的成就(52 - 54)。

世界不仅不神圣；它甚至并非诸神的作品。人们会说，诸神为了人的缘故而要把世界本性塑造得辉煌灿烂，因而世界是不死的。对于把否认世界的不死性视为莫大罪过的看法，卢克莱修再次加以驳斥，而他照样没能借引述宗教引起的犯罪而驳倒这一观点。但在讨论世界的神圣起源区别于[122]其神性时，卢克莱修再次直呼梅米乌斯之名。卢克莱修的论辩如下。诸神，正如完全自满自足的存在者——entia perfectissima[完美的存在]——没有任何理由去创造这个世界，即为我们的缘故去做任何事情。幸运的存在者没有理由非得仁慈。也不曾有诸神由于残忍而不去创造我们，因为不存在者不会遭受不存在之苦。除此而外，很难明白诸神如何能有一个要创造的事物的样本，尤其人的样本，或者他们怎么知道如何从原子中创生出这个世界，如果自然本身没有提供这种样本的话(156 - 194)。这一论证让人纳闷儿，是否自满自足的诸神能够具有关于世界尤其是人的知识(比较卷二 478 - 484)。

刚刚概述的推理过程，在某种程度上基于伊壁鸠鲁派的前提，因而并非对所有读者都显而易见。因此，当卢克莱修将之扩大为一个独立于伊壁鸠鲁教诲的论证时，他重复道：万物的本性并不是神圣力量为了恩泽我们而创造，因为自然充满了缺陷(195 - 199)。① 世界最广大的地域不适宜人类生活或居住。那有益于人类生活的地方自来就布满荆棘，要不是人们流着艰辛的汗水去反

---

① 比较卷二 175 - 182。给梅米乌斯的许诺在当前的背景下完成了。

抗自然并辛勤劳作,人们所有的辛劳都会被酷热、洪水和飓风变为泡影。为什么自然提供食物而又繁殖出野兽这可怕的族类、人的死敌?为什么她让人活不足岁就死去?为什么所有动物中独有人赤手空拳地来到世间,如同被无情的潮水丢弃的水手(200－234)。唯有人是自然的继子。这一思想,顶多是模仿了卷二的说法,当在卷五中重提时,便毫无隐藏和美化了。在明晰性和重要性上,这一推进与关于世界末日的教诲上的相应推进一致。它是从甜蜜或不沮丧向沮丧推进。卢克莱修可能成功地证明了,诸神为了人类而创造世界并永远保护它的观点是错的;他没有指明,也不打算指明这种观点令人恐惧。相反,卢克莱修默不作声地表明宗教是人心的安慰,因为就按他自己的说明,宗教断言人类是创造活动的终点或目标,或者说,至少在地球生命中,唯有人与最高的存在者相像。卢克莱修教导的真理比宗教教诲要严厉得多。

卢克莱修用四个论证证明世界的有死性。第一个和最后一个使用了四元素说。这不会引起什么困难,既然这些元素能够被理解为原子的混合物,但如此理解并非必须。看来卢克莱修试图在尽可能广泛的基础上证明世界的有死性。在最后一个论证中(380－415),他把世界设想为由元素间持续不断的邪恶战争而构成;它们的角逐在一种或另一种元素彻底胜利后才会终止,就是说,[123]在世界毁灭后终止。据传说,曾有一时火取得了完全的胜利,又一时水完全胜利了(大洪水)。古希腊诗人在法厄同(Phaëthon)的故事中表现了火在当时的胜利,据此,全能的天父朱庇特(Jupiter)通过及时干预阻止了世界的毁灭。卢克莱修以不真实为由拒斥这个故事,以及它所暗示的诸神能够或将会阻止世界的灭亡一说。全能的天父本身都终有一死(比较 318－323 和258－260)。

为世界有死性辩护的第二个论证同样也并不明确地基于伊壁鸠鲁的前提。世界因而人类都终有一死,因为他们都有一个开端,而世界的开端见于如下事实:人们记得住的过去不早于忒拜和特洛伊战争。事实上,某些技艺尤其是哲学的新近起源表明世界仍很年轻。人们无法解释这些事实,大灾变留下了原封不动的世界本身(天空、大地和各种动物),因为如果人类的所有作品和几乎所有人能够被一个微不足道的理由所摧毁,那么一个更重大的理由就能毁灭所有人以及世界本身。第三个论证(351-379)通过说明世界不属于必定不死的存在者来证明世界的有死性。卢克莱修对不死存在者的列举,几乎与他证明灵魂有死时(卷三806-818)列举的例证完全一致。不死的存在者是原子、虚空和无限的宇宙(区别于世界或诸世界)。但是,世界并不具有原子完美的坚固性,虚空也没有,宇宙也没有;因而死亡之门不会在世上关闭,而是张开它巨大的、洞口开阔的胃,虎视眈眈地望着世界。这个论证将表明,世界的有死性只能建立在原子论的基础上,因此原子论,或毋宁说伊壁鸠鲁学说,对于否认世界的神圣起源,或者对世界的神圣干预——为把心智从宗教恐惧中解放出来——都是不可或缺的基础。

既然世界终必毁灭,它必定也有生成(卷五373-376)。有死性的证据紧跟着一个对世界如何生成的阐释。这个阐释似乎完善了关于伊壁鸠鲁学说的证据;在无限时间中无限多的原子通过无限虚空的运动,解释了我们所知的世界,既然它们解释了世界的形成:世界是原子的诸多排列组合之一,它们在漫长的时间中,通过原子盲目而激烈的碰撞而产生,其中并没有谨严有致的头脑,或原子间的和解协约干预进来;而它一旦产生,就会长久地保持自身的形式。秩序出于无序、分歧和战争——战争起于原子间的差异及其相互排斥(416-448)。多亏原子的特殊混合物,大地才第一次出现,并进而[124]占据了可见世界中心的低洼地带。大地的出现使得那些将要形成星辰和天空的原子或原子混合物,离开大地并开始形成其上的天体;这一次序的变换导致了海洋的出现,并因而使大地呈现出最终的形状。在此背景下,卢克莱修谈及日月那生机的躯体,据此他指的只是,比起大地的固定不动它们是不固定的(449-494;比较125)。对日月暂时的准神圣化只为了显示大地的卑下状态,所谓的伟大母亲,是人类这个据称乃造物主之最爱者的居所:自然的缺陷——证明它不是诸神的作品——首要的是大地的缺陷。①

在略述世界主体部分的生成以后,卢克莱修转向了天体。他以这句话开始了讨论:"现在让我们歌唱使星辰运行的原因吧。""让我们歌唱"这个表达在诗歌的其他任何地方都没有出现。在这个唯一个别的场合,卢克莱修谈到了他的"歌唱"(卷四84),他指的是他对其他高处的现象的阐释。② 既然"歌唱"星辰的运行,卢克莱修就有资格谈论"永恒世界的星辰",其后不久甚至会谈论"活着的"大地(卷五509,514,538;比较476)。歌唱意味着赞扬和美化。然而,在被提及的两个例子之外,不能说卢克莱修赞扬或美化了天体或它们的运行。卢克莱修毫不迟疑地谈论了黎明女神(Matuta)那玫瑰红的黎明(656-657),谈论月亮凝视着日落(709),谈论维纳斯或丘比特(737),谈论花神妈妈(Mother Flora)(739),以及谷物女神和酒神(741-742),而诗歌中这一破格(poetic license)的使用对诗歌的天文学部分而言都绝不算奇特。人们大概会说,卢克莱修宣称,"让我们歌唱",当他"唱"了一点点,便能神鬼不知地表明"歌唱"意味着什么。

那么,对天文学部分而言什么是奇特的? 卢克莱修没有提供星辰运行的"原因",但给出了各种各样相互抵触的原因;既然不可能

---

① 尤比较233-234与198。比较495-505。从258-260(大地是万物之母)向318-323(天空是万物之母)的转换为这一步做了准备。比较卷二598-599与991-998。

② 卷四84;比较255,259,376。Canere[歌唱]的动词形式出现了10次;在第九次这个单词被用于人类的歌唱或音乐。Cantus[歌曲]出现4次,canor[声乐]2次。

知道真正的原因,他只提供了可能的原因(526－533)。严格来讲,卢克莱修也不知道"星辰运行的原因"。然而,对这种原因的无知引起了宗教的产生(1185－1186),或者说它是宗教的第一诱因。所以,人类心智看来在决定性的方面仍力不从心。人们因而容易认为,当一个人认识不了时,他就"歌唱"。但此处的不足之处并非特指我们对天上事物的知识(卷四 703－711)。更好的说法是,卢克莱修没有仔细讨论天体的生成和运行,而是在天体生成之后提及它们;与此相对,关于地上生命的生成,他则详加描述。为什么卢克莱修对这两种情况的处理如此不同？天体及其运行是首要原因之一,而且是人们[125]相信有诸神在世界上或世界之中起作用的首要原因,而破除这一信念是整部诗的两个主要目标之一。① 因此,更加值得注意的是,诗歌的天文学部分完全没有诗人曾频繁进行的对宗教的攻击。或者,更一般的说法是,在天文学部分,卢克莱修完全闭口不谈流俗神的不存在,或者真正诸神的存在问题。此处卢克莱修的"歌唱"意味着他对诸神问题完全沉默。给我们留下的问题是,被如此理解的什么样的正确歌唱,还能被描述为赞扬和美化。

完成了天文学部分之后,为了说明地上的生命如何形成,卢克莱修"转回世界的青春时代"(780)。这是仅有的一次,卢克莱修谈到他"转向"某些东西;"我转向"的唯一性对应"让我们歌唱"的唯一性;现在他转而不歌唱了。在致力于谈论世界及其各部分的生成那一卷中,天文部分是个离题段落。我们记得,世界及其各部分的生成是世界有死性的反面。由于相信诸神创造了世界,世界的有死性看来令人难以置信。这个信念在天文学部分开始前很久已经反驳过了,而且这种反驳独立于任何伊壁鸠鲁特有的假定(195－234)。对于消除由可见的天体及其运行所带来的影响——导致人们相信宗教中的诸神,这个"离题段落"只有次要的功能。正是

---

① 卷五 1183－1193,1205－1221,83－87;比较卷一 62－69。

五 卢克莱修简注

因为"离题段落"的次要功能,更值得关注的是,对"颂歌"的强调比前五卷的任何其他部分都多。

大地首先长出植物,然后是动物。即使现在大地仍在产生某些小型动物;因而毫不奇怪,当世界的春天降临,大地充满了蓬勃的繁殖力,就是说,当热气和湿气到处弥漫,而温暖的气候盛行各处之时,大地又会生出各种各样的动物来(783 - 820)。因而,大地堪称万物之母;青壮时期的她几乎完全是它们的母亲;日月轮转,她失去了原初的威力。在青壮期,她生出了各种各样的怪物或畸形物,事实证明它们不能生育,甚至也活不久;这些东西灭绝了。只有那些一开始就能活下来并繁殖后代的族类幸存下来。这些族类中的一些靠自己的力量生存下来,另一些则因为受托保护人类的安全,既然它们对人类有用,于是也保留下来。当谈及那些托付给人监护的族类时,卢克莱修在这卷诗中第四次直呼梅米乌斯之名(821 - 877)。前三次,包括卷二中的两次,他在反神学的背景中直呼梅米乌斯[126]之名。① 因此我们假定当下的背景也是反神学的。此处诗人以目的论的表达方式来否认目的论:家养的动物不是由自然或神托付给人的,而是出于人自己的原因;人以保护它们为自己的事,因为它们很有用;可没有什么对诸神有用(166);② 自然像生人一样生出了最荒谬可笑的怪物,而人大概会被称作宇宙之目的性的全部源头。我们得马上加一句,对神学或毋宁说目的论(比较页 116 - 117)的批评,在这里几乎完全是隐蔽的。我们也注意到,此处卢克莱修对人的特性,或者说对使人类得以生存的自然的特别"礼物"闭口不谈(比较 857 - 863 与卷三 294 - 306)。

如我们所见,对卢克莱修来说,断言远古的大地曾生出各种各样的怪物是必要的。对卢克莱修而言,否认半人马怪、六头女妖或

---

① 比较前文页 95 - 96,119 - 120,121 - 123。
② 这是如此不能忍受的事实,自然给诸神提供了一切(卷三 23)。

者吐火怪兽同样必要:即使在大地的青壮期也从不可能生出不同族类杂糅的怪兽。远古时代的族类出现时携带着它们特殊的、难以言传的和不可改变的特性(878-924)。当然,这一点既适用于人也适用于其他动物。地生的人甚至他们的后裔分担的大地之上的艰难多于后来的世代;他们比现代人更强壮、更健康,并具有更强的抵抗力。他们靠大地自然的产出过着悲惨的生活。他们不懂得使用火或任何技艺;关于共同的善;或者习俗和法律,他们还没有观念;每个人都独自地只为了自己而活。他们还不了解男人和女人的恒久共同体。他们不害怕诸神(他们理所当然地认为太阳东升西落是必然的),但害怕野兽。唯一触动他们的女神是维纳斯。① 他们不为死后可能发生的事情焦虑,但他们害怕死亡,除非难以忍受的疼痛使他们渴望死去。然而正如他们缺乏共同生活和技艺带来的好处,他们也不会遭受这些东西带来的罪恶(925-1027)。

五样东西使人类第一次变得柔和起来:茅屋、兽皮、火、男人和女人的共同生活以及(共同生活的结果)这一事实,父母不但认得其后代,而且看护他们。在此基础上,毗邻的家庭开始通过缔结互不伤害的无言契约而彼此结成友谊,而男人开始赞成同情弱者,即他们的女人和孩子。这样,人们开始更加和睦地在一个小团体中生活(1011-1027)。他们本来不可能生活在一起,如果他们没能通过不同的声音互相表明他们不同情感的话。这种对舌头(tongue)的使用不是某些个体——人或神——的发明,而是在人那里与野兽那里一样自然,它们在受到不同[127]情感的驱使时同样能发出不同声音(1028-1090)。卢克莱修几乎完全不谈伊壁鸠鲁所承认的语言的传统因素;②当然,他也不否认它。

---

① 贝利前揭书,页1474注,引用了恩培多克勒(B128,行1-3):"对那些人来说,阿瑞斯不是神。"
② 《致希罗多德的信》75-76。

五　卢克莱修简注

接着,卢克莱修讨论变化之一,即火的发明,它使得人类变得柔和或导致了前政治社会。卢克莱修明确抓住这一主题,涉及接受者可能保持沉默的问题。这是唯一一处卢克莱修明确提到接受者对之保持沉默的问题。诗人说,正是闪电首次把火带给地上的人:闪电,这激起恐惧的事件(1125,1127,1219-1221),最先把热力作为礼物带给人;人对火的熟知与他们发声一样同是自然的产物。太阳教会人们烤熟食物(1091-1104)。

在关于语言和火的插叙之后,卢克莱修转而解释人类生活或共同生活。从前政治社会向政治社会的转变,受到了头脑卓越之人的影响。国王建立了城邦,并给每个人分配财产;但不是平均分配给所有人,而是在分配中优先考虑他们的美貌和力量,较少考虑才智。随着世袭财产的发明和黄金的使用,富人替代了俊美和强壮的人。人们大概会说,天生的好品质被那种仅仅出于约定的好品质替代了。这种改变最终导致了王权的毁灭,并使得人人都寻求自我统治权力的条件得以出现。随之产生的暴力与不和,只有当人们听从某些人的教诲而建立起长官职位和法律之后才会终止。然而,这并不简单地是一个祝福。法律使惩罚对于违法行为成为必需。自此以后,对于惩罚的畏惧损害了生命所予的奖赏。为了弄懂诗人这明显陌生的陈述,想想伊壁鸠鲁从政治生活中的退隐就足够了,而法律在原则上并不支持这种退隐。对犯法者来说,过平静的生活并不容易。他们的罪行可能没有被诸神或人注意到,但罪犯却永远也不可能确定这一点;至少人们说,很多罪犯在睡梦中或在病时的谵语中出卖自己(1105-1160)。卢克莱修没说犯法者过平静生活是不可能的;[1]认为这不可能的观点是一种有益的习俗。卢克莱修不会自相矛盾地谈及犯罪会被诸神看到并施以惩罚,[2]因为许多罪犯都相信

---

[1] 比较柏拉图《王制》365c6-d1,比较卷五 1153 中的 plerumque 和 1159 中的 ferantur。
[2] 比较西塞罗《论善恶的极致》,卷一 51。

这种可能性（比较卷三 48 - 54），而且这种信念某些时候也可以起到约束作用。然而，这意味着，据卢克莱修，宗教具有全然不可忽略的重要性。

正如论述前政治社会的段落之后是讨论语言的起源和火的使用一样，论述政治社会的段落之后，是一番对于宗教和技艺之起源的讨论。火与技艺不可分割。亦可合情合理地设想语言和宗教也不可分割。语言，正如卢克莱修[128]所说，可谓完全出于自然；算计（即对利益的考虑）或习俗几乎没有提及（1028 - 1029）。宗教，亦如卢克莱修所言，完全出于自然；他几乎完全不谈它的用处，虽然在马上开始讨论宗教之前，卢克莱修已经引起了我们的注意；对于宗教可能具有的传统因素他完全不置一词。

据贝利说（前揭，页 1507），对宗教的讨论（1161 - 1240）是"诗歌中对诸神本性与宗教的根据和功能论述得最长最详细的部分"。它比任何其他部分都更像是在以丰富的言辞证明诸神及其居所的"贫乏本性"，这是作者在卷五 148 - 155 曾许诺要做的证明。自卷五 110 - 234，即那个在诗歌中最为详尽地批评世界的神性或神圣起源的段落，卢克莱修对他曾论述过的诸神问题保持异常的沉默，以此为宗教讨论做准备。对宗教的讨论是唯一一处卢克莱修在其中清楚地告诉读者，凭借经验，或者更明确说凭借视觉，对于诸神的存在和本性我们能知道些什么。在较早的论述中（卷三 16 - 18），卢克莱修曾使我们期望拥有对诸神的存在甚至其居所的直接知识。然而，严格来讲，当前这段说明的，不是关于诸神的存在和本性，而是那使得诸神的威力在伟大民族中传布，并使城邦充满了从令人战栗的敬畏而来的神圣崇拜的原因。关于诸神的存在和本性我们能确切地知道些什么，对此问题的解释附属于对古代知识是如何形成的解释：整个解释都使用了未完成过去时。比起天文学部分来，对宗教的讨论专注于生成。

卢克莱修准备陈述人们对诸神的意识及其诸神崇拜的"原

因"。但他说了两个原因。我们记起来,在天文学部分的开头,他许诺详细解释星辰运行的"原因",并进而陈述了不止一个原因(508-533)。现在情况变了。依据贝利(前揭,页67),卢克莱修"分配了两个原因给[对诸神的普遍信仰],虽然他没有——他本应当,解释这些原因之一是真实的而另一个是错的"。照例,不对一个更优越之人说他应当做什么是明智之举。而对这原则的违背不能回溯到民主政治,他乃出于对任何政体都有效的人性缺陷。卢克莱修给出的两个原因,打算解释"对诸神的普遍信仰",以及在诸城邦中作为惯例的神圣崇拜;或许"真实原因"也不足以解释神圣崇拜。此外,"真实原因"解释了人们如何去相信美丽的诸神,但是人们并不普遍地相信美丽的神。①

尽管那样,卢克莱修告诉我们,有死的族类用心智之眼看到了诸神灿烂的形体和[129]面容,以及他们不可思议的躯体,在醒着时是这样,睡梦中更是如此。可以毫不含糊地说,关于诸神,醒着的人曾经看到且还将看到的就这么多,不会更多。他们美丽的形体和巨大的身躯并不能单独证明他们本身就是生灵;诸神必定具有情感或感觉能力。人们没有"看到"诸神有感觉,却把感觉"归给"诸神,因为人们"看到"诸神移动他们的四肢。但这一推论的有效性是成问题的。人们主要是在睡眠中看到神;在睡眠中他们也"看到"死人移动其四肢,就是说,人们好像看到了这些,或者他们相信自己看到了(卷四757-772)。相应地,卢克莱修并非毫不含糊地说,人们看到诸神移动他们的四肢;他使用的这个表达(videbantur)也可能意味着,诸神似乎移动了他们的四肢。整个句子如下:

> 他们把感觉归给诸神,因为诸神似乎移动了自己的四肢,
> 并发出了与其辉煌形体和充盈力量相匹配的傲慢之音。

---

① 比较克塞诺梵尼 B16。

诸神的感觉,即生活是无法体验的,但人"增加"了经验到的东西(比较卷五 1195 和卷四 462 - 468);经验本身实际上并不比看上去更多些什么。

诸神感觉的真实性,也就是他们永恒生命的真实性:人们"给"诸神永恒的生命,而且"他们相信"拥有如此巨大威力的诸神,"不容易"随便被什么力量征服;这种不易随便被什么力量征服的存在却并不必然永恒。"他们相信"诸神有着好得出奇的命运,因为没有哪位神曾经为死的恐惧所烦扰,而"在睡梦中,他们看到诸神不费吹灰之力就成就了许多令人惊叹的事"(卷五 1169 - 1182)。人们渴望知道是否人在醒着时也看到诸神不曾为死的恐惧所烦恼,并看到诸神所做的令人惊叹之事;没有任何暗示说,有人见到他们思考或理解或以任何方式知道了真相。同样没有任何暗示说,人们看到诸神只是自满自足地存在,因此不能影响世界并住在其中,尤其不能影响人。相反,既然像卢克莱修描述的那样,宗教的第一原因在相当程度上包含人们附加在他们真正看到或经验到的东西之上的东西,就没有理由问,为什么人们不应当也想象着拥有美丽容貌和庞大身躯的存在者——出现在人们的睡梦中并似乎发出了傲慢的声音——也并非用可怕的惩罚威吓他们的高傲不逊的主子。或许这就是为什么卢克莱修宣称,他将要提出有关宗教的"理由"(cause),唯一的理由。然而或许是,卢克莱修的兴趣在于找到一个与人的梦毫无关联的理由;因此他举出了如下理由:人们被自己看到的天象所诱导,把这些他们不知根由的天象溯源到诸神那里。尤其是,这类令人惊恐并在夜间发生的现象被看作诸神的恐吓或其愤怒的证据。依照[130]"诗歌中对神的本性以及宗教的根据和功能论述得最长最详细的部分",连同我们先前的观察,①我们应当说,基本的神学论打算用最令人满意的方式详加解释关

---

① 参见前文页 99 - 100,114 - 115,117 - 118,121 - 122。比较卷一 132 - 135。

于作为 entia perfectissima[完美存在的]诸神观念：最完美的存在不可能作用于世界或住在世界中；基本神学论,与本体论的证据截然不同,并不打算证明诸神的存在；他们的存在是不可知的。

这个结论与伊壁鸠鲁那些完整流传下来的作品并不矛盾。至于那些我们弄不清楚的残篇,其思想的表达方式将依据它们所属的那个整体得到呈现。《主要学说》(*principal Opinions*)中从不谈论诸神或神圣存在。① 根据它的第一条：

> 一个幸福而不朽的存在者,自身既无烦恼,也不把烦恼带给他物；因而也不受忿怒与偏爱之情的束缚,因为所有这些情感只存在于弱者中。

这个论述通常被当成是基本神学论的断言；并有着智士(wise man)得享的"不朽之善"。② 《致希罗多德的信》是伊壁鸠鲁自然教诲的摘要,也从不谈及诸神或神圣存在；其中写道,"不灭与至福的本性,绝不可能带来腐朽或混乱的任何东西"(78)；这个论断是一神论者和无神论者都可能作出的。《致希罗多德的信》还教导说,人们不必相信同一事物是至福和不灭的,而同时又有与其至福和不灭相抵触的意志或行动或动机(81)。《致皮索克勒的信》,总结了伊壁鸠鲁关于天体的教诲,它警告读者不要求助于"神的本性"以解释天体现象：人们千万别烦扰那处于完全幸福中的神圣本性(97；比较113和115–116)。最极端的人可能会说,《致皮索克勒的信》,把基本神学论用作反击神秘解释的壁垒,但这些解释据悉不可能独立于基本神学论(比较104)。《致皮索克勒的信》提到过一次世界之间隙(intermundia)(89),但甚至没有暗示它们是诸

---

① 《梵蒂冈格言集》在这方面不同于《主要学说》；比较第24、33和65条。
② 《致美诺凯乌斯的信》,结尾；《梵蒂冈格言集》,第78条。

神的居所。伊壁鸠鲁在《致米诺凯乌斯的信》中提出了他关于诸神,尤其是诸神存在的教诲(123-124),但实际上伊壁鸠鲁关注的是伦理问题;他已经发现在其物理学中,即他关于整体的教诲中并未给伦理学留下空间。没有一个头脑清醒的人会说,伊壁鸠鲁的诸神是实践理性的假设:伊壁鸠鲁没有"发现为给信仰开路而否认知识的必要性"。

回到卢克莱修,依据人们对其权威教诲可能有的看法,真理令人沮丧,因为世界并不神圣或具有神圣起源;但真理首先是富有魅力和令人愉悦的,因为既然有像人[131]而非任何别的存在的诸神这至福而不死的存在者,那么最可爱的东西就会恒久不灭。然而,如果诸神不是最神圣的存在,那么最辉煌、最仁慈和最高贵的存在就是那只有片刻幸福的智士(wise man)。人类幸福的脆弱性无法通过任何对自然的胜利,以及整体对人类利益的臣服得到克服,因为这要求除了别的事物,人们得从不必要的欲望中解放出来,并进而从人类确然无疑的悲惨中,从西绪福斯的命运中解放出来。此外,伊壁鸠鲁的贤明之士(sage)像伊壁鸠鲁的诸神一样很少鼓励仁慈——给饥者食寒者衣;像伊壁鸠鲁的诸神一样,贤士的仁慈乃出于他是什么,而非他做了什么。这与卢克莱修的"政治哲学"是对政治社会之形成的唯一解释相一致;它不论及最佳政制的问题:没有一种政制配被称为好的;哲学不能改变或有助于改变政治社会。

卢克莱修认为宗教属于政治社会(卷五 1161-1162,1222;比较 1174 和 1111),但这并不意味着它不具有先于政治社会的因素。宗教属于政治社会,因为法律、惩罚以及对惩罚的畏惧属于政治社会(1136-1151)。畏惧惩罚与畏惧诸神同出一辙;畏惧诸神就是畏惧神圣惩罚。对诸神的畏惧使得人们蔑视他们自己;卢克莱修没再说这会导致犯罪(比较前文页 121-122);现在他说,这种畏惧导致了动物祭献;卢克莱修不再像开头那样谈及人的祭献。

对天体运动原因的无知,并不是人们相信愤怒诸神的唯一或充分理由。(因此天文学不足以把人从对诸神的畏惧中解放出来。)至少在这方面重要的是人们败坏的良心;比如,人们都清楚,那些傲慢国王曾经做过或说过当受到惩罚的倨傲无理之事(1194-1240)。我们再次看到,宗教可能起到很好的遏制作用。在施加遏制方面,哲学的的确确更加可取,在驱除对神的畏惧时也遏制了诸多欲望。无论如何,这意味着哲学像宗教一样属于政治社会,或者哲学不可能出现在前政治社会:哲学预设了一种高度发展的技艺。在前政治社会,唯有维纳斯在统治。在政治社会,正如在自然中一样,是战神玛尔斯而非维纳斯统治(比较前文页95)。前政治社会在某种意义上比政治社会更加自然;但它不可能是"自然状态",既然人们仅仅通过哲学化的方式凭靠自然生活。同一个人,生活在前政治社会他会是其部落的一个成员,像其他任何人一样,而在政治社会中他大概会过上严格的、私人化的哲人生活。

在开始说明技艺的产生时,卢克莱修谈到了铜、金、铁以及银和铅[132]的发现。金的发现是从自然优越者的统治向富人统治转换的重要一步(1113-1114)。通过尝试和犯错,人们懂得了宁可选择铜而不是金和银,因为铜的用处更大;现在对金的普遍偏爱是很久以后的事了(1241-1280)。铁的用途发现得更晚。当说到发现铁的性质时,卢克莱修在本诗中最后一次直呼梅米乌斯之名。他说:"对你来说,梅米乌斯,独立了解铁的性质很容易"(1281-1282)。从第1091行开始诗人没再使用第二人称。在其他任何一卷中对第二人称的使用都没有如此稀少。① 梅米乌斯的呼格强化了此处对第二人称的使用。卷一以后,诗人仅在反神学的背景下

---

① 如果我没弄错的话,卷一使用第二人称达91次(有1117行);卷二122次(1174行);卷三112次(1094行);卷四89次(1287行);卷五49次(1457行);以及卷六62次(1286行)。我忽略了这些情况,其中第二人称被用于维纳斯、伊壁鸠鲁和卡利俄佩。

直呼梅米乌斯之名；此处比先前甚至更少明显的反神学背景（比较前文页 125 - 126）。当前对梅米乌斯呼格和第二人称的使用，与先前对梅米乌斯呼格或第二人称的使用之间，出现了一个对诸神最卓越的论述；卢克莱修认为没必要强调这一论述的重要性。卢克莱修谈到对铁的发现时，最后一次提及梅米乌斯；铁尤其在战争中有用；梅米乌斯与战争之间的联系在诗歌开头已经暗示过了（卷一 40 - 43）。卢克莱修有多关注以"战争"主题开始解释技艺的产生，表现在如下事实中，在谈论了金属的发现后，接着讨论了兽类被用于战争的各个阶段。卢克莱修抓住这个机会指出，通过犯错和试验，技艺的进步有多大；他令我们立刻想象到人类曾经多么愚蠢地把公牛、野猪甚至狮子用于反对他们的敌人，或许因无望取得胜利，他们便渴望在自杀前伤害其敌人（1281 - 1349）。

卢克莱修从技艺或战争技艺的进步转到纺织技艺。他并不打算借此从男人的技艺转向女人的技艺——较高的性别甚至发明了纺织技艺，这一技艺曾被视为较低性别的专属——而是从战争的技艺转向和平的技艺。尽管如此，这个通常由男人实践因而在级别上高于纺织的和平技艺就是农业，这是诗歌的下一个主题。农耕和造林的第一位老师是自然本身，但人类超出了自然的教训。自然也教给人类有关音乐的初步知识，以及将乡野的缪斯奉上高位的理智（reason）。卢克莱修依照各种技艺的级别高低来描述它们的出现。因此，卢克莱修又从音乐转向了有关四季的知识，即转向了自然稳靠秩序的最明显标志之一；这种知识是他详细讨论的最后一个发现。在讨论音乐时（区别于有关四季的知识），卢克莱修暗示了这样的事实：[133]乡野缪斯的乐趣，尽管天然粗拙，却体现了今人某些最纯粹的近乎哲学的乐趣（比较 1392 - 1411 与卷二 29 - 33）。当这类音乐以改良的形式留存至今，今人却并不比原初的地生人（earthborn men）更加快乐，他们不可能因缺乏他们所不知道的快乐而痛苦。许多技艺上的进步归因于对新奇的或更大快乐的欲望,即出于对真正快乐的无知。因此这类进步与战争的进步不可分割。这不是要否认技艺的进步大体上是知识的进步,一个结束于伊壁鸠鲁著作的进步。卷五结尾描述技艺的顺序遵循了卷三邻近结尾时出现的杰出人物的顺序(1024 – 1044)。①

七 卷六疏证

本卷的序诗(比较前文页 81)是对卷五序诗的修正,正如卷四序诗修正了卷三的,而卷二序诗修正了卷一的。现在,卢克莱修又把伊壁鸠鲁作为一个人,一个有死者来赞颂(比较卷一 66 – 67);他不再把伊壁鸠鲁颂为神。卢克莱修曾把伊壁鸠鲁视为人类最大的恩主,并由此赞颂他为神;但即便是人类的恩主,一个人也不可能成为神。伊壁鸠鲁留存下来的是他"神圣的发现"和他的荣耀。卢克莱修对他自己和他的诗三缄其口。他颂扬伊壁鸠鲁是最高善的引领者,是人类操心或畏惧的解放者;这里卢克莱修没费那么多口舌谈论伊壁鸠鲁曾把人从对诸神或地狱的畏惧中解放出来。他说人类在极大程度上遭受未知的焦虑——没有焦虑人类生活简直是不可能的,借此暗示了那些恐惧。据此,卢克莱修揭示了伊壁鸠鲁的发现达到了顶点或接近技艺进步的顶点,对于供给人类所需并且使人类生活尽可能安全而言,这种技艺的进步必不可少(1 – 42)。

接着,卢克莱修提醒我们他在前一卷所做的事情:他已经说明了,世界是有死的,或者曾生成,而他也详细解释了必定在天上发生的大部分事情。卷五的后半部分卢克莱修却沉默了,其中他引出了世界或其组成部分的生成。卢克莱修许诺要在卷六讨论某一类陆地和天空的事物(43 – 50)。这意味着卢克莱修将不再讨论世界或其各部分的生成;卷六给出的说明因而类似于卷五天文学部

---

① 亦比较 1440 – 1445 中从政治生活向诗歌的上升;比较 1448 – 1451 与 332 – 337。

分给出的解释,区别于卷五后半部分所给的解释;它们是宇宙论的,而非天体演化的。因而,卷五后半部分——其中包含关于天体演化的出色神学论述——就这样被宇宙论部分所环绕。一定程度上这[134]是对的,卷六使我们忘记了生成,并随之忘记了死亡,忘记了世界。卢克莱修甚至在卷五的后面部分,通过谈论技艺进步的暧昧性,提醒我们那令人沮丧的真理——如此诚实地致力于异于毁灭的生成。然而,正是在卷五的结尾(1440-1457),卢克莱修对这种暧昧性又沉默不语了。但为了弄明白诗人对蜂蜜的使用是明智的,把卷五与卷六最后的诗句作比较就足够了;他不认可蜂蜜会让我们失去对苦艾的感觉。

卷六处理的现象被人们溯源到了诸神,他们心目中可怕的主子。毫无疑问,诸神过着无忧无虑的生活,而对诸神的畏惧与对他们纯粹的崇拜和感知不相协调。然而同样正确的是,导致畏惧诸神的错误只有通过 verissima ratio[正确的解释]才能被根除,即通过自然地解释那些让无知的人相信神圣愤怒的现象来根除。verissima ratio 这个表达在诗歌的其他任何地方都没有出现。诸事当中卢克莱修因而必须要做的是,"歌唱"风暴与闪电的真正原因和结果。卢克莱修祈求缪斯卡利俄佩(Calliope)——"人类的安眠和诸神的欢乐",做他的引路人。眼下卡利俄佩取代了维纳斯;卷六甚至不再提维纳斯。卡利俄佩也是恩培多克勒吁求的缪斯。恩培多克勒既是哲人也是诗人,他被德谟克利特,首先是伊壁鸠鲁超越了。然而在战胜恩培多克勒的过程中,德谟克利特和伊壁鸠鲁也把哲学彻底从诗歌中分离出来。诗歌顶多成了哲学的侍女。然而诗人拥有伊壁鸠鲁可能缺乏的洞见,首要的是理解人对世界的眷恋以及这种眷恋所暗示的东西。通过重建哲学与诗歌的联合,通过以诗歌的方式表达真实的和最终的哲学教诲,据说,卢克莱修可能超越了伊壁鸠鲁;卢克莱修式的对真理的表现比伊壁鸠鲁式的优越。然而,如果我们考虑到在伊壁鸠鲁表达的真理中伊壁鸠鲁的诸神那至关紧要的重要性,难道我们就不会说,在这个决定性的方面,伊壁鸠鲁也是一位诗人？难道伊壁鸠鲁的诸神就不会赞扬和美化整体？

为了解释霹雳(219-378),卢克莱修解释了雷(96-159)和闪电(160-218),因为霹雳(thunderbolt)作为一切火中最强烈的一种,总是与其最可怕的伴随物一起从天而降。对霹雳的解释自然地导致对第勒尼安式预言的攻击(此地曾被罗马人接管),以及更一般地说,对神学观点的攻击:霹雳不加区分地袭击清白无辜者和罪孽深重者;更不用说,它们还轰击诸神的肖像和形象(379-422)。人们无需成为原子论者便可对此论证印象深刻。其后,卢克莱修相当详尽地解释了三个类似于雷暴(thunderstorms)[135]的现象:水龙卷(waterspouts),是一类夭折的雷暴,也是与雷暴聚合在一起的云和雨(423-543)。在解释这些现象时,卢克莱修并没有强调说它们都很可怕(430)。卢克莱修接下来讲的地震(535-607),情况又不同;地震直接与诗人首要的和基本的关怀联系在一起;它们为世界灭亡的可能性提供了最宏大有力的证据;它们似乎展现了对死亡的预示(比较卷五95-109与1236-1240)。卢克莱修没有像他讨论霹雳时那样,谈到人们把这种令人惊恐的现象溯源到诸神的愤怒;他仅仅暗示,人们相信诸神的仁慈将确保世界的永恒不灭(601-602);另一方面,卢克莱修明确地说,人们"不敢相信"世界将寿终正寝(565-567)。① 正是这种对世界的担心,即对这个世界的担心,对每一件属于人自己或其民族自身之物的担心,导致了对诸神的信仰,以及随之而来的对诸神的畏惧;对诸神的畏惧并非根本的畏惧。根本的畏惧首先引致的恰是那样的畏惧,对最令人惊恐的真理的畏惧。将自己置身于对令人惊恐的真理的畏惧中,诗人就能够平静地面对真理。诗人的勇气无需靠对

---

① 比较亚里士多德《形而上学》1050b22-24;比较《论天体》270b1-16。

现在与世界末日之间社会进步的信念或别的什么信念来支撑。当前讨论的诗行是发生在卷六主体的离题部分；它们为诗歌的结束，为对瘟疫的描述作了准备（比较前文页 81）。

卢克莱修继续说，人们感到惊讶的是，百川从四面八方奔腾入海，自然却没有让海洋变得更大。从这种惊讶到害怕洪水毁灭地上的生命只有一步之遥。卢克莱修对这种明显的可能性置之不理（608-638）。埃特纳火山（Mount Etna）的爆发震惊了住在附近的部落。这些喷发和地震，以及类似的现象由于其巨大无比的规模而令人惊骇；但它们比起无限的整体——整个世界只是它的极其微小的一个部分，就显得微不足道了。对埃特纳火山喷发的讨论，开启了对其他当地的现象或点出地名的现象的讨论：尼罗河的洪水、阿佛纳斯湖、阿蒙神庙附近的泉眼，以及阿拉杜斯的海内泉眼，最后是磁石（比较 906-909）。于是，卢克莱修准备描述雅典的瘟疫——这样一种描述被合情合理地位于对一般瘟疫的解释之后。卷六后半部分处理的唯一主题，他明确地与他先前关心的联系在一起的是阿佛纳斯一带；这些地方未必就是死神把灵魂引向地府之滨的所在（749-768）。在解释这些现象的真正原因时，卢克莱修比先前更清楚地把大地一视同仁地看作万般生灵的毁灭者和母亲。末卷比其他任何一卷都更少关注美化。

六　如何着手研读《迷途指津》

王承教　译

[140] 经过差不多二十五年虽频遭打断但从未被放弃的研读历程，《迷途指津》的结构框架（plan）在我头脑中逐渐变得明晰起来。我相信，将此结构框架简明地概述于此，不会不合时宜。以下列出的《迷途指津》内容纲要中，每一行文字开头前的罗马数字表示这部著作的卷次（sections）号，阿拉伯数字表示篇目（sub-sections）号，而圆括号中的数字则表示《迷途指津》中的章节（chapters）号。

A　观点（I.1 - III.24）
A′　论及上帝和诸天使的观点（I.1 - III.7）
一　用于描述上帝的圣经语词（I.1 - 70）
表示上帝（和诸天使）有形体的语词（I.1 - 49）
1　《托拉》中似乎暗示上帝有形的最重要的两段话（I.1 - 7）
2　表示场所、场所的变化以及人体活动器官等的词语（I.8 - 28）
3　说神气愤和享用（或吃食物）的词语，它们要么用于描述神圣事物，指称偶像崇拜，要么用于描述人类知识（I.29 - 36）
4　表示动物的器官和动物的行为（I.37 - 49）

暗示上帝万殊性的语词(I.50-70)

5 如果上帝是绝对的一,因而无可比拟,那么,那些用来抽象地描述上帝的语词有何意义？(I.50-60)

6 上帝之名和上帝之言(I.61-67)

7 从神的知识、因果性和统治得出的神表面上的万殊性(I.67-70)

二 关于上帝的存在、单一性和无形体的证明(I.71-II.31)
[141]

1 引言(I.71-73)

2 驳凯拉姆(Kalam)派的证明(I.74-76)

3 哲学上的证明(II.1)

4 迈蒙尼德的证明(II.2)

5 诸天使(II.3-12)

6 论创世,即反驳哲人的观点,为上帝从虚无中创世的信仰辩护(II.13-24)

7 创世与律法书(II.25-31)

三 预言

1 先知的先决条件：自然禀赋和后天训练(II.32-34)

2 摩西预言与其他先知预言之间的差别(II.35)

3 预言的本质(II.36-38)

4 (摩西的)律法性质的预言及律法书(II.39-40)

5 对摩西以外的先知的预言的合法性研究(II.41-44)

6 预言的等级(II.45)

7 如何理解神圣的行动和善业以及先知所述的上帝指令的行动和善业(II.46-48)

四 神车论(III.1-7)

A″ 关于形体存在物,尤其是人的生成与毁灭(III.8-54)

五 神佑(III. 8–24)

1 陈述问题：质料乃万恶之源，但却为绝对善的上帝所造(III. 8–14)

2 不可能者的本质或全能的涵义(III. 15)

3 反对全知的哲学观点(III. 16)

4 关于神佑的观点(III. 17–18)

5 犹太人关于全知的观点及迈蒙尼德有关于此的论述(III. 19–21)

6 作为权威的对神佑之处理的《约伯记》(III. 22–23)

7 《托拉》关于全知的教诲(III. 24)

B 行动(III 25–54)

六 上帝所为及上帝所指令的行动(III. 25–50)

1 上帝一般行为，尤其是其立法的合理性(III. 25–26)

2 律法书戒律中显然符合理性的部分(III. 27–28)[142]

3 律法书戒律中表面上不符合理性的部分的缘由(III. 29–33)

4 律法书戒律之合理性中不可避免的局限(III. 34)

5 对戒律的分类及对每一类别之用途的解释(III. 35)

6 对所有或几乎所有戒律的解释(III. 36–49)

7 律法书中的叙事(III. 50)

七 人的完善与神佑(III. 51–54)

1 对上帝本身的真实知识是神佑的前提条件(III. 51–52)

2 对构成人类个体自身的事物的真实知识是认识神佑之善功的先决条件(III. 53–54)

如上所示，《迷途指津》有七卷内容，分为三十八篇。其中，凡可细分的卷目，均可划为七篇，而唯一不可细分的卷目，又被划分成了七个章节。

对《迷途指津》之结构框架的简要陈述足以表明,这本书可谓机关重重(sealed with many seals)。在该书绪论的结末,迈蒙尼德描述其前述内容时说:

> 它是一把钥匙,人们可用它进入一些大门紧锁的地方。一旦人们打开那些大门,进入那些地方,他们的灵魂就能平静安然,他们的双眸就能看到怡人的景象,而他们的身体也会从艰辛的劳作中得到舒缓。

作为一个整体,《迷途指津》不仅是通向森林的路径,它本身便是森林,是一片被施予了魔法的森林,因而也是一片怡人的森林,悦人的双目。因为对人的眼睛来说,生命之树乃怡人之物。

《迷途指津》的怡人特征并未立刻显出。乍看起来,这本书似乎有些怪异,尤其杂乱无序和缺少连贯性。但随着理解的加深,人们会越来越被它吸引。让人在解读中着迷,或许是最高级的教诲形式了。当人们搞明白,《迷途指津》不是一本哲学书——由某个哲人写给其他哲人看的书,而是一本关于犹太教的书,是一本由一个犹太人写给众多犹太人看的书时,这个人就开始读懂《迷途指津》了。它的第一个前提也就是那个古老的犹太教的前提:做一个犹太人与做一个哲人是相互矛盾的两件事。所谓哲人,就是试图从人之作为人可理解的那些事物出发去解释整体世界的人。而迈蒙尼德的出发点则是对《托拉》的接受。犹太教可能会利用哲学,而迈蒙尼德最广泛地利用了哲学。在作为哲人不可能首肯的地方,作为一个犹太人的迈蒙尼德给出了认可(参见 II. 16)。

因此,《迷途指津》致力于《托拉》,或更确切地说,致力于《托拉》的真正学问(true science),致力于律法书的真正学问。其首要目的是解释圣经的语词,[143]次要目的是解释圣经的比喻。所以,

六 如何着手研读《迷途指津》

《迷途指津》首要致力于圣经的诠释,尽管它只致力于一种特定的圣经诠释。这种诠释很必要,因为许多圣经语词及所有圣经比喻都具有一种显在的(或外在的)的涵义和另一种藏而不露的(或内在的)涵义。根据其显在的或字面的意义,在对圣经的理解中,总是会出现严重的谬误和令人烦恼的困惑。因此之故,《迷途指经》致力于讨论"律法书的难题"或"律法书的秘密"。而在这些秘密中,最重要的秘密就是创世论(圣经的开篇)和神车论(《以西结书》1.10)。因此,《迷途指津》首要和主要地致力于解释创世论和神车论。

迈蒙尼德意图解释律法书的秘密,然而,这些秘密并不允许在众人面前被公开地解释。它们只能在私下里被解释,而且还只能解释给那些兼具理论和政治智慧、有能力理解并使用影射比喻之言的人听。甚至对这些天生的英才,也只能传授给他们这些秘密教诲的"章节标题"而已。由于在任何意义上的书本中,所有形诸文字的解释,都是一种公开的解释,故此,在内心意图的驱使下,迈蒙尼德似乎逾越了律法书的戒条。但他之被驱使逾越戒条,并不仅限于此。律法书同样禁止人们去研习偶像崇拜者关于偶像崇拜的书籍,因为作为一个整体,律法书的首要意图就是摧毁任何偶像崇拜;然而,如其所公然承认甚至强调的那样,迈蒙尼德曾最彻底地研读过所有能搜罗到的偶像崇拜类的书籍。这还不算完,他如此出格,竟至于鼓励《迷途指津》的读者亲自去研读这些图书。①律法书还禁止人们思考密西那临到的日期,然而,迈蒙尼德却做出了这种或至少是与之相当的思考,以图安慰他同时代的人们。②而最重要的是,律法书禁绝人们去探求其戒条的理性前提,但迈蒙尼德却在《迷途指津》中花了差不多二十六个章节的内容来进行此

---

① 《迷途指津》III. 29–30、32、37;H. 'Abodah Zarah,《密西那托拉》II. 2,III. 2。
② Halkin, *Epistle to Yemen*, 第 62 信,页 16 以下,以及第 80 信,页 17 以下;参阅 Halkin 的引论,页 vii–viii;H. Melakhim, M. T. , XII 2。

类工作(III. 26;参见 II. 25)。所有这些悖离律法之处都拥有同一个辩护理由:迈蒙尼德之逾越律法是"因为上帝的缘故",也即为了维护和执行律法书的戒律(I绪论和III绪论)。而且,还有一个最重要的因由,严格地说来,迈蒙尼德并没有逾越律法,因为他对律法书之秘密的书面解释并不是一种公开的解释,反而是一种隐秘的解释。迈蒙尼德在这些秘密的解释中运用了三种手段。其一,《迷途指津》中的每一个字词都是费尽心机的安排,但由于很少有人能够或愿意费尽心机地去阅读,大部分人都理解不到这些隐秘的教诲。其二,迈蒙尼德故意自相矛盾,如果有人既宣告 a 是 b,又宣告 a 不是 b,那么,他就不能被认为说了什么。[144]其三,其隐秘教诲中的那些"章节标题"并未按顺序写出来,而是散见于全书各个地方。这样,《迷途指津》之结构框架如此隐晦不明,其原因就可以被我们所理解了。迈蒙尼德没有明明白白地为《迷途指津》分卷分篇,他只是简单地将它分成三个部分,然后再细分出章节,却没有给它们标上题目,以明示它们所述的主题。就这样,迈蒙尼德立马就成功达到了模糊其结构框架的效果。

  《迷途指津》的结构框架也并非完全模糊难明。举例来说,没有人能对 II. 32 - 48、III. 1 - 7 以及 III. 25 - 50 之成为三卷内容提出合理的疑问。其结构框架开始时最不易懂,随着研读进程的深入,就会变得越来越明晰了。大体而言,该书的后半部分(II. 13 至结末)较前半部分易懂些。因而,《迷途指津》也并非全然秘密地传授隐秘教诲的章节标题。但这并不意味着它没有全然致力于律法书之真正的学问,而是意味着律法书之真正的学问部分地处于公开状态。这不会令人感到惊讶,因为对律法书的教诲本身而言,部分地处于公开状态是必要的。根据某种说法,公开教诲的核心包括:声明上帝是一,是唯一的敬拜对象,他没有形体,不可将他与他的造物相比,上帝完美无缺,永生不灭(I. 35)。另有人称,对律法书任何程度的理解接受似乎都以对上帝、诸天使和预言的信仰为前提(III. 45);或者说,基本的信仰即是对上帝的一体性及对上帝创世的信仰(II. 13)。简言之,我们可以说,关于律法书的公开教诲,就它所涉及的信仰或者"见解"(views)而言,可以被简化为十三条基要准则(roots),抑或称为十三信条——迈蒙尼德已在《〈密西那〉注释》中将这些信条和盘托出。律法书真正的学问中,适用于公开教诲,或本身即是公开的那一部分,有义务明示这些信条,使之可以通过思辨成为可能,得以确立(III. 51、54)。而其中源自思辨的那一部分,则不在圣经解释的范围之内,也不需要圣经和《塔木德》文本的支撑(参见 II. 45 的开头部分)。因此,《迷途指津》有百分之二十的篇章就没有引用《圣经》,而其中有百分之九的篇章根本不包括希伯来语和亚拉姆语的言辞。很容易见出(尤其根据 III. 7 结末,以及 III. 23、28 的内容所述),如此前的结构框架所示,《迷途指津》中致力于律法书信条之思考抑或公开教诲的部分由卷 II - III 和卷 V - VI 组成,而且这些卷次顺序安排合理。但人们却不能就此理解该书为什么要分成三个部分,或不能理解卷 I、IV 和 VII 及其大部分(如果不是全部的话)篇目的意义。所以,《迷途指津》的教诲既未完全公之于众,也未彻底隐而不彰,它既非完全推理性质的,也非完全经解性质的。故此,《迷途指津》的内容既非彻底模糊难明,亦非完全一清二楚。

[145]然而,作为一个统一的整体,《迷途指津》中解经学性质的内容和推理性质的内容是如何缝合在一起的呢?有人可能会想象说,通过思辨,律法书的信条被证实,然后,这些被思辨所证实的信条又在事实上被证明为律法书的教诲。但假使如此,《迷途指津》就应该以思辨开篇,但事实显然相反。再者,如果解经学在处理同样的主题,即证明律法书诸信条的公开教诲时,与思辨一样卓越有效,则解经学就没有理由成为秘密。迈蒙尼德的确有言,创世论等同于自然科学,而神车论则等同于神学(也即关于无形体的存在抑或上帝与诸天使的学问)。这可能会让人以为,公开的教诲与

哲人的教诲一致,而秘密的教诲则使人明白,哲人的教诲又与律法书的隐秘教诲一致。我们可以确凿地声称,在对《迷途指津》几乎所有层次的理解上,这种想法都站不住脚。作为一个整体的哲人教诲与作为另一个整体的律法书十三信条并不一致,这是迈蒙尼德一贯的立场。通过将哲学的核心(自然科学和神学)与律法书的最高秘密等同,并随之以某种方式使思辨的主题与解经学的主题一致,迈蒙尼德之所以如此意味着什么?这或许可以称为《迷途指津》中最大的一个秘密。

且回顾一下我们的思考路径。《迷途指津》包括了公开的教诲和隐秘的教诲。公开的教诲对包括大众在内的每一个犹太人宣讲,隐秘的教诲对精英分子宣讲。隐秘教诲对大众毫无用途,而精英分子也不需要《迷途指津》,因为它被认为是公开的教诲。就该书之作为一个整体或一部作品而言,它既非为大众而作,也非为精英人士而著。那么,该书的著作对象是谁?迈蒙尼德说,《迷途指经》的主要目的是尽可能地去解释创世论和神车论,"(该书)有目的地为他们而作(III 的起始处)",这句话似乎表明了这个问题的合理性和重要性。迈蒙尼德对我们这个问题的回答既直率又含蓄。其直率表现在两个方面。他一方面说,《迷途指津》之写作是为了那些有信仰的犹太人,他们的信仰完美,品格卓异,已研习过哲学知识,却对律法书的字面意义感到迷惑不解。另一方面他又称,《迷途指津》之著述是为了那些完美之人,如深感困惑的律法书的研习者们。迈蒙尼德还给了我们一个更简单的回答:将此书题献给他的学生约瑟夫(Joseph),称它是为约瑟夫及他那样的人而著。约瑟夫从遥远的地方来到他的身边,跟他学习过一段时间。[146]后来"因为上帝的命令",约瑟夫去往他方,口授过程被打断,这促使迈蒙尼德为约瑟夫及类似的人写作了《迷途指津》。在他写给约瑟夫的书信体献辞中,迈蒙尼德赞美了约瑟夫的美德,并指出了他的不足。约瑟夫对思辨性知识,尤其是数学,具有强烈的求知欲。当他跟迈蒙尼德学习天文学、数学和逻辑学时,迈蒙尼德发现他有不凡的头脑和很强的理解力,因而认为他适合以隐喻的方式被示以预言书的秘密,并开始了此类知识的传授。这激起了约瑟夫对神学和品评凯拉姆派的兴趣。他如此热望学到这些领域的知识,以至于迈蒙尼德被迫再三提出警告,要求他循序渐进。在学习过程中,约瑟夫似乎不太有耐心,也不愿讲求什么章法,直到他离开迈蒙尼德,这一毛病也未见收敛。他的这一毛病导致的最重要的结果(迈蒙尼德对此并未明言)就是,尽管对自然科学的学习应当在对神学的学习之前,但他在转向神学之前,却没有从迈蒙尼德学习过自然科学,且在此之前也未曾学习过。

从书信献辞中得来的印象在书中得到了证实。在向读者讲话时,迈蒙尼德经常使用"要晓得"(know)和"你已经晓得"(you know already)等表述。后一种表述暗示了该书的典型读者已知的内容,而前一种表述暗示了他所未曾知晓的东西。我们可以就此见出,约瑟夫兼具一些神学内容与品性方面的知识,比如,他知晓神学与数学和医学相矛盾,神学要求一种极端的纯正和道德上的完善,尤其要求谦卑,但他却显然还不知晓犹太教的苦修者如何处理有关性的问题(I. 34、III. 52)。他从迈蒙尼德"所说的话"中学到,正统的"观念"只有被相应的"行动"所证实,才具有生命力。不言而喻,虽然约瑟夫关于犹太人的知识十分广泛,但其广博和精湛程度却无法与迈蒙尼德相提并论(II. 26、33)。在《迷途指津》的开篇,他还不懂得,根据犹太人的观点以及证明,诸天使没有形体(I. 43、49),严格说来,他当然也就不懂得上帝没有形体之说(I. 9)。在这一方面,也同其他方面一样,随着对《迷途指津》学习的深入,他的理解程度必然在进步(参见 I. 65 开头)。就自然科学而言,约瑟夫虽然学习了天文学,但他却闹不明白天文学原则与自然科学原则之间的冲突(II. 24),因为他还没有学习过自然科学。约瑟夫虽然知晓了一些自然科学领域内的事物(它们已为人类所掌握),但这并不意味着他通过学习自然科学弄明白了这些事物(参见 I. 17、28, III. 10)。从《迷途指津》第 91 章可以看出(即 II. 15),他似乎知道亚里士多德的《论题篇》以及阿尔法拉比对此的注释,[147]但却不晓得亚氏的《物理学》和《论天》(参 II. 8)。当他进一步学习《迷途指津》,获得有关上帝和天使的学问时,也不会学到自然科学。因为《迷途指津》针对不具自然科学知识的读者而作,它本身并不传授有关自然的学问(II. 2)。第 26 章的这句话尤其揭示了这一点:

> 现已证明,每一样运动的东西都是物质性的,可以分割的。而我们将证明,上帝是非物质性的,对他来说不存在位置移动。

那"现已(被)证明"的已经在《物理学》中得到了说明,在《迷途指津》中直接被当作前提条件。而"将(被)证明"的则从属于神学,而非自然科学。但是,"将(被)证明的"需要建立在"现已(被)证明"的基础之上。《迷途指经》的研习者会学到神学知识,而不是自然科学的学问。与《迷途指津》的写作对象不同,迈蒙尼德本人完全精通自然科学。但该书的读者也需要一些关于宇宙整体(the whole)的常识,以使他们得以借此上升到上帝,因为除却这一阶梯,再无其他路径可以获得关于上帝的知识(I. 71 结末)。这些常识将由迈蒙尼德安插在《迷途指津》中一段类似于报告性质的文字(I. 70)提供给它的读者。该报告之典型特征在于,它总体上未曾提及哲学,尤其不曾谈及自然科学。认真的研习者不可能满足于这些介绍,必然会循此追及自然科学本身,该报告之断言将在那里得到明示。迈蒙尼德只能将此留待他的读者,无论他们是转而致力于纯粹的思辨,还是基于迈蒙尼德的权威,满足于接受这一报告,并在这一报告的基础上建立起神学的结论。《迷途指津》的读者是这样的人：是要成为一个纯粹的思辨者，还是做一个权威的追随者——假设是迈蒙尼德之权威的追随者（参见 I. 72 结末），对他来说尚是未定之数。《迷途指津》的读者正处在有待选择的岔路口，在他面前，一条路通向思辨，另一条路则通向接受权威。

迈蒙尼德为什么要选择一个如此这般的读者？未接受自然科学教育的人具有何种品性？从《迷途指津》第 17 章我们可以得知，"即便明确地揭示自然科学知识也不会被诉以败坏他人之罪"的异教哲人早已把自然科学视为秘密学说，信奉律法书的群体更是必须将其视为秘而不宣的学问。自然科学之所以危险，需要我们"用尽各种办法"将其保持在秘密状态，并非因为它削弱了律法书的基础——无知之徒这样认为（I. 33）。终其一生，迈蒙尼德都拒绝这种怀疑，而其追随者也同样如此。但对所有宗教信仰方面不完美的人来说，自然科学的这种败坏效果也的确真实存在（参见I. 62）。因为自然科学确实影响到人们对律法书意义的理解，确实影响到对需要信守的律法书之基础的理解，[148]也确实影响到对律法书不同部分之重要性的理解。总之，自然科学扰乱了人们的习性。面对一个并不精通自然科学知识的读者，迈蒙尼德被迫采用了一种不扰乱（或即使相反，也只是最低程度的扰乱）人们习性的写作方式。他表现得温和而保守。

但我们不要忘记，《迷途指津》也是为那些普通读者而作的。首先，该书的某些章节被明确言及对那些刚刚起步的人来说，也不无裨益。因为这整部书也会以某种方式为大众所理解，因之必须以这样一种方式写就，以免伤害到他们（I 绪论，III. 29）。再者，对那些才智卓异之士，比如那些接受过全部哲学知识训练，没有盲从任何权威的习性的人来说，本书也要有所裨益——也就是说，对那些评判能力不亚于迈蒙尼德的人来说，也不无用处。此类读者不会屈从于迈蒙尼德的权威，他们将本着完全公道的一丝不苟的态度，去审视他所有的命题、推论及其对圣经的解释，并从《迷途指津》所有的篇章中获致巨大的愉悦（I 绪论；I. 55, 68 章结末，73 章的第十前提）。

迈蒙尼德所挑选的典型读者在多大程度上影响了该书的结构？聪明的读者一览本文开篇列出的结构框架便可见出。足可认为，在《迷途指津》中，没有任何一卷或一篇内容被用于描述那些不生不灭的形体（参见 III. 8 开篇，I. 11），也就是说，所有部分都没有去描述天体（heavenly bodies，据迈蒙尼德所言，它们拥有生命和知识），或是——如他在《法典》（Code）中大胆称述的那样①——"神圣的形体"（the holy bodies）。换言之，也就是说，《迷途指津》用了一卷的内容来论述神车论，但却没有任何一卷或一篇的内容以同样的方式言及创世论。更重要的是，迈蒙尼德对典型读者的选择是理解该书之布局谋篇的关键，是理解其无序性和隐晦不明之特征的关键。《迷途指津》之结构框架晦涩不明，这一点仅在不考虑其读者类型，或寻求与此类主题相应的必要顺序时，才成其为事实。让我们回想一下科学研究的顺序：逻辑学先于数学，数学先于自然科学，自然科学先于神学。而我们也记得，约瑟夫虽然在逻辑学和数学方面得到了充分的训练，却在自然科学训练不足的情况下，被认为应当被领进神学的领域。因此，迈蒙尼德必须找到一个东西替代自然科学。在传统的犹太教信仰中，最主要的是在被正确阐释的圣经文本中，迈蒙尼德找到了这一替代物：《迷途指津》中对自然科学的直接预备是圣经解释，而非思辨。且迈蒙尼德希望通过一种最小可能改变人们习性的方式来达到这一目的。他亲自告诉我们，哪一种习性特别需要被改变。在转述一个异教哲人[149]关于思辨所面临的干扰的观点之后，他评说道，现在存在一种那个往古的哲人所未曾提及的干扰（因为在他所生活的时代中，这种干扰并不存在）：对令人敬重的"文本"之依赖的习性，也就是

---

① 《法典》(*Code*), M. T., H. Yesodei ha-Torah IV 12。

说,对它们的字面意义的依赖(I. 31)。鉴于此,迈蒙尼德通过解释圣经语词、表明它们的真实意义并不总是等同于其字面意义来开篇成章。借助其读者的另外一种习性来疗治这种可疑的坏习性。读者不仅惯于接受圣经文本的表面意思为真,在很多情况下,他也会根据有意相左于其字面意义的传统解释来理解圣经文本。由于惯于听信对圣经文本的权威解释,他也会愿意听信被视为权威的迈蒙尼德的圣经阐释。既然如此,迈蒙尼德对圣经语词的权威性解释就自然而然地成了自然科学的替代物。

但哪些圣经语词理应得到首要关注呢?换言之,《迷途指津》初始时的主题应该是什么?初始主题的选定由对这个问题的正确回答所决定——就典型读者而言,什么是至关重要的和最不令人烦厌的主题。《迷途指津》的第一个主题是上帝的非形体性。它是三大基本原理中的第三条原理,前两条分别是上帝的存在和上帝的单一性。它们已被所有犹太人接纳为不可置疑的信条。作为犹太人,通过圣经的启示和奇迹,他们晓得上帝存在,且上帝是一。可以说,因为对圣经启示的信仰先于思辨,而揭示启示的真实意义又是解经学的任务,因而,解经学也先于思辨。但对上帝无形体性的思考中存在某种混乱。圣经文本暗示说,上帝具有形体,因而,对这些文本的解释就不那么容易(II. 25、31,III. 28)。上帝的无形体性确实可以论证,但直到进入到该书的第二部分时,《迷途指津》的读者才能见识到这一论证(参见 I. 1、9、18)。必须拒斥形体化(corporealism,即相信上帝有形体),这不仅仅是因为形体化被证明为非真。它之所以危险,是因为它危害到了所有犹太人对上帝单一性的信仰(I. 35)。另一方面,通过教导上帝没有形体,可以使人们不超越塔木德贤人的言辞范围(I. 46)。不过,昂克劳(Onqelos the Stranger)已经对原版本中的形体性暗示做了严格处理(I. 21、27、28,以及 36 章结末);犹太教权威人物中,关于上帝无形体性表述方面,影响最深远最广泛的非昂克劳莫属,因为是他最先把《托拉》翻译成亚拉姆语。

约瑟夫显然知晓这一点。迈蒙尼德与昂克劳的不同仅在于［150］他做事的方式：昂克劳含蓄地处理，而迈蒙尼德却大明其白地去做，昂克劳默默地将原版本中出现的形体性语词替换为非形体性语词，迈蒙尼德却坦率地去讨论每一个具有此类性质的语词本身（并非按照它们在圣经中随机出现的顺序）。因此，《迷途指津》中关于形体化的讨论主要由对各色具有形体暗示性的圣经语词的讨论构成。反过来，《迷途指津》的主题，即迈蒙尼德所言的它的首要目的（解释圣经语词），也就是解释那些具有形体暗示性的圣经语词。这并不令人讶异。因为没有圣经语词暗示上帝不是一，但却有很多圣经语词暗示上帝具有形体。上帝（Elohim，希伯来圣经用语，神或上帝）一词的复数形式所带来的显而易见的难题只要用一句话，或让读者参考昂克劳即可解决（I. 2）。

然而，如此急切地建立上帝无形体的信仰，其主要原因却在于，这一信仰对偶像崇拜的摧毁作用。偶像崇拜作为一种非常严重的罪，广为人知。可以说，律法书的唯一目的就在于破除偶像崇拜（I. 35，III. 29 结末）。但只有大家都被教导明白：上帝并不具有任何可见的形象，他没有形体，这一罪恶才能被彻底根除。只有当上帝不具形体时，为上帝造像并敬拜这些神像才会显得愚蠢可笑。只有在这种情形下，人们才会明了，上帝唯一的形象是人，是有生命的会思考的人，通过独去敬拜这不可见的、隐而不彰的神，人作为上帝的形象而活动。最根本的罪不是偶像崇拜而是相信上帝有形体。因此，信奉上帝具有形体，较之偶像崇拜，是更大的罪（I. 36）。故此，让所有人信仰上帝没有形体极有必要，无论该信仰是否是通过论证达成的。考虑到大部分人的情况，让人们基于权威与传统，也就是基于《迷途指津》在第一篇内容试图提供的基础上，来信仰这一真理，不仅充分而且必要。通过对圣经的权威阐释，教诲人们上帝不具形体，也即关于上帝之无形体的最公开的教诲，对破除最后的异教残余来说，必不可少。较之对上帝的单一性的无知,对上帝彻底的无形体性的无知更是异教信仰的直接资源。①

有必要弄清楚迈蒙尼德决定《迷途指津》的初始主题时,所采用的推论的特征。我们只要考虑要求进行上帝不具形体之教诲的第二个原因即可。对单一性的信仰直接导致人们反对敬拜"其他的神",但却不会导致人们敬拜神的形象,而对无形体的信仰则直接导致人们反对敬拜神像和其他的形体,[151]但却不会致使人们拒绝对其他神的敬拜,因为所有的神都可能没有形体。如同迈蒙尼德的立论所假定的那样,只有对上帝不具形体的信仰建立在对其单一性信仰的基础上时,对上帝无形体的信仰似乎才能成为拒绝各种形式的"违禁崇拜(即对他神以及对自然事物和人造事物的敬拜)"的充分必要理由。这就意味着,在最宽泛的意义上,禁止偶像崇拜和对上帝单一性与无形体性的信仰同样都是理性的命令。然而,迈蒙尼德指出,摩西十诫中只有理论真理,即上帝的存在与单一性,可以靠推理得来,其他的戒律则不能。这与他否认存在合乎理性的戒律和禁令本身相一致。② 如果信仰上帝没有形体之显而易见的结果就是拒绝偶像崇拜,鉴于亚里士多德信奉神的单一性和无形体性,但却仍然是个偶像崇拜者的事实(I. 71,III. 29),迈蒙尼德对他的赞赏就难以让人接受。根据迈蒙尼德的观点,律法书与亚里士多德一致认为,天体被赋予了生命与理智,比人类要高贵。我们因此可以说,他与亚里士多德一样,暗示那些圣洁的天体(holy bodies)比人类更值得被称作上帝的形象。但与哲人们不同,他并没有走得太远,以至于称它们为"神圣的形体"(divine bodies)(II. 4 – 6,参见致 Ibn Tibbon 的信)。拒绝"违禁崇拜"的真正理由是信奉上帝从虚无中创世。它表明,创世乃上帝绝

---

① 参见《迷途指津》I. 36 和 M. T. , H. 'Abodah Zarah I. 1。
② 《迷途指津》II. 33;参见 I. 54,II. 31 章开篇,III. 28;《八章集》(*Eight Chapters*) VI.

对的自由行为，独有上帝是完全的善，创世并未给他带来什么增益。但根据迈蒙尼德的观点，创世不可证明，但上帝的单一性和无形体性却正好相反。决定《迷途指津》初始主题背后的理由由此可以被描述如下：它隐含着对上帝单一性和无形体性信仰与创世信仰两者之认知情况的差异，这与凯拉姆派的观点相一致。与此相应，在结束关于上帝无形体的主题讨论（在这一讨论中，他甚至没有提到凯拉姆）之后，迈蒙尼德才将自己与凯拉姆的分歧和盘托出。

有必要尽可能清楚地理解，迈蒙尼德和他的读者在《迷途指津》开篇（如果不是通篇的话）所居的情势。迈蒙尼德知晓上帝没有形体，其论证至少部分地建立在自然科学的基础之上。而读者却不晓得上帝没有形体，也并非从迈蒙尼德那里学会这一点。他们不过是基于迈蒙尼德的权威，去接受上帝没有形体这一点可以被证明的事实。迈蒙尼德及其读者都明白，律法书是关于上帝的知识的源泉，在不依赖迈蒙尼德权威的情况下，只有律法书可以为读者确立起上帝没有形体的信仰。[152]但他们都知道，律法书的字面意思并不就总是它的真实意义，当其与理性相悖时，其字面意义当然就不是其真实意义。否则，律法书就不会是"你们在万民眼前的智慧和聪明"（《申命记》4:6）。换言之，他们都晓得，对圣经的解释并不就简简单单地先于思辨。然而，只有迈蒙尼德晓得，律法书关于上帝的形体性表述有悖于理性，因此必须从象征比喻的意义上去理解。读者不知晓，也不可能知晓迈蒙尼德从象征意义上对那些表述之阐释的真实性，因为他并没有基于句法来论证。只有当读者习惯于将亚拉姆语译本当作正确的传译和阐释时，他们才会接受迈蒙尼德的解释。迈蒙尼德位于传统犹太教权威之列，他只要简单地告诉读者，在有关圣经语词的意义方面，相信什么即可。因此，迈蒙尼德在权威的假面下，引理性以入。他披上权威的外衣，告诉读者，要他们信奉上帝没有形体，因为如他所言，与表面意义相反,律法书并未教导说上帝有形体,上帝有形体确然是一种错误的信仰。

但我们千万不要忘记最重要的非典型读者——具有判断力的能干的读者。这种读者与迈蒙尼德一样,都知晓上帝没有形体的证明以及与此相关的问题。仅就典型读者而言,出现在《迷途指津》前四十九章中的上帝不具形体的解经讨论具有前思辨性,因而属于完全公开的教诲,但对具有判断力的能干的读者而言,这些解经讨论却具有后思辨性,并因而属于隐秘的教诲。后者会根据如果不考虑其语境,就不能够确立起该语词的意义(II. 29;参见 *Epistle to Yemen*,第 46 信,页 7 以下),或者语法虽然不是充分条件,但却无疑是阐释的必要条件等原则,去检验迈蒙尼德对圣经语词的解释。因为能干的读者虽然会满意于为了区别于圣经的译本,对《迷途指津》论及的这些圣经语词进行条理分明的讨论所带来的好处,但他也会意识到,此类讨论可能会让人们忘却这些语词出现的语境;他也会注意到《迷途指津》中自相矛盾的地方,总是念念不忘它们之蓄意如此,并对它们深思不辍。

在《迷途指津》开篇之初,读者们就被告知,其主要目的是解释圣经语词。所以当他们发现,该书以这样一种方式——大致说来,每一章节都由对一个或几个圣经语词的解释构成——开始写作时,他们不会感到奇怪。读者们很快就会习惯这种写作程式,沉潜于每一章节的主题内容之中,也即沉潜于它说了什么(what),却不会注意到它说的方式(how)。但是,那些有判断力的读者,[153]他们会发现许多让他们惊异的理由。先放下其他的不说,首先他们就会想知道,为什么所有被解释的都只是那些暗示上帝具有形体的语词?有一个章节解释了"地方"(place)一词,另有一个章节讨论了"居住"(to dwell)这个词,这或许并不会让人感到奇怪,但奇怪的是为什么没有章节来解释"一"(one),没有章节来解释"仁慈的"(merciful)、"善"(good)、"智慧"(intelligence),也没有章节来解释"不朽"(eternity)呢？有一个章节解释了"脚"(foot)，另有一个章节解释了"翼"(wing)，但为什么没有一个章节用来解释"手"(hand)，也没有章节来解释"臂"(arm)呢？假设有人懂得迈蒙尼德选择这些语词的原因，他还必须得搞清楚迈蒙尼德为什么会按照这种顺序逐一来讨论这些语词。如果特别考量那些最显而易见的用以解释语词的章节，即那些字典式章节，这些语词解释之限于形体暗示性语词的程度就显得明晰了。让我们从那些以在各章节内被解释的单个或多个希伯来语词开篇的字典式章节出发来理解这些章节，无论这些语词是否在该章节第一句话之前，或只是第一个句子中的一个词，也无论这些语词是否冠以阿拉伯语中的冠词"*al-*"。在讨论上帝没有形体的章节(I. 1–49)中，字典式章节可能被认为是标准的或典型的章节。在我们论及的四十九个章节中，有三十个是字典式章节。反之，在整本书所有余下来的部分中，最多只出现了两个此类的章节(I. 66、70)。全部三十章都出现在《迷途指津》第一篇前四十五章。也就是说在前四十五章中，有三分之二是字典式章节。那么，问题就出来了：为什么在讨论上帝没有形体的章节中，有十九章既讨论了该主题的内容，但又不是字典式章节？为什么刚好是这（而不是其他的）十九章？在总共三十章中，为何有十个章节在第一句话之前冠以希伯来语词，但另二十章中，要解释的希伯来语词却只在第一个句子当中出现，而并不打头？在我们论及的这些语词中，有十三个是名词，十二个是动词，五个是动词性名词——迈蒙尼德为什么在有些场合使用动词，而在另一些场合却使用其动词性名词呢？大致而言，在所讨论语词是其所在章节的主题时，迈蒙尼德首先考虑的是该语词不用以描述上帝时所具有的各种意义，然后再考虑用以描述上帝时所具有的各种意义。在大部分情形下，他都会从圣经中引用一句或几句话，来证明每种意义的存在。这些引用有时明显不够完整（以"等等"结尾），但更多时候也并不如此。在被用来说明特定语词的特定意义时,它们并不总是按照圣经的顺序。这些引用大多被冠以"他说",但有时它们被认为是某个别的圣经作者或言者的话。在大部分情况下,迈蒙尼德并没有在圣经作者或言者名字前冠以"愿他安息"这种惯用的套语,但在某些情形下,他却又使用了这句惯用语。有时候,他会指明"希伯来语"或"这种语言"。据迈蒙尼德申言,《迷途指津》乃字斟句酌而成,[154]在这样一本书中,所有的这些变化,包括其他那些我们未提及的,都值得认真考虑。当然,所有这些不同所暗含的问题并不需要一个确定如一的答案。同样的策略——比如,字典式章节与非字典式章节的区别,或将某一圣经引言溯源到某一个别的圣经作者——在不同的语境下,可能会满足不同的功用目的。为了理解《迷途指津》,我们必须保持警醒,切不可想当然。为了能够提出合适的问题,去考虑存在典型章节,或存在构成典型章节的其他一些什么要素的可能性,也就是说,去找出在上文已点明的这些不同中,有哪些与致力于解释圣经语词章节的首要目的最契合:因为只有别样的不同之处才需要特别的理由。

《迷途指津》第 1 章讨论"形象与样式"(image and likeness)。这两个语词之入选是因为圣经中这样的一段话:

> 神说:我们要照着我们的形象,按着我们的样式造人……神就照着自己的形象造人,乃是照着他的形象造男造女。(《创世记》1:26 - 27)

选择这两个词在第 1 章中作解释,原因在于所引的这一段经文有独特的重要性。相对任何言及上帝形体性的其他经文,这段经文对大众的暗示更强烈,更直言不讳。它似乎表明:上帝具有人形,有脸庞、嘴唇和双手,不过,上帝比人类要高大显赫,因为他的身体不是血肉构成,因而也就不需要食物和水,只要香氛(odor)即可。

他位居天堂,并从那里下降到地上,尤其喜欢下降到高山之巅,以引导人们,并发现他们的所作所为。然后,又以令人不可置信的速度飞升,还至天堂。他会因激情所动,尤其会因为愤怒、忌妒、恼恨而激动,使人们惶恐哀恸;他的本质是意志而非理智。① 迈蒙尼德告诉他的读者,如果不是无论如何,也至少是在当前的情形下,selem(希伯来语,译作"形象"[image])并不意味着一种可见的形体。形象意味着一种自然的形式,一种特定的形式,指的是生命的本质。"神就照着自己的形象造人",这句话指的是上帝造人,并赋予他们理智能力;或者是说,神的理智将其自身与人联系起来。

对译作"样式"(likeness)的希伯来语词,迈蒙尼德也采用了同样的判断。在希伯来语中,表示可见形体的语词是 to'ar,这个词从来不会用以描述上帝。在消除关于"形象"一词的混乱后,迈蒙尼德说:"我们已经向你解释了 selem 和 to'ar 的区别,并解释了 selem 的意义。"于是,如同在其他地方一样,他在这里暗中提到自己的解释的双重特征:一重解释指向"你",即《迷途指津》的典型读者,另一重解释指向不确定的读者。只有于众多事物中,虑及所有圣经引文之上下文时,[155]才会出现第二重解释。仅举一例,说明 to'ar 之意义的三条引文中的第二条是"他是怎样的形状?"(《撒母耳记上》28:14)。此引文摘自扫罗王和死灵师隐多珥(witch of Endor)之间的对话。扫罗王要求为他召来已去世的先知撒母耳,死灵师隐多珥见到撒母耳并深感恐惧之时,国王问她看到了什么,她回答说:

我看见有神(elohim)从地里上来。

经文继续讲述道:

---

① 参见《迷途指津》I. 10、20、36–37、39、43、46、47、68。

扫罗说,他是怎样的形状。妇人说,有一个老人上来,身穿长衣。

在下一章中,迈蒙尼德亲自告诉我们,elohim 是一个多义词,表示神,也可以表示天使和城市的统治者。但这并没有解释,该词为什么也可以用来指已去世的圣徒的幽灵——非血肉之身的存在。因为这些幽灵不愿意被搅扰,也即他们希望安息,或者是因为其他的原因,人们会感到恐惧。不用提其他理由,居住于下界的理性存在事实上并非已死掉的人类,而是所有活着的人们,也即亚当的后裔,即那些丧失了亚当原初之理智能力的子孙后代(参见 I. 2 和 I. 10)。看起来,迈蒙尼德似乎是想把我们的注意力引向这样的事实:圣经中含有偶像崇拜、异教徒或萨比教徒的残余。如果这一怀疑被证明无误,我们就须如此设想,他之反对"违禁敬拜",并因而反对上帝之形体化的态度比人们所愿意相信的要更激进;或者,通过萨比教文献的帮助来矫正萨比教的残余是迈蒙尼德隐秘教诲的任务之一。

无论如何,迈蒙尼德对《创世记》1∶26 的阐释,似乎与律法书稍后不久向人颁布的不得吃知识树上的果子之神圣禁令这一事实事实相矛盾:如果人被造为理智的生命,因而注定了要过一种理智的生活,那么,其创造者上帝就不应禁止他们获取知识。换言之,圣经中的记述暗示,人类的理智与人类按照上帝的形象被造并不等同:人类的理智是他对上帝的不服从,或者是上帝因此罪过对他进行惩罚的后果。如我们在第二章中被告知的那样,这一反对意见并非《迷途指津》的读者提出来的,而是迈蒙尼德另一个熟人提出来的。他是一个无名的科学家,我们甚至搞不清楚他是否有犹太血统,但他显然在酒和性方面不太节制(可比照 III. 19 章的相应部分)。迈蒙尼德告诉读者,他是这样回答的:要禁止人得到的知识乃"善与恶"的知识,也即关于高尚(the noble)和卑下(the base)的知识;但高尚与卑下并非理智的对象,而是观念意见的对象。严格说来,它们根本不是知识的对象。我们只提一下这个最重要的例子:在人类的完美状态,他不晓得高尚与卑下,虽然他明白自然的好与坏(good and bad),也就是说,明白自然的愉悦与苦楚,[156]但却并不会把赤裸着身体看作可耻之事。

如此这般,在消除对《创世记》1:26之阐释的最强有力的反对意见,或者说在教导完理智生活无关高尚与卑下之后,迈蒙尼德转而讨论《托拉》中关于上帝形体性的第二段最重要的经文。更准确地说,迈蒙尼德同时转而讨论在这段经文中描述上帝的语词和与其类似的语词。这段经文出现在《民数记》12:8:"他(摩西)必见我的形象(figure)。"迈蒙尼德用了三章的篇幅(I. 3 - 5)来讨论这一主题。在第一卷第3章,他明确讨论了"形象"(figure)的三重意义,在第4章,他明确地讨论了三个表示"见到"(beholding)或"看见"(seeing)的语词的三个涵义。在一段部分引用的经文中,上帝似乎在亚伯拉罕面前显身为三个人的样子,但却依然是一。迈蒙尼德告诉读者,在用来描述上帝时,表示"形象"(figure)和"见到"(beholding)(及其他对等的词)的这些[希伯来]语词,意为理智的真理与理智的把握。第一卷第5章和第3、4章的关系类似于第一卷第2章和第1章的关系。人之被造的目的是要去实现理智的生活,该观点与禁止获取知识这个显而易见的命令相抵触。与之类似,"哲学泰斗"(the prince of philisophers)亚里士多德也曾为自己忙于研究那些晦涩难懂之事道歉,因此陷入自相矛盾的境地。他曾为自己显而易见的鲁莽向读者们道歉。因为事实上,他之所以如此,仅仅是被想要知晓真理的欲望所激励。重述亚里士多德的这段言辞,为转向这样一种犹太教的观点提供了一个缓和的过渡——摩西之所以被赏赐见到上帝的形象,是因为他已首先"蒙上脸,因为怕看神"(《出埃及记》3:6)。探寻上帝的知识必先要惧怕见到上帝,或用上文提到但在迈蒙尼德的概括中并未出现的亚里士多德的说法(《论天》291B21以下),要带有一种羞耻感。智性完美以道德完美(即养成行事高尚的习性,避免卑下的行为)以及其他准备工作为必要的前提。在这里,迈蒙尼德强调道德完美尤其节制是智性完美的前提,这与他未将自然科学作为智性完美前提的做法相一致。迈蒙尼德一手消除形体化倾向,一手培养克己主义精神。

行文至此,迈蒙尼德令人惊讶地突然转去解释"男和女"(man and woman)(I.6)以及"生育"(to generate)(I.7)等语词。但是,一旦我们注意到,第一卷第6、7章是自第1章以来的首个字典式章节,一旦我们记起,第一卷的第2章仅是第1章的必然结论,而对"男和女"以及"生育"的解释成为对《创世记》I:26-27解释的一部分时,我们就不会再感到惊讶了。圣经有言:

神就照着自己的形象造人,乃是照着他的形象造男造女。

按照字面意思来理解,这种说法[157]可能被认为意指人是上帝的形象,因为他是双性的,或者意指神性之中包含雄性和雌性两种因素,因而生育出"上帝的孩子们"(children of God)等其他事物。相应地,第一卷第7章的最后一个词是"形象"(image),与第1章的第一个词相同。迈蒙尼德并未讨论其所表明的隐含之意,因为这是《托拉》的秘密之一,而且我们才刚刚起步。对出现在《创世记》I:26-27中的重要语词(及其对等语词)的解释因而也是围绕着出现在《民数记》12:8的重要语词(及其对等语词)的解释。对《托拉》中有关形体性最重要语段的讨论成为《迷途指津》第一篇的合适主题,该篇内容看起来似乎描述了五组不相关的语词,但进一步检视即可发现,它主要讨论的是两段经文。可见,在切断自己与昂克劳在解经的联系上,迈蒙尼德似乎有些犹豫不决。

乍看起来,《迷途指津》第二篇的主题较第一篇的主题要容易辨识得多。这似乎是因为其主题不再是两段或更多段的经文，而是一些本质上表示同类现象的圣经语词：地点以及某些特异的地方、地点的占用、地点的改换，以及改换地点所使用的人体器官。在第二篇总共 21 章内容中，有 19 章明显致力于此主题。讨论始于"地点"(place)(I.8)，继之以"宝座"(throne)(I.9)——最尊贵的地点，用以描述上帝时，不仅指教堂，也指所有天体之上的穹苍。接下来是"下降与上升"(descend and ascend)(I.10)。这一顺序虽然非常明晰，然而，我们却会惊奇地发现，第 8、9 章是字典式章节，但第 10 章却并非如此。这种不一致暂时可以解释为：迈蒙尼德在一个辞典式章节内对好几个动词进行主题性的讨论时，这些动词明确被认为具有相同或差不多相同的意义(I.16、18)；当他讨论那些原初意义上相反但在用来描述上帝时却不相反的动词时，则会分章论述(I.11、12、22、23)；然而，无论是就其原初意义，还是就其用以描述上帝时的意义而言，"下降与上升"都表明相反的意义：上帝的下降同时意味着他的显身和他的责罚行为，而上帝的上升意味着他停止其显身及责罚行为（比照 I.23 开头对"回来 [return]"一词的沉默）。在一系列字典式章节中，通过独将第 10 章处理为一个非字典式章节（之前为连续四个字典式章节，后面则有三个字典式章节），迈蒙尼德暗示了"下降与上升"主题之独有的地位。以"大众的想象力"为基础，上帝的自然状态应该是安坐于其宝座之上，坐的对立面是起立。"坐"(sitting)和"起立"(rising)(I.11、12)表示的意义相反，但在用以表述上帝时，却并不如此。虽然上帝"坐"指他的稳定不变，而"起立"则指上帝保守诺言或施以责罚的威胁，可理解为他对以色列的许诺 [158] 也就是对以色列敌人的威胁。《塔木德》上的一段文字证实了迈蒙尼德这一公开的解释，但在这段文字中，与"坐"一块儿被提及的并不是"起立"，而是"站"(standing up)。这样，就自然过渡到了对"站"(standing up)的讨论(I.13)。根据迈蒙尼德的观点，该词在表述上帝时，意

六　如何着手研读《迷途指津》

思是指上帝持久不变,但如迈蒙尼德所明示的那样,这种持久不变并不与上帝毁灭以色列的威胁相抵触。

行文至此,迈蒙尼德打断了对动词或其他指涉地点的语词的讨论,转而去讨论"人"(I. 14)。在解释完"直立"(standing)和"磐石"(rock)之后,也随即出现了一个类似的转折,转而去解释禁止自然科学的公开教诲之事(I. 17)。这些章节虽然与其前后的诸多章节交织在一起,并不显眼,但初看起来,它们仍然明显地干扰了讨论的连续性。由于这种不规则的特征,我们的注意力或被带到对认真的《迷途指津》读者有所助益的某种数字象征上来:数字14代表人或人类事物,17代表自然。"自然"与"地点的变换"(或更普遍地来讲,运动)间的联系此前已被点明,第一卷第17章的主题与其所从属的篇次间的联系也因此得到了明示。在更好地理清自然与习俗之间的关系前,数字14与其前后语境间的联系尚无法弄明白。到目前为止,我们只要讲第一卷第7章讨论的是生育,就已经足够了。虽然,第一卷第26章所处理的显然是有关地点的语词,但却也与数理(numerological)相合:该章节的直接主题是支配《托拉》之阐释的普遍原则("《托拉》用人的语言说话")。数字26是主——以色列人的上帝——秘密的名的对应数。因而,26也代表上帝的《托拉》。顺便说一句,或可指明,数字14是希伯来语的"手"的对应数。第一卷第28章解释"脚"(foot),但在《迷途指津》中,却没有章节来解释人类所特有的器官"手"(hand),单迈蒙尼德却花了一个章节,即第四篇中间的那个章节来讨论"翅膀"(wing),这是迅速地下降和上升要用到的器官。在这些问题上,我们可以从阿尔博(Joseph Albo)的《信条》(Roots)学到很多。他生活在一个伟大的王者的宫廷中,是那个王者所喜欢的侍伴。

在第二篇共计二十一章中,有十六个是字典式章节,五个非字典式章节(I. 10、14、17、26、27)。在这十六个章节中,有两章(I. 23、24)以带有阿拉伯语冠词的希伯来语词打头。因而,在这二十一章中,仅七章有些不合常规。在十四个纯粹以希伯来语词开头的章节中,有七个章节在第一句话之前被冠以这些希伯来语词,而在其他的七章中,这些语词则只在第一个句子的开头部分。在这十四个章节中,有七个章节以动词开篇,而另外七章则是名词或动名词。观察到这些特异之处是一件事,但要去理解他们则是另外一回事了。[159]这些动词和动名词间的区别尤其让人惊异,因为以动名词开篇的字典式章节均出现在同一篇中。而且,在第一篇的三个字典式章节中,其中一章在第一个句子之前冠以几个名词;另一章的名词仅出现在第一个句子开头;第三章在第一个句子之前冠以一个动词。按照规律,似乎应该还有一个动词位于第一个句子开头的章节。第二篇有一章(I. 22)在第一句话之前冠以一个动词,但这第一句话却以该动词的动名词形式(附加了阿拉伯语冠词)打头。但通观全书,再无符合条件的此类章节。如果把这一可疑的章节计算在内,作为那些首句以动名词开头的章节之一,我们就可以得出这样的结论:第二篇包括四个在首句之前被冠以动词或动名词的章节,八个以动词或动名词开头引出首句的章节。再者,第二篇包括六个以动词开篇的章节和六个以动名词开篇的章节;在后六个章节中,有三个以纯粹的动名词开篇,另三个则以带阿拉伯语冠词的动词性名词开篇。尤其如果第一篇第22章能合适地被归类,则第二篇较之第一篇要有规律得多。因上述所有因由,我们被导向于去认为,第一篇第22章可能含有打开第二篇之谜的钥匙。

第二篇第1章(I. 8)讨论的是"地点"(place),在后圣经的希伯来语中,该语词被用来指称上帝本身。让人倍感惊奇的是,迈蒙尼德对"地点"的这一意义完全保持沉默。由于就在这同一章中,他还引用了包含"地点"一词的后圣经的希伯来语辞句,再者,他就在本章节敦促读者,在考虑他对这些语词的解释时,应不只参阅"先知书",也要参阅"学问人的著作"(compilations of men of science)

(《塔木德》和《米德拉西》即此类的著作),且他已经在前一章的总结中,引述了《米德拉西》的言辞,因而,他的沉默就只能是更加意味深长了。在另一个讨论表示上帝本身的语词的章节(这也是唯一的另外一章),即讨论"磐石"(rock)的第一卷第 16 章中,迈蒙尼德毫不犹豫地指出,该语词也用来表示上帝,因为"磐石"的意义源自圣经的层面。迈蒙尼德声称,《迷途指津》的首要意图是解释出现在"先知书",也即圣经中的语词,他首要考虑的是圣经神学与后圣经的犹太教神学之间的对照区别。至此,我们可以见出,他的这一声称是很严肃认真的。迈蒙尼德敏感地意识到了由卡拉派(Karaites,即圣经派信徒)所提出的问题。如他所言,对塔木德贤人的批评不仅不能伤害到他们,甚至对批评家,对信仰的基础来说,也不会有任何危害。① 这一意见使我们得以解决第一卷第 22 章引出的难题。

[160]第一卷 18 至 21 章以动词开篇,第 23、24 章以带阿拉伯语冠词的动词性名词开篇,而第 22 章则是这两种开篇方式的过渡。第 25 章又以动词开篇。这个动词是"居住"(to dwell)。第 22 章的过渡以及第 23、24 章的程式都给了我们这样一个预期,即第 25 章应该以动词性名词"留驻"(the dwelling),即希伯来语的 Shekhinah 开篇,这个后圣经的语词尤其被用来表示上帝不停息地留驻在地球上。但我们的预期破灭了。迈蒙尼德做了所有的准备工作,以使我们明白,他急于避免出现一个由"留驻"(Shekhinah)这一语词开篇的章节(该语词在任何意义上都没有在圣经中出现过),急于避免在最恰当的章节中,出现神学意义上的希伯来语"留驻"(Shekhinah)这个词本身:此处,当他在神学意义上谈到"留驻(Shekhinah)"时,迈蒙尼德使用了该词的阿拉伯语说法,而绝不是其希伯来语词本身。在其他的一些章节中,迈蒙尼德的确

---

① 《迷途指津》,I 绪论,第 5、19、46 章结末;*resurrection*,29,10 – 30,15 Finkel。

在神学的意义上用到了希伯来语词"留驻"(Shekhinah),但该词却未成为《迷途指津》的某个章节的主题。《迷途指津》中有"讨论神佑的章节"和"讨论驾驭(governance)的章节"(I.44、45),但却没有"讨论留驻的章节"。我们也应该注意到,解释"翅膀"的那一章从未提及"留驻"(Shekhinah)。① 隐晦解释"留驻"(Shekhinah)一词的章节(该章节是讨论上帝之无形体部分[I.1-49]的正中间一章)中,迈蒙尼德同时提到了留驻和神佑,但这两者定然无法等同(参见I.10和23章)。严格地来理解,第三卷第17、18章以及第22、23章讨论的主题是神佑,但我们应该特别关注这些章节中对"留驻"(Shekhinah)一词的处理。夸张一点,我们可以说,尽管上帝留驻于以色列人中,但神佑与才智之士同在。换言之,《迷途指津》之特色就在于,"留驻"(Shekhinah)作为神学主题被"神佑"取而代之,"神佑"在某种程度上又被"驾驭"(governance)取代,而如第一卷第70章所示,"驾驭"似乎又可以转到"神车"(merkabah,英文中为Chariot)上去。自不待言,迈蒙尼德在第一卷第23和24章开篇语词前加上阿拉伯语冠词,并非无意而为。他因此把这两章及其前后文与唯一的另外一组以带阿拉伯语冠词的希伯来语词开篇的III.36-49联系起来了。这一组章节处理的是单条的圣经律令,如在第三卷第41章所表明的那样,也即只讨论它们的字面意义,而不去管对它们的超越圣经范围的阐释。第三卷第41章处理的是刑法,这一章之所以从该组章节中被单独提出来,原因非止一端。其一便在于,该章的概要(在第三卷第35章)为一句圣经引文所修饰,而它是唯一被这样修饰过的章节。第三卷第35章是第三卷第36到39章的导入部分。重复一遍,《迷途指津》第二篇让我们把注意力放到圣经教诲和后圣经时代犹太教

---

① 尤可参见迈蒙尼德和伊本以《他尔根》(*Targum*)上述引文对《以赛亚书》30:20的解释。

教诲之间的差异上来,[161]或者放到由卡拉派提出的问题上来。不用说,迈蒙尼德回答这个问题时选择的是拉比派(Rabbanites)立场,虽然未必与他们同心同德。我们只要记得,不仅仅是"留驻",还有"神佑"和"驾驭",它们都不是圣经语词。

　　虽然并不如第一篇那样明晰可见,但第二篇也同样建立在两段经文的基础之上。这两段经文源自《出埃及记》33:20–23 和《以赛亚书》6。在前一段经文中,上帝对摩西说:

　　　　你不能看见我的面,因为人见我的面不能存活……你就得见我的背,却不得见我的面。

因此,摩西只见到了上帝的"荣光掠过"。在第二段经文中,以赛亚说:

　　　　我见主坐在高高的宝座上……我眼见大君王——万军之耶和华。

与摩西不一样,以赛亚没有说"上帝的形体"或"上帝的形象"。以赛亚也没有像摩西、亚伦、拿答、亚比户并以色列长老中的七十人那样说,"他们看见以色列的神,他脚下……以色列的尊者身上……他们观看神;他们又吃又喝",因而暗示出这番景象并不完善(参见 I.5,以及阿尔博的《Roots》III.17)。我们因此被诱导着去认为,较之摩西,以赛亚关于上帝的知识更高一等,或是以赛亚所见的景象较之摩西所见的景象,标志着一种超越和进步。这种信念甫一出现,就被视为谬论而遭到抵制,更不用提其亵渎之罪了——拒斥摩西预言的至高无上似乎将导致对摩西律法终极性的拒斥;因此,迈蒙尼德不厌其烦地声称,摩西预言至高无上。但是,对摩西律法的终极性信仰,甚至是对摩西预言至高无上的信仰,都绝不会与以赛亚言辞优于摩西言辞的想法相抵牾——更不用说，事实上，迈蒙尼德从未否认他是有意地在自相矛盾。下面的例子可能颇有助益：在其《论复活》(Treatise on Resurrection)中，迈蒙尼德教诲道，相信死者复活是律法书的十三信条之一，于圣经上仅在《但以理书》中被明确教诲，在《托拉》中则绝未如此。面对这一显而易见的奇特事实，迈蒙尼德解释说：在《托拉》被授予我们时，所有的人，也即我们的祖先，都是萨比教徒，他们信仰这个世界的永恒，因为他们相信，上帝是地球的灵，并拒绝启示和奇迹的可能。因此，需要很长一段时间的教育与养成，我们的祖先才能被带入对最伟大的奇迹即死者复活的信仰上来(26, 18 - 27, 15 和 31, 1 - 33, 14 Finkel)。这并不必然意味着摩西本人不知道律法书的这一信条，而只是他没有教诲这一内容而已。至少在死者复活这个方面，后世的级别很低的先知但以理的《但以理书》(II. 45)超越了摩西的《托拉》，标志着一个极大的进步。这样，要理解以赛亚之超越摩西而有所进步，就更容易了。

[162]超越《托拉》的教诲而有所进步，这种情况之所以可能甚至必要，有两方面的原因。其一，《托拉》是最卓越的律法。摩西预言的至高无上(摩西的知识甚至还要高于以色列祖先的知识)，这与它是唯一的具有立法性质的预言相关(I. 63, II. 13、39)。但其确切原因却在于，摩西的预言达到了律法书的顶峰，反映了律法的局限。律法更多涉及行为而非思想(III. 27 - 28; I 绪论)——摩西的神学反映了这种倾向。根据当今许多人的观点，迈蒙尼德神学教义所独有的方面是其有关神之属性的教义(I. 50 - 60)。在这一篇内容里，迈蒙尼德独在一章(I. 54)中引述了《托拉》的文字——该章讨论了被揭示给摩西的神的十三条属性(thirteen divine attributes,《出埃及记》34: 5 - 7)。这些属性均属于道德上的品性，它们组成了摩西的神学教义，肯定性地表达了在同一语境里消极表达的"上帝的背"(God's back parts)。虽然上帝的善已被

完整地展示给摩西,这十三条属性却只是讲清楚了与作为城邦统治者的先知相关联的上帝的善而已。此类统治者必须去模仿上帝愤怒与仁慈的属性,但这并非是因为激情——不具形体的上帝超越了所有的激情,而是因为仁慈和愤怒的行为与情势相合,他必须以适当的程度去模仿上帝的仁慈与愤怒。在另一方面,城市的统治者必须更加仁慈,而不是满腔怒火,因为极端的惩罚只有在根据"人的判断",有必要以火与剑根除偶像崇拜者的情况下才需要(I.54)。根据迈蒙尼德的另一暗示(I.61-63),我们可以称,摩西神学的完整表述已尽被包含在神圣的名"耶和华"(YHVH)之中。耶和华是上帝第一次向摩西显现自身时用的名,上帝以此将摩西和他的祖先们区别开来:

> 我从前向亚伯拉罕、艾萨克、雅各布显现为全能的神;至于我名耶和华,他们未曾知道。(《出埃及记》6:3)

迈蒙尼德认为,这一节经文表明并建立了摩西预言对其祖先预言的优越性(I.35),但他却没有对这一节经文做出解释:他没有说明,或至少没有清楚地说明,除了这十三条属性之外,还有哪些神学真理没有被揭示给以色列的诸位祖先,但却独被揭示给了摩西。或可说,迈蒙尼德仅表达到了这样的程度:亚伯拉罕不是用奇迹来劝服众人、以应许和恶兆为手段来统治众人的先知,而是一个为其臣民和信徒施教的沉思者。这似乎与亚伯拉罕求告"永恒的上帝耶和华的圣名"(《创世记》21:33)这一事实相关联(I.63,II.13):这是一个超道德的整全的上帝,而不是一个颁布律法的上帝。迈蒙尼德正是用这种亚伯拉罕式的言辞来开启《迷途指津》的每个部分。在迈蒙尼德的其他作品中,情况也是这样。考虑到所有这些事实,我们就会发现,仅称摩西神学之卓越处在十三条道德属性的教义,此乃明智之举。

[163]其二,当摩西立法之时,萨比教尚未破除,其教义广为流布。因此,摩西时代的情势与亚伯拉罕时代的情势并无差异。其他所有人都具有萨比教的信仰,或属于同一个萨比教的宗教群体,但亚伯拉罕不赞同所有这些人。虽然萨比教并没有铲除异教徒的准则,但新观念自然地会被抵制,甚可能伴有暴力。然而,《托拉》却有一个目的,即破除萨比教和偶像崇拜。但较之《托拉》早期信徒源自内心深处的萨比教思想的抵牾,来自萨比教本身的抵制并不那么重要。正是因为这一首要原因,萨比教思想只能被慢慢地加以克服。人类本性如此,不可直接从一端转向另外一端。仅举一个最显而易见的例子,我们的祖先曾惯于向自然或人为的造物奉献牺牲。《托拉》中关于献祭的律法就是向这一习俗的让步。因为对我们的祖先来说,简单地禁止和中断献祭并不明智,且令人嫌恶,这就如同我们要求立即禁止和中断祈祷可能导致的结果一样,因此,上帝规定所有的牺牲都应被调转给他,而不是献给其他任何虚假的神灵和偶像。在从萨比教向着纯粹的对上帝的敬拜,也即向着关于上帝的纯粹知识之渐进转换的过程中,有关献祭的律法构成了其中的一个步骤(参见 I. 54、64)。这些律法只在"当其时"才有必要。萨比教徒相信,农业的丰收有赖于对众天体的敬拜。为了清除这一信仰,上帝在《托拉》中教诲道,对众天体的敬拜会招致自然灾害,而对上帝的敬拜则会带来农业的丰收。因为上述原因,对献祭之公开的驳斥并未出现在《托拉》中,但却出现在先知书和诗篇中。与此相反,关于祈祷者的责任方面,较之后来的文献,《托拉》规定的就不够明晰(III. 29、30、32、35 - 37)。

在圣经对上帝形体化的处理方面,对萨比教习俗的顺应也很重要。因为萨比教采用的是形体化的形式,在萨比教徒看来,诸神是众天体,或者众天体是形体,而诸神则是它们的灵魂(III. 29)。至于圣经,迈蒙尼德对此的教诲并未免于含糊不明。从他的教诲中,我们得来的第一个印象是,我们对圣经的形体化理解不过是一种误解。举例而言,在《创世记》1:26－27 中,形象(sele)绝不意味着可见的形体,而是一种自然的形式(I.1;另参见 I.49)。在其他情形下,或许是在大部分情形下,这些语词,比如"坐"(sitting),都是形体意义上的,但当它们被用来描述上帝时,则是在衍生的或比喻的意义上使用的。在这些情形中,其文本的意义,字面的意义,都是比喻性的。一般而言,圣经的文字意义并不是形体化的。但也有些地方其字面意义确实是形体化的,[164]比如,许多情况下,圣经在谈及上帝的愤怒时即是如此(参 I.29)。人们必须克服这些案例,相信圣经的字面意思之所以是形体化的,一般而言是因为"《托拉》用人类小孩的语言说话",也就是说,用符合"大众的想象"的方式说话。因为大众的心智不允许,或至少无法想象任何无形体的存在。于是,《托拉》就用形体化的语词来描述上帝,以说明自己之所是(I.26、47 以及 51 章结末)。圣经确实包含了无数直斥偶像崇拜的文字(I.26),但如我们所见,偶像崇拜是一回事,对上帝的形体化则是另外一回事。形体化的意义并非唯一的意义,并非最深刻的意义,也并非真实的意义,但同真实意义一样,它也同样是故意为之的。之所以故意为之,就是为了满足教育和引导大众的需要。我们或可详而言之,称它是教育和引导一个生来就一直处于萨比教影响之下的普通人的需要。圣经明喻性的语词是这样,暗喻性的圣经语词也是这样。根据塔木德贤人的观点,比喻的表面意义无关紧要,其隐含的意义却如珍珠般珍贵。据所罗门——他"智慧胜过万人"(《列王纪上》4:31)——所说,比喻的表面意义如银,也就是说,可以用来整饬人类社会,而其隐含意义则如金,传达出真正的信仰(I 绪论)。因而,解释这些比喻或说明这些言辞表述的比喻性质,对大众并非没有危险(I.33)。因为此类圣经教诲,诸如称上帝愤怒、慈悲,或其他的描述方式,并不真实,而是出于某种政治目的或是必要的信仰(III.28)。

第三种可能性出现在迈蒙尼德关于神佑的主题讨论中。在这一部分的内容中,迈蒙尼德区分了有关神佑的律法书的观点和正确的观点(III. 17、23)。迈蒙尼德本来很可能说,这个正确的观点是律法书的隐秘教诲。但他却说,这个正确的观点已通过《约伯记》传达出来了,并因而暗示《约伯记》这本由无名氏写就、非先知书类的、非以犹太人为主角的书(II. 45; Epistle to Yemen,第 50 信,页 19 - 52,I Halkin),超越了《托拉》,甚至超越了先知书,标志着一种进步(参 III. 19)。我们还记得《托拉》所教导的那种简单的调和:为了农业和其他方面的兴旺繁荣敬拜上帝不过是在重述相应的萨比教教义而已。如迈蒙尼德在解释西奈山上有关启示的叙述时所暗示的那样,对文本的好的理解就是对言外之意理解(I. 36 结末,37)。这一评论出现在论预言的那一卷中。在这一卷中,迈蒙尼德第一次明确区分了针对同一主题的两种性质的讨论:律法的(或经解性质的)与推理性质的讨论(参 II. 45 开篇)。相应地,在关于神车论的解释中,面对这一最隐晦的文本(III 绪论),迈蒙尼德显然只谈及其字面意义。或如迈蒙尼德在最后一章那样简要地说,律法书的学问[165]本质上不仅与后圣经或圣经之外的阐释不同,其在智慧方面,也就是说,在对律法书所传达的观点的证明方面也不一样。

毫无疑问,迈蒙尼德在摩西预言方面自相矛盾。他声称自己不会在《迷途指津》中或明或暗地谈及摩西预言的特征,因为/尽管在自己更受人喜爱的著作中,他已经极其明白地谈到了摩西预言和其他先知预言的差异。但他还是在《迷途指津》中明确地教诲说,与其他先知的预言相对照,摩西的预言完全杜绝了想象,只是纯粹的理智(II. 35、36,以及 45 章结末)。当然,迈蒙尼德拒绝谈及摩西预言部分地得到了证实:至少在论预言那一卷(II. 41 - 44)中,有一整篇谈论的是其他先知的预言,而非摩西的预言。就如同在该篇中经常被引用的这段经文——"你们中间若有先知,我耶和华必在异象中向他显现,在梦中与他说话",下一段经文是,"我的

仆人摩西不是这样;他是在我全家尽忠的"(《民数记》12:6-
7)——所暗示的那样。如果我们考虑到迈蒙尼德在同一语境
(II. 36;另参见 II. 47 开篇)指出的,正是因为想象才产生了明喻、
(我们或可加上)暗喻,且《托拉》满是明喻,至少满是暗喻的事实,
使摩西预言与想象无涉这一声称招致了巨大的难题。仅举一例,
摩西说,夏娃之被造始于亚当的一根肋骨,或女人从男人中抽取得
来(《创世记》2:21-23)或起源于男人,这反映了这一事实:ishah
[女人]这个词源自 ish[男人]这个词。但以语词之间的关系来代
替事物之间的关系正是想象的工作。①

为了理解与摩西预言相关的矛盾,我们必须再次回到《迷途指
津》的开篇。在透彻理解传统犹太教律法的阐释之后,迈蒙尼德从
接受律法书开始著述。对律法书的此种理解本质上并非"证实"
(II. 3),也就是说,律法书的这些观点并非建立在实证的基础上,
也没有通过"宗教经验"或宗教信仰变得不证自明。因为根据迈蒙
尼德的说法,不存在宗教经验特别是宗教认知。所有认知或真正
的信仰都源于人类理智、感性知觉、意见以及传统。甚至对"十诫"
的认知状况都没有受到发生在西奈山上的启示的影响。结果,其
中的一些言辞一直都是"人类思辨"(human speculation)的对象,
还有一些则一直都是意见的对象抑或传统的议题。② 根据迈蒙尼
德的观点,宗教信仰仅是一项道德优点,此类优点[166]并不属于
人类最高级别的完善——理智的完美(III. 53-54)。律法书的观
点立足于一种人类思辨所不能理解的"玄思式感知"(speculative
perception)。它在没有思辨前提和论证的情况下,掌握真理。通
过这样一种先知们所独有的把握方式,他们所看到和听到的对象

---

① 参见《迷途指津》II. 30、43,I. 28;以及 *M. T.*,H. Yesodei ha-torah I。
② 参见《迷途指津》I. 51 开篇,II. 33;《星象学书简》(*Letter on Astrology*),第4-5节,
Marx;以及《论逻辑》(*Logic*),第8章。

都是上帝和天使(II. 38、36、34)。先知们所把握的一些事物,也确然可以通过实证来理解。对于这些事物中的教诲,普通人并不绝然依赖先知的帮助,但就那些人类思辨和证明所不能理解的神圣事物而言,他们就得完全倚重众先知了。先知预言中的那些非理性元素在某种程度上仍然是想象性的,也就是说,是次理性的(infrarational)。因此,不具预言能力的普通大众如何可以确信先知超理性的教诲,相信它们为真,就成了一个问题。一般的答案是,先知预言的超理性特征可由奇迹的超理性证明来确认(II. 25,III. 29)。通过这种方式,律法书之完全独立于思辨的权威就以一种完全独立于思辨的方式被建立起来。与此相应,对律法书的理解和阐释就可以完全独立于思辨,尤其是独立于自然科学。考虑到启示之较高地位,圣经解释学尤其应该高于自然科学。而上帝本身给出的解释更是无限高于人类的解释及其传统。这种观点很容易导出严格的唯圣经主义(Biblicism)。"律法书的难题"或可说源于这样的事实:奇迹不仅确证了启示信仰的真实性,还以这一信仰的真实性为先决条件。唯有预先持有可见世界不可能永恒这一不可证实的信仰时,我们才会相信某给定的卓异之事是奇迹(II 25)。迈蒙尼德通过提出摩西预言的独特性(即它完全独立于想象)暂时解决的正是这个难题。因为如果他提出的这一观点被接受,由先知言辞中的潜理性因素所带来的难题就不会出现了。但是,如果只有摩西预言完全独立于想象,那便只有《托拉》完全真实,也即字面意义上完全真实,这样就必然导致极端的形体化。由于形体化已被证明为错误,我们被迫承认《托拉》在字面意义上并不总是正确的,因而,就目前面临的情况而言,其他先知的教诲在某些方面就或可能优于摩西的预言。

如何区分超理性(必要信仰的)和潜理性(不必要信仰的)的内容是一个基本的难题,诉诸我们从圣经,尤其是《托拉》这一至高无上的上帝之书,以及从上帝本身而非人类那里听到的事实,并不能解决这个难题。从某种意义上来讲，上帝所言的确为其存在赋予了最大的确定性，上帝声称的自身属性也使这些属性不容置疑（参见 I. 9、11, II. 11）。[167] 但上帝自身也不能向人类解释清楚《托拉》最大的秘密（I 绪论，31 开篇）：上帝"用人类小孩的语言说话"（I. 26）；《托拉》中某些本该弄明白的东西并没说清楚（I. 29）；上帝要诡计，有时候又缄口不言，因为只有"傻瓜才会暴露其所有的意图和决心"（I. 40；另参见 III. 32、45、54）；最后但却并非无关紧要的一点，根据迈蒙尼德在《迷途指津》中的解释，上帝在任何意义上都不凭借语言（I. 23），这一事实导致了极糟糕的后果。我们会受此诱导，转而认为，圣经中潜理性部分之区别于超理性部分，在于前者的不可能性与后者的可能性。一方面，与业已被自然科学证实的事实或其他任何形式的理性论证相矛盾的圣经叙述不可能在字面意义上为真，它们必有某种深层意义；另一方面，我们也不能拒绝相反的情况，即不能否认未被证实的（也即那些可能性的）圣经叙述，比如上帝从虚无中创世的说法，以免彻底犯错（I. 32, II. 25）。

但是，迈蒙尼德不会满足于这种解决。尽管他曾在早初声称，人之甄别可能性与不可能性的能力是理智而非想象，但他还是被迫对这一结论提出怀疑（在论神佑的章节中尤其如此），并将其留置于未定论状态。难道不是靠想象来甄别的么？这个问题还有待讨论（I. 49、73, III. 17）。因而促使迈蒙尼德说，信仰的确定性就是意识到其他情况都不可能，抑或如果不能证实，则上帝的存在本身就可质疑，又或人类理智能够理解所有理智生命所理解的内容（I. 50, 51 开篇, 71；III. 17）。如果创世论和神车论等同于自然科学和神学，且都可以得到论证，则迈蒙尼德的说法就是可以接受的。但这种令人困惑的对等却使得上帝从虚无中自由地创造世界这一事实的地位和状况变得模糊难明了：该事实属于创世论还是神车论，或同时属于两者抑或两者都不属于（参见《〈密西拿〉注释》，Hagigah II 1）？根据《迷途指津》，神车论处理的是上帝之驾驭世界,这不仅与他的佑护相对照(一方面可参 I.44,另一方面亦可参 I.40,迈蒙尼德在这里指向 III.2,而不是像大多数注疏者相信的那样指向论预言的那几个章节,正如在 III.2 的内容中,他指向的是 I.40),①也与他的创世相对照。通过思考创世论与神车论间的关系,我们也可以因此彻底地回答这个将我们引入目前困境的问题,即摩西预言和以赛亚预言之间的等级顺序问题。创世论出现在摩西的《托拉》中,但等同于神学抑或对上帝之理解(I.34)的神车论则出现在《以西结书》部分,[168]确切来讲,其最高级形式出现在《以赛亚书》第六章(III.6;亦参引自《托拉》的引文以及 III.54 引自其他圣经文本的内容)。②

一旦我们承认,圣经内部存在着超越摩西教诲的进展,我们也就不会被迫否认后圣经时代存在同样的进展了。只有在圣经和后圣经时代的权威书籍间出现典型差异的情况下,这种进展的事实存在才能得到证明。举例来说,我们会禁不住提到迈蒙尼德在《塔木德》和所罗门的观点之间所作的未曾明言的比照:根据前者的观点,比喻的字面意义"毫无用途",而根据后者的观点,比喻的字面意义是"银",也即具有政治用途。单独来看,这一比照暗示,所罗门对政治的喜欢程度相较塔木德贤人要高一些。但这些差异在某种程度上都被隐藏起来了,因为后圣经的观点惯常打着解释圣经文本的幌子出现。迈蒙尼德讨论了与布道术而非律法解释相关的问题。他否认这些解释是正宗的圣经解释,同时也拒绝因为它们不是正宗的解释而等闲视之。事实上,塔木德贤人采用了一种诗意而优美的手段,似乎在操纵圣经文本,以将圣经中本来没有的一些道德训导引入其中(III.43)。迈蒙尼德表明,他不会强调对塔

---

① 可比照参阅《迷途指津》I.44 和 I.40,正如在 III.2 中提及 I.40,迈蒙尼德在此提到了 III.2,而并非像大多数评论者认为的那样,提及有关神佑的章节。

② 可比照参阅《迷途指津》III.6 和 III.54 的《托拉》引述,另一方面参见同一章节中对其他圣经文本的引述。

木德贤人的批评(III. 14 结末)。因为在大众看来,强调圣经与《塔木德》之间的重要差异就是对塔木德贤人的批评。谈及这一议题时,迈蒙尼德表现出了相当的(如果不是非凡的话)克制。当他抛出律法书的某种观点,无论何时,我们都必须考虑,他是否完全通过引用经文支持这个观点;如果他表示支持,那么,根据他的标准(与传统犹太教标准相区别),其支持的程度又是否足够?换言之,在研习某一给定的章节或某组章节时,我们必须考察,迈蒙尼德是否在其中完全引用了后圣经的犹太教观点,他的圣经引述和后圣经的引述在数量和重要性上的比重如何。

在第一个明确讨论神佑的章节中(III. 17),迈蒙尼德谈到,在诸贤人的话语中,存在着对《托拉》经文的"增益"。如我们所预料的那样,他对这种特殊的"增益"不以为然。这一声明紧接着一连串塔木德贤人的引文——它们明显与《托拉》的教诲一致,且让我们大为吃惊的是,自 III. 10 以后,《塔木德》引文便几乎再未露面了——之后出现。在表述《托拉》关于神佑的观点中,他以这样一种两面的手法为自己对未来生活的沉默做好了准备:借助后圣经教诲中较之圣经教诲更典型的对未来生活的描述,迈蒙尼德解决了神佑的问题。根据塔木德贤人的观点,"在未来生活中,不用吃和喝",这意味着未来的生活是[169]无形体性的(M. T., H. Teshubah VII. 3)。而此前也有言及,《塔木德》的形体化倾向比圣经要弱一些(I. 46、47、49、70, II. 3)。因而,某些《塔木德》的内容思想显示出与柏拉图思想的相似性,并借用希腊语源的词汇表述出来(II. 6)。与此类似,不是其他人,而正是异方人昂克劳在犹太教内部使对上帝的形体化变得不可宽宥。他可能曾经认为,用叙利亚语(也即亚拉姆语,以与希伯拉语相区别)谈及上帝感知某一非理性动物会是不恰当的(I. 21、27、28、36、48;另参见 II. 33)。无形体化的发展伴随着禁欲主义的发展。仅举一列,亚伯拉罕直到纯粹为了保命才去注视他美丽的妻子——至少就这个事情而言,《塔木德》比圣经讲得清楚得多(III. 8、47、49)。无形体化的过程还伴随着一个相应的渐趋温和的过程(I. 30、54)。最后,在理智生活和学识对人类尤其是对先知而言的价值方面,《塔木德》较之圣经说得更明白。①

但是,如迈蒙尼德的一些话所暗示的那样,甚至《塔木德》和昂克劳对那些根本原则也未有最终定论。② 两者各举一例必已足够。塔木德贤人至少部分地支持这样一种观点:据此观点,律法书的基础无他,唯有神的意志(will),而迈蒙尼德所言的"我们"的观点则与此相反(III. 48)。"我们"是一个意义含混的词。似乎只有两个章节以"我们"开篇(I. 62、63),如他在这两个章节中表明的那样,"我们"之最重要的意义是"我们犹太人"和"迈蒙尼德"。关于昂克劳的例子:通过翻译转换,昂克劳消除了源文本中的形体性暗示,但他却没有说清楚,先知们感知到了何种不具形体的事物,某一给定的比喻的意义又是什么。这与其翻译面向大众这一事实一致。然而,迈蒙尼德却对这些比喻作出了解释,他能做到这一点,是因为具备自然科学方面的知识(I. 28)。超越昂克劳和《塔木德》而能有所进步,可能有这样两个主要原因:首先,《托拉》对犹太人的影响愈来愈深,与此同时,基督教和伊斯兰教的兴起及其在政治上的胜利也导致萨比教的痼疾彻底消失(III. 49、29)。其二,只有当不是先知的普通人基于实证而去信仰时,有关上帝的基本真理才能被真正地信仰;因而,完美的证明需要我们掌握证明的技巧。而证明的技巧已由希腊的智者或哲人,或者更精确地说,已由亚里士多德发掘出来了(II. 15)。甚至凯拉姆派,即人们可能称作神学或更准确地称作证明和捍卫律法书信集(即基督教信仰的直接起源)的科学,都间接地依靠对律法书的哲学解释。将其诸多缺点撇

---

① 参阅《迷途指津》II. 32、33、41,III. 14、25、37、54。
② 参阅《迷途指津》I. 21、41,II. 8-9、26、47,III. 4-5、14、23。

到一边不论,凯拉姆派绝非一无是处。如能得到正确的理解(但在迈蒙尼德之前,凯拉姆派并未得到合适的理解),[170]对捍卫律法书来说,它甚至必不可少。凯拉姆派在距塔木德时期(Talmudic period)很久之后的高昂时期(Gaonic period)进入犹太教(I. 71、73)。如果严格地置于律法书之下,或以适当的方法引入哲学(即如迈蒙尼德引入哲学以开始其律法著作的方式那样)的话,则引哲学入犹太教必将被视为更突出的一大进步。我们还必须考虑到在亚里士多德之后,希腊人和穆斯林在科学上所取得的相当大的进步(II. 4、19)。但是,所有这些并不意味着,迈蒙尼德视他那个时代为最智慧的时代。他从未忘记可称之为反向萨比教的力量,这些人无条件地驯服于圣经的字面意义,使形体化流毒甚远,危害程度甚至超过了萨比教本身(I. 31)。他也没有忘记流亡的灾难性后果:

> 如果当今人们还没有普遍接受上帝存在的各种宗教信仰(即犹太教、基督教和伊斯兰教),与巴比伦贤人的时代相比,我们的时代甚至会更加黑暗。(III. 29)

更不用说,萨比教教义事实上并未被彻底清除,还有可能死灰复燃(参见 I. 36)。《迷途指津》并未指明,迈蒙尼德也从未忘记弥赛亚的前景,虽然该前景可能会也可能不会随着世界末日一起出现(参见 I. 61,II. 27)。尽管如此,我们确实可以说,迈蒙尼德认为在克服萨比教方面,《迷途指津》要跨出的这一大步具有决定性的意义。如他谨慎所言的那样,在"被流放的那些岁月里",没有任何犹太人就律法书的秘密著写过迄今仍流传于世的作品(I 绪论)。起初,通过血腥战争和对萨比教教徒生活习俗的让步,萨比教的力量仅在有限的世界里被克服了。通过后摩西时代的先知、亚拉姆语的译者、《塔木德》,更不用说通过对萨比教献祭仪式的暴力终止,通过在军事胜利的协助下使众多异教徒向基督教和伊斯兰教皈依，早先那些让步几乎已经完全被撤销了。现在，是时候用最显白的方式向人们，甚至向普通大众教诲上帝不具形体的真理了。由于圣经暗示了上帝的形体化，大众因而感到迷惑。对这种迷惑的疗治便是，对那些形体化的言辞或术语进行寓意化的解释，以此重建对圣经真理的信仰(I.35)，这正是迈蒙尼德在《迷途指津》中的做法。但是，在克服萨比教方面的进步将伴随着对萨比教持续的、更多的遗忘，却也因此伴随着将之最终清除的更大程度的无能为力，因为那些向萨比教的让步，抑或萨比教的残余会变成化石样的东西。迈蒙尼德把对献祭的公开反对和对《托拉》中有关献祭的律法的辩护结合了起来，因为他对献祭的反对并不意味着他拒斥有关献祭的律法的约束力。就此而言，他甚至超越了后摩西时代的先知，从而标志着一种进步。通过复原有关萨比教的知识，迈蒙尼德最终清除了萨比教，[171]也即最终清除了作为偶像崇拜之潜在前提的形体化。而这一复原也是通过对亚里士多德——他毕竟是某个萨比教团体的成员——的研究实现的(II.23)。

对未迷者的《托拉》(Torah for Unperplexed)而言，如果迷途者的《托拉》(Torah for the Perplexed)标志着一个进步的话，则迈蒙尼德在早初阶段就不得不将读者的注意力吸引到圣经教诲与后圣经教诲之间的差异上来。在这个阶段中，唯有这一差异是重要的。迈蒙尼德一方面将圣经视为一个整体，另一方面将后圣经的写作视为一个整体，由此开始他的著述。一般而言，引用圣经经文时，迈蒙尼德用"他说"(或"他的说法是")，而引用《塔木德》经文时则用"他们说"(或者"他们的说法是")。迈蒙尼德由此暗示我们，在圣经中，唯有一个言说者对我们讲话，而在《塔木德》中，我们确实听到了很多言说者对我们讲话。但至少在重要的方面，这些言说者的声音一致。在《迷途指津》第一章，说话的"他"事实上依次指的是上帝、叙述者、上帝，然后是"无知之徒"；在第二章中，说话的"他"依次分别是叙述者、阴险的人、上帝等等；上帝"讲"了一些话，接着，叙述者"弄明白后说"。但《迷途指津》作为一个整体，形成了一个从普通见解（或对普通见解的效仿）到具有洞察力的观点这样一个梯度。与此相应，迈蒙尼德逐渐地揭示出被公式化（更不用说惯式化）表达所掩盖的那些差异。举例来说，在第一卷第三十二章中，迈蒙尼德以"他的话表明"这一表述介绍了所有的四段圣经引文。在这四段引文中，只有最后一段引文给出了言说者的名字——大卫。较之前三段（所罗门的）引文，大卫的话与紧随其后被引用的一段塔木德贤人的话在意义上更接近些。这样，塔木德贤人的话表明所罗门与其父大卫的不同（I 绪论结末）。第一卷第三十四章中，迈蒙尼德以"他们说"引入了一位塔木德贤人（这个贤人正在讲述"我看到"的东西）的一段话。根据第一卷第四十四章的内容，在耶利米的神佑中谈及的这个未指明姓名的"他"是尼布甲尼撒。第一卷第四十九章中，迈蒙尼德引用了五段圣经经文，其中有两段话给出了圣经作者的名字，其中一个作者的名字前加上了"愿他安息"。第一卷第七十章中，迈蒙尼德以"他们说"引入了一位塔木德贤人的一段话，在引文结束后，迈蒙尼德说，"这就是他所说的，我只字未改"。圣经教师的名字在某些章节出现的频率异乎寻常。此类章节中的第一章是第二卷的第十九章，最后一章是第三卷第三十二章。第二卷第二十九章开篇不久，迈蒙尼德指出，每个先知都有其独特的措辞，在上帝对个体的先知讲话或通过他讲话时，这种独特性也被保留下来了。为此观点被挑出来做详细讨论的先知是以赛亚。接下来，迈蒙尼德又对六个先知做了简单的讨论，他们出现在讨论中的顺序与其作品在圣经中出现的顺序相一致。只有最中间出现的那个先知（约珥）的名字前加上了他的父亲的名字。我们也必然不会忽略，他所提到的正本《托拉》与《密西那托拉》(*Mishneh Torah*，即《申命记》，或译《第二律法书》)之间的差异（参见 II. 34 - 35, III. 24）。［172］刚开始时，迈蒙尼德和

《托拉》间的连接是一种钢铁般牢固的焊接,然后,这种连接渐渐地变成了一根纤细的线。但是,无论其理智化(我们或可这么称谓)走得多远,也总是对《托拉》的理智化。

给读者提供一些线索,使他们能更好地理解第二篇,这种愿望要求我们超越当前的语境,从第二篇的上下文着眼。我们注意到,迈蒙尼德对第二篇做出总结之后,他的某些作为又一次令人迷惑。第二篇的最后一章讨论的是"脚"(foot),这一篇建基于《托拉》的一段经文之上,这段经文着重讲述了上帝的"脸"及其"背"(I. 37、38)。第三篇讨论的却是一个完全不同的主题,因而看起来颇不协调,像是一个令人不安的入侵者。而且,在所有处理上帝之形体化的篇章中,第三篇是一个最少经解性质或者说最多思辨性质的篇章。该篇总共八个章节中,有六个章节是非字典式章节,其中五个章节绝没有明显致力于解释圣经语词的意思,且不包括任何《托拉》引文。其中的第一卷第三十一章是《迷途指津》第一个未包含任何犹太人(希伯来语或亚拉姆语)言辞表述的章节,另外,第三十五章未包括任何一段犹太教的引文(圣经或《塔木德》)。我们倾向于去认为,本应该把一个思辨性最强的篇章置于所有讨论上帝形体化的篇章之后,这样才会与《迷途指津》这本书的精神相宜。

为了理解这些明显的不合常规之处,我们最好从对这些问题的思考开始:因为已表明的普通的因由,迈蒙尼德希望将《迷途指津》七卷分成七篇,又因为一个更特别的原因,他决定用三篇来讨论上帝的单一性问题,因此,上帝的无形体性必须用四篇来讨论。而且,将几乎所有字典式章节放在用来讨论上帝之不具形体这个部分的内容里,这一点颇有必要,或者,反过来说,处理上帝之不具形体这个部分的大部分章节,有必要全部是字典式章节。因为那些在最后关头才抛出的因由,我们可以很方便地证实,第一篇大部分章节都不应该是字典式章节,而第二篇大部分章节都应该是字典式章节。迈蒙尼德在后两个致力于讨论上帝不具形体的篇章中,决意要模仿的正是前两篇的这种分配模式:第三篇的大部分章节变成了非字典式章节,而第四篇的大部分章节被安排为字典式章节。但——因为一个此前已被指明的原因——以这种[173]方式,较之第一篇,第三篇中的非字典式章节就会更加庞大,较之第二篇,第四篇中的字典式章节也会更庞大。我们有理由指望,这四篇中的字典式章节和非字典式章节的分配与这些章节的主题具有某种对应关系。如果参考其中字典式章节的主题来界定各篇的主题,我们会得出这样的结论:第一篇处理的是特定的形式、性别差异和生育,第三篇则是悲痛和进食;第二篇处理的主要是位移和休憩,第四篇则主要是动物身体各部分和感知。为了理解这种安排,注意到有关悲痛的第一段引文是"你生产儿女必多受苦楚"(《创世记》3:16),阅读一下迈蒙尼德对动物身体各部分及其动作与自我保存之间关系的解释(I. 46),这样就已经足够清楚了。而且,悲痛和进食这两个话题仅是它们所在篇章之字典式章节的内容,以此就认为对悲痛和进食的强调被弱化了,将是极其错误的看法。迈蒙尼德最终以最合适的方式,用这两个讨论悲痛和进食的字典式章节,引入了《迷途指津》中第一个系列的思辨性章节,并因此让第三篇(与第一和第二篇相对照)以非字典式章节结尾(I 31 – 36)。迈蒙尼德也因此为第四篇准备了同样的结尾方式(I. 46 – 49)。这就使得他可以通过设置下一个字典式章节(I. 70),也即最后一个字典式章节,以尽可能明确地暗示,此处就是第一部分——《迷途指津》第一部分由第一卷第一章到第七十章构成——的结末。

我们认为,文本中的'asab一词可以方便地被替换为"悲痛",这个语词和"进食"一道,或可指上帝对违背他的人的愤怒,或上帝对他们的敌意。由于上帝的愤怒仅指向偶像崇拜,其敌人仅限于偶像崇拜者(I. 36),因此,这两个词间接指向偶像崇拜。但"进食"这个词也用于表述知识的获取。带着对"进食"一词的第二个比喻意义的观点,在解释完这个语词(I. 30)后,迈蒙尼德紧接着用了五个思辨性的章节来讨论人类的知识这一主题。在该篇最后一章（I.36），他基于这五个思辨性章节中的问题，重新思考了偶像崇拜的禁令。因而，第三篇既讨论了偶像崇拜，又讨论了知识，对知识的讨论夹杂在对偶像崇拜的讨论之中。迈蒙尼德讨论知识着眼于其局限性，着眼于可能随之而来的损害，以及与之相伴的危险性。我们可以说，《迷途指津》第一个系列的思辨性章节［174］在处理违禁崇拜的语境中，讨论了违禁的（对所有人或大多数人来讲）知识（尤可参见 I.32）。

第三篇为理解圣经和《塔木德》间的关系提供了线索。由于已经讨论过这一主题，我们的讨论将只在以下的范围内进行。在解释"进食"的那个章节中，迈蒙尼德明确拒绝给出该词在其本初意义上使用的例子。"进食"的派生意义（指对没有形体的食物的摄取）被如此广泛使用，以至于似乎变成了其本初的意义（可参照引自《以赛亚书》1:20 的引文与《以赛亚书》1:19）。在思考"进食"之用作消耗或破坏的意义时，迈蒙尼德用了四条源自《托拉》的引文和两条源自先知书的引文加以解释说明，他称此种用法在圣经中很频繁。在思考"进食"之用作获取知识的意义时，迈蒙尼德用了两条源自《以赛亚书》和另两条源自《箴言》的引文进行解释说明，他称此种意义在塔木德贤人的话语中也经常出现，并引用了两段文字以证明这一点。但迈蒙尼德却没有从《塔木德》中引文以证明词语'asab 的意义。塔木德诸贤人把获取神圣事物的知识比喻为吃蜜，并将之与所罗门的箴言联系起来，"你得了蜂蜜吗？只可酌量而食，以免吃多了呕吐"（《箴言》26:16）。他们由是教诲说，人们在求索知识时，一定不可逾越某些限制：万不可去思考此范围之上的和之下的，此范围之前的和之后的——迈蒙尼德称之为"徒然无益的想象"（Vain imagining）（I.32）。人类拥有对知识的自然欲望，这一事实意味着什么？迈蒙尼德在第一卷第三十四章对此做出了解释。他还警告说，我们不要去抗拒对渊博知识的想望，但应该反对那些似是而非的知识。

就第四篇而言,我们必须仅仅声称:它是第一个最少涉及哲学和哲人的篇章。但与此相反的是,其一,在第四篇中,迈蒙尼德的表述"在我看来"('indi)——该言辞表明迈蒙尼德观点和传统观点不一样——出现的频率极高,大约是前三篇中出现的总次数的两倍。其二,在第一卷第四十一和四十三章中,出现了对文法师意见的参考(此处应该和与它们相平行的章节,即第一卷的第八章和第十章相对观)以及更频繁的对阿拉伯语的参照。被点名道姓的一个文法师是伊本(Ibn Janāh),即"翼之子"(son of wing),他借助阿拉伯语,正确地阐释了希伯来语词"翼"(wing),认为它有时作"隐匿"(veil)讲,并因而可被称为"翼"之词意的揭示者。另一处替换是第一卷第四十二章对一个安达鲁西亚的阐释者的提及:与希腊医学一致,这个阐释者把一个显见的复活事件解释成一个自然事件,这个复活事件就是先知以利亚让一个寡妇的儿子复活。通过在同一章节中引用的圣经经文,在其他诸事物中,迈蒙尼德提到了成人割礼导致的一种严重疾病,以及圣经中对麻风病的治疗。[175]我们正在讨论的这一章节处理的是希伯来语词"活的"(living)。该语词是该篇的字典式章节中,唯一未被称为语含多意的一个词。这种沉默不言蕴涵着极重要的有关"活着的上帝"(参见I. 31、41)的暗示性意义。

第四篇的最后一章是《迷途指津》中唯一以"众天使"(the angels)开篇的章节。在这一章中,迈蒙尼德宣称众天使不具形体性,也就是说,这一章节处理的是复数形式的某物之不具形体性的问题。迈蒙尼德因而表明,自开篇伊始,直到目前为止,无形体性(而非单一性)一直是讨论的主题。接下来的章节开始讨论单一性。无形体性已将本身表明为单一性的后果,而单一性是其前提,且是其无可置疑的前提。现在,单一性变成了讨论的主题。起初,我们被告知,要清楚理解单一性,切不可如基督徒那样,将单一性理解为上帝的三位一体，或者，更泛而言之，理解为上帝的多元性（I.50）。在第五篇中，迈蒙尼德把对一体性的普遍理解——或许还可以说是传统的理解，这种理解允许多元性作为一种肯定的属性来描述上帝本身——转化成了一种与思辨的要求相宜的理解。该篇或可说是《迷途指津》中第一个完全思辨性质的篇章。因而，与关于无形体性的讨论相比照，对单一性讨论的特点在于，关于该主题的思辨性讨论与经解性讨论间的区别具有一种含而不露的明晰性。在前四篇中，独有一章不包含任何犹太教的表述，而第五篇却有五个这样的章节。在《迷途指津》前四十九章中，仅有九个章节未包含任何源自《托拉》的引文，而在第五篇的共计十一个章节中，就出现了十个这样的章节。尽管第五篇具有思辨性特征，但它并没有证明上帝是一。通过预先假定上帝是一（I.53、58、68），第五篇承继了前几篇中的做法。但从这一假定中，它得出了全部的结论，而并非只有上帝不具形体这个唯一的结论。如果上帝是一，是所有可能的方面的一，则极容易得出，除了描述其行为的属性之外，他不可能具有任何肯定性质的属性。

迈蒙尼德可以通过证明弄清楚上帝是一，读者由于缺少足够的自然科学训练（可对比参照 I.55 和 I.52），无法通过证明来弄清楚上帝是一，但他们却可以通过犹太教传统，主要是通过圣经来做到这一点。最重要的圣经经文是：

> 以色列啊，你要听！耶和华——我们的神是独一的主。①

但让我们惊讶的是，在所有讨论上帝的单一性的章节中，迈蒙尼德从未引用过这段文字。在《迷途指津》全书中，也只引用过唯一一次，这是对《托拉》的模仿，如其所言，《托拉》仅提及单一性原则

---

① 《申命记》6:4。另参见《重述托拉》(*M. T.*)，H. Yesodei ha-torah I.7。

(也即刚刚提到的那句经文)一次而已(Resurrection 20, 1-2)。该引文出现在《迷途指津》第三卷第四十五章,也即本书的第一百六十九章,[176]因而,或许暗指上帝向摩西宣布的那十三条神圣属性(仁厚慈爱等)。但这种默而不宣还意味着其他的什么吗?它当然暗示了迈蒙尼德实现的对单一性理解之转换的重要性。上帝的肯定性属性不可能这一被证明的教诲源于哲人(I. 59, III. 20)。在律法书未将自己限定在只去教诲说,对上帝唯一正确的礼赞乃是沉默之前,这显然和律法书的教诲相抵触;但它也建议,在我们祈祷时,可以称上帝为"伟大的、非凡的和可怖的"。因此,关于属性的全部教义可能不应被揭示给大众(I. 59),或者属于隐秘教诲。但由于在《迷途指津》中,这一教义(包括那些《迷途指津》中已被说清道明在某些方面不可被泄露的规定)已经被清楚明白、有条有理地阐明,它也是一种显白的教诲(I. 35),或者是哲学的显白教诲。

如迈蒙尼德所暗示的那样,"上帝是一"的首要意义是没有任何事物可与上帝相等同或类似,这只能派生出,他是绝对的单一(参阅 I. 57 结末和 I. 58)。在源自《以赛亚书》和《耶利米书》引文——这些引文与《托拉》的说法不一致(参阅 I. 55、54)——的基础上,迈蒙尼德发展了上帝是无与伦比的观念,发展了在上帝和任何其他的存在之间没有任何类似的观念。迈蒙尼德在这里只字未提《申命记》4:35("惟有耶和华他是神,除他以外,再无别神")。这句经文曾在其《法典》(Code, H. Yesodei ha-Torah)相似的语境中被引用过,在《迷途指津》的好几个地方也都有引用(II. 33, III. 32、51)。和其他任何事物相比而言的绝对的不相似性和无与伦比性是唯有上帝才具有的特点。这种绝对的不相似性和无与伦比性意味着上帝的完善。而正是因为上帝无与伦比的完善,他才无与伦比,正是因为他的完善不可言喻,严格来说,任何肯定的言辞都不适合用来谈论他,所有描述他的肯定性言辞实际上(如果不是用来说明其行为而是用来说明上帝本身的话）都只能是对他的某些完善性的否认。上帝属性的教义意味着上帝是绝对完善的存在，彻底而完美的自足的善，绝对的美好和高贵（I. 35、53、58、59、60，II. 22）。若非如此，则迈蒙尼德关于上帝属性的教义就将完全是反面性的，甚至具有颠覆性的。因为他的这套教义把问题推到了极端，迈蒙尼德认为，我们仅通过说上帝是什么和上帝不是什么来理解上帝，在这种方式下，则所有对上帝肯定性的论断，包括说上帝"是"……，与我们对任何存在（being）作此类论断所意味的那样，都只能指向共名（the name in common，I. 56、58、59、60）。如果不明白上帝是绝对的完善，在对上帝的本质进行归结时，就会将我们所知道的不是什么归结为我们一无所知，或将无归结为一无所有，若是如此，我们当然就无法搞明白自己正在谈论的东西。对"存在"（being）而言的情形，对"一"（one），也即对《迷途指津》第一篇的整体立论的直接前提来说，也同样如此。我们不可以说，[177]迈蒙尼德承认了与否定性属性不同的行为属性，因为并没有讨论这种区分能否最终站得住脚（参阅 I. 59），通过行为属性，上帝被理解为某些结果的原因，且很难搞清楚他是如何"促成这些结果的"，"原因"（cause）作为一种容易理解的表述，如果适用于上帝，就越出了共名。但由于我们将上帝作为绝对的完善的存在来理解，当我们说上帝是某物事的原因时，我们指的是上帝创世及其统治的善（参阅 I. 46）。通过关于属性的学说，迈蒙尼德不仅克服了各种可能的神人同形同性论，而且还回答了上帝具有的各种所谓的至善是否可以和他者相比，抑或某种我们所知的人类的完善（比如正义）是否可以被理解为神圣完善形式的组成部分：上帝的完善深奥不可测探。我们因此可以明白，我们所讨论的说法（尽管它有着哲学的渊薮）为何可以被认为的确有悖于圣经，但却仍然符合圣经原则（也即，隐而不彰的上帝从虚无中创世并非是为了增加善这一圣经教诲）的合宜表述。因为他是彻底的善，这种善不会因为其行为而有所增益。他的创世不需要任何条件,而是在绝对自由的状态下达成,因此,上帝的本质由"意志"(will)而非由"智慧"(wisdom)所标识(III. 13)。

在讨论单一性那三个篇章的第二篇,迈蒙尼德从关于神圣属性的思辨性讨论(与关于上帝自身的肯定性描述一样,被证明为不过是名而已)转向纯粹释经学意义上的关于圣名的讨论。释经学讨论所论及的依然是"否定性属性"(I. 62及65开头部分)。耳闻的圣名似乎已经取代了目视的圣像,而且,"名"已确然和"荣耀"及与荣耀相关的所有事物联系在一起。这个最神圣的名,即先于创世而存在的唯一属神的名(I. 61),由上帝晓谕给人(《出埃及记》6:2-3),而非由人类杜撰或创造;与这一事实相比,圣名的多样性带来的困难要小一些,因为,如预言所言,那日"耶和华必为独一无二的。他的名也是独一无二的"(《撒迦利亚书》14:9)。上帝无言,因此迈蒙尼德必须展开上帝的言、书及其言、行的停止问题(I. 65-67)。而且,由于现在很少人懂得希伯来语,最神圣的、唯一标识上帝本质并因此可能被认为能够引领我们超越人类思辨之限制的名,已确然不再为我们所知(I. 61-62)。所以,在最后一个讨论单一性的篇章(I. 68-70)也即第一卷的最后一篇中,迈蒙尼德重新回到思辨上来。更确切地说,是回到哲学上来。在这三个章节(即I. 68-70)中,我相信,[178]他提到哲学的频率远远高于整个关于上帝无形体性的讨论部分(I. 1-49),当然也远高于关于上帝属性的思辨讨论部分(I. 50-60)。在有关圣名的释经学讨论(I. 61-67)中,如果我没有搞错的话,他根本没有提到过哲学。带着哲人的支持,迈蒙尼德开始讨论智识的神圣属性(the divine attribute of intellect)——我们不禁会想起,它尤其与言辞的神圣属性(the divine attribute of speech)判然有别(参阅I. 65开头部分)。我们已经明白,在上帝那里,"智识、智识主体和智识对象"(intellect, intellecting, intellected)这三者是同一物,而非不同的三个东西,就像我们在实际思考中它们是同一的那样(I. 68)。迈蒙尼德在这里甚至没有稍稍提及这种可能性:"智识"适用于上帝与其之适用于我们,不过是共名而已。也许,上帝仅仅思及自身,所以,他的思考(intellection)仅是自我思考(self-intellection),因此是一和单一(one and simple),而我们的思考却不能以这种方式成为一和单一,但这并不与"智识"(intellect)之适用于上帝和我们时的单义性(univocity)相矛盾。我们说上帝"有生命"(living;参 I. 53),意思就是上帝自我思考。进而,"生命"(life)一词适用于上帝和我们时甚至不仅是同名而已。同样,对智识而言为真的情形对意志而言却不为真:意志行为(the act of willing)与意志对象(the thing willed as willed)并不如思考行为(the act of thinking)和思考对象(the thing thought as thought)那样同一。读者在下一章(I. 69)可能会发现,这个结论有助于理解迈蒙尼德对这种哲学观点的接受:根据此种哲学观点,上帝不仅是世界的起因或动因抑或是世界的最终因由,而且也是世界的形式,或者,用犹太传统的表述来说,是"诸天的生命"(the life of the worlds)——迈蒙尼德以此意指"世界的生命"(the life of the world)。

　　这已经足够清除迈蒙尼德有关单一性教诲所带来的迷惑和苦恼了。事物的真实状态在某种程度上隐晦难解,更不必说其他方面了,但通过某种形式的学习,《迷途指津》的一些读者无论何时都可能得出这样的结论:关于上帝属性的论述重述了新柏拉图主义的教诲,而新柏拉图主义在迈蒙尼德之前很久就影响到了犹太思想家;这些思想家某种程度上已成功地调和了新柏拉图主义和犹太教。但不同的人在处理这同一件事情时,却不必然一致。迈蒙尼德与先于他的异教的、伊斯兰教的、犹太教的新柏拉图主义者所做的工作当然不同。所有思想开放而有辨识能力的读者必然会震惊于迈蒙尼德上帝属性学说背后的隐秘上帝与对犹太祖先和摩西讲话的那个隐秘上帝间的差异,震惊于(用施特劳斯的方式来说)

犹太先祖和摩西对上帝的真确理解和未被启蒙的犹太人对上帝的理解间的差异。迈蒙尼德上帝属性学说的结果是：上帝赋予普通信徒以生命和光亮——这样的观念不适当，[179]具有误导性，且这种观念完全不存在，它不过是臆想的东西，是施骗者与被骗者的话题(I. 60)。对普通信徒而言的情况至少在某些程度上对《迷途指津》的读者而言相同。古旧根基的崩塌迫使迈蒙尼德去寻求一种新的基础：他被迫积极地考虑论证的作用，不仅要论证上帝的单一性，还要论证不完全在共名意义上的上帝的"存在"。因为迈蒙尼德明白，只要还没有通过论证确立起来，上帝的存在就令人可疑(I. 71)。于是他被带到这样一个节骨点上：他必须下定决心，是否要彻底转向论证一途。迈蒙尼德出示了三种证明上帝存在及其单一性和无形体性的途径：凯拉姆派的方法、哲人的方法和迈蒙尼德本人的方法(I. 71结末，76结末；II. 1结末)。迈蒙尼德不可能径直接受哲人的方法，但较之凯拉姆派的方法，哲人的方法更受他的器重，原因在于：凯拉姆派论证的起点不是如我们通过理性所知的世界，也不是事物具有确定本性这一事实，而是断定哲人所谓本性，比如空气的本性，不过是惯例而已，因而不具有内在的必然性：所有物事都可能与其所是完全相异。如果不依靠我们经由理性所知的东西，凯拉姆派的论证就无法成立，因为它与第一前提是上帝的绝对意志这一朴素的信仰相矛盾，它企图证明上帝是，因而必然起始于已给定的事物，同时，它又必须否认已给定事物的权威性。但哲人的起点却在于被给定的和被显示给理性的事物(I. 71、73)。

迈蒙尼德首先分析并批评了凯拉姆派的论证。他首先摆出凯拉姆派论证的诸前提(I. 73)，然后摆出基于这些前提的凯拉姆派的论证(I. 74 - 76)。迈蒙尼德的批评不仅局限于凯拉姆派论证的技术性层面。比如，世界被创造和随之而来的创世者存在，这两个命题的第一个证明假定，眼前可见的形体通过造主得以生成，他们还据此推断说，世界作为一个整体乃造主的创造。这一证明中，凯拉姆派没有利用任何特别的前提，该证明建立在无力或完全无效地对人为世界和自然世界之区分的基础之上。第二个证明建立在一个无论如何都不可能是无限的前提之上。将人类追溯到第一个人——亚当，然后将人追溯到泥土，接着将泥土追溯到水，再向上追溯到不可承兑的虚无——若非造物主的行动，水无法从虚无中生成(I. 74；参阅《论逻辑》第 7、8、11 章)。在这一证明中，源自圣经的要素不难识别。如迈蒙尼德陈述的那样，凯拉姆派的前提对凯拉姆派的证明是必要的(I. 73 开头和结末处)。[180]但这里的证明却丝毫没有遵循这些前提，因此，这些必要的前提并不充分。毕竟，凯拉姆派挑选其前提是为了证明律法书的基础：其前提的前提便是有待证明的基础。《迷途指津》的第一部分随着对凯拉姆派的批评落下帷幕，第二部分以"确立上帝之存在，并证明他没有形体，也不是含蕴在形体中的一股力量，而是'一'所需要的前提"开篇成章，也即是以哲人所确立的前提开篇。对有关上帝的普遍观念和神学提出批评之后，哲学出场，迈蒙尼德由此暗示，第一部分共七十六章是否定意义的，属于前哲学的范围，而随后第二部分和第三部分共一百零二章是积极意义的，有教化作用。换言之，第一部分主要处理的是经学解释和凯拉姆派问题，也即，它处理的是两个半逻辑半数学的主题，该主题的内容甚至在该书的书信体献辞中就已经讲到了。

　　凯拉姆派首先通过证明世界是被造的，来证明作为造物主的上帝是一，且没有形体。但它只能通过辩证或诡辩来证明那个前提。哲人们通过设想世界永恒，来证明上帝是一，且没有形体。但他们却无法证明这一设想。因此，这两种方法都有缺陷。迈蒙尼德的方法综合了这不完满的两者。他认为，"世界永恒"与"世界被造"完全相对，而上帝的存在、单一性和无形体性必然导源于这仅有的二者中的一个，这一基本的真理已为事实所证明(I. 71, II. 2)。但是得自相反前提的这两个结论绝不可能相同。比如，可能有人在二战前说过，无论德国赢得战争还是输掉战争，她都将繁荣兴盛。如果赢得战争，她马上就会变得繁荣起来；如果输掉战争，美国将会确保她繁荣起来，因为美国需要德国作为盟友以对抗苏联。但是，预言者将两种繁荣（一、作为霸主，独裁地统治和被统治；二、作为一个二流国家，施行民主统治）的差异抽象得没有了。如果上帝的存在通过假定世界永恒存在而得以证明，则这个上帝是静止的推动者，被认为仅思虑其自身，就此而论，他就是这个世界的形式或生命。如果上帝的存在通过假定世界的被造得以证明，则这个上帝乃圣经中的上帝，以意志为其特征，他的知识和我们的知识仅有共名而已。如果考虑到迈蒙尼德所描绘的情形，我们会发现，用迈蒙尼德的方式证明的不过是两种上帝观念中共通的部分，或不过是作为纯粹理智的上帝和作为纯粹意志的上帝中间的那一部分，抑或超越了它们两者之差异的那一部分，又或仅作为理智和作为意志之共名的那一部分。这样被理解的上帝正是上帝属性学说中所描述的上帝：迈蒙尼德［181］上帝存在的证明证实了他在前文仅作为断言提出来的上帝属性学说。因而，他所理解的上帝比起哲人的上帝来说，要更超越现世，甚至比起圣经中的上帝来，也同样如此。对上帝的这种理解为在理论上和实践上最基进的禁欲主义奠定了基础（III. 51）。换言之，相反的两种假定都导向一个作为最完美的存在的上帝，尽管萨比教徒认为他们的上帝，即昊天和星星，是最完美的存在（III. 45）。一般而言，所有人在将上帝理解为最完美的存在时，意指上帝是最完美的可能的存在。在紧随其后的证明的观照下，上帝属性学说导出了作为最完美的存在的上帝，其完美性由这一事实表征出来：上帝的理智和意志无法区分，因为它们两者都等同于上帝的本质（参阅 I. 69）。而且，由于这个世界既有必要是永恒的，又有必要是被造的，因此，我们有必要收回对理智和意志的区分。一般来说，《迷途指津》中，迈蒙尼德在理智和意志可区分与它们必须根据不同讨论主题的要求相区分(因此必须把上帝理解为理智抑或是意志)这两种态度之间游移(参阅 II. 25, III. 25)。举例来说,在对全知的讨论中——在这同一个地方,他再一次提出了有关想象和理智相应的等级问题——通过诉诸理智与意志之间的一致性,迈蒙尼德解决了由上帝的全知与人类自由之间明显的抵牾所带来的难题(III. 17),尽管在讨论圣经戒律的因由时,迈蒙尼德倾向于认为戒律源出于上帝的理智,而非源出于上帝的意志。

《迷途指津》的读者不仅要对迈蒙尼德式的结构框架小心谨慎,对其所有的迂回曲折,也要同样谨慎小心。在这样做的时候,他必须牢记,基本事实的证明与对此证明的讨论很快就推进到对单一性的讨论之中了,或者说,对单一性的讨论构成了从释经学向思辨的转移。如果世界,或更确切地说天,是被造的,则它由某个行为者所造就是自明的,但这并不必然会推出造主就是一,更不用说推出绝对的单一与无形体。另一方面,如果宇宙永恒,如亚里士多德所言,则可推出上帝存在,上帝没有形体,但根据这个假定,则诸天使或各独立理智中的每一个都是诸天的一个推动者,与上帝一样永恒不朽(参阅 I. 71, II. 2、6)。因此,严格意义上,一神论是否可证就成了一个问题。迈蒙尼德确实说过,上帝的单一性及无形体性可以从某些哲学证明推出,它们不以世界的永恒及其创造为前提。但至少,这些证明是否在事实上真的不以世界永恒为前提尚不十分明晰(参阅 II. 2, II. 1)。[182]再者,如果真的存在这类证明,出于暂时认同世界永恒,以证明上帝的存在、单一性和无形体性的缘故,人们也会被引诱着说丝毫没有此种需要。尽管迈蒙尼德特别强调存在这种需要。然而,这些难题,以及与此相似的难题中没有一个在任何意义上是最严肃的问题。因为,虽然律法书对上帝的单一性、存在及其无形体性提出了要求,但这种信仰与世界永恒的信仰相矛盾,与对律法书的无效拒斥相矛盾——律法书的确立与否由对创世的信仰所决定。因此,职责所系,迈蒙尼德需要表明,亚里士多德或亚里士多德主义者所认为的世界永恒的观点已被证明为假:世界的永恒存在,作为上帝存在及其单一性和无形体性证明的基础,是一个有问题的假定。拒绝亚里士多德主义者的主张,以便确立起律法书意义上的创世可能性,其理由并不充分,因为这世界虽不必然永恒存在,但却仍有可能是用永恒的物质创造出来的。于是,迈蒙尼德被迫抛弃或至少要对其起源论的根基进行细致析取。至少在模糊由物质而造和由无中生有这两者之界限的意义上,对起源论的析取(世界要么永恒存在,要么就是被造的)并不彻底。它带出了亚里士多德和律法书的对立,却隐藏了在柏拉图《蒂迈欧》(*Timaeus*)中表述出来的那种调和的可能。柏拉图版本的世界永恒存在学说与律法书并不抵牾,因为,虽然亚里士多德的版本排除了任何奇迹的可能性,但柏拉图却没有排除所有奇迹的可能性,而且这也是不可能的。

  迈蒙尼德并没有指出,柏拉图的教诲排除了哪些奇迹。这里马上会出现两个可能的答案。其一,根据自然,有生成者将消亡,但根据律法书,以色列和高尚者的灵魂虽有生成,却不会消亡,由于他们向后的永恒是一个奇迹,这种奇迹更符合从虚无中创世,而非从永恒之物中创世。其二,上帝对以色列特别的佑护(据此,以色列如遵从上帝,则能兴旺发达,否则,将命途悲惨)很可能为柏拉图所否认,柏拉图关于神佑的教诲似乎与《约伯记》表述出来的看法一致:神佑自然地追随着个体的人的理智。根据他对亚里士多德学说与律法书的教义之关系的判断,迈蒙尼德以大量的论证证明,亚里士多德的学说尚未得到证实,且不可论证。至于柏拉图的学说,出于它尚未得到证实这一追加的理由,迈蒙尼德明确地拒绝予以关注。① 这个理由多少有点奇怪,因为根据迈蒙尼德所言,亚

---

① 《迷途指津》II. 13、25 - 27、29, III. 18; *Yemen* 24, 7 - 10; *Resurrection* 33, 16 - 36, 17;《星象学书简》(*Letter on Astrology*),第 19 节以下, Marx。

里士多德和圣经的学说也都未经证实。[183]基于将可能(the possible)界定为可想象(the imaginable)或自洽(nonself-contradictory),抑或由于我们的知识匮乏而无法予以明确陈述的事物这个前提,迈蒙尼德利用凯拉姆派的论证来批评亚里士多德的学说。该前提排除了这种意见:可能之物就是能够存在的事物,它或者与我们讨论的事物之本质一致,或者与那些具有可用的特定基质的事物相一致(参阅 I. 75,II. 14,III. 15)。读者必须搞明白,为他所乐见的这个前提具有哪些前提?迈蒙尼德又是如何判断这些前提的?而建立在我们所讨论之前提基础上的论证,是否不仅无法支持可见世界的永恒存在,也不能支持物质的永恒存在呢?

无论如何,因为被迫质疑亚里士多德的学说,迈蒙尼德不得不对亚里士多德关于天体之描述的充分性提出质疑。这种质疑在如下断言中达到顶点:亚里士多德对月球以下的世界的确拥有完善的知识,但对天上的事情却几乎没有任何知识,最终,人作为人,并不拥有此类知识:人只拥有地球和尘世事物(也即,形体的存在和含蕴在形体中的存在)的知识。如《赞美诗》115:16 所言:

> 天,是耶和华的天。地,他却给了世人。

因此,迈蒙尼德认为,有关神佑的真理,也即神学的真理对人类的生活至关重要,它只源于我们对尘世现象的观察。即使是对天体的第一推动力的证明,即对上帝存在及其单一性和无形体性的证明,也都是让人费解的问题,更不用提其他独立理智的存在了(II. 22、24;参阅 II. 3、9,III. 23)。然而,据说正是天体知识为我们提供了上帝存在的最佳证明,甚至是唯一的证明(I. 31)。迈蒙尼德此前曾说,关于神圣之物,我们只有极少量证明的可能,而关于自然之事,则有大量证明的可能。至此,迈蒙尼德似乎在暗示,关于存在的唯一真实的知识乃自然科学或部分的自然科学。显然,我们不可能置这一明显的暗示于不顾。至少,有人会说,这一奇怪的评论出现在迈蒙尼德以星象学的名义,更确切地说,在他摆出哲学的宇宙论和数学的星象学之冲突(他称此为"真正的困惑":星象学赖以立基的假设不可能为真,但我们单凭它们,就可以用圆周均衡运动这些语词,对天体现象给出一套说明),对亚里士多德的天体理论提出质疑的语境中。星象学展示了天体循环复归的必然性,以计算和预测那些在哲学意义上不被采信之物事的可能性(II. 24)。

我们不得不更多地强调迈蒙尼德的困惑之处,而非其肯定性的地方,并且尤其强调他对律法的[184]积极而老练的辩护,因为较之前者,后者更容易理解。除此之外,那些乍看起来仅具否定性的事物,仅在所有解放(不仅是解放某物,也是从某物中被解放出来)都意味着否定性成分的意义上成立。因此之故,或可用我们以之开篇的那段迈蒙尼德的话为此文作结:

> [《迷途指津》]是一把钥匙,人们可用它进入一些大门紧锁的地方。一旦人们打开那些大门,进入那些地方,他们的灵魂能平静安然,他们的双眸就能看到怡人的景象,而他们的身体也会从艰辛的劳作中得到舒缓。

七　帕多瓦的马西利乌斯

曹聪译

[185] 马西利乌斯（Marsilius），其主要作品定名为《和平的护卫者》(1324)，他是个基督教亚里士多德主义者。但是，他的基督教精神和他的亚里士多德主义都与最负盛名的那位基督教亚里士多德主义者托马斯·阿奎那的信仰存在深刻差异。和阿奎那相比，马西利乌斯仿佛生活在另一个世界。在整部《护卫者》中，他仅提到一次阿奎那，即便如此，他声称引用阿奎那时，实际上只是引述了另一位基督教权威作家的观点，阿奎那在其选编的一部文集中收录了这个观点（附有那位作家的大名）①。阿奎那接受了罗马教廷的传统教会政制。马西利乌斯承认，基督教神职阶层被神圣地确立为有别于基督教信众，二者都是基督教秩序的组成部分；但他否认教会等级制度是被神圣地确立的。根据他的说法，所有基督教教士本质上在神圣权利所及范围内的方方面面全都平等。他还否认任何一位教士，哪怕主教或教皇，凭借神圣权利拥有任何下列权力：命令或强制的权力；决定是否以及如何对叛教者和异教徒行使强制的权力，无论他们是臣民还是君主；用一种具有法律约束

---

① 帕多瓦的马西利乌斯，《和平的护卫者》，附有导言的译本，Alan Gewirth（纽约：哥伦比亚大学出版社，1956），II 13.24（Dictio 版卷II，段169）。[译按]以下简称《护卫者》。

力的方式决定何为正统何为异端的权力。不过,我们不能深入探讨马西利乌斯的教会学说,尽管它在政治上极为重要,尤其在宗教改革期间,因为那种学说与其说属于政治哲学,不如说属于政治神学。遵循这种区分,我们没有歪曲马西利乌斯的学说,因为他本人贯穿他作品始终都区分"人类的证据"所能"证明"的学说与由上帝直接或间接启示,进而被简单的信仰而不是被理性接受的政治学说。① 这并非要否认他学说中关于基督教神职阶层的原则提供了解决他作品中 [186] 充斥的几乎所有困难的钥匙,因为那原则解释了他对亚里士多德学说毫不隐瞒的背离。

在政治哲学原则方面,马西利乌斯把自己表现成严格的亚里士多德的、"神圣哲人"或"异教圣人"的追随者。② 他完全赞同亚里士多德关于共和国目的的看法:共和国为美好生活存在,美好生活在于致力于成为自由人这项活动,也就是说,在于实践的及沉思的灵魂的德性训练。尽管实践性的或公民的幸福"似乎是"人类活动的目的,事实上形而上学家的活动远比文治武功的明君的活动更完满。③ 马西利乌斯完全赞同亚里士多德把共和国目的视为共和国本身及其部分的其他原因(质料因、形式因和动力因)的基础。马西利乌斯在其他许多关键之处也赞同亚里士多德。他唯独在一点上反对亚里士多德:亚里士多德不知世俗社会的一个极其危殆的痼疾,一桩必须清除的"恶事,人类共同的敌人"。这种无知无损于亚里士多德的卓越智慧。亚里士多德不知道讨论中的这场"瘟疫",因为他不可能知道,因为这是一个奇迹的偶然结果,最有智慧的人也比这奇迹本身更难预见到它。这奇迹就是基督教启示,而这个危殆忧患来自根本没有经文支持的基督教等级制主张——这

---

① 《护卫者》,Ⅰ9.2。
② 同上,Ⅰ11.2 开头和 16.15 结尾。
③ 同上,Ⅰ4.1;1.7。Ⅱ30.4 结尾(对比Ⅰ6.9 第一段)。

些主张在教皇掌握充分权力这个观念中达到顶峰。马西利乌斯宣称,这正是他将要处理的唯一政治痼疾,因为亚里士多德早就恰当处理过其他的。① 所以人们甚至不该期待在《护卫者》中找到一种完整呈现的政治哲学。这部作品作为亚里士多德《政治学》的附录引人关注,后者或许可以说是处理世俗社会的痼疾。

然而,亚里士多德没能意识到世俗社会一个异常重大的弊病,这只不过是他根本错误的另一面而已:他是个异教徒。然而,那个错误仅在一点直接影响他的政治哲学:关于神职阶层的学说。他不了解正确的基督教神职阶层,只知道错误的异教神职阶层。这并不意味着他关于神职阶层的学说完全错误。相反,在政治哲学内部这种学说大体正确。他清楚地看到,神职阶层构成共和国的一个必要部分,甚至是一个高贵的部分,但是并不能作为统治部分:神职人员不能拥有统治或审判的权力。他也清楚看到,能否成为神职人员不可完全取决于个人;神职人员的数量和资格,尤其是关于是否允许外国人在共和国任神职,这些由共和国政府决定。基督[187]教启示与这种经过论证的学说并不矛盾,②因为启示的确要超越理性,但并不对抗理性。这并非全部。亚里士多德确实不了解神职阶层的真正基础,它只能是神圣启示。但即便不是亚里士多德,也有其他哲人(作为哲人,他们不信来世)被断定设计或接受了带有彼世赏罚的神圣法,因为他们认为赏罚可以诱导非哲人在今生避开恶行并培育德性。基督教是一种真正的神圣法,相信死后赏罚的基督教信仰是真信仰;基于基督信仰,有人也许确实可以说,共和国既指向尘世幸福,也指向超越世俗的极乐。但是,由于这个超越世俗的目的无法被认识或证明,政治哲学必须把这个目的设想成一种旨在推进尘世目的的假设手段。此外,尽管基

---

① 《护卫者》,Ⅰ 1.3–5,7;19.3 和 8–13。
② 同上,Ⅰ 5.1;15.10;19.12 结尾。Ⅱ 1.4;8.9 到结尾;30.5(段 2)。

督教专门或主要关注来世,它同样让人们的来世命运依赖于他们如何过尘世生活,而且它也承认,相信死后奖惩对政治也有好处。① 异教哲人们的推论因而也就是正确的,进一步可以说这构成论证完备的政治学说的一个部分。无论如何,这种推论导致把马西利乌斯本人也接受的"宗派"(sect)这个哲学概念,当作由某种特殊神圣法信仰或由某种特殊宗教构成的社会;这个概念兼具所有假设的与真正的神圣法,因为真宗教的真理躲避开了作为哲学的哲学。宗派这个在宗教上中立的概念是马西利乌斯政治科学的一个本质部分,正如它曾经是阿尔法拉比政治科学的一个本质部分。② 这引出神职阶层的理性概念,依照这个概念,教士本质上是教师而非统治者或法官:在任何神圣法下,教士的本质职能是传授一种关于来世赏罚的教义,或者更一般地说,传授他们所处社会恰好笃信的神圣法。教士们是唯一的教师,他们作为教师构成共和国的一个部分。③ 根据亚里士多德的《政治学》,神职人员构成共和国六部分之一,但他们的职能不在教书。马西利乌斯在这点偏离了亚里士多德,然而,这一偏离并非基于一种误解;他是在字面上偏离亚里士多德,而非偏离他导师的精神。通过断言神职阶层只是共和国的本质上献身于传播教义的一个部分,马西利乌斯将我们的注意力引向这个最重要的事实,即,根据亚里士多德,哲人不仅不能像柏拉图说的那样,成为最佳共和国的统治部分,他们甚至不能成为任何共和国的这个部分,因为共和国之为共和国的目的并非沉思完满:城邦和国家都不搞哲学。

一般的异教哲人,尤其是亚里士多德,都精心炮制了关于神职

---

① 《护卫者》,Ⅰ4.3–4;5.11;10.3。
② 同上,Ⅰ5.2,3,13;10.3。Ⅱ8.4 结尾。(但是对参Ⅱ16.17 中"宗派"的贬义含义。)
③ 同上,Ⅰ5.12;19.4(102,22,Previté-Orton)和 5 开头。Ⅱ6.10 结尾;10.6;20.13。注意马西利乌斯没有引用《申命记》33:10。

阶层的理性学说,这个事实并不[188]意味着亚里士多德在该论题上的所有学说都正确。根据亚里士多德,神职人员的活动不如统治者的活动那么高贵或完美,但是按照"基督徒的法",并且唯独按这种法,教士的活动是最完美的活动。根据亚里士多德,只有上层长者应担任神职,这是基督教否认的另外一点。最后,根据亚里士多德,神职人员只是单纯的城邦民,但是,由于基督教教士应该效仿基督,因而应该过一种福音派清贫而又谦卑的生活,那么似乎他们绝不应该染指凯撒的事业。①

亚里士多德讨论过的这种共和国痼疾危及这样或那样类型的政府,或者说让好政府不可能实现。但在马西利乌斯看来,《护卫者》关注的那种痼疾让任何政府都不可能,因为它摧毁了政府的统一和法律秩序的统一,或者说,它引发持续的无政府状态,因为它坚持这个信念,即基督徒在这个世界上受制于注定有冲突的两个政府(精神的与现世的)。这种痼疾不仅危及美好生活或和平硕果,共和国就为此而存在,而且危及仅仅作为实现共和国真正目的之条件——尽管是必要条件——的简单生活和惯常和平。我们从这一点看到马西利乌斯著作的标题是多么恰当:这本书是和平的护卫者,而非信仰的护卫者,而且只守护和平——重复一下,并非由于和平是至善或唯一的政治性的善,而是由于作为那个时代的一本小书,这本书主要关注那个时代的痼疾。这就是马西利乌斯表面上降低其眼界的原因。于是,他抽离掉关于最佳政制的问题,但却并不否认其重要性:任何政制都好过无政府状态。于是,他更关注的只是法,关注法本身,而不是好的法律或最佳法律,更关注的只是政府,而不是最佳政府。于是,他满足的仅仅是同意,作为一种区别于同意到何种程度的合法性标准。亚里士多德可以说已经为马西利乌斯的困局做好准备。当马西利乌斯实际上说,法本

---

① 《护卫者》,Ⅰ 5.1,13。Ⅱ 13 - 14;24.1 结尾;30.4(段 1 结尾)。

七　帕多瓦的马西利乌斯

身毋须好或正义,而完美的法必定正义时,他完全赞同亚里士多德的这个说法,即一个统治者进行不义的统治,他仍然是个统治者,或者说,他赞同亚里士多德的用法,其实也是一般意义上的用法,这让我们得以谈论坏的或不正义的法律;姑且不说这个事实,当亚里士多德用自然的奴隶制对抗律法的奴隶制时,他所指的法当然不是一种正义的法。当马西利乌斯经常或主要抽离共和国朝向德性运作这个事实时,他的做法与亚里士多德观察到的实情完全一致,即几乎所有城邦都和德性无关——这个发现并不阻碍亚里士多德称这些坏城邦为"城邦"。①

马西利乌斯对亚里士多德唯一的保留[189]是亚里士多德作为异教徒这个事实的直接结果。这只是碰巧涉及政治哲学或理性政治学说。尽管如此,根据亚里士多德,最佳政制是统治自己城邦的贤人施行的统治,一个相当小规模的城邦,他们能够这样做是因为他们是富裕阶层的人。在一个基督教的社会,他们必须统治基督教教士以及教会,这种人怎么会被认为是统治者呢?因为,在一个基督教社会,教士的活动要比那种统治者的活动更加高贵。更进一步,教会是普世的。最后,在基督教世界里,最优秀的基督徒必须过着依照福音书的贫苦生活。这就是马西利乌斯认为自己必须去解决并且解决了的问题。

由教皇来掌握充分权力,这条教义似乎以最清楚简单的方式解决了如何协调亚里士多德原则(致力于最高贵实践活动的人应该有能力统治)和基督教原则(教士的活动比那种贤人的活动更高贵)的问题。马西利乌斯教导说,在每个共和国中,最根本的政治权威并不是政府或统治部分,而是人类立法者;这个人

---

① 《护卫者》,Ⅰ1.1;8.4;10.4-5;15.1;17。Ⅱ4.5;8.9;28末尾。《政治学》1255b13-15;1276a1-3;1282b7-13;1324b7-9;1333b5以下。《尼各马可伦理学》1180a24-35。

类立法者就是人们,就是全体城邦民。于是,他以这个学说回避了政治哲学界限内的这个结论。用卢梭的话来表述这个思路就是,马西利乌斯宣布唯一的合法主权者是人民,但是这个主权者要与政府区分开。如此一来,他就成功地让基督教教士从属于基督教信众,让基督教贵族从属于基督教人民或民众。但是,采取行动时,他似乎公然脱离了他崇敬的导师的学说,他的导师或许可以说把主权者等同于政府;而且,尤其是,比起人民主权或人民政府(民主制),他的导师更加偏爱贤人主权或贤人政府(贤良政制)。

马西利乌斯接受亚里士多德的说法,根据这个说法,民主制或平民统治是坏政制,农民、手艺人和赚钱的人构成了平民,他们并不是共和国最严格意义上的组成部分,但这并没有让马西利乌斯解决这个困难。他甚至还强化了这个困难,因为他将下述学说归给亚里士多德本人:立法权力必须完全在全体城邦民手上;政府应该由全体城邦民选举并对它负责;政府必须严格依照法律统治,如果它违背哪条法律,就要受到全体城邦民惩罚。这个被归给亚里士多德的学说要比亚里士多德的真实学说民主得多:在全体城邦民中,按照马西利乌斯对它的理解,平民比重很大,更不用说还要扮演决定性的角色。马西利乌斯用来支持其学说的那种有利于平民的论证,实际上几乎等于亚里士多德在他从有缺陷的政制到贵族制(或者说王权政制)的[190]上升过程中谈到并考察的那种支持民主制的论调。马西利乌斯乐此不疲地在这个文本中详加引述亚里士多德,尽管并不是没有奇怪的曲解。更奇怪的是,他在这个文本中对亚里士多德反民主的论证居然完全不置一词。他详述了这种反民主论调,对亚里士多德却略去不谈。他只为这种反人民立场引述了一个权威——睿智明君所罗门的说法,他说"愚人的数量数不清"。马西利乌斯在他的平民论推论中没有引述任何一段《圣经》;这样一来,他就让我们感到一丝疑惑,让我们认为《圣经》,

或至少所罗门,也许支持贵族制。然而,他这样处理这种可能性,他提出,圣人所指的愚人或许是异教徒,他们尽管在世俗知识上有智慧,却完全是愚蠢的,因为,根据保罗的说法,尘世的智慧对上帝来说愚不可及。从这一点就得出,虔诚的人,以及为数更多的虔诚的大多数,是真正智慧的,因而足以胜任制定法律和选举国王或地方官。

至少还有另一个关于马西利乌斯的评价表明,他对人民的信任总体上源于他对基督教世界的权威的关注,而不是对权威本身的关注。他实际上是说,给大多数人赋予立法权和选举执政官的权力的必要性,不如委托大多数人选举教士并且让教士离开他们的教士官职的必要性那么明显;因为在选择教士上出错会导致永恒的死和对此生的巨大伤害。这种伤害就在于女人的诱惑,在女人向教士忏悔自己罪孽的过程中发生秘谈。很明显,最简单的公民,当然也就是那些虔诚的大多数,他们有能力像最博学的人一样,判断任何一个教士在这类事情上的可靠程度。马西利乌斯还提出,所有信众的整体绝对可靠,因为其慎思由圣灵指引,不同于仅仅作为公民的公民整体。① 到目前为止,对于民众政府最重要的论证由最纯粹形式的教会这个例证支持。在最纯粹形式的教会中,没有基督教君主,教会仅由教士和一大帮受管束的平信徒组成。严格说来,在那个时代"教会"仅指信徒整体,因此所有基督徒都是教会的人。因此,传统对于平民与僧侣的区分必须被激进地修正为有利于民众。与早期教会的实践活动一致,所有神职人员的推举活动都属于多数信众全体。下述事实不但没有削弱,反而强化了这个推论,在早期教会中,多数人没有教养且缺乏阅历;倘若即便那样,主教都经常由

---

① 《护卫者》,Ⅰ5.1,13;8.3;11(尤其是11.6);12.3,4;13.1,3,4。Ⅱ17.10-12;21.3和9结尾。《政治学》1281a40以下(尤其是1281b23-25)。

多数人选举产生,[191]那么在信仰已经根植于臣民和君主之后,这个程序就再合适不过了。①

让我们回到政治哲学的边界,更近距离地考虑马西利乌斯关于人类立法者的学说。在五十二章中,他用整整两章篇幅处理那种学说的主张、证据与辩护。他把三条证据增加到四条,但是正如他所说,第四条证据几乎不超出前三条的总结。(1)立法权应当属于最佳律法可以出自他们的那种人,但这是整个公民体;一个原因是,没有人会故意伤害自己,我们可以补充说,因而当人人都考虑自己利益时,没有谁的利益会被忽视,或者说所有人的利益都会得到充分满足。(2)立法权应当只属于那些能够最好地确保制定出来的法律会被遵守的人,但这就是整个公民体,因为每个公民都更遵守一种"在他看来已经强加给他"的法,哪怕这不是好法律;原因在于,每个公民不仅是一个自由人,即,不服从一个主人,而渴望成为一个自由人。我们注意到,这个论证造成一个马西利乌斯从未讨论过的难题,即关于神授的法进而甚至显得不是强加给自己的法的难题。(3)能够给每个人,进而给所有人带来益处或伤害的东西,应该街知巷闻,因而所有人和每个人都可以得到益处并抵制伤害。对该学说的辩护由三个论证阐明,这三个论证主要来自亚里士多德提出的平民论推论。在后一组论证的第二个论证中,马西利乌斯提到教会法的寡头或僭政特征,以此阐明了将立法权托付给少数人或一个人的危险。② 马西利乌斯的平民论论题于是就显得来自他的反教权主义。

马西利乌斯没有把基本的政治权力,即人类立法者的权力,简单地归于整个公民体,而是归于"整个公民体,或者其较强健或较卓越的部分"。较强健或较卓越的部分指的当然不是不加限定的

---

① 《护卫者》,Ⅱ 2.3;15.8;16.1 和 9 开头;17.5,7-8;10;28.3,17。
② 同上,Ⅰ 12-13。Ⅱ 23.9,13 开头;24.11;26.19;28,29。

多数人。较强健或较卓越的部分取代了整个公民体,必须从数量和质量两个方面来理解它,因此平民也许不完全受更优秀的人支配,后者也不完全受前者支配。马西利乌斯草拟的这个解决方案或许可以称作一种"政体"——一种寡头制与民主制之间的折中——假如它不是出于这个事实,即"政体"是一种政府形式,而马西利乌斯讨论的是不同于政府的主权者。更进一步,在亚里士多德意义上,民主制下,普通人充分参与审议和裁判,而马西利乌斯把这些职能保留在有别于整个公民体或其强健卓越部分的政府或统治部分。① 毕竟,正如马西利乌斯已经在这些详细处理人类立法者定义的篇章中揭示的那样,人类立法者会把他的立法权授权[192]给一个或一些人。马西利乌斯于是就让人民主权仍然完全蛰伏。他宣告人人实际参与立法的益处非比寻常,与此同时,他又把这种参与当作无关紧要的东西取消掉。我们必须更进一步说,他收回了大众主权的那个原则。他把政治实体中统治部分的位置比作人体中心脏的位置:正是这个部分把其他部分塑造成政治实体。不过,倘若确实如此,统治部分就不是来自一个预先存在的主权者、人类立法者或者人民,也就是说,那个由政治实体所有部分各司其职组成的整体,而其实是来自所谓的主权者的原因。遵循这一点,马西利乌斯把共和国中统治部分的地位比作宇宙中第一推动者的地位,也就是那位亚里士多德意义上的当然无须服从宇宙其他部分制定的法的那位神的地位。简言之,马西利乌斯回到亚里士多德的观点,依据这种观点,人类立法者(主权者)与统治部分(政府)一致,或者说,依据这种观点,更强大或卓越的部分与统治部分一致;因为在每种稳固的政治秩序中,统治部分无论由一个人,还是由一些人,还是由多数人组成,都必然是较为强大或卓越的部分。马西利乌斯甚至明确把统治者等同于立法者;比方说,他

---

① 《护卫者》,Ⅰ 5.1,7;8.1;12.4。Ⅱ 2.8;4.8;8.7。

称罗马皇帝为立法者。他没有止步于人类立法者可赋予统治者"充分权力"这个说法。他更进一步说,统治者把他的地位归因于"人类立法者或任何其他人类意志":统治者可以把他的地位归因于他本人的意志。①

如果统治部分是立法者,它就不会简单地服从法律。即便在一个共和国,有时执政官个人为拯救共和国也有必要做些不合法的事情,正如西塞罗平息喀提林阴谋时的做法。当马西利乌斯提出统治者只服从神圣法的时候,我们一定不要忘记,根据他的说法,神圣法本身既对人类理性来说不可知,它本身也无权支配这个世界。更进一步,如果统治部分(政府)是立法者(主权者),人民主权按照平民论假设不用受惩罚,出于同样的理由,政府行为不当的情况也就不用受惩罚。② 总而言之,马西利乌斯的平民论学说尽管有着教条口吻,他的平民论主张被证明与亚里士多德《政治学》关于民主制的论证一样,都是临时性或试验性的,尽管是以一种不同的方式。

把《和平的护卫者》当作一部政治哲学论著来看,它的特征在于,它在断然提出的同时又确实收回了大众主权学说。事关政治社会根基的这个令人吃惊的矛盾究竟有什么意义?[193]马西利乌斯在平民论与人们可以称之为君主专制主义之间的摇摆不定意味着什么?有人会说,当人民被理解为神职阶层而非任何别的东西的反面时,他站在人民一边,当对抗教皇的时候,他选择古代或中世纪的罗马皇帝一边。换句话说,一旦有人假设,正如某些学者所做的那样,《护卫者》受到反教会主义而非任何东西启发写成,矛盾就消失不见。他需要他的反教会论证有个平民基础,因为他必

---

① 《护卫者》,Ⅰ4.4(13,20);8.5;10.2;12.3;13结尾;14标题和结尾;15.5-6;16.21;17.9。Ⅱ5.4(149底);8.6;21.2;30.4(485,19-21——这一章的两个核心部分之一)。Ⅲ开头。《政治学》1296b14-16。

② 《护卫者》,Ⅰ14.3;15.4;26.13。对参Ⅱ3.15和30.6。

须将关于教会的公认意见诉诸《新约》。《新约》尽管强有力地支持了服从绝对君主或专制者的需要,却并没有支持马西利乌斯的主张,即只需要有别于教士们的世俗基督徒统治者,就能统治好教会中关系到人在尘世命运的那些事情(惩罚异教徒和叛教者,开除教籍,财产,等等之类的事宜);但是《新约》显得给这种观点提供了某种支持,即关于这类事务的决议,要取决于全体信众,而不是仅仅取决于教士。马西利乌斯的"公民整体"只不过是"信众整体"的哲学或理性对应者,他需要这样一个对应者,以便给他的反教权主义提供最广阔的可能基础:理性与启示都为反教士统治发声。这种解释意味着,作为《护卫者》特征的根本自相矛盾是一种有意识的策略的有意识结果。这种解释及其意味都可辩护;然而,它们没有解释马西利乌斯的平民论的某些特征,也没有解释与完全可以归于马西利乌斯的那个策略类似的那些策略的本质特征。他们无法解释后者,因为把马西利乌斯设想为一个或许老练但极不审慎的政治家或鼓吹者远远不够。

为寻求一条走出困境的出路,让我们来探讨马西利乌斯那种既不受政治神学也不受反神学预设影响的学说:他的君主制或君主政体学说。他说,君主政体"或许"是最好的政府形式,但是他把探讨世袭的抑或民选的君主政体更可取的议题当作自己的任务。他只在一个章节处理这个问题,但是那一章比表面上打算建立大众主权的两章都要长。他决定赞同严格意义的民选君主政体,也就是说在这种君主政体中,任何君主,而非某个君主及其后裔,都是民选的。这个决定或许让他承欢于教皇,但更有可能的是承欢于德国皇帝。德皇那时正与教皇斗争到白热化,他很快成了马西利乌斯的保护人;这并未让他承欢于比如法国国王。① 然而,他的冒险要想成功就必须赢得所有世俗君主好感,这冒险的目标是根

---

① 《护卫者》,Ⅰ 9.5–7;15.3 结尾;16。Ⅱ 24.2。

除教皇的完全充分权利及任何相关事情。[194] 进而可以假设,他对民选君主政体更甚于世袭君主政体的偏爱,属于他最终的或严肃的政治主张。他当然从未像他否认大众主权学说那样否认这种偏好。他用以支持民选王权政治的论证,可以归为一个单独的考虑。统治者最为重要的品质是审慎,因为人类事物千头万绪不容许一种凭借法律的充分管理,而审慎恰巧不可世袭。审慎是一种与单纯的机灵不同的实践智慧,它与道德德性密不可分,反之亦然。制定又好又正义的法,就更是尤其需要审慎。尽管审慎这样说来极其重要,它本身却世所罕见;自然所孕生的人中仅有一部分具有审慎天性,能实现这种潜能的人就更是凤毛麟角。上述考虑并非暗指世袭王权不合法;它仅仅意味着世袭王权这样一来就次于民选王权。在多数国家的所有时期,以及在所有国家的政治生活开初,所有人都尚未开化之际,世袭王权或许比民选王权更加可取。因为,在多数国家的所有时期,以及在所有国家开国或衰败期,审慎在某种程度上最多保全得了一个家族,因此也就不存在审慎的选民。民选王权优于世袭王权,是因为前者适用于一个完美且文明的共和国,而后者则适用于一个尚不完美或无可救药的未开化社会。①

那么,这一考量就导致了如下结论:对一个完美或文明的共和国来说,一群审慎者的统治,也就是贤良政制,还是要比哪怕是民选的君主制更适宜,因为如果在一个共和国里有一群审慎的人,正如在一个完美的共和国的情况下,那么就没有理由剥夺除一人外的所有人的最高荣耀;那些被不正当地剥夺合理参与政府权的人将会正当地密谋叛乱。马西利乌斯用整整一章来证明假如政府由一群人而不是一个人构成,政府必不可少的统一就绝不会被损害。

---

① 《护卫者》,Ⅰ 7.1;9.4-7,10;11.3(42,14-15);14.2-7,10;15.1;16.11-24(尤其是16.17)。

不只世袭王权,包括王权本身,都只适合那种只有极少数人适合统治一个共和国的时代和地域;比方说,在共和制末期的罗马。君主制是一种在家事上比在完美文明社会更适宜的治理方式。贤良政制不同于王权政制,它只可能出现在最顺利的情况下,因而这种情况极其罕见,这绝不与这一事实矛盾,即它是自然的政制。马西利乌斯论称,如果教士们像他们本该是的样子,教会的总理事会只由教士组成,因为参与这样一个组织的最重要的要求就是广博的神圣法知识,这是智慧的最高形式;但是教士们并不是他们本该是的样子。这等于是说,原则上讲,[195] 贤良政制,或者智者的统治更可取;只不过因为教会不再是贤良政制——正如马西利乌斯不厌其烦地重复——而是如今的寡头制,它需要由外人中最好的部分来改良;在教会中,这个外人指的就是民众部分。在他的平民论论证中,马西利乌斯指出,设计和审查法律是审慎之人适合做的事情;社会的其他成员在这件事上能做的不多,如果要求他们做的多于当"形式上"的批准者,他们就只会在履行必要职责时造成妨碍。这种大众批准法律的做法似乎确实切实可行,因为这样有可能让大众更愿意服从法律。①

马西利乌斯在平民主义与绝对君主制之间的这种犹豫不决,或许可以说指向两种错误极端之间的正确折中——贤良政制。用来支持绝对君主立法权的说法也有利于这样一个主权政府,它由一个城邦的审慎之人组成,每个这样的人的地位都来自前任的推举,而不是大众选举;用来支持"整个公民体较强或较优秀部分"立法权的说法有助于事实上在每个城邦中较强或较优秀部分的利益;就政治上的卓越来说,他们既不过于年轻或稀少,也不过于年迈或庞大,也

---

① 《护卫者》,Ⅰ 2.2;3.4;9.10;11.5 结尾;12.2;13.8;14.9;16.19,21,23;17。Ⅱ 20.2 结尾和 13-14;对比 Ⅱ 3.15 和 30.6。Alan Gewirth,《帕多瓦的马西利乌斯》,附有介绍的译本(纽约:1956),Ⅰ 254。

就是说，他们是最审慎也最有德性的公民。当马西利乌斯特地为支持大众主权论证时，他避免支持君权的论证：他支持的政制在某种程度上更接近的其实不是民主制，而是，与其说是王权不如说是"国家组织"。与此同时，他的平民主义论证由于它明显的缺陷，就从"国家组织"指向一种贤良政制，后者之所以可为百姓接受，不仅因为真正的贤良政制的内在品质是最审慎有德的公民的统治，也是因为它尊重百姓的感受。马西利乌斯用最弱化的形式呈现为贤良政制所做的论证，因为论证不能为反教权政治提供充分广阔的基础，而他认为反教权才是他所处时代最迫切的任务。此外，按照他那个时代大多数人的意见，支持贤良政制的论证有助于神职阶层的利益，因为，如果证明了政治权力就应该属于最有智慧的人，结论似乎就是，它更属于那些神圣智慧上的智者，而不是人类智慧上的智者。

马西利乌斯采用的策略就可以由政治上的不可能性来解释，这等于暴露根本政治问题在物质上的不可能。正如他做到的那样，他应该对进行的事情轻松自如，因为他证明了一个教士政府既不可能也不可欲。因为据他所说，《新约》不仅没让教士政府具有权威，尤其在世俗事务上，反而明令禁止。在基督教的法中，且仅在基督[196]教的法中，教士本身的活动才是所有人中最完美的。但这种活动要求的是一种精神和一种生活方式，它们和统治并不相容，因为它要求轻视尘世和极度谦卑。基督以各种形式把自己和使徒排除在尘世规则之外。保罗禁止每个教士纠缠到任何世俗事务上，因为无人可以侍奉两个主人。《新约》用强烈的措辞承认服从人类政府的义务，它"授予的不是无用的宝剑"，与其说是为了保家卫国，倒不如说是为了向恶人施以雷霆，《新约》还把可以背叛坏统治者或坏主子的观点追溯为有罪的骄傲。在六年的仆役生涯后，基督徒奴隶不被允许像希伯来奴隶那样可以要求重获自由，因为我们讨论的这项《旧约》律法在基督教那里获得了一层纯粹神秘的含义。谦卑和对尘世的轻视于是就可以完美地伴随着对尘世的主子们的忠诚顺从。

于是,在政治哲学的限度内,马西利乌斯给出的重点必须在某种程度上不同于最高基督教权威完成的。他甚至跑去替异教统治者辩护,对抗基督徒的说法,即他们对他们的臣民"称王称霸"。根据保罗的说法,只有这些被教会"鄙视"的人,也就是,那些在非属灵的事物上拥有智慧的人,应该在世俗事务上做评判。登山宝训的命令无法与统治者及其臣民的地位和义务相一致。① 完美的基督教共同体是基督和使徒们的共同体,在这个共同体里是好品质的共契,但这个共同体在其他方面并不完美,因为它意图成为普世的,但却没有为它未来的统一做好准备,那时它会成为一个大的社会;它只有通过基督君主的行动才能臻于完美。有人试着这样表述马西利乌斯的思想,他说是自然让恩典完美,而不是恩典让自然完美。然后他甚至更进一步指出,人类政府和神圣天意之间有种对立关系,前者回报给尘世以正义和美好行为的践行者,而后者为他们在尘世施以磨难。② 马西利乌斯指出基督教法律的特殊性,他说相信上帝未来的审判——这是一种基督徒和其他所有宗教共有的信念——能够让基督教教士们不去欺诈穷人,而相信基督宗教会让基督教教士们过清贫日子。按照他的看法,福音派清贫生活确实是极端轻视尘世或极端谦卑的不可避免的伴生物。然而,在人类理性的限度内,财富,正如荣誉一样,作为好东西出现,因为它是道德德性实践所需之物。但是,根据基督教教诲,自愿清贫对完满来说尤为必要,那些不过自愿清贫生活的人是坏基督徒。除去这些,[197]马西利乌斯可以抱怨说,对于自己因罗马皇帝才从极端清贫提升到拥有大量世俗财富,教皇们没有表现出合适的态

---

① 《护卫者》,Ⅰ 10.3;12.2。Ⅱ 4.13;5.1-2,4-5,8(段1);9.10,12;11.2,7;28.24(462,9);30.4段1末。

② 同上,Ⅱ 4.6;13.28;17.7-8;22.1开头,15-16;24.4;27.2(426段2)。Gewirth. op. cit., Ⅰ 81。

度。他显得在假设基督教道德和尘世绅士的道德互相矛盾,或是启示不是单纯地高于理性,而是反对理性。这或许是他把《新约》律法看得特别难以达成的原因之一。①

马西利乌斯有时被赞颂为宗教自由的捍卫者。然而,他并没有超出提出这种问题:是否应该压制持异端的人或无信仰的人,而是在同一个语境下称他不愿意说这种压制不恰当。他确实否认在尘世中可以基于神圣律法行使这种压制。因为,根据马西利乌斯的说法,在尘世中,没有哪项神圣法可以拥有任何这类压制力,除非借助一项把违背神圣法视为罪行的人类律法。此外,根据基督教神圣法,它当然谴责异端和无信仰者,并且借助彼世惩罚的威胁来支持这一谴责,一个被强制信仰的人不是真正的信仰者;此外,基督教教士并未被基督赋予任何强制权力。尽管如此,基督教的人类立法者,不是作为基督徒,而是作为人类立法者,可以在尘世使用强制来对付持异端者和不信仰者。下述相似的论调可以阐明这种权利。基督教神圣法禁止酗酒,但本身并不要求在尘世中对醉汉采取这种强制;然而它并未禁止人类立法者用尘世的惩罚禁酒。相似地,人类立法者可以推行宗教节制,即,正统教义。他是否这样做取决于——比如说——他对异端邪说的判定。他可以受《圣经》把异端比乱伦的指引,进而像容忍乱伦一样容忍异端,尽管乱伦同样被基督教神圣法禁止。或者他可以受《圣经》把异端比作麻风病的指引,进而就像依照专家(医生)的告诫对麻风病人采取强制一样,依照专家(教士)的告诫对异端采取强制。他还有可能受到这个事实的指引,即《新约》当然允许开除教籍,而开除教籍必定会影响被开除者的尘世生活。②

---

① 《护卫者》,Ⅰ 6.3,6;15,21;16。Ⅱ 11.4;13.6,23 结尾到 24;26.12 开头。
② 同上,Ⅰ 10.3-7。Ⅱ 5.6,7(154,23-26,157,28);6.11-13;8.8;9.2-5;10.3,7,9;Ⅰ 3.2 结尾。

但是，除了任何神学上的考虑，也就是，除了对基督教神圣法的特殊考虑，很明显，如果相信彼世的神圣审判有利于尘世的德性行为，甚至异教哲人也承认，人类立法者通过禁绝能颠覆这种信仰的言论，来保护这种信仰及其结果，并非不恰当的做法。这个结论和马西利乌斯的这一教导并不矛盾，即人类政府只关心区别于"内在"行为的"外在"行为。按照这个区分[198]（马西利乌斯可能是受到伊萨克·以撒列[Isaac Israeli]《定义书》的提示），我们的认知力和欲求力的行为是内在的，它们和思想与欲望一样，仍然在器官内部，而不需要通过身体组成部分的位置移动来发挥效力，而那些力量的其他行动则是外在的。换句话说，人类政府只关心那些运作可以得到证明的行为，即便执行这项行为的人否认曾经执行过它。由此可以推出，言论是外在行为。由于这里讨论的颠覆性言论可能损害他人和整个共同体，根据马西利乌斯的说法，它们遭到禁止明显在人类立法者的权限内会发生。① 马西利乌斯当然并没有鼓吹摆脱宗教。

倘若每个服从神圣法的人都可以随心所欲自由理解其允诺与震慑，任何神圣法都会丧失其价值。尤其当基督的神圣法强调信作为永恒救赎的必要条件时，假如基督没有规定所有基督徒都可以理解他的神圣法的唯一真义，那么，他的神圣法本会毫无用处，或者说本会致力于人的永罚。世界性或天主教教会以一种法律约束的方式确保了信仰的这种不可或缺的统一性，也就是，经过信仰者全体，有信仰的人类立法者授权给总议事会并且赋予他们强制决定权。当一位有基督信仰的人类立法者的管辖权扩张至全世界时，这个需求不难满足。根据马西利乌斯采用的一种意见，这样一位立法者是罗马人民，或者引申到罗马皇帝。马西利乌斯试图在他的时代替罗

---

① 《护卫者》，Ⅰ5.4,7。Ⅱ2.4(3);8.5;9.11;10.4,9;17.8 到结尾。Gewirth. op. cit. , Ⅰ284。

马皇帝保持这种庄严。但他无法向自己或读者欺瞒这个事实,即在他的时代存在着大量有信仰的人类立法者,他们或者不承认一位卓越者,或者各自为政。因此,并不存在一个信仰统一的保证,除非在个别独立领地或共和国的范围内部。故而马西利乌斯认为这是明智的:形形色色的基督教统治者应该认同罗马主教是"全能牧师",不过在他看来,他们并没有义务这么做。①

然而,正如他指出,一位全能牧师或全能主教还不如一位全能君主来得必要,因为一位全能君主显然比一位全能主教更有能力保证信仰的统一。作为一个基督徒,按照他的前提,马西利乌斯似乎就被迫去要求政治社会严格说来应是普世的——而且不仅是个客套话,或者出于礼貌,正如罗马皇帝甚至在政治社会权力的顶峰——这样政治社会就可以对基督信仰履行自己的义务。也就是说,他似乎被迫放弃他的大众主权学说的最后一丝痕迹,或者说放弃这种学说部分代表的亚里士多德式贤良政制偏好;因为按照马西利乌斯和亚里士多德理解的民主制和[199]贤良政制,只适用于小型社会。然而,尽管或正是由于这一切,马西利乌斯否认一个全能君主的必要性。因为《圣经》并不要求一位全能的世俗帝国。理性更加不需要它:人们的和平足以确保——我们可以把这理解为指的是和平以唯一可能的方式得到确保——如果在特定的共和国或王国内部存在一个统一的政府。马西利乌斯在他唯一关于"世界国家"的可欲性问题的主题讨论中,拒绝下此决断。他提到了阻碍世界政府的诸多困难,它们的成因包括距离、世界不同地区欠缺交流沟通,还有语言差异和习俗的极端差异。他提到这一观点,根据这种观点,所有这些将人们分开的事情,或许归咎于一个

---

① Ⅰ 19.10。Ⅱ 13.28;17.2;18.8(段 1—2 与末段);19.1—3;20.1—2;21.11,13;22.6,8,10;24.9,12;25.4—6,9,15—18;28.27;30.8。《护卫者(小卷)》,第 7 章,第 12 章。

神圣理由,也就是,归咎于自然通过这些造成不和的事端挑起人们交战以防止人口过剩。马西利乌斯表明,假如人类没有开端,也没有终点,也就是说,如果是"永恒生成",或如果可见宇宙是永恒的,那么若非战争和瘟疫,人口过剩将无可避免。① 亚里士多德关于可见宇宙永恒性的学说与《圣经》的创世学说不相容。亚里士多德的永恒生成学说与《圣经》的"第一个人"的学说也不相容,《圣经》学说的前提是这种学说,即我们原初的父母堕落了,此后人都需要救赎。马西利乌斯没有宣称亚里士多德的学说是真的。他也没有由于它违背《圣经》最基础且最明了的学说而宣称这是假的。在思考马西利乌斯关于《圣经》真理的信仰基础的讨论之前——这个讨论出现在《护卫者》(II 19)第三十八章——读者就只能去猜测马西利乌斯究竟是信仰者还是非信仰者。

在政治哲学的界限内,马西利乌斯暗中反对阿奎那,这在他关于自然法或自然正当的学说中表现得最为明显。马西利乌斯否认存在一种所谓的自然法。他预设理性除人类立法者外不知道其他立法者,因而所有所谓的法都是人法:理性实际上有能力分辨何谓高尚,何谓正义,什么对社会有好处。但这种洞见本身并不是法。此外,并非所有人都可以接近它们,因而也并不是所有民族都承认它们;出于这个理由,它们不能被称作自然的。确实存在这样一些关于何谓高尚或何谓正义的准则,所有地域都承认这些准则,此外几乎在任何地方都强制实施。尽管它们得到世界性的,或者普遍的承认,它们严格说来并不是自然的,因为它们并不是由直接理性命令。被普遍承认的东西并不是[200]合乎理性的,合乎理性的东西也不是被普遍承认的。在所有可以被形而上学地称为"自然正当"的准则中,马西利乌斯提到这条准则,即人类后代必须被父母抚养到特定年龄;他可能觉得这条准则不是那么理性,因为亚里

---

① 《护卫者》,I 17.10;II 28.15。

士多德曾经认为畸形儿不应该被抚养长大。更概括地说,如果战争生来就是为防止人口过剩而必不可少的东西,正义与不义战争的区分就微不足道了,而对正义准则的这个严肃限定必会削弱这些正义准则的合理性,这些准则普遍或通常被承认可以在共和国中获得。换句话说,普遍承认的正当准则不是合乎理性的,因为存在一种自然的超越它们的必然性,或者说由于人在常识和启示的教诲都宣称要维护的那个限度内并不拥有意志自由。①

如果从这个事实开始,即马西利乌斯明确否认实践理性的第一原则的存在,就可以最好地理解他对自然法的否定。第一行动原则的认识论地位在亚里士多德《伦理学》中含混不清。消除这种含混的一个方式——阿威罗伊和但丁喜欢的方式——是构想第一行动原则,也构想有理论根据或自然科学支持的政治学:自然科学澄清了人的目的。让人的目的成为思想的完善,这正是作为形而上学家的形而上学家的真实想法。有能力追求这个目的的个人就会谨慎思考按照自己既有的环境,如何能够达成这个目的。这种慎思——一种实践理性的行为——在许多关键点上都会有个体差异,但是,存在某些所有人都必须遵守的普遍有效的行为准则,只要他们想变得如同沉思者一样完满。然而,那些准则严格说来并非普遍有效,因为只有极少数人生来有能力过沉思生活。但是,也有一个所有人都有能力追求的目的;这就是他们身体的完满。这种较低级的或初级的完满,需要一系列条件,其中包括由政治社会带来的在政治社会中的安全。一种深刻的含混就进来了:政治社会被需要,尽管以各种方式,既是为了人的最初完满,也是为了他的最终(理论性的)完满。然而,无论是哪种情况,政治社会反过来需要许多个"部分"(农人、手艺人、赚钱的人、士兵、教士、执政官,或者法官),以及这些部分的特定秩序。为了运转良好,它就需要

---

① 《护卫者》,I 10.3–7;12.2–3;14.4;15.6 结尾;19.13。II 8.3;12.7–8。

立法者和执政官或法官拥有审慎品质,并且即便不具备所有道德德性也多少要有一些,尤其是正义。与亚里士多德《政治学》中的步骤一致,马西利乌斯从世俗社会的目标中推论出这些德性的必要性,又从人的目的或诸目的推论出这个目标的必要性。也就是说,马西利乌斯偏离了亚里士多德在《伦理学》中为了教育或实践目的而遵循的步骤,马西利乌斯没有将那些德性当作终极的,没有将它们当作为其自身之故就值得选择的。这是[201]因为马西利乌斯不把审慎和道德德性当作本身就值得选择的东西,而是当作为两个自然目的服务的东西,这意味着他的政治学比起亚里士多德的政治学来说,更明显也更强调"论证性"。①

关于那些对人来说自然最高的目标,马西利乌斯说得比亚里士多德在《政治学》中还要少。出于上述理由,他降低了自己的眼界。他的共和国学说让人想起柏拉图《王制》中的说法,根据这种说法,猪的城邦是真正的城邦。他的人法学说让人想起迈蒙尼德的说法,根据这种说法,人法所服务的最高目标就是人身体性的完满,同时神圣法带来身体与思想的双重完满。② 可是,迈蒙尼德认为,神圣法本质上是理性的,而不像阿奎那所说的那样是超理性的。你可以说,马西利乌斯结合了迈蒙尼德对人法的看法和托马斯对神圣法的看法,把它限制在政治哲学内部,最终就达到这个结论,即名副其实的唯一法就是人法,它直接指向身体的幸福。马西利乌斯在某种程度上被迫持这种观点是因为他的反教士主义。当反神学的激情促使一位思想家走险棋质疑沉思的至上性时,政治哲学就与古典传统决裂了,尤其是与亚里士多德决裂,并且有了一种全新的品质。这位思想家就是马西利乌斯。

---

① 《护卫者》,I 6-9;11.3;14.2,6-7。但丁,《帝制论》(*De Monarchia*),I 14。
② 《王制》,372e6-7;《迷途指津》,II. 40,III. 27。

八 后记一则

叶 然 译

[203]人们也许可以称为政治的新科学（the new science of politics）①的东西，出现于第一次世界大战前夕，并在第二次世界大战前后（before, during, and after World War II）逐渐占了上风，而且达到了其成熟形式或最终形式。政治的新科学并不必然是现代西方世界——一个曾经可以自命以不断扩大自由和人道主义而著称的世界——的危机的一个产物或征兆；毫无疑问，政治的新科学与这种危机同时存在。

在我们这个处于危机之中的世界上，新政治科学（the new political science）就像这个世界的大多数常见要素一样，具有大众现象的性质。新政治科学是一种大众现象，这一点与如下事实相容：新政治科学有其高度和深度，有少数几个意见领袖，有一些负责顶层突破（breakthroughs on the top）的人，也有许多底层的主干道上驱车行驶的人，这些主干道是前面那些人所设计。在西方，尤其是在这个国家，新政治科学拥有相当大的权威。新政治科学控制着所有伟大的和巨大的大学之中的政治科学系。新政治科学

---

① ［译按］《自由教育与责任》一文第[20]页提及"新科学"。"政治的新科学"即新科学的政治方面，在下文将与"新政治科学"（the new political science）等同起来。

受到财力雄厚的基金会的支持,这些基金会对它抱有无限的信仰,且给它多到难以置信的经费。尽管如此,人们几乎不必冒任何风险就可以与新政治科学争辩。因为某种类似于希波克拉底誓言(Hippocratic oath)①的东西,约束着那些献身于新政治科学的人,使他们认为对安全、收入、顺从的一切考虑都低于对真理的关注。困难在于其他方面。人们并不容易使一个人的心智摆脱任何看起来慈善的(beneficent)权威之影响而获得自由,因为这样获得自由的过程要求一个人走出有待质疑的权威所营造的温暖而迷人的圈子。

可是,人们有必要做出这种努力。新政治科学自身必须要求人们做出这种努力。人们可能会说,正因为新政治科学就是一个在民主制内部起作用的权威,它才把它自身的价值(account)归于臣服于它或将要臣服于它的人们。不管也许多么合理(sound),新政治科学始终是一个新异的东西。它出现得如此之晚,很可能并非偶然:人们曾经不得不在漫长的时间里逐步克服根深蒂固的抵制它的力量。[204]准确地说,如果新政治科学构成了研究政治事物的成熟方法,那么,它预设人们拥有早期方法失败的经验。我们自己不再拥有这种经验:"乔治"(George)②已经代替我们拥有了这种经验。可是,科学人士(men of science)不适合止步于此,科学人士不可能止步于道听途说,或止步于模糊的回忆。对此,人们可能会回答道,抵制新政治科学的力量没有完全消失:老亚当(the old Adam)③还活着。但正因如此,新政治科学作为一项理性事业,必须有能力用一种完全明晰的、一致的、合理的论证,引导老亚当从他的荒漠——他误以为那是天堂——走向他自己的

---

① [译按]希波克拉底是西方医学之父,希波克拉底誓言包含医疗从业者遵守的一套职业道德。
② [译按]"乔治"泛指别人,如 let George do it[让别人干吧]。
③ [译按]《圣经·旧约·创世记》中的人类始祖。

绿洲。新政治科学必须停止要求我们——以一名未受委任的军官(a noncommissioned officer)①的姿态——明确而干脆地与我们从前的习惯断绝关系,即与常识断绝关系;新政治科学必须为我们提供一个阶梯,凭借这个阶梯,在我们正在做的这件事情上,我们能够完全清晰地从常识上升到科学。如果新政治科学希望赢得未来一代人中最好的那些人的同情,它就必须开始学习同情地看待它的障碍,因为未来一代人中最好的那些人是一群拥有理智品质和道德品质的年轻人,这些品质阻止人们简单地追随权威,更不用说追随时尚。

政治科学内部的这种相当晚近的变化,在其他社会科学中也有对应者。可是,政治科学内部的这种变化,似乎既更加突出又更加有限。因为政治科学是最古老的社会科学,从而也是种种古老传统——这些传统抵制创新——的传输者,不管它愿不愿意。正如我们现在所发现的,政治科学的组成部分比任何其他社会科学的组成部分更具有异质性(heterogeneous)。早在"政治和政党"与"国际关系"——或者不如说社会学——出现之前的数个世纪,"公法"与"国际法"已经是既定主题。如果环顾四周,我们可能会观察到,在政治科学这个行当中,右翼是一群强势的少数人,即坚决拥护新政治科学的人,或者说"行为主义者",左翼是一群人数相当少的少数人,即拒斥新政治科学的根基和分支的人,中间则是老派的②政治科学家,他们关注对政治事物的理解,而不怎么关注"方法论"问题,但他们中的许多人似乎把他们的"方法论"良知的监管权,赋予了坚决拥护新政治科学的人,从而带着一种稍微不安的良知继续进行他们的老派实践。可能看起来奇怪的是,我把坚

---

① [译按]这种军官一方面不是普通士兵,另一方面不是受到委任的高级军官。
② [译按]old-fashioned[老派的]不同于old[老的],后者在本文中指"古典的",与"现代的"相对。

决拥护新政治科学的人称为右翼,而把坚决反对他们的人称为左翼,因为人们差不多认为,前者是自由派,而后者散发着保守主义气息。可是,由于我听闻,有人把坚决反对新政治科学的人描述成非正统派,故我推测,新政治科学是这个行当里的正统,而一个正统自然而然的位置在右翼。

坚决拥护新政治科学的人会蔑视上述[205]评论,认为这些评论是伪统计学的或伪社会学的废话,这些废话没有在任何意义上作用于唯一重要的论题,即新政治科学的合理性的论题。陈述这个论题意味着揭示新政治科学和老政治科学之间的根本区别。为了避免含混、废话、东扯西拉,最好直接对比新政治科学与老政治科学的"原型"——亚里士多德的政治科学。

对亚里士多德来说,政治科学等于政治哲学,因为科学等于哲学。科学或哲学分为两类,即理论的和实践的或政治的;理论科学进一步分为数学、物理学(自然科学)①、形而上学②;实践科学进一步分为伦理学、经济学(齐家学)③、狭义的政治科学;逻辑学不属于严格意义上的哲学或科学,而可以说是哲学或科学的前奏。哲学和科学得到区分,或者说科学和哲学相互分离,是 17 世纪一场革命的后果。这场革命主要不是科学对形而上学的胜利,而可以说是新的哲学或科学对亚里士多德的哲学或科学的胜利。可是,新的哲学或科学并非在它的所有部分都同样成功。它最成功的部分是物理学(和数学)。在新的物理学取得胜利之前,并没有纯粹的自然科学:有亚里士多德的物理学,有柏拉图的物理学,有伊壁鸠鲁的物理学,有廊下派的(Stoic)④物理学;用口语化的表达

---

① [译按]括号里是施特劳斯给出的"物理学"一词在古希腊的含义。
② [译按]在古希腊的含义是"物理学(自然科学)之后",引申为"超物理学(自然科学)"。
③ [译按]括号里是施特劳斯给出的"经济学"一词在古希腊的含义。
④ [译按]亦译为"斯多亚派的"或"斯多葛派的"。

就是，并没有在形而上学上中立的物理学。新的物理学的胜利导致了一种似乎在形而上学上中立的物理学的出现，其中立性有似数学、医学、制鞋技艺等等。一种在形而上学上中立的物理学的出现，使"科学"有可能变成独立于"哲学"的东西，而且有可能实际上变成凌驾在"哲学"之上的权威。这为一种独立于伦理学的经济科学铺平了道路，也为社会学铺平了道路（社会学是对非政治社团[nonpolitical associations]的研究，非政治社团并不比政治社团更低级），最后但并非最次要的是，也为政治科学与政治哲学相互分离，以及经济学和社会学与政治科学相互分离，铺平了道路。

其次，亚里士多德对理论科学和实践科学的区分，暗示了人类行为有其自身的原则，人们以独立于理论科学（物理学和形而上学）的方式认识这些原则，故实践科学并非取决于理论科学，或者说并非衍生于理论科学。行为的原则是一些自然目的，人类依据自然而倾向于这些自然目的并对其有某种意识。当人类想要寻求并发现达到其目的的合适手段，或想要变得拥有实践智慧或变得明智（prudent）时，这种意识是必要条件。与实践智慧本身不同，实践科学以内在一致的方式提出了行为的原则和［206］明智的一般规则（"格言式智慧"）。实践科学提出了一些问题，在实践经验或政治经验之中，或至少基于这样的经验，这些问题揭示了其自身是最重要的问题，而实践智慧本身没有足够清晰地陈述这些问题，更别说回答这些问题。因此，明智所统辖的领域在原则上具有自足性或封闭性。可是，有关整全——人类是整全的一部分——的虚假学说，即虚假的理论意见，总是危及明智；因此，明智总是需要得到捍卫，以抵御这样的意见，而这种捍卫必然具有理论性。可是，如果认为这种捍卫明智的理论是明智的基础，那就误解了这种理论。明智［所统辖］的领域可以说只是 de jure［在礼法上］——而非 de facto［在事实上］——完全独立于理论科学，这一点所具有的复杂性令一个潜存于新政治科学之下的观点变得可以理解

(当然,这种复杂性并未独立论证这个观点具有正当性),依据这个观点,实践之中固有的任何意识,或一般来讲,任何自然意识,都不是真正的知识,换言之,只有"科学的"知识是真正的知识。这个观点暗示,不可能存在严格意义上的实践科学,或者说,实践科学和理论科学之间的区分必须为理论科学和应用科学之间的区分所取代,应用科学就是以理论科学为基础的科学,理论科学在时间上和顺序上均先于应用科学。最重要的是,这个观点暗示,处理属人事务的科学本质上取决于理论科学(尤其取决于心理学,在亚里士多德的体系[scheme]中,心理学①是物理学的最高主题,更别说心理学构成了从物理学向形而上学的转化),或本身变成了理论科学,这些理论科学应该为应用科学(如政策科学或社会工程科学)所补充。因此,新政治科学不再以政治经验为基础,而是以所谓的科学的心理学为基础。

第三,依据亚里士多德的观点,对行为原则的意识主要在更高意义上把自身呈现在公共的或权威的言辞之中,尤其呈现在礼法和立法之中,而非呈现在仅仅具有私人性的言辞之中。因此,亚里士多德的政治科学以公民的视角看待政治事物。由于必然存在多种多样的公民视角,故政治科学家或政治哲学家必须变成[这些视角的]仲裁者,变成[这些视角的]不偏不倚的法官;他的视角囊括了各种党派性视角,因为他比各种党派人士更全面也更清晰地把握到了人的自然目的,以及这些自然目的的自然秩序。另一方面,新政治科学从外部看待政治事物,它所采用的视角是中立观察者的视角,即人们观察三角形或鱼类时采用的视角,尽管——或因为——新政治科学可能希望变得"具有操作性"(manipulative);新政治科学看待人类,就像一位工程师看待建桥的材料。因此,亚里士多德的政治科学的语言等于政治人(political man)的语言,这种

---

① [译按]在古希腊的含义是"灵魂学"。

语言[207]使用的几乎任何术语都起源于市场,且在市场上日常使用;可是,新政治科学如果没有事先精心制定一份详细的、技术性的术语表,就不可能开始讲话。

第四,亚里士多德的政治科学必然会评价政治事物;作为亚里士多德的政治科学的顶点的那种知识,具有绝对的(categoric)建议性,且具有劝诫性。另一方面,新政治科学把行为原则设想成仅仅"具有主观性"的"价值";新政治哲学传达的知识具有预言性,且仅仅在次要意义上具有假设的(hypothetical)建议性。

第五,依据亚里士多德的观点,人是 sui generis[自成一类]的存在者,有属于自己的地位:人是理性的和政治的动物。人是唯一能够关注自尊的存在者;人能够尊敬自己,是因为人能够鄙视自己;人是"会脸红的野兽",是唯一拥有羞耻感的存在者。因此,人有[属于自己的]地位,是因为人意识到了人应该是什么或人应该怎样生活。由于道德(人应该怎样生活)和礼法之间存在必然关联,故人的地位和公共秩序的地位之间也存在必然关联:政治事物 sui generis[自成一类],而且人们不能认为,政治事物衍生于低于政治的事物。这一切预设了,人极端不同于非人(nonman),既不同于野兽也不同于诸神,而且这种预设为常识所认可,即为公民对事物的理解所认可;当公民要求或拒绝——比如说——"摆脱对所有事物的渴求而获得自由"(freedom from want for all)时,他所指的不是摆脱对老虎、老鼠或虱子的渴求而获得自由。这种预设指向一种更为根本的预设,依据后者,整全由本质上相异的诸部分构成。另一方面,新政治科学立足于一个根本前提,即不存在任何本质上的或不可化约的(irreducible)差异;只存在程度上的差异;尤其在人和野兽之间,或在人和机器人之间,只存在程度上的差异。换言之,依据新政治科学,或依据普遍的科学(新政治科学是普遍的科学的一个部分),理解一个事物,意味着基于这个事物的起源或条件来理解这个事物,因此,在属人的意义上讲,这就是基于较低者来理解较高者:基于低于人的事物来理解属人事物,基于低于理性的事物来理解理性事物,基于低于政治的事物来理解政治事物。新政治科学尤其不可能承认,共同的善是实际存在着的事物(something that is)。

在新政治科学出现之前,政治科学已经朝着新政治科学的总体方向走到了相当远离亚里士多德政治科学的地方。然而,当时[有人]指责政治科学太关注法律或应然(the Ought),而太不关注实然(Is)或人的现实行为。举例来说,当时政治科学似乎仅仅关注普选权的法律设计和正当性论证,而完全没有考虑如何使用普选权;可是,对于实际上的民主制,①刻画其特征的正是[208]普选权的使用方式。我们可能会承认,就在不太久以前,还存在一种严格意义上的法定主义的(narrowly legalistic)政治科学(这种政治科学曾经非常严肃地对待比如苏联的成文宪法),但我们必须马上补充道,一种更为老派的政治科学,即孟德斯鸠或马基雅维利或亚里士多德本人的政治科学,可以说早就订正了这种错误。此外,当新政治科学正当地抗议一种纯粹法定主义的政治科学时,它陷入了一种危险,即有可能忽视连那些法定主义者都知道的重要事情:如果首先不存在普选权,那么,如今人们所研究的"选举行为"就没有可能;而且就算一群人数众多的少数人(a large minority)在相当长的时间里没有使用普选权,但人们在做出任何长远预言时,仍然必须考虑普选权,因为将来的选举可能发生在空前的——因而也尤其有趣的——环境之中,而在这样的选举中,所有人可能都会使用普选权。普选权是民主"行为"的一个本质性要素,因为它在一定程度上解释了民主制中的"行为"(比如,用强力或欺骗来阻止某些人进行选举)。新政治科学并非简单地否认这些事情,而是严格地(literally)②使这些

---

① [译按]《什么是政治哲学?》一文第[5]页提到了"实际上的民主制"。
② [译按]这个词亦有"缺乏想象力"之义。

事情降落到背景之中,降落到"习惯的背景"之中;新政治科学这么做[相当于]把马车放到了马的前面。类似的思考可以应用于——比如说——新政治科学对"宣传"的重要性的所谓的发现;事实上,这种发现只是对一种需要的有偏私的重新发现,这种需要就是对大众(vulgar)修辞术的需要,这种需要从几代人以来已然变得有些模糊,这几代人因信仰普遍启蒙而感到安适,普遍启蒙是科学扩散开来之后不可避免的副产品,而科学的扩展则被认为是科学的不可避免的副产品。总而言之,人们可能会好奇,新政治科学是否在任何程度上揭示了这样一种政治重要性:既有理智能力又有深厚史学知识的政治从业者(或者不如说,既有理智能力又有教养的新闻工作者,更别说处于最好状态下的老政治科学)至少从未[像如今]这样好地认识这种政治重要性。

不论如何,之所以造老政治科学的反,主要的实质性原因似乎是,[新政治科学]考虑到,我们面临完全空前的政治处境,而期望早期政治思想能在任何程度上有助于应对我们的处境,是不合情理的(unreasonable);空前的政治处境召唤一种空前的政治科学,这种政治科学也许是一种有见识的(judicious)婚配,婚配双方是辩证唯物主义和心理分析(psychoanalysis),它们将在逻辑实证主义提供的床上圆房。正如经典物理学不得不为核物理学所取代,以便原子时代经由原子弹而来临,同样,老政治科学不得不为一种核政治科学所取代,以便我们有能力应对威胁着原子人(atomic man)①的极端危险;原子核(nuclei)在政治科学中的对应者,很可能是最小的人群中——如果不是婴儿的生活中——最小的事件;这里所说的一小群人的典范当然不是如下这一小群人:[209]在第一次世界大战期间的瑞典,列宁在自己周围聚集起了一小群人。做这种对比时,我们没有忘记一个事实,

---

① [译按]可能指美国漫画家 Charles A. Voight 创作的超人。

即核物理学家对经典物理学表现出的尊敬更甚于核政治科学家对经典政治学①表现出的尊敬。我们同样没有忘记,尽管原子核本身绝对先于宏观物理学现象,但"政治的"原子核("政治的"原子核希望为政治事物本身提供解释)已然为政治秩序或政制("政治的"原子核出现在政治秩序或政制内部)所塑造乃至构成:美国的一小群人不是俄国的一小群人。

我们可能会承认,我们的政治处境与从前的任何政治处境都没有共同之处,除了仍然是一种政治处境以外。人类仍然分为许多这样的社会,我们一直称这些社会为国家(states),它们相互区别开来是通过一些明确无误的且有时可畏的(formidable)边界。这些国家之所以仍然相互区别开来,不仅是因为所有可以设想的其他方面,而且最重要的是因为它们的政制,从而也是因为这些社会中占上风的那部分人所献身的事物,或是因为那种或多或少有力地左右着这些社会的精神。这些社会拥有各种不同的有关未来的想象(images),故所有这些社会完全不可能生活在一起,尽管有可能不安地共存着。这些社会中的每一个都从自己的政制那儿获得自己的特征,从而仍然需要特定的手段来保存它自己及其政制,故它并不确定它的未来[是什么样]。不管愿意还是不愿意,这些社会通过其政府(这些政府也可能是流亡政府)采取行动,故这些社会仍然仿佛在未经探索的海域漂移,而且无疑并未得益于通往一种未来的旅程,这种未来在任何人面前都蒙着面纱,且会孕育出令人惊诧之处。这些社会的政府仍然试图半靠知识半靠猜想来确定这些社会的未来,之所以仍然在一定程度上有必要求助猜想,是因为这些社会的政府最重要的对手们拥有一种保密能力,能够隐藏其最重要的方案或计划。新政治科学非常热衷于预言,但正如它所承认的,它没有能力预言我们时代特有的

---

① [译按]亦译"古典政治学",指苏格拉底-柏拉图-亚里士多德式政治学。

史无前例的冲突会造成什么后果,在这方面,它就像最蒙昧的部落的最粗陋的预言者。在早先的时代,人们认为,之所以不可能预言严重的冲突会造成什么后果,是因为人们不可能知道战时或平时某位杰出领袖会活多久,也不可能知道相互敌对的军队在接受战争考验时会如何行动,或者与此类似的事。我们一直受到引导而相信,偶然性(chance)可控,或者偶然性并未严重影响诸社会的命运。但那种据说有可能控制偶然性的科学,本身已经变成了偶然性的避难所:人的命运如今比以往更加依赖科学或技术,故也更加依赖发现或发明,故也更加依赖这样一些事件:依据这些事件的自然,发生这些事件的准确概率不可预言。一个完全史无前例的政治处境也许是一种在政治上无利可图的处境(a situation of no political interest),换言之,这不是政治处境。如果老政治科学理解了所有政治处境的本质特征,那么,似乎没理由说 [210] 老政治科学必须为一种新政治科学所取代。如果新政治科学应该倾向于基非政治事物来理解政治事物,那么,老政治科学——对许多时代来说它有智慧——甚至会高于新政治科学,因为老政治科学可以帮助我们在我们史无前例的处境中找到我们的方向,尽管——或者不如说因为——只有新政治科学可以自夸是原子时代之子。

可是,人们要理解新政治科学,就不得不从它提出的理由开始,这个理由与如下这件事完全不相干:老政治科学对政治事物本身很盲目,不管是真的盲目还是所谓的盲目。这个理由是科学的一般性观念。依据这个观念,只有科学知识是真正的知识。从这一点可以直接推论出,对政治事物的一切意识,只要不是科学的,就在认知上没有价值。严肃地批评老政治科学,是浪费时间;因为我们预先知道,老政治科学一直只是一种伪科学,哪怕它可能包含了少量惊人地精明的直觉(a few remarkably shrewd hunches)。不可否认,新政治科学的拥护者有时投身于明确地批评老政治科学,可是,这种批评的特点是,[新政治科学]根本没有能力(constitutional inability)按被批评学说本身的主张(on their own terms)来理解被批评学说。据说应该从其他科学的实践来认识科学之所是,这里所说的其他科学是公认存在着的科学,而不只是必需品(desiderata),而且这样的科学最明显的例子就是自然科学。总之,据说应该从科学之科学即逻辑学来认识科学之所是。

因此,新政治科学的基础是逻辑学——特定的一种逻辑学;比如说,这种逻辑学不是亚里士多德的或康德的或黑格尔的逻辑学。不论如何,这意味着,对政治科学家本身来说,新政治科学仅仅取决于一个预设,政治科学家本身没有能力按这个预设本身的主张来评判这个预设,换言之,政治科学家本身没有能力把这个预设评判为一种合乎逻辑的理论,因为对那些据说有能力做这样的事的人来说,即对哲学教授来说,这种理论有争议。不过,他[政治科学家本身]有能力按这个预设的成果来评判这个预设;他有能力评判,起源于那种逻辑学的新政治科学,会促进还是会阻碍他对政治事物本身的理解。他完全有理由认为如下要求是强加之物,这种要求就是,他应该遵守"逻辑实证主义",否则,他就应该承认自己有罪——他的罪行就是成了一个"形而上学家"。他完全有理由认为这个头衔(epithet)不"客观",因为这个头衔令人恐慌且令人无法理解,就像野蛮人在战争中的呐喊。

如果有两种要求,一种要求是他应该"凭借科学"行事(因为数学也凭借科学行事,而且政治科学无疑不是一门数学学科),另一种要求是他应该"凭借经验"行事,那么,拨动每个政治科学家心弦的与其说是前一种要求,倒不如说是后一种要求。其实,这是常识的要求。任何人只要尚有常识,就从没梦想过他能知道比如说有关美国政府本身的任何事情,或有关当前政治局势本身的任何事情,除非他去观察美国政府,或去观察当前的[211]政治局势。经验精神的化身是那个密苏里人(the man from Missouri),①[我们]必须谈谈他。因为他知道,正如每个其他拥有健全心智和全面视野的人一样,他能够用他的眼睛看到人和事之所是(things and people as they are),而且他有能力认识到他身边的人感觉如何;他认为理所当然的是,他与其他各种各样的人生活在同一个世界,而且由于他们都是人,故他们都以某种方式相互理解;他知道,如果不是这样,那么,政治生活便会变得根本不可能。如果有人在他面前基于超常识的(extrasensory)②感觉而进行沉思,那么,他会以或多或少礼貌的方式对此人不加理睬。在这些方面,老政治科学与那个密苏里人没有分歧。老政治科学并未自称能够以比他更好的方式或以与他不同的方式认识如下这些事:民主党和共和党此刻是在这个国家占上风的政党,且在一段时间以来一直如此,而且每四年会有一次总统大选。由于老政治科学承认,人们以独立于政治科学的方式认识此类事实,故老政治科学承认,经验知识不必然是科学知识,或一个陈述可能为真且被认识为真,却并非科学陈述;此外,最重要的是,政治科学取决于对政治事物的前科学意识真实与否。

但人们可能会追问:人们如何能够确定前科学的经验陈述是否真实?如果我们把对这个问题的一种精致回答称为一种认识论,那么,我们会说,一个经验主义陈述(不同于一个经验陈述)立足于一种特定认识论的明确预设。但每一种认识论都预设经验陈述为真。比起任何"知识的理论",③即比起对"我们对人和事的感

---

① [译按]即美国第33届总统杜鲁门。参 C. Clemens,《那个密苏里人:杜鲁门传》(*The Man from Missouri: A Biography of Harry S. Truman*), New York: J. P. Didier, 1945。
② [译按]施特劳斯在第[210]页末尾用 common sense 表示"常识",紧接着用到 in his senses 表示"有常识"。故中译者将此处 extrasensory 中的词根 sensory(源于 sense)理解成"常识"。
③ [译按]"认识论"在希腊文中的含义。

觉如何可能"作出的任何解释,我们对人和事的感觉都更为明确也更为值得信赖;任何"知识的理论"真实与否,取决于其是否有能力充分地解释这种基本的信赖。如果一个逻辑实证主义者试图仅仅基于感官与料(sense data)①及其组合形式(composition)来解释"一个事物"或表达"一个事物",那么,他就是在观察,并要求我们观察,预先得到理解的"事物";预先得到理解的"事物"是我们用来评判他的表达的标准。如果一种认识论——比如唯我论(solipsism)——显然无法解释,人们所意指的经验陈述如何可能为真,那么,这种认识论就无法令人信服。意识到这种基本的信赖有其必要(所有经验陈述都立足于这种信赖,或为这种信赖所充斥),意味着认识到这个基本的谜题而尚未加以解决。但任何人都不必因为羞耻而不愿承认自己没有办法解决这个基本的谜题。无疑,任何人都不应该让自己受到威逼而接受一个假定的解决办法(因为否定一个谜题的存在就是对这个谜题的一种解决),这里所说的威逼就是,如果他没能这样做,他就是一个"形而上学家"。为了保持我们较弱的同胞(brethren)不受这种威逼,人们也许会告诉他们,依据经验主义者所接受的信念,科学在原则上可以无限[212]进步,这种信念本身相当于如下信念,即在无可挽回的意义上,存在是神秘的。

下面我们试着重述这个论题,为此我们需要首先回到我们那个密苏里人那里。一种简单的观察似乎就足以表明那个密苏里人之"天真":他并非用他的眼睛看事物;他用眼睛看到的只有颜色、形状等等;当且仅当他拥有"超常识的感觉"时,他才会感觉到"事物"而非"感官与料";他所声称的,即声称拥有常识,暗示着存在"超常识的感觉"。对"事物"为真的也对"样式"(patterns)为真,

---

① [译按]data[与料]的拉丁文本义相当于下文 given[所与],此二词均为认识论术语。

不论如何,也对政治研究者经常声称"感觉"到的那些样式为真。我们必须任由那个密苏里人伤伤脑筋(scratching his head),他通过保持沉默而以自己的方式保持做一位哲人。但其他人并不止步于伤伤脑筋。他们把自己从崇尚ἐμπειρία①[经验]的人转变成经验主义者,从而声称感觉到的东西或"所与"(given)只是感官与料;"事物"通过无意识的或有意识的"构造"而出现:那些在常识面前把自身呈现为"所与"的"事物",实际上是构造出来的东西(constructs)。常识的理解是凭借无意识的构造的理解,而科学的理解是凭借有意识的构造的理解。在或多或少更准确的意义上,常识的理解是基于"那些具有一些特征的事物"的理解,而科学的理解是基于"不同的事件系列之间的功能性关系"(functional relations between different series of events)的理解。无意识地构造出来的东西是以有缺陷的方式制造出来的(ill made),因为这些东西的制造受到各种纯粹"主观的"影响;只有有意识地构造出来的东西是以完美的方式制造出来的(well made),是完全清楚的,在每一方面对每个人都一样,或者说是"客观的"。不过,人们更有权利声称我们感觉到事物,而非声称我们感觉到人本身,因为至少我们归于事物的某些特征为感官所感觉,而灵魂的行为、激情或状态不可能变成感官与料。

　　事实上,经验主义所拒斥的对人和事的理解,就是政治生活、政治理解、政治经验所依赖的理解。因此,新政治科学既然立足于经验主义,便必须拒斥政治理解和政治经验本身的后果,而且由于政治事物是政治理解和政治经验之中对我们来说的所与,②故新政治科学不可能有助于更深地理解政治事物:新政治科学必须把

---

① [译按]原作拉丁转写体 empeiria,今还原为希腊文。
② [译按]直译为"政治事物在政治理解和政治经验中被给予我们",但此处 given[被给予]呼应前文的 given[所与],而且紧接着又出现了 data[与料],故译者有意译得技术化一些。后文依此例。

政治事物化约为非政治的与料。新政治科学之生成,是通过试图与常识断绝关系。可是,不可能一以贯之地与常识断绝关系,在一般意义上,通过如下思考,可以发现这一点。不可能凭借经验主义来确立经验主义:无法通过感官与料而认识到,感觉活动的唯一可能的客体是感官与料。如果人们因此而试图凭借经验来确立经验主义,那么,人们必须使用经验主义认为可疑的那种对事物的理解:我们确立眼睛与颜色[213]或形状之间的关系时所凭借的感觉活动,就是我们感觉到事物本身——而非感觉到感官与料或构造出来的东西——时所凭借的感觉活动。换言之,要认识感官与料本身,只能凭借一种抽象或忽略的活动(an act of abstraction or disregard),这种活动预设了,我们对事物本身和人们本身的原初意识具有正当性(legitimacy)。因此,克服那个密苏里人的天真的唯一办法是,首先承认不可能以任何方式避免这种天真,或者说,首先承认任何可能的人类思想最终都取决于这种天真和随之而来的意识或知识所具有的正当性。

经验主义把自身的相当一部分吸引力归于一个最重大的或最原始的(the most massive or the crudest)原因,我们不应该忽略这个原因。新政治科学的有些拥护者会以如下方式论证:人们的确不可能以合理的方式否认,有关政治事物的前科学思想包含着真正的知识;但麻烦在于,在前科学的政治思想内部,有关政治事物的真正知识与偏见或迷信相互不可分离;因此,人们不可能在前科学的政治思想中去除虚假要素,除非通过与前科学思想彻底断绝关系,或通过承认如下预设,即前科学思想根本不具有知识的特征。常识的确包含有关扫帚柄①的真正的知识,但麻烦在于,这种知识在常识中具有的地位,相当于有关女巫的所谓的知识;人们信赖常识,就有把整个黑暗王国——其元首是阿奎那——带回来的

---

① [译按]传说中的女巫的飞行器(随后即提到女巫)。

危险。老政治科学并非没有意识到政治意见有不完美之处,但老政治科学不相信补救之法在于完全拒斥常识理解本身。老政治科学批判政治意见,这里所说的批判取其原初含义,即分辨。老政治科学意识到,发现有关女巫的错误,并非得益于经验主义。老政治科学意识到,数十年乃至数百数千年无争议的经验所证明的判断或信条,可能会因无法预见的变化而必须得到订正;用柏克(Burke)的话说,老政治科学知道,"大部分人在他们的政治上落后至少 50 年"。因此,老政治科学关注如何凭借政治手段——而非社会工程——来提升政治;老政治科学知道,这些政治手段包括革命和战争,因为可能有些外国政制(希特勒式德国是典型的[orthodox]例子)会危及这个国家在自由状态下的生存,而且如果预设这些外国政制将会把自身逐渐转化为好邻国,那么,这简直愚蠢得无异于犯罪(criminally foolish)。

　　接受新政治科学的独特前提,会导致这样一些后果,这些后果已经在前面四篇论文①中得到了充分展示。首先,新政治科学会一直被迫借用常识性知识,从而不知不觉地证[214]实如下真相,即存在真实的有关政治事物的前科学的知识,这种知识是一切有关政治事物的科学知识的基础。其次,新政治科学以之为基础的那种逻辑学,可能会提供精确性的恰当标准,却不会提供相关性的客观标准。相关性的标准内在于对政治事物的前科学理解,拥有理智能力且见多识广的(intelligent and informed)公民可以清醒地区分重要的政治事务和不重要的政治事务。政治人关注的是,依据他们[政治人]意识到的优先性(preference)原则,在此时此地应该政治地做什么,尽管[在做的时候]不必然采用恰当的方式;正是那些优先性原则提供了政治事物上的相关性标准。通常一个政治人必须至少假装"仰视"他所在的社会中占上风的那部分

---

① [译按]指本文充当其后记的著作(见本书末尾的"鸣谢"中的前四篇论文。

人所仰视的事物。[这就是]每个在政治上重要的人至少被认为会仰视的事物,亦即在政治上最高的事物,它刻画了一个社会的特征;它构成了这个社会的政制,也证明了这个社会的政制具有正当性。这种"最高的事物"是这样一种事物:通过这种事物,一个社会成为"一个整体",即一个具有其自身特征的独特整体,正如就常识来说,"世界"之所以是一个整体,是因为其为天宇所笼盖,而人们要意识到天宇,只能通过"仰视"。显而易见,且出于[法定]原因(for cause),有多种多样的政制,从而也有多种多样被认为在政治上最高的事物,换言之,有多种多样的为多种多样的政制所崇尚的意图。

这些政制或政制类型在性质上各不相同,这些意图在性质上也各不相同;这些意图把自身揭示为最重要的政治事物,从而构成这些政制,并为这些政制提供正当性;这些政制和这些意图提供了理解所有政治事务之关键,也提供了理性地区分重要的政治事物和不重要的政治事物之基础。这些政制及其原则渗透到这些社会的所有地方,因为私密性没有任何藏身之地可以用于仅仅抵制这种渗透,正如新政治科学新造的"民主人格"之类的说法所表明的。然而,仍有些政治事物不受各种不同的政制的影响。在一个没有灌溉系统就生存不下去的社会里,每一种政制都将不得不保持灌溉系统完好无损。每一种政制都必须试图用强力保持自身不被颠覆。既存在技术性的事物,也存在政治上中立的事物(所有政制共有的事物),此二者必然是政治商议的关注对象,其本身从未在政治上引发争议。以上这些评论非常粗略地描述了老政治科学特有的对政治事物的看法。依据这种看法,对政治科学来说最重要的事物等于政治上最重要的事物。要证明这一点,可以看看当今的例子:对当今的老派政治科学家来说,最重要的关注对象是冷战,或者说是自由民主制和共产主义之间的性质差异(这等于说冲突)。

新政治科学若要与对政治事物的常识理解断绝关系,[215]

就被迫放弃内在于政治理解的相关性标准。因此，新政治科学缺少思考政治事物时的方向；新政治科学除了暗中求助常识，不具备任何防护措施，令其免于在研究不相关的事物时迷失自我。新政治科学面对一大堆混沌的与料，且必须把一种秩序引入这些与料，这种秩序本来外在于这些与料，且起源于作为一种科学的政治科学的要求——这种政治科学热衷于遵从逻辑实证主义的要求。老政治科学曾经按照一些共相来看待政治现象，这些共相就是多种多样的政制及其意图，此刻必须为不同的另一类共相所取代。要发现新的这一类共相，第一步可以说采用这种方式：在所有政制中都同样在场的事物（政治上中立的事物）必须成为对不同的政制具有关键意义的事物（严格意义上的政治事物，即本质上有争议的事物）；在所有政制中都同样在场的事物就是——比如说——强制和自由；对一个作为所与的政制进行科学分析，将用百分比精确地指出这个政制特有的强制的总量和自由的总量。这就是说，作为政治科学家，我们必须表达最高的政治现象，即诸政制的本质差异或异质性，而我们这么做时所凭借的必须是渗透到所有政制的同质要素。对于我们政治科学家来说重要的事物，并不是政治上重要的事物。但我们不可能永远看不见一个事实，即自称具有纯粹科学性或理论性的事业具有重大的政治后果，这些后果几乎并非偶然（so little accidental），从而因其自身的缘故而吸引了新政治科学家：每个人都知道，如果证明了，在强制和自由上，自由民主制和共产主义之间只有程度差异（这种证明预设了回避所有重要问题），那么，会推论出什么来。实然（Is）必然导致一种应然（Ought），所有真诚的声明（protestations）都必然导致相反的但书（notwithstanding）。

要发现新的那一类共相，第二步在于如下推理：所有政治社会，不管拥有什么政制，都无疑是某类群体；因此，理解政治事物之关键，必须是一般意义上有关群体的理论。群体必须具备某种凝聚力,而且群体会发生变化;因此,我们需要一种普遍的理论告诉我们,群体为什么或如何凝聚在一起,以及群体为什么或如何发生变化。探索这些"为什么"或"如何"时,我们将发现 n 种因素及其相互作用的 m 种方式。这是把政治事物化约为社会学上的事物,据说这种化约将使我们对政治事物的理解变得更为"现实主义",可事实上,这种化约导致了一种比过去任何经院主义(scholasticism)更甚的形式主义。对于政治社会——尤其是我们作为公民所关注的政治社会——的所有独有特征,如果基于每一种可以思议的群体都具备的含糊的一般特征来对其加以重述,那么,这些独有特征会变得不可认识;在这个让人沮丧又无聊的过程的最后,比起在这个过程的开头,我们并非更多地而是[216]更少地理解了自己感兴趣的事物。通过这个过程,政治语言中所谓的统治者和被统治者(更别说镇压者和被镇压者)无非变成了一个社会系统(即一个机械结构)中的不同部分,每个部分都作用于另一个部分,并被另一个部分反作用;可能存在一个较强的部分,但不可能存在一个施行统治的部分;一个机械结构的诸部分的关系取代了政治关系。

　　我们不必详细讨论我们正在试图描述的推理的下一步(这不必然是最后一步),这一步要求有关群体的研究为"一般性的人格理论"之类的东西所支撑乃至引导:在我们完全知道一个政治家的父母对他的影响程度(如果有的话)之前,我们对他的行动的政治智慧或愚蠢一无所知。人们可能会认为,最后一步是,新政治科学将使用对老鼠的观察[数据]:我们不能像观察老鼠一样观察人类吗?老鼠做出的决定不比人类经常做出的决定远远更简单吗?更简单的事物不总是通向更复杂的事物的关键吗?我们并不怀疑,只要我们足够努力地去尝试,我们就能像观察老鼠的外在(overt)行为一样观察人类的外在行为。但我们不应该忘记,就老鼠而言,我们仅限于观察其外在行为,因为它们不说话,而它们不说话是因为它们没什么可说,或因为它们没有内心世界(inwardness)。可是，为了从这些深层问题回到表面，那个有关正当性原则的广为人知的理论，①提供了这种形式主义的一个重要例子，那个理论以形式特征（传统的、理性的、卡里斯玛式的［charismatic］特征）取代了实质原则，严格来讲，这些实质原则就是那些意图——多种多样的政制崇尚那些意图，且凭借那些意图获得正当性。新政治科学寻求的共相是"人类行为的法则"，这些法则应该凭借"经验"研究来发现。这个目标看起来十分广大（比如一般性的社会变化理论），但达成这个目标所需的研究实际上却十分琐碎（比如一家医院因护士长换人而发生的变化），这种广大和这种琐碎之间存在令人惊诧的不对称。这并非偶然。由于我们缺乏相关性的客观标准，故我们没有理由把更多的兴趣放在一场震撼世界的革命（这场革命直接地或间接地影响了所有人）上，而非放在最琐碎的"社会变化"上。此外，如果［新政治科学］寻求的法则应该是"人类行为的法则"，那么，这些法则不可能仅限于支配那种受某种政制影响的人类行为。但"经验"研究关注的人类行为总是发生在一种特定政制之中。更准确地说，社会科学中的"经验"研究最宝贵的技术，只能适用于目前生活在这样一些国家的人们，在这些国家里，政府允许做此类研究。因此，新政治科学一直受到一种诱惑（而且一贯耐不住这种诱惑），即把相对的或特殊的事物绝对化，亦即变得褊狭（parochial）。② 我们读过［217］有关"革命派"或"保守派"的陈述，这些陈述甚至声称，其自身唯一的基础是观察当时的［美利坚］合众国；如果这些陈述与事实有任何关系，那么，对于当今的［美利坚］合众国某些地区的革命派或保守派，这些陈述可能具有某种程度的真实性，可是如果把这些陈述当作其自身所希望的样子，即当作对于革命派或保守派本身的描述，那么，这些陈述立即暴露了

---

① ［译按］从下文可知，即韦伯的理论。
② ［译按］对比《什么是自由教育？》一文第［4］页提到"褊狭主义"。

其自身明显是错的;之所以是错的,是因为新政治科学不可避免会培养出褊狭主义。

　　冒着某种重复论述的风险,我们必须稍微谈谈新政治科学的语言。与对于政治事物的政治理解断绝关系,必然要求制造一种与政治人所用的语言不同的语言。新政治科学拒斥政治人所用的语言,认为这种语言既含混又不准确,而且声称其自身所用的语言既不含混又准确。可是,这样声称没有得到证明。比起政治生活中使用的语言,新政治科学的语言并非更少含糊,而是更多含糊。如果政治生活的语言无限含糊,那么,政治生活会根本不可能;政治生活的语言有能力达到最不含混和最准确,正如在宣战时,或给行刑队下达命令时。如果现成的区分——比如战争、和平、休战之间的区分——被证明还不够,那么,政治生活可以在没有政治科学的帮助下找到全新的表达(例如冷战,区别于热战或真枪实弹的战争[Shooting War]),这种表达无比准确地揭示了新现象。政治语言具有所谓的含糊,主要是因为政治语言对应于政治生活的复杂,或者说,在相当多种多样的环境下,长期积累有关政治事物的经验,会不断滋养政治语言。如果人们仅仅谴责前科学语言,而没有偏离特定情形下的习惯用语(因为这些情形下的习惯用语被证明不恰当),那么,人们仅仅令自身陷入①了无可救药的含糊。任何有思想的公民都不会梦想着把政治等同于某种像"权力"或"权力关系"一样含糊且空洞的东西。人们认为两个有思想的人——修昔底德和马基雅维利——是权力的经典解释者,这两个人就不需要["权力"或"权力关系"]这些表达;现在使用的这些表达并非起源于政治生活,而是起源于仅仅基于法律来理解政治生活时引发的学术反应(reaction);②这些表达无非揭示了这种学术反应。

---

① [译按]该句开头的"谴责"和结尾的"使……陷入"均为 condemn 一词。
② [译按]该词亦指"反动"。

政治语言并不自称完全清楚且明晰,政治语言并不自称其基础是完全理解了其自身在足够不含混的程度上传达的事物;政治语言具有暗示性:政治语言任由那些事物在模糊状态(penumbra)下出现。那些事物的"科学的"定义引发的清洗行动(purge)具有荒芜化(sterilization)的特征。① 新政治科学的语言自称完全清楚且明晰,同时自称完全具有条件性(provisional);这种语言的术语意在[218]暗示关于政治生活的假设。但这样自称具有非教条主义式开放性,只是一种礼节性的姿态。当人们谈论"良知"时,人们并未自称已经理解了这个术语表示的现象。但新政治科学家在谈论"超我"(Super-Ego)时,已然确定任何为"良知"所意指却不为"超我"所涵盖的事物都是迷信。结果,新政治科学家不能区分良知亏欠和"罪感":② 良知亏欠促使一个人在余生之中尽全力补偿对他人造成的不可补偿的损害,"罪感"是一个人应该以尽可能快的速度和尽可能低的代价去除的东西。与此相似,新政治科学家确定自己已经理解了一种信任,这种信任促使人们通过谈论"父亲的形象"而投票选举一位高级官职候选人;新政治科学家不必探究,这位候选人是否以及在什么程度上值得拥有这种信任——这种信任不同于孩子们对自己父亲的信任。这些所谓的条件性的或假设性的术语,在研究过程中从未受到质疑,因为这些术语所暗示的东西把研究引向如下方向:有可能揭示诸假设的不恰当性的"与料",绝不会出现。我们可以总结道,新政治科学如果不具有形式主义特征,就具有庸俗主义特征(vulgarian)。这种庸俗主义以"价值中立"的(value-free)方式使用并且由此而讨论那些原本仅仅意在表示高贵事物的术语——"文化"、"人格"、"价值"、"卡里斯玛

---

① [译按]"荒芜化"就是"使……不能生育",在句中的意思是,在清洗的过程中把生机也一并革除了。

② [译按]这两个术语见于尼采《论道德谱系学》第二章标题。"良知亏欠"(bad conscience)直译为"坏良知"。

式"、"文明"之类的术语;不仅如此,这种庸俗主义还尤其以"价值中立"的方式展示自身。

我们提到过的教条主义的最重要的例子是新政治科学或新社会科学对宗教的处理。新科学会使用关于宗教的社会学理论和心理学理论,这些理论不假思索就排除了如下可能性,即宗教最终取决于上帝对人类显圣(God's revealing Himself to man);因此,这些理论只是不可能证实的假设。事实上,这些理论是新科学的隐蔽的基础。新科学取决于一种教条主义无神论,这种无神论把自身呈现为仅仅具有方法论意义和假设意义。有一阵子,逻辑实证主义曾经试图通过称宗教论断为"无意义的陈述"而去除宗教,这种做法虽然吵嚷得厉害,却没什么思想性。这种伎俩似乎已经无声无息地遭到了抛弃。新政治科学的某些拥护者可能会在某种程度上强烈地反驳道,正是理智诚实把他们的宗教立场强加在他们身上:他们没有能力去信仰,故他们不可能把信仰当作他们的科学的基础。我们乐于承认,在其他条件相同的情况下,一个真诚的无神论者好过一个所谓的有神论者,后者把上帝设想为一个象征。但我们必须补充道,仅有理智诚实还不够。理智诚实之中没有对真理的热爱。作为一种自我否定,理智诚实取代了对真理的热爱,因为人们变得相信真理令人反感,而人们不可能热爱令人反感的事物。可是,正如我们的反对者拒绝尊重未经理性论证的信仰,我们自己至少[219]同样有权利拒绝尊重未经理性论证的非信仰;当思考一个人的非信仰时,一个人自己的诚实本身无非是未经理性论证的非信仰,这种非信仰很有可能伴随着一种含糊的信心,即相信非信仰和信仰相互对立的论题长久以来得到了一次性完全解决。几乎不必多说,教条主义地排除严格意义上的宗教意识,导致有关社会的未来的所有长期预测都变得可疑。

把政治事物化约为低于政治的事物,就是把作为原初所与的诸整体化约为相对简单的诸要素,这里说的"相对简单"就是对于所从事研究的意图来说足够简单,可是这样一来,就必然容易被 in infinitum[无限]分解为更加简单的要素。这暗示不可能存在真正的整体。因此,这也暗示不可能存在共同的善。依据老政治科学,必然存在共同的善,而且完全意义上的共同的善就是好社会及其要求。不可能一以贯之地拒绝共同的善,正如不可能在其他任何情况下一以贯之地表明与常识①断绝关系。经验主义者拒绝整体的观念,故迟早被迫谈论"开放社会"——经验主义者对好社会的定义——之类的事物。另一个选择(如果这的确是另一个选择的话)是,一方面否认有可能存在实质性的社会利益,但另一方面承认有可能存在实质性的群体利益;但不难发现,不可能一以贯之地拒绝把给予雌鹅"群体"的东西给予雄鹅"国家"。据此,新政治科学以"游戏规则"的形式偷偷地重新引入了共同的善,所有相互冲突的群体都被认为应该遵守"游戏规则",因为每个群体都能够合理地承认这些对每个群体都具有合理的公平性的"游戏规则"。这种"群体政治"的方法是马克思主义的残余,马克思主义曾经更合理地否认在一个阶级社会之中可能存在共同的善(因为诸阶级深陷或隐或显的你死我活的斗争而不能自拔),故马克思主义在一个无阶级从而也无国家的社会之中发现了共同的善,这个社会由全人类构成,或者说由全人类中还幸存的那一部分人构成。一以贯之地否认共同的善,需要一种激进的"个人主义"。事实上,新政治科学的教诲似乎是,不可能存在实质性的公共利益,因为不存在且不可能存在社会全体成员都认可的一个单一目标:杀人犯用自己的行为表明,严格来讲,就连禁止杀人也不符合公共利益。我们不太确定,杀人犯是否希望杀人不再是一种值得惩罚的行为,而非希望他自己可以杀人而不受惩罚。即便如此,这样否认共同的善,立足于如下前提,即一个目标就算符合绝大多数人的利益,也并不符合所有人的利益:人数再怎么少的少数人,乃至为人再

---

① [译按]"常识"(common sense)直译为"共同的感知",呼应"共同的善"。

怎么反常的个人,都不应该被排除在外。更准确地说,就算一个目标符合所有人的利益,可只要所有人不相信这个目标符合所有人的利益,这个目标就并不符合公共利[220]益:依据自然,每个人都是符合自己利益的事情的唯一评判者;每个人对自己利益的评判并不受制于任何其他人对于"此人的评判是否合理"这个问题的审查。

　　这个前提不是由新政治科学所发现或发明,而是由霍布斯以最大的魄力(the greatest vigor)所陈述,霍布斯拿这个前提来反对与之相反的前提,后者曾经是严格意义上的老政治科学的基础。但霍布斯仍然发现,他的前提会导致每个人反对每个人的战争,故他总结道,如果属人生活应该存在,那么,每个人必须停止做符合自己利益的事情的唯一评判者;个人理性必须让位于公共理性。新政治科学以某种方式否认存在公共理性:政府可能成为一个经纪人,哪怕成为一个拥有"暴力垄断权"的经纪人,但肯定不会成为公共理性。真正的公共理性是新政治科学,它以一种普遍有效的或客观的方式评判"什么符合每个人的利益",因为它对每个人表明,每个人必须选择什么手段来达到自己能够达到的目的,不论这些目的可能是什么。本书①中的前面几篇论文已经表明,新政治科学是什么情况,或新政治科学尚且承认的唯一一类合理性是什么情况(当然,这里所说的"尚且承认"有一个前提,即新政治科学的霍布斯式前提没有轻易遭到遗忘):公共理性的新形式重蹈老形式的覆辙。

　　对共同的善的否认如今把自身呈现为事实和价值之间的区分的直接后果,依据事实和价值之间的区分,只有事实判断而非价值判断才可能是真实的或客观的。新政治科学把对价值或偏好(preferences)②的论证交给"政治哲学",或更准确地说,交给意识

---

① [译按]指本文充当其后记的著作,见本书末尾的"鸣谢"。
② [译按]在前文第[214]页译作"优先性",而这里译为"偏好",是因为此处显然在价值中立的意义上使用此词。

形态,因为对偏好的任何论证都不得不从事实中获得价值,而且这样的获得在正当的意义上不可能。严格来说,偏好不是意见,从而不可能有真假,但意识形态是意见,且出于现成的理由而是虚假意见。尽管行动者(acting man)必然已经在价值中做出了选择,但新政治科学家作为纯粹沉思者(pure spectator)并不献身于任何价值;特别是,新政治科学家在自由民主制及其敌人之间的冲突中保持中立。传统价值体系出现在人们意识到事实和价值之间的区别之前;传统价值体系自称源于事实,即源于属神启示或其他类似的渊源,一般而言,源于更高的或完美的存在者,这些存在者本身在自身之中结合了事实和价值;因此,发现事实和价值之间的区别,等于反驳原初意义上的传统价值体系。传统价值体系是否可能脱离那些把自身呈现为传统价值体系的事实基础的东西,这一点至少值得怀疑。不论如何,从事实和价值之间的区别可以推论出,人们没有意识形态也可以生活下去:人们能够在采纳、设定或宣称价值的同时,并不进行那种不正当的尝试(即从事实中获得人们的价值),或者说并不依赖那些有关存在者(what is)的虚假的或至少并不显而易见的论断。由此,人们抵达了理性社会的观念,或者说非意识形态式政制的观念:这个社[221]会立足于对价值的特征的理解。由于这种理解暗示了,在理性的法庭面前,所有价值都是平等的,故理性社会将是平等主义社会或民主社会,也将是放任(permissive)社会或自由(liberal)社会:关于事实和价值之间的区别的理性学说,理性地论证了对自由民主制的偏好具有正当性,可是[对自由民主制的偏好]违反了[事实和价值之间的]区别的意图。换言之,尽管新政治科学应该否定"没有意识形态就不可能有社会"这个命题,但新政治科学实际上主张了这个命题。

由此,人们感到好奇,事实和价值之间的区分,或"应然不可能起源于实然"这个主张,是否站得住脚。我们可以假设,一个人的"价值"(即他认为有价值的东西)完全取决于他的遗传和环境(即他的实然),或者说,在价值 a 和实然 A 之间存在一对一的关系。在这种情况下,应然会取决于实然,或者来源于实然。可是,按通常理解,这个论题预设了以上假设是错的:因为人拥有某种自由度(latitude);人不仅能在多种多样的外在行为方式中做选择(比如,在河边遭遇一个比自己更强大的敌人,这个敌人可能会游泳,也可能不会游泳,那么,为了避免死在他手上,一个人是否应该跳进河里),而且能在多种多样的价值中做选择;这种自由度,这种可能,具有事实的特征。一个缺乏这种自由度的人(比如有这样一个人,对于他来说,每一种刺激因素都是一种价值,或者说,他禁不住屈服于每一种欲望)是有缺陷的人,是有问题的人(a man with whom something is wrong)。如果某人对某物有欲望,那么,这个事实尚不能使此物成为此人的价值;他可能会成功地战胜他的欲望,但如果他的欲望战胜了他,那么,他可能会为此而自责,仿佛这是他的失败一般;只有选择,而非只有欲望,才使某物成为某人的价值。欲望和选择之间的区分是两个事实之间的区分。在此,选择并非意味着,为了达到预先作为所与的目的,在手段之间做选择;在此,选择意味着,在目的之间做选择,对目的进行设定,或者干脆说,对价值进行设定。

因此,按这种理解,人是一种不同于所有其他已知存在者的存在者,因为人设定价值;这种设定可以视为一个事实。据此,新政治科学否认人有自然目的——人依据自然而趋向的目的;更具体地说,新政治科学否认现代自然权利的前提(依据这种前提,自我保存是最重要的自然目的);人可以出于偏好而选择死而非生,且并非在一个作为所与的处境下因绝望而做出这个选择,而是在绝对意义上做出这个选择:人可以把死设定为人的价值。"关键的实然是,我们设定价值,而非仅仅屈服于欲望"这个观点必然引出某些应然,这些应然极端不同于那些仅仅对应于欲望的所谓的应然。我们可以总结道,依据新政治科学所接受的"相对主义",价值无非是欲望的对象,这种"相对主义"立足于对实然(即那个关键的实然)的不充分的分析,而且人们关于实然的特征的意见[222]决定了人们关于应然的特征的意见。在此,我们必须保持如下问题处于开放状态:对那个关键的实然(即人的自然)的更恰当的分析,并未导致对应然的更恰当的决定,还是超越了对应然的仅仅形式性的特征刻画?不论如何,假设一个人持有这样的意见,即所有欲望事实上都具有同等重要性,因为我们不知道有任何事实性的思考可以令我们有资格把不同的重要性分配给不同的欲望;那么,如果这个人不想被指责为太武断,那么,他就不得不持有"所有欲望在可能的限度之内应该被视为平等的"这个意见,而且这个意见是放任的平等主义所意指的。

因此,在新政治科学和某种形式的自由民主制之间,并非只有一种神秘的既定的和谐。对政治现象的所谓价值中立的分析,受制于新政治科学固有的对某种形式的自由民主制的一种秘而不宣的献身。某种形式的自由民主制没有得到公开的且无偏私的讨论,即没有充分思考所有与之相关的正反两方论据。我们把新政治科学的这种特征称为新政治科学的民主主义。新政治科学寻求人类行为的法则,这些法则可以通过一些与料来发现,提供这些与料的是某些研究技术,[新政治科学]相信这些研究技术可以确保最大限度的客观性;因此,新政治科学重视①研究如今民主社会里频繁发生的事情:不管是进了坟墓的人,还是幕布(the Curtains)②背后的人,都不可能回答调查问卷或接受访谈。因此,民主制沉默地预设了这些与料;民主制不必变成一个主题;民主制可能会轻易遭到遗忘:树木因树林而遭到遗忘;事实上,人类行为的法则是或多或少为民主制所塑造的人类行为的法则;人被沉默地

---

① [译按]puts a premium on,兼用其本义"把经费用于"。
② [译按]大写首字母,必有深意,待考。

等同于民主人士。新政治科学重视这样一些观察：人们可以最频繁地进行这些观察，以至于能力最平庸的人们也可以进行这些观察。因此，新政治科学频繁抵达的顶点是没有理智能力的人们对同样没有理智能力的人们的观察。尽管新政治科学一直不怎么有能力认识或反思(to hold a mirror to)民主制，但新政治科学一直在反思民主制最危险的癖性(proclivities)。新政治科学甚至强化这些癖性。新政治科学的教诲是，实际上，所有欲望在严格意义上是平等的，故[也可以说]新政治科学的教诲是，实际上，一个人不应该为任何事情感到羞耻；新政治科学摧毁了自贱的可能，故新政治科学也以最好的意图摧毁了自尊的可能。新政治科学的教诲是，所有价值都是平等的，而且新政治科学否认，人和兽之间有本质区别，不仅如此，新政治科学还否认，有些事物本质上很高，其他事物本质上很低；故新政治科学在不自知的情况下致力于让堕落生活方式(the gutter)获胜。

但新政治科学的产生恰恰是通过造[223]前不久所谓民主正统的反(the revolt against what one may call the democratic orthodoxy of the immediate past)。新政治科学曾经吸取了那种民主正统难以下咽的某些教训，即大众缺乏理性，且精英有其必要；新政治科学如果当初有智慧，便原本会从遥远往昔的群星璀璨的反民主思想家那里吸取这些教训。换言之，新政治科学曾经相信自己懂得，与正统民主派的信念相反，不可能有充分理由论证自由主义(比如，一种言论只要没有构成明显且现实的危险，就享有无限自由)或民主制(基于普选权的自由选举)。可是，新政治科学成功地调和了这种质疑与对自由民主制的坚定献身，其所用的方法很简单，即宣称任何价值判断(包括支持自由民主制的价值)都不是理性的，从而也宣称出于理性甚至不应该期盼有铁定的有利于自由民主制的论证。由此，关于自由民主制的相当复杂的正反两方论据，竟至于完全为最贫乏的形式主义所抹杀。自由民主制的危机竟至于为一种仪式所隐藏,这种仪式自称为方法论或逻辑学。这样几乎有意地忽视自由民主制危机,是这种危机的一部分。因此,无怪乎新政治科学从没反对过那些毫不犹豫就出于偏好而主和(surrender)而非主战的人,而主和等于抛弃自由民主制。

只有大傻瓜才会称新政治科学为魔鬼:新政治科学不具有任何专属于堕落天使的特征。新政治科学甚至不具有马基雅维利式特征,因为马基雅维利的教诲十分优雅、精微、多彩。新政治科学也不具有尼禄式特征(Neronian)。相反,人们可以说,如果罗马着火时,新政治科学一定还在拉小提琴。但可以用两个事实为新政治科学辩解:新政治科学不知道自己在拉小提琴,也不知道罗马着火了。

九 《斯宾诺莎的宗教批判》前言

李永晶 译

[224]这份关于斯宾诺莎《神学-政治论》的研究撰于1925至1928年的德国。作者是一个生在德国、长在德国的犹太青年，他发现自己正陷入神学-政治的困境当中。

那时，德国是一个自由民主制国家（liberal democracy），其政制是广为人知的魏玛民国（the Weimar Republic）。依据近年德国最具权威的政治文献——俾斯麦（Bismarck）的《思考与回忆》（*Thoughts and Recollections*），对魏玛[民国][①]的选择显示出它自身是一种反对俾斯麦的选择。在俾斯麦看来，[选择]魏玛[政制]，即便不代表德国人对法国人尤其是对英国人的内在依赖，也代表了一种对西方的倾斜，以及与此相应的对所有俄国事物的嫌恶。然而，魏玛首先是歌德的栖身之地，他的时代经历了德意志民族的神圣罗马帝国的崩溃，经历了法国大革命与拿破仑的胜利——歌德以带着同情的理解看待这两个彼此敌对的事件，但在思想上却不认同其中任何一方。通过与魏玛结合在一起，德国的自由民主制显示出其稳健、非激进的特性：它决意在两种献身——

---

① [译按]如无特别说明，除引文外，方括号内的中文一般由译者为顺通文意而酌加，有时亦表示古典语词的中译。

即对 1789 年诸原则的献身与对德意志最高传统的献身——之间维持平衡。

魏玛民国是虚弱的。它曾一度有过即便不说是伟大却也是有力量的瞬间：它曾对犹太裔外交部长拉特瑙（Walther Rathenau）被谋杀事件（1922 年）作出强烈反应。总体上来说，魏玛民国展现了一幅无利剑之正义或者无能使用利剑之正义的可悲图景。1925 年陆军元帅冯·兴登堡（von Hindenburg）被选为德意志帝国的总统，这让所有长眼睛的人都看到，魏玛民国只有不多的日子可活了：旧德国比新德国——在意志上——更强大。那时，魏玛民国距离最后的毁灭只欠一个时机的问题；[225]没过几年，那个时机就将来临。魏玛民国的虚弱必然使它迅速毁灭。[但是，]它的虚弱并不使民族社会主义的胜利成为必然。民族社会主义在德国成为必然的理由与共产主义在俄国成为必然的理由相同：有最强大意志或坚定不移的人，最无情、最大胆、最具有统帅部下的能力、能对直接相关政治领域中各种势力的强度作出最佳判断的人，他就是革命的领袖。①

半吊子的马克思主义者们将魏玛民国虚弱的理由追溯至垄断资本主义的力量及 1929 年的经济危机，然而，当时还是有一些尽管要对付同样的困难却存续下来且仍然强大的自由民主制国家。魏玛民国产生于在第一次世界大战中战败的德国，指出这一事实更有道理，尽管这种答案只是牵引出更多的问题——为什么德国在更有利的形势中（比如在 1848 年）没有成为自由民主制国家？换言之，为什么自由民主制在德国一直脆弱不堪？确实，威廉二世治下的俾斯麦政权在第一次世界大战之前已逐渐失去信誉，在大战中以及大战后其信誉则彻底扫地；与此相应，自由民主制获得了

---

① 考虑托洛茨基（Leon Trotsky），*The History of the Russian Revolution*（《俄国革命史》），Max Eastman 英译，The University of Michigan Press, I, 329 - 331 及 III, 154 - 155。

空前的吸引力。然而在至关紧要的时刻，取得战争胜利的自由民主制国家通过凡尔赛条约背叛了自己的原则，这使得自由民主制在德国人眼中丧失了信誉。

依据高的事物来尝试理解低的事物，要比依据低的事物尝试理解高的事物更安全。依据低的事物理解高的事物时，人们必然会歪曲高的事物，而从高的事物理解低的事物时，人们并没有剥夺低的事物充分展现其自身之所是的自由。从其名称来说，魏玛民国让人回溯到德意志思想与文学的最伟大时代，即从18世纪最后三分之一开始到19世纪最初三分之一为止的时代。谁也不能说，古典时期的德国(the classical Germany)曾以清楚、独特的口吻谈论过对自由民主制的赞同。尽管古典时期的德国创始于卢梭，这一点仍然成立。首先，卢梭是第一位对现代的根本方案（为救济人的状态而倡导人征服自然）提出批评的现代批评家，他由此为文明与文化之间的区分（这一区分对德意志思想而言如此命运般重大）奠定了基础。最重要的是，卢梭的思想因德国古典哲学而变得激进与深化，这一过程在黑格尔的《法哲学》(Philosophy of Right)里臻至巅峰，在《法哲学》中，基于承认人的各种权利的那种立宪君主制获得了正当性，其政府掌握在经由世袭君主任命并且受过高等教育的文官(civil servants)手中。有人曾经说过——而且这种说法不无道理，黑格尔对德国的统治直至希特勒上台才告一段落。然而，卢梭[226]不仅为法国大革命与德国古典哲学做好了准备，他还为法国大革命的极端反动亦即德意志浪漫主义铺平了道路。用政治上直言不讳的话来说：

> 德国的浪漫派……在艺术与生活中……无非是曾昭示自身的中世纪诗歌的复活。①

---

① 海涅，"Die romantische Schule"(《浪漫学派》)，收入 *Sämtliche Werke*(《海涅著作全集》)Elster 编，V，217；参黑格尔在 *Aesthetik*(《美学》)中对浪漫主义的讨论。

现实中的中世纪甫一结束,亦即由一个日耳曼人(a German)统治的神圣罗马帝国刚一解体,德国就开始了对中世纪的渴望,因为神圣罗马帝国的终结在当时被德国人视为奇耻大辱。在德国,亦只是在那里,中世纪的结束与开始渴望[回到]中世纪是同时出现的。与持续近千年、直到1806年才结束的中世纪帝国相比,俾斯麦的帝国(更不用说黑格尔的普鲁士)仅仅作为一个小小的德国展示自身,而且这不只是就版图而言的。德国人所有深远的渴望——在他们眼中,对中世纪的渴望不仅不是唯一的甚至亦不是最深远的,所有这些对起源的渴望,或者用负面的说法,德国人对现代性的所有不满,都指向了一个第三帝国,因为德国将[由此]成为(甚至尼采的欧洲统治着的)这个星球的核心。①

德国自由民主制的虚弱可以解释,为什么当地犹太人的处境在德国比在任何其他西方国家更不安定。在诸多神学-政治论文当中,自由民主制起初并未将其自身定义为17、18世纪那种或多或少经过启蒙的专制主义的对立面,而是将其自身定义为"黑暗王国"亦即中世纪社会的对立面。根据自由民主制的说法,社会的纽带正是人类普遍的道德,而宗教(实定宗教[positive religion])则是一种私人事务。在中世纪,宗教——即大公教会的基督教——是社会的纽带。最富有中世纪特征的行动是十字军东征;可以说,它在对整个犹太共同体的谋杀中达到顶点并非偶然。德国犹太人因法国大革命或这场革命的结果而获得解放。魏玛民国则首度赋予他们完整的政治权利。继承魏玛民国的是绝无仅有的德国政制——在任何时代、任何地方该政制都是独一无二的,它除了将犹太人斩尽杀绝的仇恨之外,别无任何其他明确的原则,因为"雅利

---

① 考虑[尼采]*Jenseits von Gut und Böse*(《善恶的彼岸》)第8章。[译按]本书为初学者与研究者计,注释中的重要人名、文献名(书名、文章名等)在初次出现时给出中译,后有重复者一般只列原文或缩写。

安人的"(Aryan)这个字眼除了"非犹太人的"(non-Jewish)这个意思外,别无其他任何明确的含义。希特勒并非来自普鲁士,甚至亦不是来自俾斯麦的帝国,人们对这一事实必须铭记于心。

当德国犹太人的政治处境比任何其他西方国家犹太人的处境都更不安定的时候,他们创立了"犹太教科学"(the science of Judaism),即由犹太人对犹太遗产进行的历史—批判研究。犹太人在德国的解放是与德意志思想和诗歌的最伟大时代同时并行的,在那个时代,德国是思想与诗歌方面最一流的国家。人们不禁要将德国犹太人的[辉煌]时期与西班牙犹太人的[辉煌]时期做一番对比。西班牙时期的犹太人之所以能取得最伟大的成就,可能[227]部分原因在于他们开始接纳希腊思想的涌入这个事实,按照一般的理解,希腊思想只是由于偶然的原因才成为这种接纳的来源。然而在德国时期,犹太人却向德意志思想的涌入开放自己,这种思想属于他们生活于其间的特定民族———一种在本质上被理解为属于德国的思想:政治上的依附同样是精神上的依附。这是德国犹太人困境的核心问题。

下述三段引文或许有助于阐明犹太人在德国的不安定处境。歌德,胸怀世界主义的德国人(cosmopolitan Germans)中的最伟大代表、一位"坚定的非基督徒",为他笔下的迈斯特(Wilhelm Meister)与"快乐的弗里德里希"(the gay Friedrich)之间关于将要创建的一个新社会的对话作了如下总结(他没有为自己的总结加引号):

> 我们拥有这一宗教[作者按:基督教],不过会以一种特殊的方式拥有它;我们孩子小的时候,我们就教导他们它[作者按:那个宗教]所带给我们的巨大好处;但关于该宗教的创立者,关于其发展经纬,我们只在最后才告诉他们。只有在那时,创立者才会获得敬爱与珍视,有关他的所有记载亦将变得神圣。要得出一个或许有人称为迂腐但依据其前提却无论如

何必须予以承认的结论的话,那就是我们无法容忍我们当中的任何一个犹太人;因为,既然他否认最高文化的起源和传统,我们怎能容许他分享这种文化呢?①

在两代人之后,尼采就可以如是说了:"我还没有遇到过一位对犹太人心怀善意的德国人。"②有人可能试图将尼采的论断归根于其熟人圈子的狭隘:没有谁会期待从尼采成长于其中的德国路德派牧师当中找出对犹太人心怀善意的人,更不用说巴塞尔的布克哈特(Jakob Burckhardt)了。③ 尼采措辞谨慎,在作出这一论断时,他显然将自己排除在外,该论断的文脉亦显示出这一点。然而他的话绝非无关紧要。尽管他的熟人圈子有限,或许有限得异乎寻常,但他却具有异乎寻常的敏锐洞察力。除此以外,对具有犹太血统的这个或那个男人或女人怀有善意,并不意味着对犹太人怀有善意。两代人之后,到了1953年,海德格尔就能谈论"民族社会主义的内在真理和伟大"了。④

在19世纪的进程中,许多西方人都开始设想,多数——即便不是所有——的苦难所形成的问题理所当然都是可解决的。以这种方式,他们亦开始谈论犹太人问题。德国犹太人的问题从未获得解决。这一问题由于犹太人的灭绝而绝迹。在希特勒掌权之前,大多数德国犹太人相信,他们的问题已然由自由主义在原则上予以解决:德国犹太人是具有犹太教信仰的德国人,也就是说,在

---

① [歌德,]*Wilhelm Meisters Wanderjahre*(《威廉・迈斯特的漫游时代》),Bk. 3, ch. II。
② 《善恶的彼岸》第 251 节;参见 *Morgenröte*(《朝霞》)第 205 节。
③ [译按]Jakob Burckhardt(1818—1897),出身于瑞士巴塞尔的名门望族,后任巴塞尔大学历史教授,曾被尼采称为"最伟大的老师"。
④ [海德格尔,]*Einführung in die Metaphysik*(《形而上学导论》),Tübingen, 1953, 页 152。这本书由 1935 年的课程讲稿构成,但"序言"所指出的,"除去了其中的错误"。参第 36 页关于最近德国大学中的"净化"(cleansing)的暗示。

身为德国人这一点上,他们不亚于那些具有基督教信仰的德国人,[228]亦不亚于无信仰的德国人。他们假定,德国这个国家(更不用说德国社会或文化)在基督徒与犹太教徒、在非犹太人与犹太人之间的差异面前保持了中立,或者说应该保持中立。但这一假设没有被德国最强大的那部分所接受,因而也没有被德国所接受。用赫尔茨(Theodor Herzl)①的话来说,"谁属于谁不属于,这是由多数派所决定的;这是个权力问题"。无论如何,似乎在由两个阵营同等承认的某位高高在上者缺席的情况下,对德国犹太人的德意志属性(German-ness)问题的自然裁决者就是非犹太裔的德国人。结果,德国犹太人中的一小部分——但在大学里学习的德国犹太青年中却是相当多的一小部分——开始转向犹太复国主义(Zionism)。犹太复国主义几乎从未完全与传统的犹太教希望分离。另一方面,犹太复国主义也从未有意引发像以斯拉(Ezra)和尼希米(Nehemiah)的时代所达成的那样一种复兴:重返以色列的土地并未被视为以第三圣殿的建造与祭祀崇拜的恢复告终。

犹太复国主义作为一种现代运动,其独特性最清晰地表现在严格意义上的政治犹太复国主义当中,这种政治犹太复国主义最初由平斯克(Leon Pinsker)②的《自我解放》(*Autoemancipation*),其后由赫尔茨的《犹太国》(*The Jewish State*)揭橥。平斯克和赫尔茨的出发点正是自由主义解决方案的失败之处,但他们继续像起初自由主义曾认为的那样,认为犹太人问题会得到解决,也就是说,他们认为犹太人问题会像一个纯然属人的问题(human problem)那样得到解决。他们激化了(radicalized)这种纯粹的属人理解。犹太人可怕的命运,不再被理解为与上帝对我们祖先罪孽的

---

① [译按]Theodor Herzl(1860—1904),生于奥地利的犹太裔记者、现代犹太复国主义的创始人,著有《犹太国》(*Der Judenstaat*)等。
② [译按]Leon Pinsker(1821—1891),俄国犹太思想家,现代犹太复国主义的先驱之一。

惩罚有关,或与作为选民的神意式使命有关,从而不再被理解为必须以殉道者温顺的坚韧加以忍受。它将以纯然属人的措辞被理解为构成了一个纯粹政治的问题,这样的政治问题无法通过其他民族的正义和慷慨来加以解决,更不用说,无法通过所有民族的一个联盟来加以解决。相应地,政治犹太复国主义的首要关注是清除犹太人长达千年的贬损状态(degradation),恢复犹太人的尊严、荣誉或自豪感。自由主义解决方案的失败意味着,犹太人不可能通过将个体同化到他们所置身的民族当中,或者通过成为各自由国家中同其他公民一样的公民,重新获得自己的荣誉:自由主义的解决方案至多只能带来法律上的平等,而无法带来社会上的平等;作为一种理性的要求,这种方案对非犹太人的情感毫无影响。再引一句赫尔茨的话:"我们是一个民族——敌人使得我们成为一个民族,不管我们喜不喜欢这样。"归根结底,这并不值得哀叹,因为"对于人格形成的最高努力而言,敌人是必要的"。只有通过确保犹太民族的荣誉,犹太人个体的荣誉才能得到确保。犹太人问题的真正解决之道要求犹太人变得"像所有民族一样"(《撒母耳记上》8章),①要求犹太民族将自身同化于世界上的诸民族当中,或者说要求它建立一个现代的自由主义式世俗(但未必是[229]民主的)国家。这样一来,严格意义上的政治犹太复国主义就是一个精英的运动,这个精英为的是由共同血统和共同的贬损状态所构成的一个共同体,其目的是通过获得国家资格,进而获得一片国土——任何的国土——来恢复他们的名誉:严格意义的政治犹太复国主义所许诺给犹太人的土地并非必然是以色列的土地。

这项方案意味着对犹太人的传统希望施加一种深刻的修正,只有通过与那些希望决裂,这种修正才可能。平斯克选用了希勒

---

① [译按]和合本作"像列国一样"。如无说明,此译本中凡涉及圣经的文字,皆参照新标点和合本《新旧约全书》(南京:中国基督教协会,1994)。

尔(Hillel)①的一句话作为他的[宣传]小册子的题词:"若我不为自己,谁将为我? 若非现在,更待何时?"他省略了希勒尔这段话的中间部分:"若我只为自己,我又是谁?"平斯克将犹太民族视为一个羊群,一个没有牧羊人保护和召集的羊群;他并不渴望出现一位牧羊人,但他渴望羊群转化为一个能照顾自己的民族。平斯克将犹太人的处境视为一种自然的病态,认为只有通过自然的手段才能加以治愈。严格意义的政治犹太复国主义所带来的变化意味着什么? 若是有人返回到起源,仔细思考一下斯宾诺莎下面的一句话,他就能最清楚地看到:

> 如果犹太人的宗教基础并未使得他们的心智变得柔弱,那么我绝对相信,倘使时机成熟(因为人事变化无常),他们将在某个时候重建他们的国家。②

严格意义的政治犹太复国主义只有通过成为整个犹太复国主义的一个组成部分(虽不说成为其中坚),也就是说,只有通过与传统的犹太思想和解,才会产生实效。通过这种结盟或曰融合,它实现了以色列国家的创建,随之也实现了它的首要目标,即清除贬损

---

① [译按]Hillel(据传约前110—后10),犹太教先贤之一,犹太历史中的一位著名人物,曾任犹太议事公会(Sanhedrin)会长。通常认为其活动时期至少包括公元前30年至公元后10年这段时间。

② [译按]这段引文出自斯宾诺莎《神学-政治论》第3章的结尾,请参照中译本《神学政治论》(温锡增译,商务印书馆,1996)第64页。施特劳斯在第一章的注释中同样引用过这一段话(见本书页74注③)。本译本附录论文中施特劳斯对这一段话(字面上略有出入)亦有解释。另外,本引文以及以下涉及《神学-政治论》的引文和注释,因字面上与中译本的对应之处多有较大的差异,译者或据原文中的英译或据法文译文译出,除个别之处外,不再注出中译本的相关页码。附带说明的是,《神学-政治论》中译本依据的是R. H. M. Elwes的英译本(Whittingham and Co. London,1883),由于该英译本通常被认为不准确,这直接导致了中译本的准确性问题。

状态;这样,它就为所有地方的所有犹太人带来了福祉,不管他们承认与否。① 然而,政治犹太复国主义并没有解决犹太人问题。它不可能解决犹太人问题,因为它最初的设想无论多么高贵,终究狭隘。文化犹太复国主义最为有效地揭示出这种狭隘:严格的政治犹太复国主义只关注当下的紧急状况和当下的解决,它缺乏历史的视角——出身或曰血统的共同体必须同时是一种精神共同体,一种民族心智的共同体;如果没有一种扎根于犹太教遗产的犹太文化,犹太国家将是一具空壳。除非有人事先将犹太教遗产自身解释为一种文化,亦即解释为一种民族心智和民族天才的产物,不然此人不可能会采取这样的行动。② 然而犹太教遗产的根基,亦即富有权威的那一层,并未将其自身表现为人类心智的产物,而是表现为神的馈赠,表现为神的启示。如果一个人将犹太教遗产解释为像其他高等文化那样的一种文化,那么,即便他宣布要忠实于这种遗产,他难道不是完全歪曲了该遗产的意义吗?文化犹太复国主义相信,它已然在政治(权力政治)与神的启示之间、在次于文化的事物与超逾文化的事物之间发现了一个安全的中间地带,然而它却缺乏这两个极端所具有的严苛性(sternness)。当文[230]化犹太复国主义理解其自身的时候,它就转化为宗教犹太复国主义。但是当宗教犹太复国主义理解其自身的时候,它首先是犹太教信仰,其次才是犹太复国主义。宗教犹太复国主义必定将通过人的方式解决犹太人问题的概念视为亵渎。它或许可以出格

---

① 参 Gerhard Scholem, "*Politik der Mystik. Zu Isaac Breuer's 'Neuem Kusari*'"(神秘派的政治:评布劳尔的《新库萨里》), *Jüdische Rundschau*(《犹太教评论》),1934, no. 57。[译按]《库萨里》乃中世纪犹太思想家犹大·哈列维(Judah Halevi, 1075—1141)的主要作品,此书以 8 世纪时发生的哈扎尔王(King of the Khazars)带领民众(此为突厥人的一支)皈依犹太教的历史事件为背景。Kuzari 是希伯来语书名,其阿拉伯原文为 Kitāb Al Khazari(音译=《哈扎里书》,Kitāb[书])。

② 参 Yehezkel Kaufmann, *The Religion of Israel*《以色列的宗教》), Moshe Greenberg 翻译并缩写, The University of Chicago Press, 1960,页 2, 233 - 234。

一点,认为以色列国家的建立是自《塔木德》(the Talmud)成书以来犹太历史上最重要的事件,然而,它不可能把以色列的建国看作是弥赛亚时代的到来,不可能将其视为以色列与所有人的救赎的到来。以色列国家的建立是对发生迄今的 Galut［流亡］①的最深刻修正,但它不是流亡的终结:在宗教的意义上,或许还不只是在宗教的意义上,以色列国乃是流亡的一部分。有限的相对的问题能得到解决;无限的绝对的问题却无法解决。换言之,人类永远也无法创造一个没有各种矛盾的社会。从每种观点来看,犹太人看上去似乎都是选民——这至少在下述意义上说是如此:犹太人问题乃是作为社会或政治问题的人的问题的最一目了然的象征。

　　认识到犹太人问题无法解决,这意味着人们要始终记住,犹太复国主义所宣示的自由主义的局限性乃是真实的。自由主义的成败与否取决于国家与社会的区分,或者说,取决于承认一个受法律保护却不受法律干扰的私人领域,与此相应的最重要的理解是,宗教作为特定宗教,仍是属于私人领域的事务。正如自由主义国家确实不会"歧视"其犹太公民,自由主义国家在宪法上无能甚至不愿阻止个人或群体对犹太人的"歧视"。对这种意义上的私人领域的承认,意味着允许私人的"歧视",意味着它保护、从而实际上助长了这种"歧视"。自由主义国家无法为犹太人问题提供一个解决方案,因为这样一种解决方案会要求在法律上禁止每一种形式的"歧视",亦即要求废除私人领域、否认国家与社会的差别,换言之,会要求对自由主义国家的破坏。这样一种破坏根本不会解决犹太人问题,在我们的时代,这一点可见之于苏联(the USSR)所采取的反犹政策。说那种政策与共产主义的种种原则相矛盾是愚蠢

---

① ［译按］Galut 也可译为"离散"、"放逐"等,指历史上以色列人因受异族统治,被迫失去国家、离开故土的事实,也指与此相应的犹太教神学观念:Galut 是上帝对犹太人的惩罚。

的,因为将共产主义原则与共产主义运动切割开来的这种做法本身违背了共产主义的原则。苏联能得以生存,这归因于斯大林的决断:不再等待西方无产阶级的革命,亦即不再等待他人将为苏联做什么,而是倾其所能地——无论这些手段多么残酷——在单个国家内建设社会主义。当然,那些手段可能包括此前希特勒已然成功运用、虽说不上是他所发明的某种手段:大清洗和各种反犹措施。这并不是说斯大林主义已经变成了民族社会主义的老样子,成为反犹意识形态的俘虏,而是说不拘何时何地,只要反犹政策对它有利,它就会无原则地使用那些政策,[231]这无非证实了我们的观点:自由主义国家所提供的棘手的"犹太人问题的解决方案"要较之更优。

[231]在犹太人问题当中,有一个可以借助人力予以解决,①那就是西方的犹太人个体所面对的下述问题。某个犹太人个体或其父母将他与犹太共同体的联系切断,希望借此他能成为纯粹的自由主义社会或普遍的人类社会的一名正常成员,而当他们发现这样的社会并不存在时,他们就会自然而然地感到困惑。这一问题的解决之道,就是此人重新回归犹太共同体,回到由犹太教信仰与犹太生活方式所建立的共同体中去——在最广泛的意义上就是teshubah[回归/悔改](通常被翻译为"悔改"[repentance])。我们同时代的一些人相信,这样一种回归已经完全不可能,因为他们相信犹太教信仰——不是经由盲目的背叛而是经由明证无误的反驳——已经被永远地颠覆了。他们虽然承认他们最深的问题能够通过那种回归得到解决,但是他们却断言,智性的正直禁止他们牺牲他们的理智,即便是为了最生死攸关的需要。然而他们几乎无法否认,一种生死攸关的需要正当地促使一个人去深思,某件看上去

---

① 迈蒙尼德(Maimonides),*Mishneh Torah*(《重述托拉》),H. teshubah(论悔改)VI,3。

是不可能的事情实际上是否仅仅是一个极其巨大的困难。

基于目的论最坚固的基础已经被达尔文摧毁这一理由,文化犹太复国主义的奠基者依旧能够否认犹太民族具有承自神意的使命。① 然而在本研究所撰写的时代和国家当中,除了最落伍的一部分人之外,所有人都承认犹太教信仰并没有被科学或历史所驳倒。由达尔文以及在较小的规模上由威尔豪森(Julius Wellhausen)②所激起的风暴已然风平浪静;人们可以承认科学与历史看似教导的一切——世界的年龄、人的起源、神迹的不可能性、灵魂不灭与肉体复活的不可能性、耶和华派(Jahvist)、埃洛希姆派(Elohist)、第三以赛亚(the third Isaiah)③等等——而不必放弃犹太教信仰的实质的一丝一毫。关于特定事项的某种争执有时会导致不情愿的让步,这种争执仍然在边远的一些领域当中继续进行着,但在围绕至关重要的问题的战役中,由于整个领域大规模地向科学与历史投降(在这些领域中科学与历史宣称自己胜任或正变得胜任),由于上述整个领域被视为与宗教无关而遭到同步的贬低,这场战役就胜负已定了。人们断言说,整个领域此前被视为与宗教有关,那仅仅是由于宗教的自我误解,这种自我误解在早期时代不可避免,就整体而言,这种自我误解在早期时代甚至亦毫无害处。

---

① 参 Achad ha-Am 的论文"External Freedom and Internal Servitude"(《外在的自由与内在的奴役》)。

② [译按]Julius Wellhausen(1844—1918),德国圣经学家,强调用严格的科学方式研究圣经。他在前人研究基础上提出《五经》的"原典假说"(documentary hypothesis),认为《五经》由 J(Jahwist)、E(Elohist)、D(Deuteronomist)、P(Priestly Writer)四组不同时代和地区的作者(分别代表耶和华派、埃洛希姆派、申命记派和祭司派),依据不同来源的原始文献及思想立场编撰而成,成为"典源考据/批判"(source criticism)的创始人,对《希伯来圣经》(即《旧约》)的历史考据/批判研究方法影响深远。

③ [译按]根据对《圣经》的历史考据研究,《以赛亚书》由不同时期的作者写成,全书据此可分为三部分,其中第 56-66 章被称为"第三以赛亚"(Trito-Isaiah),约写于公元前 6 世纪,时波斯帝国统治者允许以色列人从被囚掳的巴比伦返回故土。"第三以赛亚"强调重建家园、重建信仰等主题。

那种误解在于，它将启示理解为一整套教导和规则，这套教导和规则包涵了如下这类教导和规则：人的孤立无助的心智根本不可能认识到它们的真实性和约束力，而且，这类教导和规则如果没有通过确定性证明自己就是上帝的话（the word of God），①从而是超逾理性的（supra-rational），那么，人的心智就会视其为低于理性（sub-rational）并摈弃它们；没有亲耳听到[232]上帝宣布那些教导和规则的人，只有通过一个可靠的传统，亦即一个可以保证对上帝的每句话进行了可靠转达的传统，只有通过各种神迹，才能获得那种确定性。在启示的内容被视为是理性的时候，这种自我误解将得到消除，不过，这并不必然意味着迄今为止被认为受到启示的一切事物皆是理性的。对启示的外部凭证（传统及神迹）的需要随着其内部凭证变得越来越丰富而逐渐消失。传统犹太教的真理是理性的宗教，或者说，理性的宗教是世俗化的犹太教。但同样的说法亦可用于基督教，不过，无论世俗化的犹太教与世俗化的基督教彼此多么接近，它们都是两回事；而如果作为纯粹理性的事物，它们应该是相同的。最重要的是，如果犹太教的真理就是理性的宗教，那么此前因来自超越的上帝而使人相信是启示的东西，现在就必须被理解为是人的想象力——在想象力当中，人的理性起了某种程度的作用——的作品；同样，现在变得清楚明晰的一个观念原本却是一个混乱的观念。② 除了用理论理性证明上帝的存在或者通过实践理性公设上帝的存在——这些正变得越来越不为人们所信——之外，还有什么能防止人们踏出最后一步，即宣称上帝自身乃是人的头脑的产物，或者充其量是"理性的一个观念"呢？

---

① [译按]在犹太教以及基督教当中，word of God 这个表达自身具有多种含义，因而相应的汉语说法亦有若干，除"上帝的话语"之外，"上帝的道（或'言'）"较常见（见《约翰福音》1:1："太初有道，道与上帝同在，道就是上帝"）。
② 参见斯宾诺莎，*Theologico-political Treatise*（《神学-政治论》）"前言"（Bruder 编校本，第 7 节）。

这些以及类似的否定或解释不仅与传承下来的意见相抵牾，而且还与当下的经验相抵牾——只要观察到了这一点，那么这些否认或解释瞬间就会丧失它们所有的力量。乍一听到这种说法的人，可能会回想起莱布尼茨在克服培尔（Pierre Bayle）①针对启示的怀疑时所说的话：

> 所有这些无法克服的困难，所有理性所标榜的针对信仰的斗争，都会消散。
> 如此猛烈的激情，如此激烈的攻击，
> 只要投上一把沙子，就会消失，变得沉静。②

上帝将自身启示于人前，他对人们的直接宣讲——这不仅仅只是通过上溯至遥远过去的传统而为人们所知故而现在"仅仅是被相信的"，而且它还能通过每个人只要不予拒绝就会拥有的当下经验真正地为人所知。这种经验并不是一种自我经验，不是一种人的潜能的实现，不是人的心智得其所有——即得到自己欲望的东西或自然倾向的东西——的实现，而是某种来自外部的、与人的本性格格不入的、并非人所渴望的事物。这种经验是对某种绝对事物的唯一的意识，这种绝对事物不能像其他一切事物——无论是理性的还是非理性的事物——所能够的那样被相对化；它是对作为汝（the Thou）——即所有人的父与王——的上帝的经验；它是一种针对此时此地的我所发出的一个明确命令的经验，这种命令不同于那些总有商榷余地且允许有例外的一般的法或

---

① ［译按］Pierre Bayle（1647—1706），法国启蒙思想的先驱。
② ［莱布尼茨，］*Théodicée, Discours de la Conformité de la foi avec la raison*（《神义论：论信仰与理性的一致》），sect. 3，及维吉尔（Vergil），*Georgica*（《农事诗》）IV, 86-87。诗人讲述了争夺唯一蜂巢的两只蜂王之间的斗争。哲人则似乎在思考究竟哲学抑或启示应该成为女王的问题。

观念。人只有体验到上帝的呼召——[233]要尽心、尽灵、尽力地爱上帝,并且完全降服于这种呼召,才能将他人视为自己的兄弟,才能爱他人如同爱自己。这种绝对经验如果没有在圣经中辨认出自己,如果没有通过圣经得到澄清,如果没有联系到对传统犹太教如何理解自身的思考或联系到对犹太民族的神秘命运的沉思,那么它将无法引导人们返回到犹太教中去——比如说,返回到基督徒称之为仪式法(the ceremonial law)的具体细节当中去。回归犹太教在今天也要求克服一种可以称之为犹太教信仰持久障碍物的东西:起源于希腊、起源于异教的传统哲学。因为,接受启示并降服于上帝意志[的生活方式]还有种种可敬的、令人印象深刻或者说貌似有理的替代方案,这些替代方案总是而且仍然将自己表现为基于人凭借其自身(亦即凭借其理性)所知晓的事物之上。理性在黑格尔的体系当中达到了尽善尽美;黑格尔体系的本质局限表明了理性的本质局限,从而也表明了基于理性对启示进行的一切反驳的根本不足。随着理性主义最终的分崩离析,理性与启示、信仰与不信仰之间持久的斗争在原则上甚至在人的思想层面上,得到了有利于启示的裁决。理性仅能知晓各种主体和客体,然而毫无疑问,活生生的、爱的上帝无限地不止于是一个主体,他也决不会成为一个客体,决不会成为人们可以超然或漠然看待的对象。迄今为人所知的哲学,亦即那种旧思维(the old thinking),非但不是从对上帝的经验出发,反而从这种经验中抽离而出或者说排除了这种经验;因此,倘若这种旧思维是有神论的,那么它就迫不得已要求助于对上帝——作为一个思维存在者,或者一个既有思维又有意志的存在者——存在的证明。作为无条件的经验主义的新思维(the new thinking),当它谈论起上帝、人与世界时,它把它们看作实际经验到的[存在者],视为彼此无法还原为另一方的实在,而所有的传统哲学都是还原主义的。因为,倘若传统哲学没有宣称世界和人是永恒的,也就是说,倘若它没有否认造物主—上帝,那么它就会寻找先于世界和人的实在——这种实在既存在于世界和人之前,又存在于世界和人之后,也就是说,它会寻找人——整个的人——无法经验到而只能由人推论或思考的事物。无条件的经验主义不承认任何这类外部或曰彼岸(Without or Beyond)是一种实在,只是将其作为非实在的各种形式、本质或概念,这类非实在的形式、本质或概念无非是各种客体,即区区思想的客体。①

这种新思维的创始首先要归功于罗森茨维格(Franz Rosenzweig),他被认为是德国犹太人所产生的最伟大的犹太思想家。这种新思维遭到了另一形式的新思维即由海德格尔所创始的新思维的对抗。②很明显,海德格尔的新思维导向对任何慈爱(charity)以及任何人道(humanity)的远离。另一方面无可否认的是,对于倚赖希腊根基的传统哲学必须被一种新思维所取代这个洞察或要求所隐含的意味,海德格尔比罗森茨维格有更深刻的理解。海德格尔绝对不会像罗森茨维格那样说:

[234]我们以最精确的方式,我们凭经验的直觉知识,知晓上帝所理解的上帝自身,知晓人所理解的人自身,知晓世界本身之所"是"。

海德格尔亦不会像罗森茨维格那样假定,我们不费周章就能拥有对希腊哲学的一种恰切理解,就能拥有对必须予以克服的那种旧思维的基本层次的一种恰切理解:随着对传统哲学的质疑,对

---

① 参 Franz Rosenzweig, *Kleinere Schriften*(《短文集》), Berlin, 1937, 页 354-98。
② 关于罗森茨维格思想与海德格尔思想之间的关系,参 Karl Löwith, *Gesammelte Abhandlungen*(《洛维特文集》), Stuttgart, 1960, 页 68-92。[译按] Franz Rosenzweig(1886—1929), 20 世纪犹太哲学复兴的先驱之一,撰有代表"新思维"的《救赎之星》(*Der Stern der Erlösung*)。

传统的传统理解也成了问题。仅仅出于这个理由,海德格尔就无法像罗森茨维格那样说,柏拉图对话的大部分都"枯燥无味"。①罗森茨维格与海德格尔之间的这种分歧——对此我们还可以说出许多——并非与他们对启示的分歧无关。当时,海德格尔不是以言辞,而是通过沉默或行动表达了他自己关于启示的思想。罗森茨维格的友人布伯(Martin Buber)②援引了海德格尔后来的一段话,我相信那段话暗示了海德格尔的主张——如果将这段话与尼采那些有名的说法联系起来理解的话就尤为如此,海德格尔在此事上明显追随尼采。

据布伯转述,海德格尔说:

> 这些宗教[作者按:即犹太教与基督教]的"先知们",并不是通过预言神圣者的话语(the word of the Holy)而开始。他们直接在一种超自然的蒙福状态中,宣告了拯救的确定性所依靠的上帝。③

布伯就此评论道:

> 顺便说一句,在我们这个时代,在高水准的哲学层面上,我从未碰到过这样一种对以色列众先知的影响深远的误解。以色列的先知们从未宣告过这样一位上帝,一位他们的听众为争取安全感而仰赖的上帝。他们一直致力于粉碎所有的安

---

① Rosenzweig,前揭,页380,387。
② [译按]Martin Buber(1878—1965),著名的犹太裔宗教哲人,早年曾参与赫尔茨领导的犹太复国运动。
③ [布伯,]*Eclipse of God*(《上帝之蚀》), New York,1952,页97;参德文原著 *Gottesfinsternis*(《上帝之蚀》),Zürich,1953,页87-88。我并未试图使[英]译文更接近海德格尔的德文表述,顺便说一句,布伯引述海德格尔的此番表述时不太贴近字面。参见海德格尔 *Nietzsche*(《尼采》),II,页320。

全感,并在最终的不安全所敞开的深渊中宣告并非如人所愿的上帝(the unwished for God),这位上帝要求他的人类受造者成为真实的,要求他们成为人,他使所有那些想象自己能在确定性(确定上帝的殿就在他们中间)里得到庇护的人迷惑不解。

海德格尔没有提及先知们的"听众",但他的意思显然是,先知们本身就关注安全感。① 这个断言没有被布伯所指出的那些众所周知的事实所驳倒,一言以蔽之,该事实即:对先知而言,除了上帝之外并不存在避难所和堡垒:上帝的殿提供的安全什么也不是,而上帝提供的安全却是一切。如同布伯在该书上述引文 17 页之前所写的那样:

> 仅仅将上帝视为一个道德理想而爱上帝的人,很容易对导引一个世界(the guidance of a world)感到绝望,这个世界的外观持续不断地与其道德理想的所有原则发生冲突。②

圣经确然教导说,尽管[这个世界的]所有外观都与之相悖,世界乃是由上帝所导引的,或者使用传统的术语,那就是:存在着特定的神意(particular providence),人如果不信任血与肉而只信

---

① Hermann Cohen, *Ethik des reinen Willens*(《纯粹意志的伦理学》[译按]后文简称 *Ethik*),第 4 版,页 422:"先知说得好:天与地兴许会消亡;他(译按:指先知)在自己的磐石里思考,这磐石是上帝为他建造的,建得非常稳固。"[译按]此处"先知"应以赛亚,参《以赛亚书》51 章 1-6 节。在《希伯来圣经》里,"磐石"的意象有时指上帝本身(参《申命记》32 章"摩西之歌"及《约珥书》3 章 16 节等),这里指上帝为人建造的安全稳固的庇护所。

② *Eclipse of God*,页 81;*Gottesfinsternis*,页 71。我相信译者将 Führung einer Welt [领导/导引一个世界]翻译成 conduct of the world[指导这个世界]是错的,相应地我改变了他的译文,但我不知道我是否正确;从"序言"中看不出布伯同意那个翻译。

任上帝,那么他就会受到上帝的保护,他没有被完全遗弃或抛弃,他并非独自一人,他是由一个存在者创造的,[235]那个存在者——用布伯的话说——就是一个汝(Thou)。如同威尔豪森似乎可能希望的那样,如果圣经中的先知仅仅是不安全(即便不说是某个恶的结局)的预言者,①而非同时也是弥赛亚式的未来、真理和正义的最终胜利的预言者(尽管未必就是所有人的最后拯救与最终安全的预测者),那么布伯的反对意见就会被证明是有道理的。换言之,圣经经验并非纯然不令人想望或与人格格不入:恩典完善了自然,它并不破坏自然。并非每一个人而是每一个高贵的人关心正义或正直,并进而关心外在于人、超越于人的对正义任何可能的支持,或者说,关心如何确保正义。如果一个人所知晓的至高事物乃是绝对的安全,那么,人以及所有人间事物的不安全就不再是绝对令人恐惧的深渊。事实上,柏拉图笔下的雅典异乡人并未体验过圣经的先知们所体验到的那种支持,那种避难所与堡垒;然而他做了次好的事:他试图证明那种支持的存在。② 但是在海德格尔看来,根本没有安全,没有幸福的结局,也没有神的牧者;希望被思所取代,对永恒的渴望或对任何永恒事物的信仰被理解成来源于"复仇的精神",来源于逃避一切终将消逝的事物并躲进某种永远不会消逝的事物中去的欲望。③

　　这种争论容易降格为一种竞争,在这样的竞争中,那个提供最小安全、最大恐怖的人会赢得胜利。对于这种竞争,猜测谁将是胜者并非难事。但是,正如某种主张不会因为表明自己对人有所慰

---

① 参威尔豪森指《阿摩司书》9 章 13-15 节乃篡伪(或增补)之作所提出的辩护理由:"玫瑰和薰衣草而不是铁与血"。*Skizzen und Vorarbeiten*(《纲要和预案》),Berlin,1893,V,94。
② [译按]这里应指柏拉图《法义》卷 10 中,雅典异乡人对诸神存在及诸神凭善意照料人类的证明。参柏拉图《法义》887c5-903a10。
③ *Der Satz vom Grund*(《根据律》),页 142;*Was heisst Denken?*(《何谓思?》)页 32 以降。

藉就成为真实的,它也不会因为表明自己令人恐惧就成为真实的。这个严肃的问题关注的是人对神的应许或约(covenants)的确定性或曰知识。神的应许或约通过上帝自身在圣经中所说的话为人所知。众所周知,布伯对启示的信仰"与任何'正统'都毫不沾边",在他看来,我们在圣经中所读到的内容,在任何情形中都是圣经的作者们所说的话(即便在圣经明言由上帝所讲述的地方,比如——而且尤其是——在十诫[the Ten Commandments]的情形中),而且圣经的作者们所说的,无非是对上帝的无言呼召的一种属人的表达,或是对那一呼召的属人的回应,又或者是对上帝所"说的话"的一种人造的"形象"(a man-made "image")、一种属人的解释(当然是一种有所经验的属人的解释)。这类"形象"不仅构成了犹太教与基督教,而且构成了所有的宗教。所有这类"形象"虽然都是"扭曲的,但又是正确的,如同梦境中的一个形象,易朽但又在永恒中得到证实"。① 对于上帝的经验显然并非犹太人特有的经验。除此以外,难道有人能说,他体验到了作为天与地的创造者的上帝?也就是说,难道有人能依据对上帝的经验,凭这经验本身,得知上帝就是天与地的创造者?或者,难道有人能说,并非先知的人们所体验到的上帝乃是一个能思考、有意志、能言说的存在者?绝对的经验必然就是对一个汝(Thou)的经验吗?② 关于绝对经验的每一种断言,当它说的不只是——被经验到的乃是[上帝的]临在或呼召(the Presence or the Call),并非经验者本人(the experiencer),并非血肉之躯,[236]而是全然的他者(the wholly other),是死亡或虚无,是一个"形象"或一种解释;它还说,任何一种解释

---

① *Gottes finsternis*,页 143、159-161;*Eclipse of God*,页 154、173-175。参 Rosenzweig,前揭,页 192、530。尤请参照索勒姆(Gershom Scholem)对这一主题的详尽讨论:*On the Kabbalah and its Symbolism*(《论卡巴拉及其象征》),Schocken, New York,1965,第 I、II 两章。
② 对勘 *Gottes finsternis*,页 34、96-97、117,或 *Eclipse of God*,页 39-40、106、127。

都完全是真实的解释,那么,这样一种断言绝非来自认识,而"仅仅是被相信的"。如果关于绝对经验的任何特定解释建立在这样的基础上,即只有这种解释与所有其他经验相符,比如,与犹太人命运的神秘性这种经验相符——那人们就无法确立这一主张,即关于绝对经验的这种特定解释乃是最恰切的解释,因为[在上述例子中],犹太人的命运只有基于对绝对经验的一种特定解释之上,才具有神秘性,或者毋宁说,犹太人的命运是对绝对经验的一种特定解释的结果。这种把绝对经验作为经验加以强调的做法,迫使人们要求这种经验自身所传达的信息尽可能得到清楚的揭示,要求它没有遭到冲淡,要求将这种经验与对这种经验的每一种解释谨慎地区分开来,这是因为,那些解释有可能被怀疑是一些尝试,它们试图使得那些经验——那些经验被公认为来自外部的对人的惩罚且并非人所期望——变得可堪忍受而且没有害处;或者说,那些解释是这样一种尝试,它们试图掩饰人的那种根本性的缺乏保护、孤独以及遭到遗弃的状态。①

然而——布伯很可能反驳说——这种反对意见难道不恰恰意味着,无神论的怀疑与有神论的怀疑同样都是一种可能性、一种解释,从而同样"仅仅是被相信的"吗?并且,以信仰为根基,这对宗教来说是骄傲,然而对哲学来说它难道不是灾难吗?新思维难道能前后一以贯之地反对或无视(二者是同一回事)启示吗?通过评判他人,尼采本人确立了他自己的学说被评判的基准。在攻击同时代"乐观的"以及"悲观的"无神论时,尼采清晰地揭示出下述关系:对圣经中的上帝的拒斥要求对圣经道德(Biblical morality)予以拒斥,无论那种道德得到了怎样的世俗化,那种道德远非自明的或理性的,除了圣经中的上帝,它根本

---

① 海德格尔,*Sein und Zeit*(《存在与时间》)第 57 节;参 C. F. Meyer 的 *Die Versuchung des Pescara*(《佩斯卡拉的诱惑》)。

没有其他任何支持;仁慈、同情、平等主义、手足之爱或利他主义,都必须让位给残酷及其类似物。① 但是,尼采并未让事物听任"金发的野兽"(the blond beast)处置。他宣告了"超人"(the over-man),而超人超越了迄今为止所知的最高水准的人。尼采的观点之所以能与此前所有哲人的观点区分开来,就在于尼采拥有"历史感"(the historical sense)这个事实,②也就是说,尼采拥有这样的意识:人类灵魂不具有不变的本质或界限,它在本质上乃是历史的。在尼采看来,人类灵魂迄今为止所经历的最深刻的变化、所经历的最重要的扩展和深化,要归因于圣经。

> ……这些希腊人在良心上多有不安——弄虚作假是他们特有的手艺,整个欧洲的灵魂都深受希腊的浅薄(superficialities)之苦;如果没有那一点点犹太教,等等,等等。

因此,超人是"具有基督灵魂的罗马的凯撒"。③ 作为诚实或曰智性正直的圣经道德不仅在摧毁圣经神学或圣经道德时发挥作用;它也不仅在质疑那种正直、质疑"我们的德性、唯独留给我们的德性"的过程中发挥作用;④圣经道德将依然在超人的道德中发挥作用。[237]超人无法与"未来的哲学"相分离。未来的哲学之所以能与传统哲学(它佯称自己是纯粹理论的)区分开来,原因在于未来哲学有意识地是一种意志的产物:根本的意识(the fundamental awareness)并非纯然是理论的,而是既是理论的又是实践

---

① 参[尼采]*Fröhliche Wissenschaft*(《快乐的科学》)343 节。
② [尼采]《彼岸》45,224 节;*Götzen-Dämmerung*(《偶像的黄昏》),"哲学中的'理性'"(Die 'Vernunft' in der Philosophie),1-2 节。
③ 1887 年 2 月 23 日致 Overbeck 的书信;参《彼岸》60 节;*Genealogie der Moral*(《道德的系谱》)I,7 节,III,23 节,28 节的开篇部分;Nietzsche,*Werke*(《尼采著作集》),Schlechta 编订版,III,422。
④ 《快乐的科学》344 节;《彼岸》227 节;《道德的系谱》III,27 节。

的,它无法与一种意志的行动或一种决断相分离。这种新思维所特有的根本意识乃是圣经信仰的一种世俗化版本,那种圣经信仰来自基督教神学的解释。① 对尼采来说真实的主张,对《存在与时间》(Sein und Zeit)的作者也同样真实。海德格尔希望将基督教神学的最后遗物——诸如"种种永恒真理"和"理念化的绝对主体"(the idealized absolute subject)这样的概念——从哲学中清除出去。但是,他反对希腊人将人理解为理性动物的看法,而他所强调的那种对人的理解,主要是圣经对人的理解,即人乃是依据上帝的形象所创造的。与此相应,海德格尔根据"向死的存在"(being toward death)、"畏"(anguish)、"良知"(conscience)和"罪责"(guilt)②来解释人的生活;在这个最重要的方面,他远比尼采更接近基督教。③ 新思维努力逃避圣经对人的理解的证据,亦即逃避圣经的道德,但这种努力成了泡影。而且,正如我们从尼采那里得知的,圣经道德要求圣经中的上帝。

这种类型的考量似乎以有利于罗森茨维格所理解的新思维的方式,或者说以有利于无条件回归圣经启示的方式解决了问题。事实上,罗森茨维格的回归并非是无条件的。他所回归的犹太教并不等同于门德尔松(Moses Mendelssohn)④时代之前的犹太教。自门德尔松时代开始——更不用说自中世纪以来,旧思维已然对原本的犹

---

① 《彼岸》,I;《快乐的科学》347、377 节。托马斯·阿奎那(Thomas Aquinas) S. th. (《神学大全》) I qu. 1. a, 4 以及 2 2 qu. 1. a. 1。
② [译按] 以上术语中译参考海德格尔《存在与时间》中译本修订版(陈嘉映、王庆节合译,熊伟校,陈嘉映修订,北京:生活、读书、新知三联书店,2000 版),海德格尔书中与这几个词相应的德文分别为 Sein zum Tode, Angst, Gewissen, Schuld。
③ 《存在与时间》,页 48-49,190 注 1,229-30,249 注 1。
④ [译按] Moses Mendelssohn(1729—1786),德国犹太思想家,《摩西五经》的德文译者,在其推动下出现了犹太教正统派的启蒙运动,被誉为继圣经中的先知摩西和 12 世纪的摩西·迈蒙尼德(Moses Maimonides)之后以色列民族史上的"第三摩西"。另,Moses Maimonides(1135—1204),中世纪著名犹太教思想家,下文提到的《迷途指津》的作者;施特劳斯对他的讨论见本书第 6 章。

太思想施加了某种或多或少重要的修正。虽然新思维反对旧思维，但它仍然是旧思维的后裔。被称为中世纪犹太哲学经典的《迷途指津》(Guide of the Perplexed)首先不是一部哲学著作，而是一部犹太教著作；而罗森茨维格的《救赎之星》(Star of Redemption)则首先不是一部犹太教著作，而是"一套哲学体系"。新思维是"体验哲学"(experiencing philosophy)。作为这样一种哲学，它热烈地关注当今信徒所体验到的（或至少能够体验的）事物与仅仅通过传统获知的事物之间的区别；然而传统犹太教根本不关心这种区别。作为体验哲学，新思维在任何情况下都从经验到的事物出发，而不是从经验的那种不由经验所得的"前提假设"出发。比如，我们经验到"这里"或"那里"的事物，它们总是处于既定的"各种场所"(places)；我们无法经验到同质的无限的"空间"，这"空间"或许是"各种场所"得以可能的条件。我经验到一棵树；在此经验中，我未必意识到我的"自我"(Ego)，未必意识到作为我经验任何事物的条件的"自我"。

与此相应，当一个人谈论犹太经验的时候，他必须从对犹太人的意识而言是第一位的或者具有权威的事物出发，而不是[238]从使犹太经验得以可能的首要条件出发：他必须从上帝的律法出发，即从《托拉》(the Torah)①出发，而不是从犹太民族出发。但是在

---

① [译按] The Torah，通常音译为《托拉》(torah 一词在希伯来语中意为"教诲"、"教导"，尽管该词本身并无"律法"之义，但因以之为名的《圣经》各书卷内含对犹太教至关重要的由上帝启示的律法，故有时也被译为《律法书》[The Law])。从狭义上讲，Torah 指犹太教《圣经》的前五卷，从广义上讲，Torah 亦指整部犹太教《圣经》。在犹太教传统中，Torah 有时也在更广泛的意义上，指从《圣经》到作为圣经注疏和解释的《米德拉什》(The Midrash)、《密西拿》(The Mishnah)以至《塔木德》(The Talmud)的全部成文律法和口传律法。传统上，摩西被视为（狭义上的）Torah 的作者，因此《托拉》也称为《摩西五经》(英译 The Five Books of Moses)。现代以降(17世纪以后)，随着对《圣经》的历史考据研究方法的兴起（斯宾诺莎无疑是这一方法的开创者)，摩西之为《五经》作者的身份开始遭到明确质疑。施特劳斯在本书中一般用 the Pentateuch[《五经》]指称这五卷书。有关斯宾诺莎及其先驱对 Torah 的特性及其作者的看法，请参照施特劳斯在本书中的相关讨论。

这一最关键的问题上,罗森茨维格以完全相反的方式展开讨论;如他自己所说的那样,他以"社会学的"方式展开讨论。罗森茨维格注意到,中世纪的犹太教义学者们——尤其是迈蒙尼德(Moses Maimonides)——用第一种方式展开讨论:传统的犹太教义学依据《托拉》理解犹太民族;它对律法的"前提条件"即犹太民族及其选民特性保持了沉默。人们想知道,与一种无条件的经验主义——它通过反对现代建构主义哲学以及现代科学经验主义而产生——相比,我们的中世纪哲学以及它所运用的亚里士多德的旧思维是否更是"经验主义的",更与"既定的事物"和谐一致:如果犹太民族并未原创(originate)《托拉》,而是明显由《托拉》所构造,那么《托拉》必然先于犹太民族而存在——《托拉》先于世界而得到创造,而世界乃为其之故而得到创造。对罗森茨维格而言,有关以色列的选民身份的教义成为"犹太教的真正核心思想",因为,正如他所表明的,他是从基督教的角度着手研究犹太教的,因为他要为犹太教寻找一种堪与基督教的关于基督的教义类比的犹太教义。①没必要强调,如果[一种思考的]出发点只是世俗化的民族主义,同样的变化也可能会发生。

罗森茨维格从未曾相信,他对圣经信仰的回归会是一种对过去的信仰形式(在该形式中,那种信仰表达或理解自身)的回归。一条圣经格言或一个圣经故事的作者抑或圣经正典的编撰者所意指的是一回事;圣经文本如何影响了当今的信徒,进而他们真正理解——即据为己有并信仰——的东西则是另外一回事。前者是作为历史的历史(history as history)所关心的问题,它如果视自己为自足的,就是旧思维的腐朽形式之一;后者——如果带着充分的意识加以实践——则呼唤新思维。既然新思维是正确的思考类型,那么它有能力提供的对于圣经的理解似乎在原则上要优于所有其

---

① *Kleinere Schriften*,页 31-32,III,281-282、374、379、382、391、392。

他的形式。无论如何,在认为有必要从各种传统的信仰与规则中做出选择这一点上,罗森茨维格赞同宗教自由主义的观点。不过,他的选择原则却与自由主义的原则截然不同。

自由主义者们在本质事物与非本质事物之间作出区分,也就是说,他们作出了一个据称是客观的区分。罗森茨维格的原则严格来说并不是原则,而是"一种力"(a force):全部"犹太人生活的现实"(reality of Jewish life)——即便那些从未获得正式权威的部分(比如"区区"故事和"区区"习俗)——都必须作为"素材",作为只有其中的一部分能转化为"力"的事物加以研究;只有经验才能告知哪一部分能得到这样的转化;这种选择只能"完全是个人化的"。① 由此,身为一种[犹太生活]现实的神圣律法就仿佛公共圣殿一般,变成一种[239]潜在资源、一个采石场或一座仓库,每个人都可以从中选取材料以建造其私人的庇护所。自此以后,这个神圣民族的共同体因其成员的共同家系,因他们通过选择而加以转化的那些材料的共同起源而获得了保障。这种对《托拉》进行的有意识的、彻底的历史化——在现代"个人主义"的各种条件下设想犹太民族的首要性的必然结果②——在罗森茨维格看来,与犹太民族是非历史的民族(the a-historical people)这一事实完全相容。

罗森茨维格不可能相信他同时代的德国正统派犹太人所相信的一切。他的哲学体系说明了为什么他认为正统派是错的,尽管他们非常虔敬。关于自己与正统派犹太人之间的分歧以及何为至关重要的问题这两点本身,罗森茨维格曾加以讨论。首先,他反对他们依据禁令、否定、拒绝和排斥,而非依据命令、解放、认可和转化,来理解律法的倾向;而且,他提出了相反的倾向。然而,正统派

---

① *Kleinere Schriften*,页 108 – 109、114、116 – 117、119、155 – 156。
② 尼采,*Also sprach Zarathustra*(《扎拉图斯特拉如是说》),"关于 1001 个目标"(Of Thousand and One Goals)。

的苦行或严苛是否依赖一种比罗森茨威格的观点更深刻的对人身上恶的力量的理解,这一点并没有立刻变得一目了然,罗森茨维格的观点乍看上去更有魅力,而且这观点酷似歌德《亲合力》(Elective Affinities)中密特勒尔(Mittler)"钟爱的话题"之一。① 其次,罗森茨维格无法完全相信所有圣经中的神迹。诚然,所有的圣经中的神迹都有可能对他来说变得可信。比如说,当他从《托拉》中读到巴兰(Balaam)②的那只会讲话的母驴的故事时,对他而言那并不是一个童话,而在所有其他的场合中,他或许会怀疑这个神迹。③ 正统派的犹太人也许会因自己[对神迹]的怀疑,因自己[信仰]的不足而自责,因为他不会通过自己个体的、暂时的信仰能力的有无来决定他有义务信仰的事物;正统派犹太人会同意迈蒙尼德《论死者的复活》(Treatise on the Resurrection of the Dead)中的主张,即如果上帝从无中创造了世界从而上帝是全能的,那么无论怎样,在任何时候都没有理由否认由上帝的话语所担保的任何神迹。

在上述几个段落中勾勒的那些考量让人怀疑,对犹太教正统的一种无条件回归是否既不可能亦不必要;同时它们也让人怀疑,对于已然迷失于非犹太的现代世界中的犹太人而言,那种回归能否成为犹太人问题的解决方案,能否成为与纯然的前后一致或曰智性的正直兼容的唯一道路。各种暧昧的难题依然存在,像美丽的夏日天空中逐渐远去的一抹浮云。它们不久就以斯宾诺莎——这位犹太出身的最伟大人物曾公然否认犹太教的真理,放弃对犹太民族的归属,同时并没有成为一名基督徒——的形式出现。这

---

① 另参 Kant, *Die Religion innerhalb der Grenzen der blossen Vernunft*(《单纯理性界限内的宗教》),Kehrbach 编,页 43。
② [译按]巴兰(Balaam)是圣经中因违抗耶和华的命令而遭受驴责备的先知。故事见《民数记》第 22 章。
③ *Kleinere Schriften*,页 154;*Briefe*(《书信集》),Berlin, 1935,页 520。

不是一位"醉心于上帝的"(God-intoxicated)哲人,而是马基雅维利的虽说不上铁石心肠(hard-hearted)但可说是头脑冷静(hard-headed)的弟子,一位用语文学—历史学方法处理圣经的批评家。如果仍然有回归正统的可能,那么条件就是斯宾诺莎在每个方面都是错的。

大约十年前,最有权威的德国犹太人曾断言,斯宾诺莎在最关键的方面是错的,[240]这位德国犹太人比任何其他人都更象征着犹太教信仰与德国文化的结合:那个人就是赫尔曼·柯亨(Hermann Cohen)①,新康德主义马堡学派的奠基者。柯亨是一位具有罕见献身精神的犹太人,是德国犹太民族忠诚的导师、捍卫者和告诫者,与此同时,至少可以说,这个人在精神力量上远远胜过同时代德国的所有其他哲学教授。这样,我们就有必要考察柯亨对斯宾诺莎的抨击。这一抨击是由德国犹太人对斯宾诺莎作出的一种特别令人惊异的礼赞之举引发的。

出于两点理由,当时的犹太人倾向于赞颂斯宾诺莎。第一,他们假定斯宾诺莎的功绩首先是关乎全人类的,其次才是关乎犹太人的;第二,他们假定他的功绩首先是关乎犹太人的,其次才是关乎全人类的。这两点理由不仅促使当时的犹太人非正式地废除了阿姆斯特丹的犹太共同体将斯宾诺莎革出犹太教的宣告,甚至如柯亨所指出的那样,这两点理由还促使他们将斯宾诺莎封为圣徒。

针对传统思想进行的规模宏大的反叛,或者说现代哲学或现代自然科学的出现,在斯宾诺莎之前已然完成。人们可以更进一步说,斯宾诺莎远非一位革命性的思想家,他不过是现代造反派以及中世纪传统的继承人。乍看上去,他似乎远比笛卡尔,不用说也

---

① [译按]Hermann Cohen(1842—1918),德国犹太哲人,新康德主义马堡学派的创始人。这里所说的"十年前"(a decade earlier),应指施特劳斯完成《斯宾诺莎的宗教批判》一书(1928年)的十年前。

比培根和霍布斯显得更具有中世纪色彩。在培根、笛卡尔及霍布斯看来，现代方案提出的要求是，人应该成为自然的主人和所有者（owner）；或者说，哲学或科学在本质上应该不再是理论性的。然而，斯宾诺莎却试图恢复对沉思的传统构想：如果自然与上帝是同一回事，人就不能想着征服自然。尽管如此，斯宾诺莎借以恢复思辨尊严的基础还是现代哲学或现代科学，即一种对"自然"的新理解。他由此成为第一位试图对前现代（古典—中世纪）哲学与现代哲学予以综合的伟大思想家。他的思辨类似于新柏拉图主义；在他的理解中，所有事物皆出自一个单一的存在者或起源，而非由这个单一的存在者或起源制作或创造；一（the One）乃是多（the Many）的唯一根基。然而他不再将这一过程理解为下降或衰退，而是理解为上升或展开：结局高于起源。根据他对这一论题的最后说法，知识的最高形态——他称之为直觉的知识——并不是关于一个实体或曰上帝的知识，而是关于各种个别事物或个别事件的知识：上帝之所以是完全的上帝，不是凭其作为实体的性质，甚或也不在于其永恒的属性，而是在于从永恒的方面（sub specie aeternitatis）理解他的种种非永恒的样式。《伦理学》（*Ethics*）第一部分所展现的有关上帝的知识仅仅是普遍的或抽象的知识；只有作为以上帝为起因的（qua caused by God）个别事物（或毋宁说个别事件）的知识才是具体的。①

这样，斯宾诺莎看来开创了一种哲学体系，该体系将根本的过程（processus）理解为一种进步：上帝自身并不是[241]最完美的存在者（ens perfectissimum）。在这一最重要的方面，他为德意志唯心论（German idealism）做好了准备。进而，正如他[在哲学中]回归到有关 theoria[理论/静观]的古典构想那样，斯宾诺莎在其

---

① [斯宾诺莎]《伦理学》V，命题 25 和命题 36 的附释；参《神学-政治论》VI，23 节。对照 1786 年 5 月 5 日歌德致雅可比（F. H. Jacobi）的书信。

政治哲学中回归到古典的共和主义。《神学-政治论》臻于圆满的那一章的标题在字面上最大限度地取自塔西陀(Tacitus)的措辞。① 但是，正如他的理论哲学事实上不只是古典学说的重述，而是古典思辨与现代思辨的一种综合那样，他的政治理论亦不只是古典共和主义的重述。他所赞同的共和乃是一种自由民主制。斯宾诺莎是首位兼民主主义者与自由主义者于一身的哲人。他是奠立自由民主制这种现代特有政制的哲人。斯宾诺莎直接影响了卢梭(卢梭本人则对康德产生了决定性的冲击)，通过这种影响，他成了某种形式的现代共和主义的肇始者，那种共和主义为自己确立的定向是每个人的尊严，而不是狭隘设想的每个人的利益。斯宾诺莎的政治教诲的出发点是每个人的自然权利(natural right)，他将之视为[人的]所有可能的职责(duty)的来源。② 因此，这种政治教诲摆脱了古典政治哲学与古代律法所分享的那种严苛(sternness)和苦行——亚里士多德曾以古典的方式表述过那种严苛(sternness)，他说，法律未命令的就是法律所禁止的。这样一来，斯宾诺莎就摆脱了对重商主义(commercialism)的古典式厌恶；他拒绝接受传统所要求的节制消费的各种法律。一般说来，与古典时代的政体(polity)相比，斯宾诺莎的政体赋予激情更大的自由，与此相应，他的政体也更少地依赖理性的力量。对古典作家来说，基于激情的生活是一种违背自然的生活，而对斯宾诺莎来说，

---

① [译按]斯宾诺莎《政治-神学论》最后一章(即第 20 章)标题为 Ostenditur in libera republica unicuique et sentire, quae velit, et quae sentiat, dicere licere["在一个自由的国家每人都可以自由思想，自由发表意见"]；塔西陀(Tacitus)的说法(*Historien*[《编年纪事》], I, 1, 4)是 rara temporum felicitate, ubi sentire quae velis et quae sentias dicere licet[允许随心所欲地感觉、允许凭感觉发表意见的这一罕见的幸福时代]。
② [译按]natural right 有多种含义与中文译法，诸如"自然权利"、"自然正当"、"自然正义"、"天赋权"、"天理"等等。译者在这里(以及后面若干章节中)尝试用"自然权利"这一说法指称关于 natural right 的一般理论或学说，以使其涵盖上述诸种含义，并在具体语境中作具体处理。

存在着的每种事物(everything that is)皆是自然的。在斯宾诺莎看来,不存在自然的目的,从而特别对人而言不存在自然的目的。因此,他不得不给出一个关于人的目的(投身于沉思的生活)的全新说法:人的目的不是自然的,而是理性的,是人的思虑的结果,是人"形成的一种关于人的观念(像形成一种关于人性的模式的观念那样)"的结果。① 这样,斯宾诺莎就决定性地为现代的"理想"(the "ideal")概念做好了准备,这个概念被视为人类心智的一个作品或一种人类筹划,它不同于自然施加于人的一个目的。

对斯宾诺莎的正式接受发生于 1785 年,当时雅可比(F. H. Jacobi)②出版了他的著作《致门德尔松先生书简中关于斯宾诺莎学说的探讨》(On the Doctrine of Spinoza, in Letters to Herr Moses Mendelssohn)。雅可比公布了一个事实,即在莱辛(Lessing)③看来,只有斯宾诺莎的哲学才堪称哲学,除此以外别无哲学。康德的那些伟大的后继者们有意识地将斯宾诺莎的哲学与康德的哲学加以综合。斯宾诺莎对这一综合的独特贡献是一种关于上帝的全新构想。这样,斯宾诺莎就指出了一条通向新宗教或者新的宗教性(religiousness)的道路,这种新宗教或新的宗教性将激发一种全新类型的社会、一种全新类型的教会。斯宾诺莎成了那种新教会唯一的鼻祖,新教会将成为事实上的普世教会,而不像其他教会那样只是宣称如此,因为它的基础已经不再是任何实定的启示(positive revelation)。这样一个教会的统治者不再是祭司或牧师,而是哲人和艺术家,其牧群(flocks)则是文化界和资产界。[242]对

---

① [译按]参斯宾诺莎《伦理学》第 4 部分的序言。
② [译按]Friedrich Heinrich Jacobi(1743—1819),德国哲人,详细研究过斯宾诺莎的著作。他创造了"虚无主义"这一说法并用以指称启蒙运动和康德主义;与理性相比,他宣扬信仰与启示。
③ [译按]Gotthold Ephraim Lessing(1729—1781),德国作家、哲人、艺术批评家,其作品被认为对德国文学产生了实质性的影响。

这一教会而言至关重要的是,其鼻祖不是一个基督徒而是一个犹太人,这个犹太人曾非正式地拥抱一种没有教义和礼仪的基督教。犹太教与基督教之间长达千年的敌对关系即将消失。新教会将把犹太教徒和基督徒都转化为人——转化为一种特定类型的人:有教养的人(cultured human beings),这样的人因为拥有科学与艺术,将不再需要宗教。这种由全体成员对真、善、美的共同志趣而形成的新社会解放了德国的犹太人。斯宾诺莎成了这一解放的象征,这种解放将不止是解放,而且也是世俗意义上的救赎。在斯宾诺莎这位既是犹太人又是基督徒因而两者都不是的思想家和圣人那里,有一个希望:人世间一切有教养的家庭都将蒙福。一言以蔽之,在相当大程度上经由斯宾诺莎塑造的非犹太人世界,已经变得能接受那些愿意同化于其中的犹太人了。

在纯粹的犹太教基础上,对斯宾诺莎的礼赞也变得同样必要。如我们已见到的,那时人们关注的重点已然由《托拉》转换至犹太民族,而若是不将犹太民族理解为拥有属于自身的一个灵魂的有机体,它就不可能被认为是《托拉》的源泉;那个灵魂曾在圣经中得到原初的经典的表达(尽管不是在圣经的所有部分得到同等的表达)。自从圣经时代开始,在先知与祭司之间、受激发者(the inspired)与未受激发者之间、深刻的隐秘的(subterraneous,或译"地下的")犹太教与官方犹太教之间,一直存在着冲突。官方犹太教是律法主义的,从而亦是理性主义的。这种理性主义从具有异族起源的哲学理性主义那里接受了最强有力的支持,那种哲学理性主义在把上帝视为一位能工巧匠的柏拉图式的神的构想中得到完美的表达——这位神通过仰望那些不变的、无生命的理式塑造了宇宙。与此相应,官方犹太教断言,上帝创造了世界,并且出于善的理由(sub ratione boni)统治着世界。正是因为斯宾诺莎相信已然获得了深刻理解的圣经的神性,他才以具有绝对自由或至高主权的圣经中的上帝的名义——这个上帝将按其意志成为其所是,按其施与恩典的意志向人施与恩典,按其展现仁慈的意志向人展现仁慈——对上述官方说法进行反抗。受同一种精神的鼓舞,斯宾诺莎热情地接纳保罗的预定说(the doctrine of predestination)。圣经中的上帝以其自身的形象创造了人:男性与女性,他([译按]指上帝)创造了他们。① 于是,男性与女性、形式与质料、思维与广延,都在同等程度上是上帝的属性;斯宾诺莎同时拒绝了希腊的理式论(idealism)与基督教的唯灵论(spiritualism)。圣经中的上帝既形成(forms)光又创造黑暗,既制造(makes)和平又创造灾祸;②斯宾诺莎的上帝则完全处于善与恶的彼岸(beyond good and evil)。上帝的威力(might)就是上帝的正当性(right),因而每一个存在者的能力(power)据此就是其自身的正当性。斯宾诺莎将马基雅维利主义提升到了神学的高度。善与恶从一种纯粹属人的观点看才有所不同;从神学的角度看,这种区分并无意义。只有着眼于人的功利的角度,种种恶的激情才是恶的;[243]它们自身所体现的上帝的威力与正当性,根本不亚于我们所钦慕的事物(我们通过对那些事物进行沉思而获得喜悦)所体现的上帝的威力与正当性。在自然状态下,亦即在独立于人们的习俗的状态下,不存在正义的事物与非正义的事物[之分],没有职责(duty)也没有罪责(guilt),而且,当公民社会得以建立,自然状态不会完全消失:良心的苛责无非是某个计划失败之时所引起的不快感。因此,除了在正义的人进行统治的地方之外,神的正义的痕迹无处可寻。所有的人类行动皆是同一个上帝的各种样式,上帝具有无限多的属性,其中每一种属性又都是无限的,而其中只有两种能为我们所知晓;因此,上帝乃是一位神秘的上帝,在其永恒且必然地

---

① [译按]此句中文为直译,语出《创世记》1章27节下半句,作者原文:male and female did He create them.
② [译按]此句典出《以赛亚书》45章7节,和合本译作:"我[上帝]造光,又造暗;我施平安,又降灾祸。"

产生爱与恨、高贵与卑下、圣洁与堕落的过程中,上帝神秘的爱显示自身;不是尽管而正是因为上帝那处于善与恶之彼岸的无限力量,上帝值得无限的爱。

较之分属道德主义者与非道德主义者两个阵营的斯宾诺莎拥趸那异想天开的飞翔,柯亨对斯宾诺莎的理解本身堪称清醒。而让人印象更为深刻的是他对斯宾诺莎进行的严厉指控。① 柯亨首先表明,在《神学-政治论》当中,斯宾诺莎从一个基督徒的观点进行谈论,与此相应,他接受了基督教对犹太教的全部批判,但他自己的批判甚至远远超出了那种基督教的批判。斯宾诺莎接受了耶稣的断言,即犹太教命令人憎恨敌人,尽管他自己的知识与此有异。他将灵性的、普遍主义的基督教与肉身的、特殊主义的犹太教加以对峙:犹太教的核心是摩西律法,这种律法即便不说是部落律法也是一种特殊主义的律法,它仅仅服务于犹太民族现世的或曰政治的福祉;《托拉》并不教导道德,亦即具有普遍性的道德;摩西的宗教仅仅是民族性的宗教;摩西的上帝是一个部落性的上帝,此外他还是一个有形体的(corporeal)上帝。由于否认以色列的上帝是全人类的上帝,斯宾诺莎亵渎了以色列的上帝。他将犹太人的宗教还原为一种关于犹太国的学说。对他而言,《托拉》只有属人的起源。柯亨继而表明,斯宾诺莎据以谴责犹太教的那种基督教并不是历史的或实际的基督教,而是一种理

---

① "Spinoza über Staat und Religion, Judentum und Christentum"(《斯宾诺莎论国家与宗教、犹太教与基督教》), *Hermann Cohens Jüdische Schriften*(《柯亨犹太教文集》), Bruno Strauss 编, III, 页 290-372; "Ein ungedruckter Vortrag Hermann Cohens über Spinozas Verhältnis zum Judentum"(《柯亨论斯宾诺莎与犹太教关系的未刊文稿》), 罗森茨威格为 *Festgabe zum zehnjährigen Bestehen der Akademie für die Wissenschaft des Judentums*(《犹太教学术研究院成立十周年庆贺文集》)所作序言, 1919—1929, 页 42-68。参 Ernst Simon, "Zu Hermann Cohens Spinoza-Auffassung"(《论柯亨对斯宾诺莎的理解》), *Monatsschrift für Geschichte und Wissenschaft des Judentums*(《犹太教历史与学术月刊》), 1935, 页 181-194。

想化的基督教,因而,他在对基督教加以理想化的同时,也诋毁了犹太教。柯亨还表明,由于斯宾诺莎承认《旧约》中的预言具有普遍主义的特性,他陷入了巨大的自相矛盾。这种自相矛盾清楚地证明斯宾诺莎缺乏诚意。① 这还不是全部。斯宾诺莎站在灵性的超政治的基督教一方反对肉身的政治的犹太教,与此同时,他也站在不仅反对所有教会而且反对所有宗教的国家一边,从而与前面这整个主张自相矛盾。"他将宗教统统[作者按:即不仅仅是犹太教]置于真理的领域之外。"像所有其他智术师(sophists)那样,斯宾诺莎将正当与威力(right and might)等同起来,以此为出发点,他完全从权力政治的角度,亦即从与宗教和道德相分离的角度对国家进行构想,并将这样构想的国家[244]置于宗教之上。这并不意味着他赋予国家以神性(deifies the State)。相反,斯宾诺莎超乎一切最关心的莫过于他称之为哲学的东西;按他的设想,哲学完全不能被大多数人接近,无论以直接还是间接的方式。斯宾诺莎肯定人与人之间存在着根本的、不可修正的不平等,但却不曾疑心"自然以及上帝如何能为人与人之间存在的这种差异负责",对此他没有丝毫疑虑。因此,他对民主制的同情让人生疑。他不得不在大众教育与科学或哲学之间,随之在国家与理性之间树起一道永恒的藩篱。在他的思想中没有任何对民众加以启蒙的空间。他没有为民众着想的念头,没有对他们的怜悯。斯宾诺莎不可能承认一种弥赛亚式的人类未来——彼时所有人将在有关上帝的真正知识下得到统一。这就是他对圣经中的预言从而对犹太教的核心完全视而不见的理由。②

---

① *Jüdische Schriften*(《犹太教文集》),页 293、320、325-326、329-331、343、358、360;*Festgabe*,页 47-50、57、61-64。
② *Jüdische Schriften*,页 299、306-309、329、360-362。

基于所有这些事实,柯亨得出结论,斯宾诺莎根本不值得礼赞,他被逐出教门完全是咎由自取。柯亨非但没有宣布斯宾诺莎被逐出教门的命令无效,还以最高上诉法庭法官的身份对那一命令予以确认。不过,他的判决基础与下级法院的判决基础不同。柯亨不关心斯宾诺莎对仪式性律法的违反,也不关心他对摩西之为《五经》(the Pentateuch)作者的身份的否定。柯亨之所以谴责斯宾诺莎,是因为斯宾诺莎在纯粹人的意义上没有信仰,是因为他对自己的同胞完全缺乏忠诚,是因为他的举止形同犹太人的敌人,且由此为犹太人的众多敌人提供了支援与慰藉,是因为他的行径如同一个卑鄙的叛徒。时至今日,在反犹世界面前,斯宾诺莎依然是犹太教的一位最出类拔萃的控告者;对于犹太人以及犹太教,他的心智和情感气质是"非自然的",他做出了"一种从人的角度看不可理喻的背叛之举",他被"恶魔"附了体。①

我们对斯宾诺莎的反对在某些方面甚至比柯亨的想法更强烈。对于斯宾诺莎的行为从人的角度看是否真的不可理喻或是否恶魔般的行为,人们可以存疑,但人们必须承认的是,他的所作所为之肆无忌惮让人瞠目结舌。尽管《神学-政治论》的意图是确保进行哲学思考的自由,但"整篇[神学-政治论]论文的核心"却是对摩西的丑化以及对耶稣的理想化,柯亨当然有理由对这一事实感到困惑。他用斯宾诺莎的信念对这一反常进行了解释:斯宾诺莎认为对哲学的压制可以上溯至摩西律法。柯亨并未断言说摩西拥护哲学的自由,但他提出了一个切中肯綮的问题:耶稣是否拥护这种自由?② 那么,为什么斯宾诺莎用不同的方式对待犹太教与基督教?为什么在犹太教与基督教的这种冲突中,在这种与身为哲人的他毫无干系的冲突中,他站到了基督教的一方?柯亨相信,

---

① *Jüdische Schriften*,页 333、361、363 - 364、368、371;*Festgabe*,页 59。
② *Festgabe*,页 46、47、49 - 50;*Jüdische Schriften*,页 344。

斯宾诺莎对耶稣的教诲怀有真正的敬意。根据斯宾诺莎自己的陈述,与肉身的犹太教相比,他更偏爱灵性的基督教。① 但是,斯宾诺莎是一位灵性主义者吗?柯亨说,灵性或心智若用于上帝,[245]就跟将手、声音或嘴用于上帝一样,不外乎是一种隐喻。这样,他仅仅是重复了斯宾诺莎本人的断言;可以说,斯宾诺莎否认上帝具有一种灵性或心智。问题又回来了:为什么斯宾诺莎用不同于犹太教的方式对待基督教?当柯亨说斯宾诺莎的动机是出于恐惧,一种确实是"从人的角度看可理解的"动机之时,②他已经极其接近真相了。或者,[让我们]再一次从头开始,斯宾诺莎试图在一本致基督徒的书中实现哲学的解放,为此他不得不诉诸基督教的种种成见,这些成见也包括反犹太人的成见;他诉诸基督教的成见来抗击基督教的成见;在诉诸基督教的成见反对犹太教时,他力劝基督徒们把本质上是灵性的基督教从肉身的犹太教的残渣(比如说信仰肉身复活)中解放出来。泛言之,尽管斯宾诺莎自己的知识与此有异,他还是使《旧约》成为一个替罪羊,为他在现实的基督教中发现的可堪反驳的一切顶罪。尽管如此,斯宾诺莎还是断言,先知与耶稣和使徒一样是普遍主义的,或更准确地说,他断言在《旧约》和《新约》中,到处都以同等的清晰教导了具普遍性的神法(divine law),或者说,教导了关于正义与仁慈的普遍宗教。为什么会出现这种奇怪的颠倒,这种明目张胆的自相矛盾?

在这一点上,柯亨未能跟上斯宾诺莎的思路。《政治—神学论》的主旨是指出一条通向自由社会之路,这种社会的基础是对圣经权威的承认,也就是说,承认就自身而言的《旧约》以及总体而言的新旧二约。这种论证在第14章臻于极致,在这一章中,斯宾诺莎举出

---

① *Jüdische Schriften*,页 317–321、323、337–38。
② *Jüdische Schriften*,页 367;*Festgabe*,页 56。对勘《神学-政治论》I,35 和 37 节与《伦理学》I,II 的标题(参 *Cogitata Metaphysica*[《形而上学的沉思》],II,12)以及 V,命题 36 相关部分。

了作为信仰(即圣经信仰)的不可或缺基础的七种教义,或者按中世纪犹太思想家的说法——七个"根源"(roots)。这些教义或者说"根源"对于"大公的或曰普遍的信仰"至关重要,它们对于秩序井然的共和国中将成为体制性宗教的那种宗教而言也至关重要;信仰这七种教义是拯救唯一必要且充分的条件。这些教义同等程度地来源于就自身而言的《旧约》以及就自身而言的《新约》。① 它们既不含有任何基督教特有之物,也不含有任何犹太教特有之物。它们能同等程度地为犹太教徒与基督徒所接受。于是,斯宾诺莎在撰写《神学-政治论》时所设想的自由主义社会乃是这样一个社会:犹太教徒与基督徒能同等地成为该社会的成员,而且犹太教徒与基督徒在该社会中是平等的成员。斯宾诺莎希望能为那样一个社会做好准备。在他看来,就摩西律法是一种特殊主义的政治性律法,尤其是一种仪式法而言,建立那样一个社会将要求废除摩西律法:因为,摩西的宗教是一种政治性的律法,遵循摩西宣布的宗教与成为任何其他国家的公民不可得兼,而耶稣却不是立法者,仅仅是一位导师。② 正是出于这一理由,斯宾诺莎才迫切地试图证明,由于犹太人失去了国家,摩西律法就丧失了其强制力,犹太人亦不再是选民:犹太人无法同时成为两个民族的成员,无法同时服从两部无所不包的法典。斯宾诺莎强调[246]要废除仪式法,不仅因为他认为这种废除是犹太人获得公民式平等的必要条件,还因为这种废除本身就是可欲的:仪式法乃是一个无限的负担,不,毋宁说是一个诅咒。③

在为自由主义国家做准备的过程中,斯宾诺莎也为一种极端自

---

① Tr.(《神学-政治论》)[译按]以下引述此书,采用缩写 Tr.) xii,19,24,37;xiii,23;xiv,6,22-29,34-36;xx,22,40;Tr. pol.(《政治论》)viii,46。尤其参照 Tr. xii,3,在其中,斯宾诺莎站在法利赛人的立场上反对撒都该人(Sadducees)。《神学-政治论》xiv[章]与霍布斯《利维坦》43 章的对照最能揭示问题。
② Tr. v,7-9。
③ Tr.,v,13,15,30-31;xvii,95-102;xix,13-17。

由主义的犹太教做了准备。可以说,"同化主义的""犹太人问题解决方案"是由斯宾诺莎提议的,在他本人看来,这种解决方案要比同样是由他提议的"犹太复国主义的"(Zionist)解决方案更为重要。斯宾诺莎所理解的"犹太复国主义的"解决方案似乎要求仪式法得到维持,尽管它放弃了迄今为止为仪式法提供生机的精神。① "同化主义的"建议与《神学-政治论》的总体目的显然是联系在一起的:哲学的自由要求——或者说似乎要求——一个自由主义国家,而如此一个自由主义国家,既不是一个基督教的国家,亦不是一个犹太教的国家。就连柯亨也在某一刻感到,斯宾诺莎对其同胞并非毫无同情。② 斯宾诺莎或许憎恨犹太教;但他并不憎恨犹太人民。无论在所有其他方面他是一个多么糟糕的犹太人,他还是以其哲学前提为基础,用其唯一所能设想的方式设想了犹太人的解放之路。但是,如果事情确实如此,那么我们就必须更加强调一个事实,那就是他提出建议的方式——更不用说其建议本身了——乃是马基雅维利式的:人道主义的目的似乎使每一种手段都得到正当辩护;他在玩一项最危险的游戏;③他的规程(procedure)同他的上帝一样处于善恶的彼岸。

然而,所有这一切并不意味着柯亨对斯宾诺莎《神学-政治论》的批判完全令人信服。柯亨的政治思想宣称自己受圣经预言的启发,因而是弥赛亚式的。与斯宾诺莎相反,这种政治思想的出发点是自然与道德、实然与应然(the Is and the Ought)、利己主义与纯粹意志之间的根本差异。国家在本质上是道德的,而且道德除了在国家当中并通过国家以外,不可能成为现实。事实是,道德是普遍的,而国家却总是特殊的,由此造成的困难可以通过下述考量予以克服:国家

---

① Cohen, *Jüdische Schriften*, III, 333。
② 同上。
③ 柯亨在 *Kants Begründung der Ethik*(《康德的伦理学奠基》,第 2 版)页 490 提到康德在其《纯粹理性限度内的宗教》中的"冒险的游戏"(gewagte Spiel);据柯亨说,该作品充斥着"种种含混和内在矛盾"。

是普遍道德秩序的一部分,这一点既可见于国际法的存在,亦可见于各国间的一种普遍联盟的内在可能性——这种可能性同时亦是道德的必然性——当中。自然与道德间的根本差异并不等同于自然与道德间的相互矛盾:自然并未使得道德要求的实现成为不可能。道德上所要求的道德的无限进步,尤其是朝向"永久和平"的"永恒进步",不,毋宁说道德的每一个步伐,都为其"终极安全"(ultimate security)而要求人类此后的(a parte post)无限存续,因而亦要求自然此后的无限存续。这种无限的存续或曰永恒乃是由关于上帝的某个观念(the idea of God)保证的,这个上帝"象征着自然知识与道德知识的和谐",他不具有位格,不是活生生的,不是存在着的,亦不是一种灵性或心智,而是一个观念,"我们的"观念,(在柯亨认为是[idea]这个词的柏拉图意义上)即我们的假说(hypothesis)。[247]这是"创造"与"神意"(Providence)的柯亨式等价物。没有柯亨所理解的"上帝观念",他所理解的道德也就没有了根基。这种观念是他对无限进步的信任或者他对历史的信仰的基础,是他的"乐观主义",亦即对善会取得最终胜利的确信的基础:"根本不存在恶。"

然而,永恒的进步也要求现实国家与应该所是的国家之间保持永恒的张力:①不道德与道德是共存的。在这一点上,柯亨似乎赞同斯宾诺莎,后者的政治思想基于所谓由经验证明了的真理之上,即只要有人类存在就会有恶的存在,因此,斯宾诺莎理所当然地认为,国家必然是压制性的或曰强制性的。柯亨也无法依据充分的理由否认国家必须使用强制,但与康德在道德与合法性之间作出区分相反,柯亨否认强制是法的原则:强制意指的无非就是法,因而不需要加以提及。柯亨对强制与权力两者都感到不安:国家即法,因为国家在本质上是理性的,而强制起始于理性终结之

---

① *Ethik*,页 61、64、94、439 – 458、468 – 470、606。参见 *Kants Begründung der Ethik*,2 版,页 356 – 357。

处。所有这些都来源于如下前提,即道德乃是自我立法的,它只有在国家当中并通过国家才能成为现实。一个进一步的结果是,对于惩罚,柯亨必定只是从犯罪者自我改善的角度加以理解,他必定没有从保护社会的角度理解惩罚,或者说,他必定没有从另外一些考量的角度——不把犯罪者视为"他自身中的一个目的"(an end in himself),而仅仅视其为一种手段——来理解惩罚。① 这里,柯亨模糊了如下的事实:虽然自我改善必然是犯罪者的一种自由行为,但为那种自我改善的目的而进行的强制性隔离——无论在其中犯罪者是否进行自我改善——则不是犯罪者的自由行为。换言之,所有人都负有改善自我的道德义务,但被判有罪的罪犯的具体不同则在于,他已然身陷囹圄。不用说,柯亨否认了死刑的正义。斯宾诺莎受马基雅维利激发而有的铁石心肠应该受到谴责,无论这一点具有怎样的正当性,让人感到不安的是,柯亨在相反的极端上亦非完全无辜。既然他以犹太教的名义攻击斯宾诺莎,那么这里只需引用一句犹太谚语就足矣:"要不是出于对政府的恐惧,人们或许将彼此生吞对方。"②

从道德的角度看,人们可能怀疑柯亨的政治学说是否无条件地优于斯宾诺莎的学说。柯亨"拒绝战争"。另一方面,他没有拒绝革命,尽管如他所强调的那样,康德曾"将战争归于革命之列"。革命是政治行动而非合法行动,因此国家并不完全是法;革命"悬置"了实定法,但却获得自然法的正当辩护。革命未必会无需人类的杀戮而发生;柯亨,这位死刑不共戴天的敌人,只是反思了自愿牺牲自己生命的"革命的殉道者"之死,而没有反思那些革命殉道者的受害者之死。康德曾质疑革命的正当性,其根据是革命的准

---

① Spinoza, *Tr. pol.* i, 2; Cohen, *Ethik*, 页 64、269、272、285 - 286、378、384 - 386; *Kants Begrüdung der Ethik*, 页 394 - 406、454。不过,另参黑格尔, *Rechtsphilosophie*(《法哲学》), 94 节以降。

② *Pirke Abot*(《祖辈训言》)III, 2。

则(maxim)经受不住公开性的考验,在他看来,每一种诚实的准则都存在于公开性当中:[248]每一次革命的准备都必然是阴谋的或秘密的。为了反对这一论点,柯亨注意到革命的道德基础乃是原初的契约,这种契约"只是一种观念,它始终只是一种内在的预设,因而是一种秘密的预设"。同样的推论将导致进一步的结论,即原初的契约——不,毋宁说柯亨的神学——必定从不曾被公开提及,更不用说被公开传授了。柯亨绝不是"非理性事物"或"神秘主义"的朋友,但在为革命原则辩护时,他被迫友善对待"非理性事物"或"神秘主义",这么说完全是适宜的。① 无需赘言,如果柯亨曾认真地对待理性法或自然法——可以说它们指出了铁石心肠与软绵心肠之间的正当的中道(the right mean),那么他根本不会被迫接受理性的这种屈服。

虽然罗森茨威格承认柯亨对斯宾诺莎的评判带有"深深的不公正",但他还是断言,柯亨在对《神学-政治论》的批判当中恪守了学术研究所要求的客观性。② 罗森茨维格的这一断言必须加以限定。既然柯亨指责斯宾诺莎在处理先知的普遍主义时有失公允,那么,为了公平对待斯宾诺莎,人们必须考虑一下,斯宾诺莎所直接对抗的犹太教传统是否原封不动地保留了那种普遍主义。柯亨并没有进行这种研究。人们一旦进行了这种研究,他们就会注意到,较之传统犹太教的某些最伟大的权威,斯宾诺莎对先知的普遍主义的承认在某些方面更为明确。在批评斯宾诺莎时,柯亨对以下的事实保持沉默(他在其他地方提到过这个事实),即先知的普遍主义在后世由于某些容易理解的理由而变得模糊起来。③ 柯亨

---

① *Kants Begrüdung der Ethik*,页 309、430、431、439、446、452、511、544-545、554。
② *Festgabe*,页 44(*Kleinere Schriften*,页 355)。
③ *Jüdische Schriften*,II,265-267。对勘 *Tr.* iii,25,33,34 与(比如说)Rashi 对《以赛亚书》19 章 25 节、《耶利米书》1 章 5 节和《玛拉基书》1 章 10-11 节的解读以及 Kimchi 对《以赛亚书》48 章 17 节的解读。

尤其感到愤慨的是，斯宾诺莎使用迈蒙尼德的一处评议来证明，根据犹太教教义，非犹太人若非信仰摩西的启示就无法得到拯救，①也就是说，除非——就像有人会受到怂恿说——他们是基督徒或穆斯林。更准确地说，斯宾诺莎从迈蒙尼德的《重述托拉》(Maimonides' Code②)中引用了这样一个段落，其中说，一个非犹太人(a Gentile)如果凭上帝在《托拉》中的命令履行[上帝]赐予挪亚的七条诫命，③他就是虔敬的，在即将到来的世界中他将会有自己的一席之地，但如果他仅仅是出于理性的决定而去履行那些诫命，那么他就不属于虔敬的非犹太人或智慧的非犹太人。柯亨指责说，斯宾诺莎为了否认后圣经时代犹太教的普遍主义，利用了对《重述托拉》中这个单独段落的错误解读——该段落仅仅表达了迈蒙尼德的私人意见，何况它还与《重述托拉》中另外两个段落相矛盾。

　　[249] 柯亨(或他所遵从的权威)注意到，根据《重述托拉》最权威的注疏家卡罗(Joseph Caro)④的看法，迈蒙尼德所指陈的条件限制(即虔敬要求对摩西的启示予以承认)是其私人意见，但是柯亨未能继续指出，卡罗还曾说过，那种意见是正确的。倘若迈蒙尼德的意见与犹太教的共识相矛盾，卡罗就不会这么说。柯亨(或他的权威)还注意到，根据《重述托拉》最真实的文本，出于理性的决

---

① *Festgabe*，页 64–67；*Jüdische Schriften* III，345–351。参 *Tr.* v，47–48。

② [译按] Maimonides' Code [直译：迈蒙尼德的《法典》] 即 *Mishneh Torah*（《重述托拉》)，此乃迈蒙尼德对历代犹太教成文与口传律法加以梳理后编撰的重述托拉式巨著。这里通译为《重述托拉》。

③ [译按] 在拉比传统当中，挪亚被视为人类的始祖，拉比们依据《创世记》9 章 1–17 节，称其中的诫命适合全人类。这七条诫命指：(1)遵守法庭(法的社会秩序)所确立的命令；(2)禁止亵渎上帝；(3)禁止偶像崇拜；(4)禁止淫乱；(5)禁止谋杀；(6)禁止盗窃；(7)禁止食用活的动物。

④ [译按] Joseph Caro(1488—1575)，出生于葡萄牙，后移居巴勒斯坦，系迈蒙尼德之后最负盛名的犹太律法学家之一，著有关于犹太律法的著作《陈设桌》(*Shulhan Arukh*)。

定而履行挪亚七诫的非犹太人确实不属于虔敬的非犹太人,但属于智慧的非犹太人。①然而柯亨没有指出,斯宾诺莎知道那种解读是最真实的解读。斯宾诺莎所使用的解读仍然是一种共同的解读,倘若如柯亨所言,斯宾诺莎的解读与犹太教的共识有令人震惊的反差从而会让每一个犹太读者感到震惊的话,那么它就不可能是共同的解读。② 此外,所谓最好的读解未必会改善智慧的非犹太人的命运,除非有人能首先证明,智慧的非犹太人的命运与虔敬的非犹太人的命运一样好。柯亨最后断言,前述的这个段落与《重述托拉》中的另外两个段落相抵牾,在他看来,另两个段落并未要求虔敬的非犹太人信仰《托拉》的启示特性。在此只要指出一点就够了:在关于究竟是什么构成了非犹太人的虔敬这一问题上,那两个段落无只言片语,因而与该问题无关。③柯亨还提到,迈蒙尼德在注疏《密西拿》(Mishna)④时对该主题采取了一种不同的处理;但这只是引出了进一步的问题,即这部远早于《重述托拉》撰就的注疏是否具有与《重述托拉》等同的权威。

不过,还是让我们回到主要的问题,亦即对我们正在考察的这个段落而言,斯宾诺莎所使用的常规解读作为一种迈蒙尼德式表述是否有意义:难道迈蒙尼德能像斯宾诺莎所断言的那样教导人们

---

① 柯亨误读了他的权威或曰卡罗,因此他错误地断言说,卡罗宣称"但属于智慧的非犹太人"这个读法是正确的读法。
② 另参 Manasse ben Israel, *Conciliator*(《圣经中貌似矛盾各处的一致》),Frankfort, 1633,Deut. q. 2(《申命记》问题 2),页 221。[译按] Menasseh ben Israel(1604—1657),出生于葡萄牙的犹太学者,所引文献全称 *Conciliator, sive De convenientia locorum S. Scripturea, quae pugnare inter se videntur*。原文中作者姓名拼写有误。
③ 在其中的一个段落(Edut [论见证]XI,10)中,迈蒙尼德说,虔敬的偶像崇拜者将在即将到来的世界中占有一席之地;但是我们又怎么能知道,他所说的偶像崇拜者不是一个基于禁止所有人进行偶像崇拜的神启而已然发誓放弃偶像崇拜(参 Issure Bia [禁止的性关系]XIV,7)的偶像崇拜者呢? 在另外一处(*Teshuba* [论悔改]III,5)他只是说,虔敬的非犹太人在即将到来的世界中占有一席之地;接下来的部分(III 6 以下,尤其是 14)似乎表明,虔敬的非犹太人据认为信仰《托拉》的启示特性。
④ [译按]原文如此,一般拼写为 Mishnah。此为早期拉比犹太教口传律法汇编。

说,那些因理性的决定而履行挪亚七诫的非犹太人不是智慧者吗? 答案很简单:迈蒙尼德一定这么教诲过,因为他否认任何理性诫命的存在。柯亨或许会基于下述理由反对这一论证:如果迈蒙尼德的最终定论是否认任何诫命或律法的理性(rationality),那么他就不太会试图表明《托拉》中的全部或几乎全部诫命都有"道理"(have "reasons")。① 针对这一点的回答是显而易见的:根据迈蒙尼德的看法,《托拉》中的全部或者几乎全部诫命都服务于根除偶像崇拜这一非理性实践的目的,在这个意义上它们是"理性的";它们之所以是理性的只限于下面的意义上:并非一个健康的身体是"健康的",而是一种药物是"健康的"。② 无论偏爱两种解读中的哪一种,人们都可以说,迈蒙尼德否认任何律法的理性这一点隐含于这个受牵连的段落本身当中;因为,柯亨用"理性"(reason)所翻译的那个词语(da'at)未必特别意指理性,它还可以意指一般而言的思想或意见:③对那种为挪亚七诫作正当辩护的意见,肯定与否定都说得通。

诸如此类的考量并未影响到主要的问题,也就是说,柯亨的下述断言可能是对的,柯亨说,斯宾诺莎依据迈蒙尼德的一个单独的说法,就否定后预言时代传统犹太教的普遍主义,这种做法不光彩。用罗森茨维格的话来说,在柯亨[对斯宾诺莎]的评判的深深的不公正之下,还存在着更为[250]深远的正当理由。罗森茨维格的意思可以表述如下。与斯宾诺莎相比,柯亨是一位更深刻的思想家,因为与斯宾诺莎不同,他不认为脱离自己民族传统的哲学式超然与自由是理所当然的;那种超然乃是"不自然的",它不是首要的,而是从首要的依附中解放出来的结果,是一种疏离、决裂、背叛的结果。首要的事物乃是[对传统的]忠诚以及伴随着忠诚的同

---

① *Jüdische Schriften* III, 240。
② *Guide*(《迷途指津》)III, 29 至结尾;亚里士多德 *Metaphysics*(《形而上学》)1003a33 及以下。
③ 参 *M. T. H. Yesode ha-Torah*(《重述托拉·论托拉的根基》),I, 1。

情和挚爱。对一种传统的真正忠诚不同于拘泥于字面的传统主义,事实上它们无法共存。对传统的真正忠诚在于,不仅要保存传统,还要延续传统。对一种活生生的从而是变动的传统的忠诚,要求人们在生者与死者之间、在火焰与灰烬之间、在黄金与杂质之间做出区分:无爱的斯宾诺莎看到的只有灰烬而没有火焰,只有文字而没有精神。即使以犹太思想在他以前的数世纪可能已经从其巅峰衰落这一点为借口,他也无法为自己开脱;因为这位"因其家世、因其天赋、因其学识而被犹太人寄予最大期望"的人,有义务从最高的角度理解同时代的犹太教,更不用说理解迈蒙尼德、理解圣经本身了,或者说,如果必要,他的理解有义务比被理解一方自己的理解更好。在一个活生生的传统当中,新事物不是旧事物的对立面,而是它的深化:若非从这种深化的角度理解旧事物,人们对旧事物就不会有深刻的理解;新事物并不是通过拒斥或者消灭旧事物,而是通过将旧事物加以变形或重塑而得以出现的。"而这种重塑是不是消灭的最佳方式就成了一个问题。"①这的确是个问题:消灭陈旧事物(亦即消灭不真实的或坏的事物)的最佳方式,究竟是怀着忠诚和挚爱对所继承的事物加以重塑或重新解释,抑或对迄今为止受崇拜者施以无情的烈火。对斯宾诺莎以及柯亨的最终评判将取决于对这个问题的回答:正确的解释到底是"观念化"(i-dealizing,或译"理想化")的解释(即按一种教诲的最高可能性对之加以解释,无论那种最高可能性是否为该教诲的首创者所知),还是严格意义上的历史解释(即以首创者的意图来理解一种教诲)。难道保守主义——通常说来它是实践的智慧准则——也是理论的神圣法则吗?

作为一种文化哲学,柯亨的哲学依赖于已成为现代传统的一种

---

① Cohen, *Die Religion der Vernunft aus den Quellen des Judentums*(《源于犹太教的理性宗教》),页205。

构成要素的斯宾诺莎,要说柯亨应该把观念化解释的有益之处归于斯宾诺莎,这样的要求没道理。因为,既然斯宾诺莎自己的学说不是观念论的(idealistic),他所要求的解释类型就不是观念化的解释。如上文所指出的,柯亨的政治哲学并未充分留意斯宾诺莎极力陈述的那些严酷的政治真实。相应地,他也未能充分留意斯宾诺莎用其书写方式书写时所屈从的那种严酷的必然性。柯亨没有理解斯宾诺莎的笔法,这种笔法确实与他自己的笔法迥然不同。柯亨[251]有时像一位注疏家对一个已经高度专业化的文本进行注疏那样写作,因而,他像个思想极端派生、极端传统的人,尽管如此,他还是凭借那些表达得淋漓尽致、极具独创性和分量的思想而让人们一再感到惊讶。无论如何,柯亨竟然否认下面这点,即在斯宾诺莎的时代,那些最自由的心灵被迫压制乃至否定真理,他写道:

> 只要想一想博丹(Jean Bodin),这个人在《七子会》(Heptaplomeres)中不仅对基督教展开最强烈的攻击,而且对犹太教致以最高的礼赞。莱布尼兹和托马修斯(Thomasius)都知道这部著作,它在当时广为流传,要说斯宾诺莎对其一无所知,那准会显得不可思议。①

这里他忘了自己在其他场合说过的话:"莱布尼兹见过《七子会》的手稿,并且提议不要将其出版刊行。"②《七子会》一书在 19

---

① [译按]Jean Bordin(1529/1530—1596),出生于法国,16 世纪最重要的一位政治理论家,著有《国家六书》(*Les Six livres de la République*)等。这里提到的他的著作 *Heptaplomeres*(*Colloquium Heptaplomeres de rerum sublimium arcanis abditis*,即《关于崇高事物之七子讨论会》,描述了由分别代表天主教、犹太教、穆斯林等宗教或政治思想的七个人的对话;下文简称《七子会》)撰写于 1593 年左右,出版于作者身后的 1683 年;它提供了一些关于作者宗教思想的线索。另外,Christian Thomasius(1655—1728),德国哲人、法学家,德国早期启蒙教育主要的推动者。
② *Festgabe*,页 53;*Jüdische Schriften* III,365;参 II,257。

世纪前并未得到出版。一旦有人考虑到迫害的各种结果,斯宾诺莎在《神学-政治论》中的所作所为就不再是柯亨在其中所看到的"心理学谜团"了。柯亨想知道,斯宾诺莎的行为是否可以追溯到一个事实,即宗教裁判所的恐怖在西班牙犹太人中造成的焦虑,最终转变为他们对那件事(that①)的憎恨,正是由于那件事,他们才遭受了如此残酷的迫害。在献给斯宾诺莎的诗文当中,尼采提出了一种不同的解释。在向斯宾诺莎的对上帝的爱(amor dei)以及他的"通过理知得至福"(blissful through intelligence)致以敬意之后,尼采继续说,在对"万物中的一"(One in all)的爱之下,有一种隐秘的对复仇的渴望在噬食:犹太人的憎恨噬咬犹太人的上帝(am Judengott frass Judenhass)。尼采是依据自己的形象理解斯宾诺莎的。他把自己对基督教上帝的反抗归因于他自己的基督教良知。这种解释的前提是黑格尔的辩证法:每一种精神形态都将消失于它必然产生的对立面当中。斯宾诺莎与《托拉》的决裂是Sithrei Torah[托拉的奥秘]——在这个表达兼具的《托拉》的秘密与《托拉》的矛盾的双重意义上——的结果。左右斯宾诺莎的不是黑格尔的辩证法,而是亚里士多德的矛盾律。

柯亨对斯宾诺莎的阅读一方面不够字面,另一方面又过于拘泥字面;他太过字面地理解斯宾诺莎,因为他没有充分依照字面阅读斯宾诺莎。因此,他未能在矛盾丛生的《神学-政治论》当中找寻到自己的出路。如同他在某个场合的惊叹之言:"通情达理之士的任何理性皆无法理解,更不用说克服这些困难了。"这里只需举出一个例子就能足够说明问题。柯亨想知道,当斯宾诺莎自己承认摩西律法是一种神法时,他是否陷入自我矛盾——尽管斯宾诺莎所理解的神法仅仅是一种指向至高的善(即关于上帝的真知和对

---

① [译按]施特劳斯没有在此点明这个 that 所指为何,联系上下文,可以大致推想这里的 that 指的应该是"犹太人身份"或"犹太教信仰"。

上帝的爱,或者说对上帝的理智的爱)的律法;但他又否认摩西律法指向那种至高的善。如果考虑到一个柯亨已然观察到的事实,这里的矛盾就会迎刃而解,那个事实就是,在斯宾诺莎看来,一种律法从其起源的角度亦可以称之为神法:摩西律法[252]就其目的来说乃是属人的,因为它的目标仅仅是政治幸福,但是作为受上帝启示的律法,它是神法。柯亨援引了斯宾诺莎的解释:摩西律法"可以称之为上帝的律法或神法,因为我们相信它得到预言之光的认可"。柯亨对此评议说:"但我们为什么要相信这一点?那个匿名的作者并未回答这个问题。"但是,以一个基督徒身份言说的匿名作者与他的基督徒读者所组成的共同体难道不正是理所当然地这么相信,以至于"我们为什么要相信这一点"这个问题根本没有必要提出?斯宾诺莎最初说过,神法唯一的目的是至高的善;就在斯宾诺莎说下面这句话——即摩西律法从其与目的相区别的起源的角度而言可以称之为神法——之前,据柯亨所言,他说过,神法"主要在于至高的善":因此,柯亨推断说,斯宾诺莎现在承认神法中有一种次要的内容,但却没有立刻指出那种次要内容是什么,那种次要内容就是受感官支配的人们所需要的感受手段(sensual means)。然而,斯宾诺莎并未说神法在于至高的善;他所说的是,神法存在于为达成至高的善而对所需手段的种种规定当中:神法主要由对最切近的手段的种种规定构成,其次才由对偏远的手段的种种规定构成;既然"受感官支配的人"无力凭理智爱上帝,这个人的需要就完全落到了斯宾诺莎这里所思考的神法之外。还要补充说明的是,根据斯宾诺莎的看法,即便是最严格意义上的神法也具有属人的起源;每一种法都是人类制定的,它们或者用于自己或者用于他人。对于斯宾诺莎的断言,即"神法的最高酬报乃是律法自身",柯亨评论道,"斯宾诺莎从《密西拿》里众所周知的'祖辈训言'(Sayings of the Fathers)中原封不动地取用了一句话,只是添加了'最高的'这个字眼",就这样,柯亨对斯宾诺莎关于神法的学说作出某种解释。柯亨低估了斯宾诺莎补上的那个字的重要性：斯宾诺莎的利己主义道德要求对履行诫命的酬报，而非诫命甚或额外的诫命；它没有为殉教留下空间。①

罗森茨维格发现，柯亨对斯宾诺莎的批判之所以有欠公正，不是因为柯亨在客观性方面有缺陷，反是因为他的"主观性"有缺陷，亦即他"对自己人格的各种条件和基础缺乏充分的反思。柯亨在进行攻击时应该更清楚地认识到这样的事实：若是没有斯宾诺莎，确实不见得没有柯亨，但不可能会有生养和培育他（即柯亨本人）的时代"。柯亨本人与其时代的区别可归因于观念化的解释抑或护教式的解释，这一点在这里并不重要，因为，如果柯亨的思想与其时代的思想没有任何关系，那他也不会因反思"他自己的人格"的各种前提条件而遭遇斯宾诺莎。柯亨指责斯宾诺莎对圣经的先知主义（Biblical prophetism）视而不见，但是柯亨所理解的这种现象是借助他称之为[253]"对圣经的历史理解"而得到揭示的，而且如果没有对圣经的高级批判（higher criticism of the Bible②），亦即如果没有由斯宾诺莎首创的带有必要的广泛性的一种公开的努力，这种理解是不可能的。柯亨谴责斯宾诺莎忽视了圣经中的各种神话要素与各种历史要素之间的区别，如柯亨所指陈的，这种区别对于我们传统的注疏而言是陌生的；而在圣经的各种教义要素这方面，他指责斯宾诺莎没能对圣经中不太成熟的说法与更为成熟的说法作出区分；柯亨对斯宾诺莎的圣经批判的不成熟或不称职加以谴责，却根本没谴责他的圣经批判本身：对柯亨而言，圣经批判乃是当然之事。

与此类似的是，柯亨指出，斯宾诺莎反对拉比犹太教，尤其反

---

① *Jüdische Schriften*，页335-36；*Tr.* iv, 17（参9-16）、21。
② [译按]在现代圣经研究领域，higher criticism（亦称 historical criticism[历史批判或考据批判]）指以考据方式对圣经的起源（圣经文本的历史背景、作者身份、成书时代等）进行研究的进路，一般认为，斯宾诺莎是这一方法的开创者。

对拉比犹太教对仪式法的过度关注,他还指出,这种尖锐的反对对于意见的解放有所助益;柯亨毫无异议地提到,"现代犹太教"已经从部分仪式法中解放了出来;他未能承认现代犹太教乃是拉比犹太教与斯宾诺莎思想的一个综合。至于斯宾诺莎对神迹可能性的否认,柯亨对斯宾诺莎以神迹为主题的那一章做了一个极其简短的概述,却未对神迹加以丝毫辩护。① 总之,柯亨根本没有讨论斯宾诺莎与犹太教正统派之间的争论要点,亦即没有讨论斯宾诺莎可能唯一关注的问题,因为在斯宾诺莎时代还没有现代的或者说自由主义的犹太教。可以说,柯亨在批判斯宾诺莎时犯了保守主义者的典型错误,那种错误在于它隐匿了这样的事实:柯亨如此珍视的那种源远流长且变动不居的传统,若是单凭保守主义根本就不会产生,或者说,如果不是从一开始就——并在其过程中至少秘而不宣地反复——对受珍视的传统施以打断、革命和亵渎,那么这种传统就根本不会产生。

　　下面这一说法尤其是清楚无疑的:柯亨对斯宾诺莎的批判未能认真讨论如下事实,即斯宾诺莎将批判的矛头指向权威的教诲和规则的整个体系,该体系在斯宾诺莎的时代作为犹太教为人所知,并且在柯亨的时代仍然由犹太教正统派加以维系。柯亨想当然地认为斯宾诺莎已经驳倒了这种正统派。随着"旧思维"的瓦解,带着斯宾诺莎是否实际上驳倒了正统派这个问题去研究《神学-政治论》就变得有必要了。就此目的而言,柯亨的批判仍然有所助益就几乎仅仅在于,它破除了那种支持斯宾诺莎的成见,或者说,它破除了德国的或犹太的浪漫主义把斯宾诺莎奉为圭臬的做法,更不用说它也破除了自由主义把斯宾诺莎奉为圭臬的做法。柯亨的批判还有一个额外的长处,那就是他的批判主要针对的是《神学-政治论》。就重新考察斯宾诺莎对正统派的批判而言,对其

---

① *Jüdische Schriften* III, 351; *Festgabe*, 页 50 - 54。

《伦理学》表面上的忽略确实是合理的因而也是必需的，这么说的理由如下。《伦理学》的出发点是这样一些明确的前提，人们一旦认可它们，就已经默认正统派是荒谬的，甚至会默认柯亨和罗森茨维格所理解的犹太教是荒谬的。[254]乍看之下，这些前提似乎是武断的，从而显得回避了全部问题。它们自身并非昭彰（evident），而是通过它们的所谓结果被认为是昭彰的：这些前提且只有这些前提，被认为使得对每一事物作出清楚且独特的描述（clear and distinct account）得以可能。从清楚且独特的角度来说，圣经中的描述显得混乱。这样，《伦理学》就回避了关键性的问题：清楚且独特的描述是否就此为真而非仅为一个貌似合理的假设。然而在《神学-政治论》当中，斯宾诺莎作为出发点的诸前提却是启示的信徒们准许给他的；他试图依据圣经，依据传统的权威所阐述的theologoumena[神学见解]，依据可以称之为常识的东西驳倒它们。因为，斯宾诺莎在《神学-政治论》中针对的写作对象是仍为信徒的人们，他有意把他们从自己的"成见"中解放出来，以便他们能开始哲学思考；《神学-政治论》是斯宾诺莎的哲学导论。

以上关于斯宾诺莎批判的考察结果可以概述如下。如果正统派宣称，他们知道圣经乃是由神启示的，圣经中的每一个字眼都由神所默示，摩西是《五经》的作者，圣经中所记载的神迹发生过以及诸如此类的事情，那么斯宾诺莎确已驳倒了正统派。但是，如果正统派对自己加以限制，并且断言自己相信上述各种事项，也就是说，如果正统派没有断言那些事项对已知的事物拥有特殊的约束力，那么情况将完全不同。因为，正统派的所有断言依存的不可辩驳的前提是，全能的上帝——他的意志深不可测，他的道路并非我们的道路，他决意居于浓重的黑暗中——可能存在。鉴于这个前提，一般而言的神迹和启示，进而特殊而言的圣经中所有的神迹和启示都是可能的。斯宾诺莎没有成功地表明这一前提与我们所知的任何事情相矛盾。因为，我们所谓知道的事情，比如说关于太阳系的年龄,在太阳系是自然形成的这个假设的基础上,已经得到确立;以奇迹般的方式,太阳系仍然可能是按照圣经所描绘的方式形成的。"第一"以赛亚会知道波斯帝国创立者的名字,这只是在自然的或属人的意义上才是不可能的;对全能的上帝来说,通过启示告诉他那个名字并非不可能。通过经验或者诉诸矛盾律不可能驳倒正统派的前提。关于这一点的一个间接证据是这样的事实:在反对正统派的斗争中,斯宾诺莎及其同类所取得的胜利都归功于笑和嘲笑。他们试图借助嘲笑,将正统派从自己的位置上笑出去,而使用圣经或理性所提供的任何证据都无法将他们逐出其位置。有人不禁要说,嘲笑并未接替对正统信条的反驳,嘲笑本身就是反驳。对正统派的真正反驳会要求的证据是,无需假设一位神秘上帝的存在,世界以及人类生活就是完全可知的;它至少会要求哲学体系取得成功:人不得不[255]在理论和实践上表明自己是世界的主人和自身生活的主人;纯粹既定的世界必须被一种由人在理论和实践中创造的世界所取代。斯宾诺莎的《伦理学》试图成为这样的体系,但未能成功;它所呈现的关于每一事物的清楚且独特的描述在根本上依然是假设性的。结果,它在认识上的地位与正统派的描述没有什么两样。毫无疑问,斯宾诺莎无法正当地否认启示的可能性。但是,承认启示是可能的就意味着承认,哲学的描述与哲学的生活方式既非必然地亦非昭彰地就是真正的描述与正当的生活方式:哲学乃是对昭彰且必然的知识的探求,恰如信仰一样,它依存于一种并非昭彰的决断,依存于一种意志行动。因此,斯宾诺莎与犹太教之间、不信仰与信仰之间的敌对关系最终不是理论上的而是道德上的。

对于理解那种道德上的敌对关系,伊壁鸠鲁主义者这个犹太教给予不信者的称呼似乎有用,这尤其是因为,从每一个观点来看,伊壁鸠鲁主义都可以被称为宗教批判的古典形态和宗教批判传统的基层。伊壁鸠鲁主义是快乐主义(hedonism),而传统犹太教总是在怀疑,所有针对《托拉》的理论反叛与实践反叛皆受欲望激发,这欲望即挣脱各种严格苛刻的义务枷锁,以便沉湎于快乐的生活。伊壁鸠鲁主义只能导向一种唯利是图的道德,而传统犹太教不是唯利是图的:"[履行]诫命的酬报就是诫命。"伊壁鸠鲁主义的唯利是图是如此彻底,以至于它把自己的理论学说设想为一种手段,为的是把心灵从宗教恐惧、死亡恐惧和自然的必然性带来的恐怖中解放出来。就其特征而言,现代的不信仰实际上已经不再是伊壁鸠鲁式的。它不再是谨慎或遁世的(虽说不上是怯懦地谨慎或遁世),而是大胆主动的。伊壁鸠鲁主义因宗教"幻觉"可怕的特性而与之斗争,而现代的不信仰却因为宗教是个幻觉而与之斗争:现代的不信仰可不管宗教是可怕的还是给人慰藉的;作为幻觉,宗教让人们遗忘真实的好处和对真实好处的享受,从而诱使他们被精神的或现世的统治者们(他们因那种幻觉而"活着")骗去真实的"此世"的好处。一旦人从宗教的幻觉中获得解放,唤醒自己对真实处境的清醒意识,从糟糕的经历中明白自己正受到既悭吝又有敌意的一个自然的威胁,他就会认识到,他唯一的拯救与职责,与其说是"培育(cultivate)自己的花园",① 不如说首先是通过使自己成为自然的主人和所有者来培植(plant)一个花园。但这项事业在整体上首先要求政治行动,要求革命,要求生死攸关的斗争:希望安全隐遁地生活的伊壁鸠鲁主义者必须将自己转变为一个"理想主义者",转变为懂得为荣誉和真理去战斗、去牺牲的理想主义者。然而,将人们从所有非人的枷锁中彻底解放出来的系统化努力[256]似乎正取得成功,依此比例,一种疑虑与日俱增:那个目标会不会仅仅是幻想——当系统化文明取得进步,人会不会依此比例变得更渺小更可怜。

最终——人将"种种自然限制"推得越远就会获得越大的自

---

① [译按]"培育自己的花园",这个比喻可以理解为进行自我的精神修行。

由，人能够征服自然并为自然立法——这样的信念开始枯萎。在这一阶段，宗教的"幻觉"遭到拒斥，不是因为它可怕，而是因为它会给人慰藉。宗教不是人们出于隐秘的理由为折磨自己、使生活变得不必要地困难而铸造的工具，而是人们出于明显的理由，为逃避恐怖、逃避文明的任何进步也无法根除的生之无助和无望而选择的出路。最终，作为反抗启示的终极且纯粹的根据，一种新类型的坚毅呈现在人们面前，这种坚毅禁止自己因生之恐怖而逃向给人慰藉的幻觉；它接受关于"没有上帝的人的悲惨"的雄辩描述，并将其视为自己的航向之善（the goodness of its course）的额外证据。这种新的坚毅甘愿直面正视人的被抛，有勇气接受最可怖的事实，它就是"正直"、"智性的正直"。无论怀着好良知（a good conscience）还是坏良知（a bad conscience），这种最终的无神论因其良知（conscientiousness）而区别于往昔的让人战栗的那种无神论。无论与伊壁鸠鲁主义相比，还是与斯宾诺莎时代的不信仰相比，这种无神论都将其自身揭示为圣经道德的一个后裔。这种无神论乃是启示信仰的继承者和审判者，是信仰与不信仰之间俗世斗争的继承者和审判者，最终也是（虽然短命但绝非不重要的）对失落信仰的浪漫主义式渴望的继承者和审判者，它在由感激、反抗、渴望和冷漠形成的复杂的世故与单纯的正直中与正统派对抗，据这种无神论所称，它有能力对上帝信仰的种种属人根源提出一种原创理解，而以往既不更复杂也不更单纯的哲学从来没有做到这一点。斯宾诺莎的［宗教］批判的最后定论和最终正当性就在这种出于智性正直的无神论，它通过激进地理解正统来克服正统，也就是说，它无需启蒙运动那好辩的刻薄和浪漫主义那暧昧的敬畏来克服正统。然而，这种宣称无论表达得怎样雄辩有力，都无法在下述事实上欺骗人：它的根基乃是一个意志行动、一个信仰行动，而以信仰为根基对任何哲学来说都是致命的。

九 《斯宾诺莎的宗教批判》前言

正统因理性哲学的自我毁灭而取得胜利,但这胜利并不是一种纯粹的祝福,因为它不是犹太教正统的胜利,而是所有正统的胜利,而犹太教正统派从一开始就将自己宣称的相比其他宗教的优越性建立在其更优越的理性的基础上(《申命记》4章6节)。除此以外,最后的无神论所提到的各种道德与意志的等级,只能被宣称为内在的真理、理论的真理:强者或弱者的"权力意志"(the will to power)可能是每一种其他学说的根据;它不是[257]权力意志学说本身的根据:权力意志据说是一个事实。其他的各种观察和经验确认了这样的疑虑,即宣称告别理性恐有不智之虞。因此,我开始想要知道,理性的自我毁灭是不是现代理性主义——它不同于前现代的理性主义,尤其不同于中世纪犹太理性主义及其古典根基(亚里士多德式和柏拉图式理性主义)——不可避免的结果。本研究曾基于如下前提(该前提曾为强有力的成见所认可),即重返前现代的哲学已然不复可能。本书末尾所刊印的文章①首次表达了笔者的[思想]转向,这一转向并非完全出于偶然,它驱使我去从事一系列的研究,在此研究过程中,我开始越来越留意过去时代的异端思想家们在撰写自己的著作时所采用的方式。这么做的结果是,我现在阅读《神学-政治论》的方式不同于我年轻时的情形。我过去对斯宾诺莎的理解过于拘泥字面,因为我未能充分地按字面来阅读他。

---

① [译按]这篇论文发表于1932年,即对施米特(Carf Schmitt)《政治的概念》(Der Begriff des Politishen)的译注。在本书英译本首次由芝加哥大学出版社出版时(1965年),该文英译曾经附于书末(第331-351页),故作者有"本书末尾"云云。芝加哥大学出版社在1997年重印本书时,不再收录这篇论文,本中译本亦未收此文。此文中译参迈尔(Heinrich Meier),《隐匿的对话:施米特与施特劳斯》,"附录一"(刘宗坤译,刘小枫校),朱雁冰、汪庆华等译,北京:华夏出版社,2002,2003,2008各版。

十 关于好社会的诸视角

叶 然 译

[260]应瑞拉尔斯达姆(Rylaarsdam)教授①之邀，我参加了芝加哥大学神学院和圣约后裔反诽谤同盟(Anti-Defamation League of B'nai B'rith)②合办的一场犹太人-新教徒对话会。我参加这场对话会的身份是一个观察者，因为我想写一篇关于这场对话会的报道。我是犹太人，但我希望我写这篇报道时的身份不是一个犹太人，而是一个观察者，一个无偏私且友好的观察者，或者说一个社会科学家，因为人们认为社会科学家尤其应该关注导向好社会的每一种努力。这种关注是[这场对话会的]参与者和观察者共同的基础，因为这场对话会的前提是，尽管犹太人和新教徒之间有深层分歧，但他们能够联合起来，因为他们都关注好社会，且都努力建构或维护好社会。

这场对话会由两部分构成:第一部分是三次讨论，第二部分是两次宴会。三次讨论分别涉及(1)"共同的基础和分歧"、(2)"信仰和行动"、(3)"需求和正义"；三次讨论从最高原则的问题下降到此时此地最重要的社会行动的问题；每一次讨论都由一个新教徒和

---

① [译按]施特劳斯在本文第[265]页对他进行了介绍。
② [译按]1913年成立的一个犹太教非政府组织，后径称"反诽谤同盟"。

一个犹太人发言。午宴的发言人是一个新教徒,晚宴的发言人是一个犹太人;两次宴会可以说充当了这样一种场合,这种场合令一场犹太人-新教徒对话会有可能探讨关于社会的诸视角。由于确实并不是最高原则本身决定性地取决于这个特定场合,而是他们交流或自我呈现的方式决定性地取决于这个特定场合,故我最好首先说说两次宴会。

在午宴上,司各特(Nathan A. Scott, Jr.)教授(芝加哥大学神学院,研究文学中的神学)就"晚近美国文学中的社会和自我"①做了发言。他集中考察了[261]那部二战之后的美国小说,因为这部小说在当今美国享有尤其崇高的声誉。最重要的是,这部当代美国小说——尤其在与那部当代英国小说形成对比时——展现了,在当今美国,犹太教和基督教在多大程度上相互敌视(embattled)。据司各特先生所说,这类文学宣扬把自我从当代社会中激进地分离出来,或者说宣扬无根的生存(existence without roots)。晚近的美国虚构类作品——除了相当少的几部作品以外——把自身局限"在自我的狭小飞地",从而强迫自身只生产"苍白而无血色的魂影"。这种文学不依据圣经式创世信仰来看待人类,从而也不怀着谦逊和仁爱(charity)来看待人类:缺少历史从而也缺少可信度(authenticity)的个人创造了缺少历史从而也缺少可信度的存在者。有人说这种文学对应于我们的世界的"后基督教"特征。司各特先生轻蔑地拒斥了这种说法。如果我正确地理解了他,那么,在他看来,这些作家之所以缺少创造力(sterility),②不是因为我们的世界具有非基督教特征,而是因为这些作家自己具有非基督教或非犹太教特征。我不可能评论这种文学,因为我对它一无所

---

① [译按]在这里的语境里将把 self 统一译成"自我",以区别于并非作为术语的"自身"或"自己"。
② [译按]本义为"没有生育能力",与《后记一则》一文第[217]页的 sterilization[荒芜化]同源。

知。但我生活在这个时代的这个国家,①且一直接触那些被迫既面对又抵制这种文学的美国年轻人,故我不自觉地就有点儿熟悉这种道德现象:司各特先生描述的这部当代美国小说似乎表达了这种道德现象,如果不是导致了这种道德现象。

[这些作家中]有不少人已经对一个体面的②世俗主义社会的可能性感到绝望,却尚未因这种绝望而质疑世俗主义本身,故这些人逃避到了自我和艺术之中。"自我"显然是灵魂的衍生物(descendant),也就是说,"自我"不是灵魂。灵魂可能会为自身的好坏负责,但灵魂不为自身是一个灵魂负责;另一方面,尚不确定的是,灵魂是否并非通过自身努力而成为一个自我。灵魂是一种秩序的一部分,而这种秩序并非起源于灵魂;尚不确定的是,自我是不是一种秩序的一部分,而这种秩序并非起源于自我。当然,按那些人的理解,自我是主权者,或者说,自我并不服从任何比其自身更高的东西;但自我的主权的感觉不再激励自我,反倒压制自我,尤其是在一种绝望状态下。人们可能会说,正因为自我信任其自身,从而信任人类,故自我受到了诅咒(《圣经·旧约·耶利米书》17:5-8)。自我不情愿地见证了圣经信仰。司各特先生是对的:他并不认为,由于"圣灵吹到自己喜欢的地方",③故我们的世界"无可挽回地具有后基督教特征";但我相信,应该承认如下事实,即这里的非信仰不是任何意义上的异教,而是在方方面面都表明,它是基督教徒或犹太人,或是其后代所持的非信仰。他们是经常撞鬼的(haunted)④人。他们不服从任何比他们的自我更高的东西,故他们缺少引导。他们缺少思想和纪律。不过,他们拥有他们

---

① [译按]1963年的美国。
② [译按]《自由教育与责任》一文第[10]页提到"体面"。
③ [译按]《圣经·新约·约翰福音》3:8。"圣灵"本义为风,故说到"吹"。施特劳斯在本文中引用的圣经英译文来自钦定英译本(KJV)。
④ [译按]转指心神不宁,但本义"撞鬼"在此亦有意义。

所谓的真诚(sincerity)。他们所理解的真诚[262]是否有其必要,这一点必定无法认识,除非首先知道真诚是否与无耻相互不可分离;仅有真诚无疑还不够;真诚在高声且丑陋的尖叫中完全实现了自身,而这样的尖叫并非艺术作品。"生活是傻子讲述的故事"①是一部艺术作品的一部分,因为只有对于违反了生活法则(即生活服从的法则)的人,生活才是这样一个故事。当然,这些作家传达的讯息(message)并非麦克白传达的讯息。他们尖叫的是,生活如此堕落。②但如果没有首先觉察到纯粹,就不可能觉察到生活如此堕落,而对于依据自然会首先觉察到的这种东西[即纯粹],他们什么都没说,也什么都没传达。竟有一种自我不服从任何东西,这本身就很荒谬。他们的尖叫是对"社会"的猛烈控诉,他们并不诉诸那些据说具有兄弟矫正(fraternal correction)③精神的人,这些控诉者相信自己不会遭到控诉,他们的自我用控诉构成了他们自己,他们理解的自我无非是控诉或尖叫。每一种控诉都预设了一种法则,他们表达的这种控诉需要一种圣洁的法则,但他们似乎完全没有意识到这一点。他们的尖叫令人记起那些在地狱受到诅咒的人们的言论,他们本就属于地狱。但地狱对他们来说不是社会本身,而是"1963年的美国④的生活"。他们绝望是因为他们事先相信1963年的美国的生活是天堂,或可以成为天堂,或应该成为天堂。他们谴责当代美国社会,他们的自我用这种谴责构成了他们自己,他们无非就是这种谴责或拒斥(一种并非基于任何法则的谴责),他们就像自己的孪生兄弟(体制人[the organization man])一样完全属于这个社会,他们与自己的孪生兄弟的唯一不同在于,或似乎在于,他们可怜且执念太深(miserable and ob-

---

① [译按]语出麦克白,见莎士比亚《麦克白》5.5.26-27。
② [译按]gutter,亦见于《后记一则》一文第[222]页。
③ [译按]参《圣经·新约·马太福音》18:15。
④ [译按]本文发表在1963年的美国。

sessed)。

晚宴上的发言人斯卡瑞(Dore Schary)先生(圣约后裔反诽谤同盟)与司各特先生一样暗示了,当代美国根本上是健康的,也就是说,当代美国在自身之中囊括了自身所患疾病的治疗方案,此外,与这种根本上的健康密切相关的是,当代美国并非单纯具有世俗主义特征,且不想成为那样。这些文学先锋(literary avant-gardists)所攻击的社会之所以得到建构,或之所以成为其所是,是因为[这个社会]献身于自由,而这意味着,[这个社会]认为任何人的自由和尊严都需要任何其他人的自由和尊严。据斯卡瑞先生所说,民主制主要不是多数人的统治,而是对个人尊严的承认,即对每个具有个性的个人(every individual in his individuality)的承认。如果在一个社会里,每个人都能是其所是,或能发展其独特的潜能,那么,只有这个社会是真正自由的社会,且是真正伟大的或卓越的社会。这一点既然对个人为真,也就对构成社会的诸群体为真,尤其对于宗教群体为真;最重要的是,这个国家的自由和卓越需要这个国家的全体公民从属于多种多样的信仰。之所以如此,似乎源于对美国社会所患疾病的思考。这些疾病可以化约为一个最主要的疾病:趋向同质性(homogeneity)或因袭主义(conformism),[263]即趋向用非政治手段压制个性和多样性;所有美国人都将按照"典型的美国人"得到重塑。美国社会的危险在于日益沦为一个大众社会,这个大众社会因大众传播,因大众传播产业(其最可见且最可听的部分是广告产业),而"见多识广"——这里取这个词的通俗的和形而上学的含义。人人都能发现,最年轻的女孩儿和最年老的曾祖母变得越来越相像,两个人在年纪和美貌上的自然差异被掩盖了起来,因为现在的习俗认为两个人的理想相同,在建构这种理想时,少不了化妆品产业的支持。并非仅仅好笑的是,我们观察到,尽管全体女人的样板只有一个,比如说21岁的既有魅力又年轻的女人,但全体男人的样板有两个,人们可以把一个描绘成既帅气又成功的年轻主管(junior executive),把另一个描绘成既帅气又成功的年长主管(senior executive);在这方面,化妆品不得不尊重最重要的自然差异:"身体的巅峰在 30 到 35 岁,灵魂的巅峰在 49 岁。"(亚里士多德《修辞术》卷二,章 14)然而,总体来说,大众社会以令人惊诧的好办法成功地使所有自然差异变得无关紧要,从而尤其使种族差异也变得无关紧要:人们可以轻易想见一个由不同种族的男男女女构成的社会,这些男男女女中的每个人都像任何其他人一样穿戴,取"乐",悲痛,说话,感觉,思考以及被埋葬。我认为,正因如此,斯卡瑞先生发现,最让喜欢同质性的人气恼的就是宗教多样性。宗教信仰——即对完全超越人性的东西的献身——上的差异是因袭主义的真正阻碍。

人们很可能会发现,悖谬的是,如果一个社会献身于让每个有个性的个人自由发展,那么,这个社会应该会受到一种尤其低级的因袭主义的威胁;但经过反思,这种悖谬就会不复存在。期盼每个人无拘无束地"成长"至其巅峰而不导致严重且流血的冲突,只是一个肤浅的希望。成长必须保持在某些限度之内:每个人都可以在任何方位成长到任何高度,只要他的成长没有阻碍任何其他人在任何方位成长到任何高度。这些限度,这些正确的限度,应该为法律所设定。但为了履行这种职能,法律制定者们,以及最终意义上的主权者,必须既有知识又有善意。主权者必须得到启蒙,即摆脱偏见而获得自由;人们可以期盼,这样的自由源于直面(exposure to)科学(包括自然科学和社会科学)及其后果(包括技术、交通工具等等)。"人们越来越容易接触到全世界各色人等和各种观念,'陌生'(alien)事物的含义越来越晦暗不清";"[诸人种之间的]①更显著的差异趋于消失"。至少可以说,斯卡瑞先生不太确定,这是不是只有好处[而没有坏处]。人们必须感谢科学及其伴

---

① [译按]施特劳斯引用时所补。

随物,因为科学使人们摆脱了[264]科学所遭遇的偏见而获得了自由;但正如[斯卡瑞先生]所示,这同一种力量也危及多样性,或者说也培养同质性。至于善意,有人①说过,民主制原本是以美德之所是(which is virtue)为原则的政府形式。可是,显然不可能把选举权局限于有美德的人、有善意的人、有良知的人、有责任心的人——或人们喜欢的任何叫法。在民主制中,尽管人们使政府尽可能对其治下的人们负责(理想状态下,政府在其治下的人们面前不会有任何秘密),但人们不可能认为其治下的人们同样应该[对政府]负责:神圣的秘密或隐私的最佳藏身之所不是私宅(出示搜查令就可以进入私宅),而是投票室。在投票室里,偏见能够主张自我而不受任何阻挠。投票意在确定法定多数人的特征。法定多数人不是简单多数人,而且与简单多数人的感觉不相干。可能存在一种稳定的或永恒的多数人,美国的稳定的多数人是"白人新教徒"。因此,存在一个社会等级制,其底层是黑人(或全体有色人种),比他们高不了多少的是犹太人。所以,存在一种针对黑人和犹太人的偏见,这种偏见既体现符合宪法又不符合宪法。如果我正确理解了斯卡瑞先生,那么,他所攻击的因袭主义有这样一个秘而不宣的意图:要么把所有美国人转变为白人新教徒,要么拒绝把完全平等的机会给予那些并非白人新教徒的美国人。可是,人们难道不是必须说,因袭主义遭受的这种压力(this pressure toward conformism)不同于传播产业和化妆品产业施加的压力?

正如斯卡瑞所理解的,承认宗教具有多样性,不只是容忍异己的宗教,而且是尊重异己的宗教。由此产生的问题是,这种尊重能够达到什么程度。"我们这些受宗教引导的人可以声称上帝存在;这最清楚地确认了我们的身份。""我们"是谁?如果"我们"是犹太人或基督徒,那么,斯卡瑞承认得太少;如果"我们"是

---

① [译按]指密尔,参《什么是自由教育?》一文第[4]页译按。

宗教人(religious human beings)本身,那么,斯卡瑞承认得太多。单数的"上帝"似乎排除了尊重希腊多神论之可能性,更排除了尊重埃及多神论之可能性,埃及人曾有"他们自己的稀奇古怪的众神(pantheon)……他们还发明了一些怪物(monsters)供人崇拜"。既然一种宗教崇拜怪物,或用圣经的表达,崇拜凶兆之物(a-bominations),那么,人们能尊重这种宗教吗?在这些引文所在的段落的结尾,斯卡瑞先生评论道,"所有体面的、自尊的、善意的人都加入了一个共同的兄弟会(common brotherhood)"。我认为,他并不否认,不"受宗教引导"的人也可能是"体面的、自尊的、善意的人",而且缺乏体面、缺乏自尊、缺乏善意从而拒绝加入共同的兄弟会的人也并不因此而不再是我们的[265]兄弟。但我们在任何情况下都不可能有义务尊重凶兆之物,哪怕可能有必要容忍凶兆之物。

我认为,不同于司各特先生,斯卡瑞先生更少关注犹太教和基督教共同的真理,他更多关注多样化的美德。但这种关注使他成了宗教观点的捍卫者,因为宗教而非科学是真正的多样性的堡垒。在我们的时代,苏联尤其表明,世俗主义国家倾向于贯彻非宗教因袭主义,正如在过去,宗教国家倾向于贯彻宗教因袭主义。一个有限的世俗主义国家,即一个有限的宗教国家,会平等地尊重宗教人和非宗教人,似乎只能指望这样的国家在自身之中囊括因袭主义这种疾病的治疗方案。不论如何,具有苏维埃形式或具有非苏维埃形式的激进世俗主义导致了一种危险,正是这种危险激发了诸如一场新教徒-犹太人对话会之类的活动。

跟这完全相容的一个事实是,这场对话会发生在这个世俗国家之中。关于"共同的基础和分歧"的讨论的主持人佩图秋斯基(J. T. Petuchowski)教授(希伯来联合学院)在评议瑞拉尔斯达姆(J. Coert Rylaarsdam)教授(芝加哥大学神学院,研究旧约)和柯亨(Arthur A. Cohen)先生(霍尔特·莱因哈特·温斯顿出版社[Holt, Rinehart and Winston, Inc.],主管宗教图书出版)各自宣读的论文时指出了这个事实。也许可以说,这个世俗国家源于如下看法:公民秩序的基础必须只是理性,而不是启示,因为如果启示(即一种特殊的启示)成为公民秩序的基础,那么,人们就会使用或隐或显的强迫手段来服务于信仰,以至于损害信仰的纯粹性。换言之,一场新教徒-犹太人对话会作为一场 amica collatio[友好的聚会]预设了友谊,而友谊预设了平等,至少是犹太人和基督徒在公民身份上的平等;没有公民身份上的平等,甚至都不会产生必要的文明举止(civility)。① 另一方面,正所佩图秋斯基先生所示,如果这个世俗国家是自足的,那么,这个世界国家内部不会有任何世俗的地方留给超越世俗的犹太教和基督教:犹太教和基督教必须要对这个世俗国家说世俗主义没有能力说的一些话,而且为了达到效果,犹太教的训示(message)②和基督教的训示必须在某种程度上相同。对于这场对话会所有参与者来说理所当然的是,这种训示不可能是自然宗教或理性宗教,理性宗教过去有时被视为这个世俗国家的基础,因为理性宗教(我们假设它是可能的)会引诱人们相信理性是自足的,或引诱人们尤其把犹太教训示或基督教训示视为这个唯一必要的东西(the one thing needful)③[即理性]之外的一个不必要的且破坏和平的多余之物,而且理性宗教倾向于对宗教信仰实行安乐死,或倾向于拥抱"伦理文化"。[266]面对这个世俗国家,犹太人和基督徒能够举办一场友好的 collatio[聚会],是因为他们立足于一种共同的基础,这种共同的基础不可能是对哲人们的上帝的信仰,而只可能是对亚伯拉罕(Abraham)、以撒(Issac)、雅各(Jacob)的上帝的信仰——这位上帝启示了十诫

---

① [译按]civility 与刚才提到的 civic[公民身份上的]为同源词。
② [译按]对比第[262]页提到的 message[讯息]。
③ [译按]《自由教育与责任》一文第[24]页提及"一件必要的事"(the one thing needful)。

(the Ten Commandments),或者干脆说,启示了在一切处境下都有效的诫命,不管这些处境是什么。实际上,这次关于这种共同的基础的讨论没有把这种共同的基础说清楚。这不是因为这种共同的基础太琐碎(在这个时代,犹太教和基督教均已受到存在主义伦理学影响,故这种共同的基础当然不琐碎),而是因为正如整个基督教-犹太教关系史所示,承认这种共同的基础,绝不足以令这两种信仰相互承认。

这样的[相互]承认,可能意味着什么?那就是:教堂(Church)和会堂(Synagogue)①相互承认自身的对手(antagonist)具有高贵品质。这样的[相互]承认在基督教的中世纪甚至是可能的:尽管把会堂描述为因羞耻而低头,但把会堂的品质描述得很高贵。不管这种相互承认在我们的时代可以走多远,这种相互承认不可能不伴随着对立双方各自的一种确信,即确信最终对方会低头。对于对方的承认必须一直服从对于真理的承认。甚至异教哲人柏拉图和亚里士多德一直都是朋友,尽管——或者毋宁说因为——两人都认为真理是自己最伟大的朋友。犹太人可能会承认,基督人的错误在于一种保佑,一种属神的保佑,而基督徒也可能会承认,犹太人的错误在于一种保佑,一种属神的保佑。如果逾越这一点,他们便不可能继续做(cannot go without ceasing to be)犹太人或基督徒。

至少可以说,基督徒承认犹太教具有属神起源,比犹太人承认基督教具有属神起源,更加容易。另一方面,犹太人承认基督徒可以"分有来世"(share in the world to come),比基督徒承认犹太人可以得到"拯救",更加容易。这是因为犹太人结合了"肉体"和"精神",结合了"世俗"和"永恒",结合了"民族"和"普世":托拉(Torah)②之中

---

① [译按]此二词首字母大写,分别表示基督教教堂和犹太教会堂。
② [译按]意即"律法"。

承诺了亚当所有后裔会得到最终救赎(参迈蒙尼德《重述托拉》[Mishneh Torah]卷十四,章5"有关王者及其战争的律法"[H. Melakhim],①节 11 – 12),但托拉后来仅仅让位于以色列(Israel),或仅仅为以色列所接受。结果,犹太人承认基督教具有属神使命(参哈勒维[Yehuda Halevi]《卡扎尔人书》[Cuzari]卷四,节23),比基督徒承认犹太教具有永恒属神使命,更加容易。因此,无需惊诧,正如瑞拉尔斯达姆先生指出的,犹太人和基督徒之间第一场真正的对话,是由犹太人罗森茨威格(Franz Rosenzweig)开启的,而且对于这场由犹太人开启的对话(to this Jewish call),基督徒至今尚未给出[与犹太人]相当的回应。这样一种回应首先将包括承认犹太教具有永恒使命,瑞拉尔斯达姆先生认为迫切需要进行这样一种回应,因为在我们有生之年,犹太民族遭遇了一些事情:[267]希特勒领导的德国屠杀了六百万犹太人,后来以色列国得以建立;基于基督教对犹太教的传统看法,无法充分理解犹太人的痛苦和犹太人的重生。此外,基督徒对犹太人的传统判断,至少在一定程度上导致了犹太人在基督徒的世界里遭到迫害,从而也可以说间接导致了希特勒的德国的行动。基督徒必须开始问自己,他能否"承认,当他自己的使命开始之后,以色列的使命就不会止息"。人们不可能止步于声称一个不可否认的事实(犹太人否认这个事实,基督徒坚持这个事实),即弥赛亚(Messiah)——也就是救赎——早已来过了。犹太教说,"现在不存在救赎,上帝早已救赎了他的子民";基督教说,现在不存在救赎,上帝早已通过耶稣基督的死而复生救赎了全人类。与基督教不同,犹太教"关注历史的救赎",关注死亡的救赎,关注地上的救赎;按照犹太教,被拣选的那一个(the Elect One)是永远不死的以色列;按照基督教,被拣选

---

① [译按]H. Melakhim 是 Hilchot Melakhim u'Milkhamoteihem 的简写,中译按完整写法译出。另外,"卷十四,章5"为中译者所补。

的那一个是死在十字架上的耶稣基督。可是,"基督徒必须像犹太人一样赞同,这个世界[此世]①未被救赎",而且"此世对于上帝很重要"。犹太人的痛苦和十字架的痛苦彼此不可分割(belong together),"二者是同一种痛苦的不同方面"。犹太教和基督教彼此需要。

人们可能会说,瑞拉尔斯达姆先生说过,基督教不得不向犹太教学习;他没敢告诉犹太人,犹太人也不得不向基督教学习;他让他的犹太人同伴完成这个任务。但柯亨先生没有完成这个任务。我认为,不能为此而责备他。他当然没有把向基督教学习误解为被基督教同化。比如,把一周的休息日从第七天挪到第一天,就是被基督教同化的一种行为,而这并不意味着向基督教学习。他也没有否认,他甚至还主张,犹太教和基督教彼此需要;事实上,在这方面,他完全赞同瑞拉尔斯达姆先生。可是,基本上,他仅限于强烈地再次主张犹太教对基督教的传统立场:犹太教和基督教之间存在不可调和的分歧;基督教取决于犹太教,而不是相反;基督教不得不向犹太教学习;不存在犹太教-基督教传统;至少从保罗开始,基督教再也没有理解过犹太教。可是,他强调如下事实:当代的犹太人和基督徒不是古老的犹太人和基督徒,而且不可能再次变成古老的犹太人和基督徒:他们面对彼此时,"不再是作为教条化的敌人,而是作为共同追求真理的人"。换言之,他承认,曾经的误解是相互的。但他没有解释,什么是犹太教对基督教曾经的误解。他仅限于提及耶稣时代的犹太教弥赛亚主义的某些缺陷,以及犹太教与世俗主义的、反基督教的运动之间值得谴责的——即便是可以原谅的——结盟。为什么他没能讲清楚,犹太教可能不得不[268]向基督教学习什么?犹太人为了基督教而放弃犹太教,比基督徒为了犹太教而放弃基督

---

① [译按]施特劳斯引用时所补。"此"字也是施特劳斯所强调。

教,有更大的危险吗? 做一个基督徒,比做一个犹太人,有更大的此世好处(premium)①吗? 或者说,由于[人人都]明白,犹太人向现代性学习了什么,而且[人人也都]明白,现代性是世俗化的基督教,那么,是否人人都明白,犹太人向基督教学习了什么? 可是,现代性确实是世俗化的基督教吗? 柯亨先生似乎对此表示怀疑。不论如何,他无疑提到了犹太人"与基督教世界(Christendom)的历史性遭遇[给犹太人]带来的痛苦"。

犹太人确实能遗忘这种痛苦吗? 可是,当我们犹太人见到我们时代最高贵的基督徒们表达真诚的悔悟,并真诚地给予我们和平时,我们犹太人不应该认为基督教世界像亚玛力(Amalek); 我们甚至不应该认为基督教世界像以东(Edom)。② 最重要的是,noblesse oblige[高贵者义不容辞]。柯亨先生正确地拒斥了基督教对犹太教"法利赛主义"(pharisaism)的通常看法: 任何严肃对待托拉的犹太人都不可能自以为是,也不可能相信自己能通过实现律法(the Law)而把自己从罪恶(sin)中救赎出来,也不可能低估罪恶施加在自己身上的力量。基督教意义上真正的"法利赛人"(Pharisee)不是法利赛人本身,而是亚里士多德的完美贤人,这种人不会对任何事情感到羞耻,也不会为自己做过的任何事情后悔或悔悟,因为这种人总是做正确的或适宜的事情。柯亨先生走得比这更远。他要求基于"一种现实主义式的人本主义"③来节制基督教对罪恶的力量和深度的看法,而且他声称可以在犹太教圣经中找到这种人本主义。《圣经·旧约·以赛亚书》6:5-7的以赛亚的话语和《圣经·旧约·诗篇》51:12的大卫的祈祷,听起来足够"现实主义",却几乎不怎么"人本主义"。同样是这些想法,也适

---

① [译按]此词亦见于《后记一则》一文第[222]页的 puts a premium on[重视]。
② [译按]关于亚玛力和以东,见《圣经·旧约·创世记》36。
③ [译按]在《后记一则》一文第[203]页出现过 humanitarianism[人道主义],故此处 humanism 译作"人本主义"以便与之相区别。

用于柯亨先生对于保罗神学作为"一种针对失望的神学"(a theology for disappointment)的评论。我曾认为,已经不再流行用历史主义"揭穿幌子"(debunking)。但我不可能不同意他最后一句话:"以色列除了为这个世界提供永恒的忍耐力,还必须为这个世界提供什么?"事实上,这句话需要一番长长的疏解。但在这里,一句话必定就够了:这里所说的"永恒的忍耐力"就是痛苦之中的坚毅,如今浅薄的人们蔑视这种坚毅,称之为"犹太人隔离区的心态"(ghetto mentality),因为这些人全心全意地屈服于现代世界,或者说,这些人缺少理智能力认识到,脱离这个世界,①对于犹太人乃至对于基督徒,重新变得有其必要。

如果我正确地理解了怀尔德(John Wild)先生(美国西北大学哲学教授),他引入关于"信仰和行动"的讨论,是通过这样一番观察:尽管犹太教和基督教都相信信仰必然导致行动,但基督教有时屈服于对信仰的希腊式的、理智主义式的(intellectualist)理解,以至于切断了——或几乎切断了——信仰和行动之间的关联。利科(Paul Ricœur)先生(巴黎大学②哲学教授)提出了对于信仰和行动的"一种基督教看法",他一上来就讲了两个事实:首先,沉思的生活和行动的(active)生活之间的对立,源于希腊[269]哲学,且对犹太教来说完全陌生,其次,在这方面,基督教完全是犹太教的嗣子(heir)。人们可能会赞同利科先生,但人们也承认,有证据表明,希腊哲学并非本来就主张[沉思的生活和行动的生活之间的]那种对立。在此只需提到公民-哲人苏格拉底的名字。可是,也许人们最终被迫说,苏格拉底做公民的顶点是超越城邦,不仅超越雅典城邦,而且甚至超越最佳城邦,即言辞中的城邦,何况对于沉思

---

① [译按]语涉双关,兼指"现代世界"和"此世"。
② [译按]施特劳斯在此按惯例以 Sorbonne[索邦]代指巴黎大学。本文写作于1963年,当时巴黎大学尚未拆分。

所要求的至高地位,唯一全面而有效的回应来自圣经。尽管如此,利科先生主要关注的问题是,那些使基督教有别于犹太教的学说,是否并未再次导致对行动的贬低。他的回答是否定的。他给我传达的印象是,比如,原罪学说就是对一种经验的"沉思性表达",犹太教对这种表达感到陌生,却对这种经验不感到陌生。换言之,基督教的因信称义(justification by faith)学说,可能"在圣经开篇就出现了";犹太教有言,除了对上帝的敬畏,一切皆由上帝掌握,当且仅当这种说法意在(事实上,它当然并非意在于此)撩拨或证实"任何获取荣誉的欲望"(这里所说的荣誉就是通过敬畏上帝而胜过上帝)时,这种说法才与因信称义学说相互矛盾。利科先生声称,在理解信仰和行动之间的关系时,基督教有时屈服于一些"希腊化"理解方式:使信仰分离于行动,尤其是社会行动,或否认个人拯救与"历史救赎"之间有任何关联,或并不关注"非人格组织"(impersonal institutions)(国家、财产、文化)中体现的邪恶(这种邪恶不同于严格意义上的罪恶);但在他看来,这是一种彻底的"反动观念",与原初的基督教不相容。不论如何,在这方面,基督教和犹太教之间不存在严肃意义上的区别:"正是[基督教]对犹太教的记忆一直在捍卫[基督教],①使之免于走向歧途。"

格拉策(Nahum N. Glatzer)先生(布兰迪斯大学[Brandeis University]犹太史教授)提出了"对于信仰和行动的一种犹太教看法"。他全面考察了犹太教从圣经时代一直到当今如何思考这个主题。按照堪称经典的犹太教看法,"关于上帝的知识"、研究、信仰、学习或智慧既预设又导致了正直的行动,或者行动中的虔敬,或者"畏天"(fear of heaven),但这种看法在如下意义上才成立:行动十分重要。这种看法的基础似乎是一种塔木德神学学说(talmudic theologoumenon),即人以自己的正确的或虔敬的行动

---

① [译按]施特劳斯引用时所补(英文版作圆括号,疑似笔误)。

而变成了"上帝创世工作的参与者":尽管在启示和救赎上,人只是一个接受者,但在创世上,或毋宁说在创世的持续过程上,对于上帝来说,"人是行动上的伙伴"。对于信仰和行动的这种犹太教看法,在中世纪以某种方式并出于某种原因而变得模糊不清,在现代又以另一种方式并出于另一种原因而变得模糊不清。中世纪许多犹太人由于受到压制,[270]故而相信"此世几乎不重要;此世所患疾病的矫正,以及最终此世的救赎,在上帝的好时代会来临"。在19世纪,犹太人得了解放,这导致犹太教意见的一个重要部分渐渐把社会进步和其他进步等同于救赎过程;那种超越进步和行动的东西,即信仰关注的东西,渐渐遭到遗忘。现代世俗主义相信,通过剥夺犹太教和基督教的 raisons d'être[存在的理由],它[现代世俗主义]可以终结犹太教和基督教的对立;它显然失败了,这种失败既影响了犹太人,也影响了基督徒,也影响了非信仰人士,故这种失败召唤犹太人和基督徒把探究和行动结合起来(a community of seeking and acting of both Jews and Christians),但这种结合原来之所以成为可能,却是凭借世俗主义。世俗主义的失败体现在比如科学和人本主义之间日益严重的分裂。在格拉策先生看来,不可能通过科学和人本主义之间的一种"综合"来跨越[二者之间的]鸿沟,因为科学"持中立主义",而人本主义"持传统主义":此刻需要"重新定义人的形象",而这超出了[科学和人本主义]二者中任何一个的能力,或二者加在一起的能力,因为——而非尽管——"重新定义人的形象"必须是把人重新定义为按照上帝形象创造出的事物(created in the image of God)。在一种人本主义的帮助下,不可能克服"科学主义的 hybris[肆心]",这里所说的人本主义受到一种信仰的激发,这种信仰就是,人是创世主。为了反对科学主义和人本主义,犹太教和基督教站到了一起。

在过去,最大的分裂力量是启示宗教。甚至在当今,正如我们通过反思这次对话会上的一篇论文而发现的,宗教多样性是这个国家的因袭主义的真正阻碍。① 不论如何,犹太教和基督教之间的分歧并不妨碍二者具有共同的基础。其实,当今以最有效的方式分裂人类的东西是自由西方和苏联东方之间的对立。甚至在这种状况下,正如温特(Gibson Winter)先生(芝加哥大学神学院)在他关于"国家认同和国家意图"的论文中指出的,[自由西方和苏联东方之间]仍然存在"共同的基础":"二者共同的基础就是[二者的]②核能(nuclear power)为二者的对立施加的限制。"由于热核战争显然是一种疯狂行动,故这种共同的基础必须成为一种对话的基础,这种对话不应该关注意识形态问题,而应该关注,在面对世界范围内"对饥饿的斗争和对人类尊严的追求"时,这个国家应该肩负起什么义务;这个国家必须停止"主张在一个饥饿的世界上维持现状"。因此,这里所需的对话首先不是与苏俄的对话,而是与美国内外的"穷人"(have-nots)的对话。至于与苏联的对话,那需要尊重"我们的敌人们"的"意图和利益",而且最重要的是,需要承认为这种对话做准备的"启示性结构"(apocalyptic framework):按照《圣经·旧约·申命记》30:19的精神,我们必须选择这样一种生活,即"一种正义且团结的未来"(a future in justice and community),并且确信其他选择会导致在热核战争中走向虚无(thermonuclear annihilation)——这就是上帝的审[271]判。毫无疑问,只有信仰上帝,而非信仰苏联统治者们的善意,才会使我们有能力持续与苏联对话,不论这有多么危险。不必说,不可能期盼苏联统治者们有这样的信仰:单方面裁军(unilateral disarmament)并不现实。信仰同样禁止防御性(preventive)战争。另一方面,人们不可能仅仅说,这个国家不应该在任何情况下首先使用核武器。其实,"在核能的使用上,最麻烦的问题"在于报复(re-

---

① [译按]关于"因袭主义的真正阻碍",参前文第[263]页。
② [译按]施特劳斯引用时所补。

taliation)。"在遭到一次毁灭性打击之后,报复仅仅成了复仇",这样一来,报复似乎与基督教伦理不相容:"选择让他人活下去,而非让我们自己活下去——这是来自十字架的训示。"可是,"报复的可能性之存在,构成了制约侵略的力量"。

对这种方案的两番评议似乎有道理。如果敌人知道,在成功地实施打击之后,自己不会遭遇回击,那么,报复的可能性之存在,会失去许多制约侵略的力量;因此,一个在名义上为信仰所要求的决定,必须一直是得到最严密保守的秘密;换言之,嘴巴所宣称的必须与内心所想的正好相反。其次,如果一个人有意在偶然事故中拯救苏联人民的生命,那么,这个人就会把所有穷国(have-not nations)都交到苏联统治之下,从而会令所有穷国在整个可预见的未来都不可能成为非无神论(nonatheistic)国家,或者更一般地说,不可能拥有其自身的未来,不管是俄国式未来还是美国式未来;换言之,温特先生的方案立足于一个沉默的断言,即他知道唯有上帝才可能知道的东西。以上这样的思考也许可以解释他所谴责的事实,即"我们的宗教传统[即基督教和犹太教的传统]①由来已久的(institutional)重要性转而……为这场分裂世界的斗争中的保守阵营所具备"。不论如何,一方面,他召唤普世的繁荣和自由,另一方面,他评论道,"在这个时代,犹太教面临的严重危机在于,这种繁荣让犹太教偏离了[其]使命……外在的压迫能令这个[被拣选的]②民族变得坚毅";③他这两个方面的态度之间,似乎存在一种紧张关系。

作为温特先生的犹太人搭档,格拉泽(Nathan Glazer)先生(华盛顿市住房与财政局[Housing and Financing Agency, Wash-

---

① [译按]施特劳斯引用时所补。
② [译按]以上两个方括号内容均为施特劳斯引用时所补。
③ [译按]前文第[268]页也提到"坚毅"。

ington, D. C.])就"好社会的形态"做了发言。他的发言并非从鲜明的犹太教看法出发。他讨论了我们时代最成功的革命,即"体制(organizational)革命,或者科学革命",以及其深远的意义。在这场革命以前,曾经存在一个鸿沟,这个鸿沟的一边是"知识分子",即"激进的和自由的批判者",另一边是"代表着现状"的体制;通过这场革命,这个鸿沟已经弥合,或至少在相当程度上缩小了。因为知识分子被证明拥有"新技术,使体制变得更具效能"。人们可能会说,既然科学家的基本前提是一个断言,即科学仅仅提供"事实"断言,而不提供"价值"断言,而且科学家从这个基本前提中得出一切结论,那么,科学家无权做体制的激进批判者,而只能变成体制的自愿服务者。[272]可是,奇怪的是,科学家和实干家(men of affairs)之间的合作,影响了实干家的"价值":名义上价值中立的科学和自由的(liberal)诸价值之间,可能存在一种既定的和谐吗?即便如此,困扰格拉泽先生的问题是,如果科学家和管理者(managers)的合作令一个社会有可能向每个人确保"简单的正义和简单的自由",那么,是否可能把这个社会视为好社会:

> 有这么两拨人,一拨是保守派或反动派,另一拨是知识分子、激进分子、无政府主义者,这两拨人经常一致反对我们可以称之为既定自由主义(establishment Liberalism)的东西。

反动派和知识分子都质疑,福利国家——"整个体制,即做好事的机器"——能否自称为好社会。格拉泽先生只看到一条出路:"改进种种体制",而这要求建立一种"伟大的体制"或"巨大的体制"或"负责决策的分配中心",它有能力领导所有其他体制,因为比起任何其他体制,它"将拥有远远更多的情报,并将做出远远更好的诊断"。因此,它将是"既好且大的社会"。相应地,格拉泽先生预测,"以后会有一些发展中的既好且小的社会",它们将"由反动派、无政府主义者、激进知识分子"构成。但他并不确定,"这个[大]体制是否能够容忍这些[小]社会存在",他也不确定,"这些[小]社会是否能够聪明地躲避这个[大]体制"。面对普遍的非利士主义(philistinism)这个不容乐观的前景,我们被迫追问,按格拉泽先生的说法,犹太教和基督教会站在这个巨大的体制一边,还是会站在无政府主义者一边?我相信,犹太人和基督徒将不得不选择无政府主义,或者说选择脱离[这个巨大的体制]——这种脱离极其不同于司各特先生严厉批评的那种脱离。我之所以相信这一点,是因为《圣经·旧约·出埃及记》13:17有言:

> 法老容百姓去的时候,从非利士人的地方走虽近,上帝却不领他们从那里走。

非利士人的地方也许在如今比在过去更近。我们归于这句圣经引文的含义可能不是其字面含义,却可能是其真实含义。因为犹太人和基督徒都赞同,字面含义如果与任何其他东西隔绝,就会"以辞害意"(killeth)。① 法利赛主义的拉比犹太教(pharisaic rabbinical Judaism)一直认为,必须按照口头的或不成文的托拉来理解成文的托拉,而且之所以如此的最深层的原因是,最深层的真理不可能写下来,甚至也不可能说出来:以色列在西奈山(Sinai)上从上帝自己那儿听到的话"无非是[不可听的]②Aleph[阿列夫],③在希伯来语圣经中,第一诫就以它起头"。④

---

① [译按]施特劳斯所用的钦定英译本《圣经·新约·哥林多后书》3:6有言:the letter killeth, but the spirit giveth life[字句叫人死,圣灵叫人活]。
② [译按]施特劳斯引用时所补。
③ [译按]希伯来语第一个字母的名称,也代表上帝。
④ Gershom Scholem,《论喀巴拉及其象征意义》(*Zur Kabbala und ihrer Symbolik*), Zürich:1960,页47。

鸣　谢

叶　然　译

《什么是自由教育?》(What Is Liberal Education?)是1959年6月6日在芝加哥大学通识学院(University College)"成人自由教育基础课程"(Basic Program of Liberal Education for Adults)第十届毕业典礼上的致辞;本文先由芝加哥大学出版社印行,后重印于 C. Scott Fletcher 编,《社会责任的教育》(Education for Social Responsibility),New York:Norton,1961,页43-51。

《自由教育与责任》(Liberal Education and Responsibility)重印于 C. Scott Fletcher 编,《教育:前方挑战》(Education: The Challenge Ahead),New York:Norton,1962,页49-70。美国继续教育基金会(American Foundation for Continuing Education)于1962年获得版权。

《古典政治哲学的自由主义》(The Liberalism of Classical Political Philosophy)重印于《形而上学评论》(Review of Metaphysics)12-3(1959年3月),页390-439。

《如何着手研读〈迷途指津〉》(How To Begin To Study The Guide of the Perplexed)重印于 Moes Maimonides,《迷途指津》(The Guide of the Perplexed),Chicago:University of Chicago Press,1963,导言,页 xi-lvi。

鸣　谢

《帕多瓦的马西利乌斯》(Marsilius of Padua) 重印于 Leo Strauss 和 Joseph Cropsey 编，《政治哲学史》(*History of Political Philosophy*)，Chicago：Rand McNally，1963，页 227-246。

《后记一则》(An Epilogue) 重印于 Herbert J. Storing 编，《科学的政治研究论文集》(*Essays on the Scientific Study of Politics*)，New York：Holt，Rinehart and Winston，1962，页 305-327。霍尔特·莱因哈特·温斯顿公司于 1962 年获得版权。经该公司授权重印。

《〈斯宾诺莎的宗教批判〉前言》重印于 Leo Strauss，《斯宾诺莎的宗教批判》(*Spinoza's Critique of Religion*)，New York：Schocken Books，1965。舍肯出版社于 1965 年获得版权。

《关于好社会的诸视角》(Perspectives on the Good Society) 重印于《尺度：芝加哥大学神学院刊物》(*Criterion：A Publication of the Divinity School of the University of Chicago*) 2-3 (1963 年夏)，页 2-9。

人名索引

叶 然 译

[中译编者按]以下出现的数字是英文版页码,即中译本随文方括号页码。

Achad ha-Am[阿卡德],257①
Aeschylus[埃斯库罗斯],41-43
Albo, Joseph[阿尔博],158,161
Anaxagoras[阿那克萨哥拉],50,90-91
Anaximander[阿纳克西曼德],50
Antiphon[安提丰],51,59-63
Archelaus[阿凯劳斯],50-51
Aristophanes[阿里斯托芬],51
Aristotle[亚里士多德],8,26-28,30-34,37,52,53,75,91,139,146,151,156,169-171,181-183,185-192,198-201,205-208,210,238,241,251,257,259,263,266,268
Averroes[阿威罗伊],200
Bacon, Francis[培根],240
Bailey, Cyril[贝利],128,137,138
Bayle, Pierre[培尔],232
Bismarck, Prince Otto von[俾斯麦],224-226
Buber, Martin[布伯],234-236,258
Burckhardt, Jacob[布克哈特],227
Burke, Edmund[柏克],17,137,213

---

① [中译编者按]此页码为英文版的文末注的页码,由于中译本已把注释改为脚注,故此页码已失效。下面还有些这样的页码,不再一一注。

Caro, Joseph[卡罗],248
Cicero[西塞罗],136-138
Cohen, Hermann[柯亨],240,243-253,258-259
Comte, Auguste[孔德],32
Dante, Alighieri[但丁],200,202
Darwin, Charles[达尔文],231
Democritus[德谟克利特],46,51-53,108,112,134,137
Descartes, René[笛卡尔],240
Diodorus Siculus[狄奥多洛斯],43-44,50
Diogenes Laertius[第欧根尼],136
Empedocles[恩培多克勒],46,90-91,135,137-138
Epicurus[伊壁鸠鲁],viii,76-139,205,255-256
Euripides[欧里庇得斯],6,43,102
Fārābī[法拉比],146,187
Gewirth, Alan[格沃斯],201-202
Goethe, Johann von[歌德],224,227,239,258
Gorgias[高尔吉亚],30
Halevi, Yehuda[哈勒维],266
Hamilton, Alexander[汉密尔顿],16-17
Havelock, Eric A.[哈夫洛克],26-64
Hegel, Georg[黑格尔],210,225-226,233,251,259

Heidegger, Martin[海德格尔],227,233-235,237,257
Heine, Heinrich[海涅],257
Heraclitus[赫拉克利特],6,90-91
Herodotus[希罗多德],23,33
Herzl, Theodor[赫尔茨],228
Hesiod[赫西俄德],34-39,41-43,72,136
Hobbes, Thomas[霍布斯],44,220,240,259
Homer[荷马],27,39,72,105,112
Ibn Janāh, Abul (Rabbi Jonah)[伊本],160,174
Israeli, Isaac[以撒列],198
Jacobi, F. H.[雅各比],241
Kant, Emmanuel[康德],viii,210,240-241,247,258
Kaufmann, Yehezkel[考夫曼],257
Kojève, Alexandre[科耶夫],v
Leibniz, Gottfried[莱布尼茨],232
Lenin, V. I.[列宁],209
Lessing, Gotthold[莱辛],241
Locke, John[洛克],16,22,29
Lucretius[卢克莱修],viii,76-139
Machiavelli[马基雅维利],44,201,208,217,223,239,242,246-247
Maimonides[迈蒙尼德],140-184,201,238-239,248-250,257,259,266

Manasse ben Israel[马纳塞], 259
Marsilius of Padua[帕多瓦的马西利乌斯], 185 – 202
Marx, Karl[马克思], 24, 48, 219, 225
Mendelssohn, Moses[门德尔松], 237
Meyer, C. F.[梅耶尔], 258
Mill, J. St.[密尔], 17 – 18, 20
Montesquieu, Charles de Secondat, Baron de[孟德斯鸠], 208
Nietzsche, Friedrich[尼采], 24, 226 – 227, 234, 236 – 237, 251, 258
Onqelos the Stranger[昂克劳], 149 – 150, 157, 169
Pinsker, Leon[平斯克], 228 – 229
Plato[柏拉图], 6, 7, 14 – 15, 26 – 27, 30, 32 – 35, 37 – 40, 45 – 50, 52 – 61, 65, 91, 137 – 138, 169, 178, 182, 187, 201, 205, 234 – 235, 240, 242, 246, 257, 266
Protagoras[普罗塔戈拉], 12 – 13, 40, 45 – 49

Pufendorf, Samuel, Freiherr von [普芬多夫], 16
Rosenzweig, Franz[罗森茨威格], 233 – 234, 237 – 239, 248 – 250, 252 – 253, 257 – 258, 266
Rousseau, Jean Jacques[卢梭], 189, 225, 241
Scholem, Gerhard[索勒姆], 257, 258, 272
Simon, Ernst[西蒙], 258
Sophocles[索福克勒斯], 43
Spinoza[斯宾诺莎], 137, 224 – 259
Tacitus[塔西佗], 241
Thomas Aquinas[阿奎那], 185, 199, 213, 258
Trotsky, Leon[托洛茨基], 257
Thucydides[修昔底德], 33, 81 – 82, 85, 136, 217
Virgil[维吉尔], 257
Wellhausen, Julius[威尔豪森], 231, 235, 258
Xenophanes[克塞诺梵尼], 50, 138
Xenophon[色诺芬], 71, 138

图书在版编目(CIP)数据

古今自由主义/(美)列奥·施特劳斯著;叶然等译.
--上海:华东师范大学出版社,2019
 ISBN 978-7-5675-9125-7

Ⅰ.①古… Ⅱ.①列… ②叶… Ⅲ.①自由主义-研究
Ⅳ.①D091.5

中国版本图书馆 CIP 数据核字(2019)第 076529 号

华东师范大学出版社六点分社
企划人 倪为国

本书著作权、版式和装帧设计受世界版权公约和中华人民共和国著作权法保护

施特劳斯集
古今自由主义

著　　者　[美]列奥·施特劳斯
译　　者　叶　然　刘　振　林志猛　罗晓颖　王承教　曹　聪　李永晶
责任编辑　王　旭
封面设计　吴元瑛
出版发行　华东师范大学出版社
社　　址　上海市中山北路 3663 号 邮编 200062
网　　址　www.ecnupress.com.cn
电　　话　021-60821666 行政传真 021-62572105
客服电话　021-62865537
门市(邮购)电话　021-62869887
地　　址　上海市中山北路 3663 号华东师范大学校内先锋路口
网　　店　http://hdsdcbs.tmall.com
印 刷 者　上海盛隆印务有限公司
开　　本　890×1240 1/32
插　　页　1
印　　张　12.25
字　　数　276 千字
版　　次　2019 年 6 月第 1 版
印　　次　2019 年 6 月第 1 次
书　　号　ISBN 978-7-5675-9125-7/D·236
定　　价　88.00 元

出版人　王　焰

(如发现本版图书有印订质量问题,请寄回本社客服中心调换或电话 021-62865537 联系)

LIBERALISM ANCIENT AND MODERN
by Leo Strauss
Copyright © 1968 by Leo Strauss
Foreword by Allan Bloom copyright © 1989 by Cornell University
All rights reserved. Originally published 1968
Licensed by Perseus Books，LLC through Bardon-Chinese Media Agency
Simplified Chinese Translation Copyright © 2019 by East China Normal University Press Ltd
ALL RIGHTS RESERVED.
上海市版权局著作权合同登记　图字:09 - 2018 - 570 号